A cura del

Centro Internazionale Studi Famiglia

LA FAMIGLIA NELLA SOCIETÀ POST-FAMILIARE

Nuovo Rapporto Cisf 2020

Contributi di

Pierpaolo Donati, Elisa Barbiano di Belgiojoso, Francesco Belletti, Gian Carlo Blangiardo, Pietro Boffi, Tonino Cantelmi, Elena Marta, Federico Perali, Camillo Regalia, Stefania Maria Lorenza Rimoldi, Pier Cesare Rivoltella, Luigi Tronca

SAN PAOLO

Piazza Soncino, 5 - 20092 Cinisello Balsamo (Milano)
www.edizionisanpaolo.it
Distribuzione: Diffusione San Paolo s.r.l.
Piazza Soncino, 5 - 20092 Cinisello Balsamo (Milano)

ISBN 978-88-922-2254-0

INTRODUZIONE

*Pierpaolo Donati**

Trent'anni di Rapporti CISF. Un bilancio e un nuovo sguardo sul futuro

Trent'anni di Rapporti: un lascito e una ri-apertura sul futuro

Il presente Rapporto Cisf 2020 arriva a trent'anni di distanza dal Primo Rapporto del 1989, che fu presentato a Venezia. Ogni due anni, il Cisf ha offerto al pubblico una visione delle problematiche familiari in Italia, a volte di carattere generale, a volte focalizzandosi su temi specifici.

Guardando a ritroso il lavoro fatto, possiamo dire che il Cisf ha offerto un patrimonio di analisi e di idee propositive quanto mai ricco. Non spetta a noi dare un giudizio. Ma non possiamo esimerci dall'affermare che pochi istituti di ricerca hanno seguito con tanta continuità e in maniera approfondita le vicende delle famiglie italiane.

Questo *Quindicesimo Rapporto*, oltre a ricordare un trentennio di contributi, vuole soprattutto rilanciare un dibattito sulla

* **Pierpaolo Donati** è Professore *Alma Mater* (PAM) di Sociologia nell'Università di Bologna. È noto a livello internazionale come fondatore di una originale "sociologia relazionale" o "teoria relazionale della società". Già Presidente dell'Associazione Italiana di Sociologia, e direttore scientifico dell'Osservatorio nazionale sulla famiglia, dal 1997 è membro della Pontificia Accademia di Scienze Sociali. Ha curato i Rapporti Cisf fin dalla loro origine (1989), e attualmente lavora sui temi del post/trans-umano e delle nuove tecnologie. Tra le sue opere più recenti: *La famiglia. Il genoma che fa vivere la società*, (Rubbettino, 2013); *L'enigma della relazione* (Mimesis, 2015); *Scoprire i beni relazionali. Per generare una nuova socialità* (Rubbettino, 2019).

famiglia, che stenta ancora a maturare in Italia. Il rilancio consiste nel cercare di delineare il prossimo futuro della famiglia in questo Paese, quello che sarebbe a nostro avviso necessario fare per avere un futuro migliore, in modo particolare per le nuove generazioni.

Come sempre, il Cisf anticipa i tempi. Questo Rapporto, infatti, non dice solo come stanno le cose oggi, non fa solo una fotografia descrittiva delle strutture familiari e degli stili di vita che possiamo constatare al presente, come fanno altre indagini, ma vuole anticipare all'opinione pubblica alcune tendenze che diventeranno visibili solo nel prossimo futuro. Pertanto, si chiede al lettore di guardare avanti, oltre ciò che possiamo osservare oggi. Si tratta di andare oltre gli slogan del presente.

I contributi originali del Cisf

È utile ricordare che i temi toccati dai Rapporti precedenti hanno spesso anticipato di anni il dibattito nazionale. Le proposte avanzate hanno fornito orientamenti che ancora oggi ispirano le soluzioni pratiche dei decisori politici e degli attori sociali sensibili al tema, in particolare le amministrazioni locali e le associazioni che promuovono la famiglia e i suoi diritti.

Riteniamo che questi Rapporti abbiano proposto una visione ampia e pluridisciplinare, che sarebbe importante non dimenticare. Per questo, vogliamo qui ricordarne i titoli e i concetti-chiave, per poi venire alle novità del presente Rapporto.

Il *Primo Rapporto* ("L'emergere della famiglia autopoietica", 1989) ha puntato l'attenzione sul fatto che la famiglia, in una società complessa come la nostra, tendeva, come ancora tende, sempre più a farsi "norma a sé stessa". Questa tendenza è stata confermata nei decenni successivi, in maniera forse ancor più radicale di quanto veniva prospettata allora. Si è trattato di un messaggio che ha largamente anticipato il dibattito successivo sui cambiamenti nelle forme familiari. Ancor oggi, l'opinione pubblica stenta a capire a fondo che cosa significhi interpretare i cambiamenti sociali, come facemmo tanti anni fa, alla luce del concetto di "famiglia autopoietica", e quali implicazioni esso possa avere negli anni a venire.

Il *Secondo Rapporto* ("L'equità fra le generazioni: un nuovo confronto sulla qualità familiare", 1991) ha messo a fuoco l'analisi sulla crescente mancanza di equità nei rapporti fra le diverse generazioni che convivono nella famiglia e sono legate da una rete parentale. Anche questo messaggio è venuto con grande anticipo rispetto a quanto, negli anni seguenti, è poi diventato un luogo comune del dibattito in Italia: la necessità di equilibrare l'attenzione delle politiche economiche, sociali e culturali fra le varie generazioni. Oggi tutti parlano di un'esigenza di equità intergenerazionale, ma non sempre viene riconosciuto a quel Rapporto un ruolo anticipatore e tantomeno vengono tenuti in debito conto il suo contenuto e le linee operative ivi suggerite. I governi nazionali stentano ancora a capire come la famiglia sia implicata nelle questioni dell'equità e solidarietà fra le generazioni – qualora per generazioni non si intendano solamente degli aggregati statistici di individui in una stessa fascia di età, ma come gruppi sociali che condividono un destino storico e socioculturale. Quel Rapporto ha spiegato molte cose di cui, a tutt'oggi, non si è ancora presa coscienza nel dibattito pubblico.

Il *Terzo Rapporto* ("Mediazioni e nuova cittadinanza della famiglia", 1993) ha lanciato la parola d'ordine della "cittadinanza della famiglia", ossia il fatto che la famiglia, in quanto soggetto di mediazione sociale, possiede uno specifico complesso di diritti/doveri di cittadinanza aggiuntivi rispetto ai diritti individuali. Nel momento in cui lanciammo questa idea essa sembrava (e tuttora ad alcuni sembra) un'eresia, dato che la tradizione moderna attribuisce i diritti di cittadinanza soltanto agli individui. Trova comunque conforto e speranza di una nuova presa di coscienza il ricordare che la stessa Costituzione repubblicana italiana parla dei "diritti *della* famiglia" (art. 29) in quanto distinti dai diritti degli individui *nella* famiglia (art. 2).

Il *Quarto Rapporto* ("La famiglia come reticolo inter-generazionale: un nuovo scenario", 1995) ha indagato i nuovi intrecci fra le generazioni che conseguono ai mutamenti delle forme familiari, e ne ha messo in luce le conseguenze, in termini di nuove vicinanze e solidarietà, ma anche di nuovi malesseri e implosioni che nascono dentro e fuori della famiglia. Abbiamo identificato la peculiarità del caso italiano nel fatto che, da noi più che altrove, viene dilazionato nel tempo il momento di formazione della famiglia, il che rivela le grandi difficoltà di fare famiglia per i giovani nel nostro Paese, per la persistente penalizzazione che l'assetto delle politiche pubbliche, in particolare fiscali, esercita sull'essere sposati e sull'avere figli. Abbiamo sottolineato una conseguenza di cui c'è ancora scarsa consapevolezza nel dibattito pubblico, e cioè il fatto che intere generazioni vengono "saltate", nel senso che fra una generazione e l'altra emerge un vuoto, una discontinuità temporale, che corrisponde a quella dei figli la cui nascita è stata impedita o rimandata nel tempo.

Il *Quinto Rapporto* ("Uomo e donna nella famiglia", 1997) ha messo a fuoco il tema della famiglia come operatore della differenziazione di *gender* e ha mostrato come le identità socioculturali dell'uomo e della donna si stiano modificando nella famiglia e nei suoi dintorni. A distanza di vari anni, il dibattito sulla differenziazione fra i sessi e sulla necessità di una nuova reciprocità fra uomo e donna non ha perso di freschezza, ma anzi è diventato ancora più attuale. Benché il tema dell'identità sessuale (di *gender*) stia subendo cambiamenti accelerati, rimaniamo convinti che il bimorfismo sessuale (la polarità maschio-femmina) sia un prerequisito di civilizzazione e di umanizzazione.

Il *Sesto Rapporto* ("Famiglia e società del benessere", 1999) ha affrontato il tema del benessere (come *welfare* e *well-being*) della famiglia nel contesto di una società proiettata a migliorare la qualità della vita. Anche qui il contributo è stato originale: abbiamo mostrato che la società attuale si basa sui paradossi di una concezione del benessere la quale, mentre sembra operare a favore della famiglia, in realtà le gioca contro, per via del suo carattere individualistico e non relazionale. Ai paradossi dell'individualismo istituzionalizzato abbiamo contrapposto i contro-paradossi dei mondi vitali delle famiglie che indicano la via di una "cultura relazionale", la quale fonda il benessere familiare sulle relazioni umane anziché sui puri e semplici diritti individuali astratti.

Il *Settimo Rapporto* ("Identità e varietà dell'essere famiglia: il fenomeno della pluralizzazione", 2001) ha affrontato quella che è la sfida più radicale e insieme più affascinante che il dibattito sulla famiglia deve affrontare: la crescente variabilità delle sue forme. Questa sfida è costituita dal fatto che un numero crescente di stili di vita e di forme di convivenza reclamano il diritto di essere chiamati e trattati come "famiglia" per il semplice fatto di adottare certe modalità – anche se non tutte, anzi mai *in toto* – di ciò che costituisce il codice simbolico (il "genoma sociale") della famiglia, cioè l'essere una relazione di piena reciprocità fra i sessi e fra le generazioni. Il fenomeno della cosiddetta "pluralizzazione delle forme familiari" è stato da noi osservato come un processo che richiede precise distinzioni tra forme *reali*, *analogiche* o soltanto *metaforiche* di famiglia, non già per penalizzare o emarginare qualcuna delle varie forme di relazioni primarie che oggi appaiono nella vita sociale, ma per dare a ciascuna ciò che le spetta. Abbiamo richiamato l'attenzione sul fatto che, con troppa facilità, si tende a sottovalutare l'importanza della famiglia come istituzione sociale, al fine di privatizzarne le scelte e ridurre i suoi diritti a mere pretese individuali. Senza l'istituzione che stabilizza le aspettative verso certi valori significativi, infatti, non è possibile la maturazione della persona umana, perché sappiamo che, se il concetto di famiglia diventa confusivo e soggettivistico, anche il "pensare comune" (quello degli individui come quello di un'intera cultura) lo diventa altrettanto.

L'*Ottavo Rapporto* ("Famiglia e capitale sociale in Italia", 2003) ha trattato il tema, decisamente innovativo, della famiglia come capitale sociale, quest'ultimo inteso come relazioni di fiducia, cooperazione e reciprocità. Si è partiti dalla constatazione che, nel dibattito attuale sul capitale sociale, la famiglia è assente oppure viene trattata come un impedimento alla formazione dello stesso. La concezione di capitale sociale che prevale tra molti studiosi, specie economisti e politologi, è quella che lo identifica con la "cultura civica" (*civic culture*), la quale è sovente pensata in antitesi alla cultura della famiglia. In questa visione, la famiglia rappresenterebbe il polo particolaristico, chiuso, egoistico della vita sociale. Intendere il capitale sociale come "civicità" (*civicness*) ha messo la famiglia ai margini, come una realtà in qualche modo equivoca e ambivalente per il capitale sociale dell'intera società. Noi abbiamo invece mostrato, con ricerche e dati empirici, che innanzitutto la famiglia è generatrice di un suo proprio capitale sociale, che abbiamo chiamato *primario*, per distinguerlo dal capitale sociale *secondario* (comunitario e civico), e poi che le due forme di capitale sociale (familiare e comunitario) sono correlate positivamente, e non già negativamente, fra loro.

Il *Nono Rapporto* ("Famiglia e lavoro: dal conflitto a nuove sinergie", 2005) ha trattato il tema dei rapporti tra famiglia e lavoro in un'ottica alquanto inedita. Abbiamo proposto un'analisi non in termini conflittuali, ma di sussidiarietà reciproca fra queste due sfere di mondo vitale, mostrando che esistono o possono essere realizzate delle innovazioni interessanti, cioè buone pratiche di conciliazione fra lavoro e famiglia. Il Rapporto ha avanzato proposte di grande rilievo come i "contratti relazionali", che consistono nell'introdurre, oltre alla parte salariale e normativa, i servizi alle famiglie dei lavoratori. Ciò perché il lavoro deve essere considerato una relazione sociale, e non una mera prestazione funzionale. Tali contratti potrebbero risolvere le difficoltà – peraltro in aumento – di conciliare le pressioni per una maggiore partecipazione di tutte le persone abili al mercato del lavoro e, allo stesso tempo, le necessità di dare maggiore attenzione ai bisogni familiari e in special modo alle relazioni di cura familiare. Dobbiamo tuttavia constatare che, su queste proposte, in particolare sui contratti relazionali (come forma di sussidiarietà nei confronti delle famiglie), il dibattito pubblico è assai carente, e c'è un silenzio assordante nei riguardi delle idee innovative dei *Rapporti*.

Il *Decimo Rapporto* ("Ri-conoscere la famiglia: quale valore aggiunto per la persona e la società?", 2007) ha posto l'attenzione sui modi in cui oggi la famiglia viene ridefinita, affrontando la questione sotto tutti i profili, sociale, psicologico, demografico, culturale e giuridico. L'analisi ha proposto di *ri*-conoscere la famiglia, nel senso di conoscerla *ex novo*, mediante un insieme di criteri che esplicitano, in via pratica e non dogmatica, il suo valore aggiunto sociale per la persona e la società. In altre parole, la capacità della famiglia di produrre quel capitale sociale primario, fatto di relazioni di fiducia, cooperazione e reciprocità, che nessun'altra forma sociale può generare. Il messaggio è stato frainteso, persino dall'allora Ministro italiano per la famiglia (il Ministro della Repubblica che per primo ha avuto la delega esplicita alla famiglia) on. Rosy Bindi, che ha letto questo Rapporto come un disconoscimento delle sue proposte di legalizzare i cosiddetti "diritti dei conviventi" (noti come "Dico"). Il tema delle unioni civili non riguardava questo Rapporto, volto a mettere in luce le specificità e l'insostituibilità della famiglia come tale. La nostra tesi è stata argomentata sulla base di due criteri prettamente laici: la distinzione fra diritti individuali e diritti della famiglia ex art. 29 della Costituzione, e il fatto sociologico che, poiché la famiglia fondata sul matrimonio e con figli assume maggiori responsabilità, è una questione di giustizia ed equità sociale attribuirle maggiore considerazione (non favori o privilegi!) nei riconoscimenti sociali.

L'*Undicesimo Rapporto* ("Il costo dei figli: quale welfare per le famiglie?", 2009) ha valutato il costo dei figli in Italia con un'indagine empirica *ad hoc*, che ha fornito una ricchezza di dati statistici unica nel panorama nazionale. Sono state valutate le spese in termini economici e non, distinguendo fra le spese di *mantenimento* (quelle che fanno fronte alle necessità o ai bisogni di base come alimenti, vestiario, igiene, istruzione ecc.) e quelle di *accrescimento* (o allevamento, inclusive dei beni non strettamente necessari e che richiedono "tempo dedicato": relazionalità, gestione delle opportunità di vita dei genitori e dell'intera famiglia). In tal modo si è proceduto a una valutazione complessiva dei "costi" per comprendere le difficoltà delle coppie italiane ad avere bambini. Questi costi sono stati poi valutati nel rapporto complesso tra famiglia e Stato, in campo fiscale e dei servizi, proponendo una nuova politica economica e sociale specificatamente rivolta al welfare dei figli.

Il *Dodicesimo Rapporto* ("La relazione di coppia. Una sfida per la famiglia", 2011) ha affrontato il tema di come gli italiani vivano le loro relazioni intime di coppia, e gli scambi con il mondo esterno; in quali casi siano soddisfatti del loro rapporto e quando invece non lo siano, anche alla luce del modo di intendere la famiglia e la presenza dei figli. È stata in particolare analizzata la problematica dei conflitti e delle difficoltà di stabilire legami significativi e duraturi, e che cosa possa aiutare i giovani e i meno giovani a vivere una relazione che sia una risorsa per la crescita personale e la creazione di beni comuni. Tra le conclusioni, possiamo ricordare il fatto accertato che la coppia acquista bensì una sua maggiore autonomia dalla famiglia intesa come modello normativo da cui tradizionalmente dipende, ma essa rimane e anzi si definisce al contempo sempre più, e in forme nuove, come connessa alla famiglia. La coppia cosiddetta "pura" (così definita da Anthony Giddens), dove si sta finché porta soddisfazione individuale, non è un'alternativa alla famiglia. Come sia possibile che la coppia si differenzi sempre più dalla famiglia, mentre viene al contempo sempre più inclusa nel "sistema familiare", è una sorta di paradosso che il Rapporto ha messo in luce.

Il *Tredicesimo Rapporto* ("Le famiglie di fronte alle sfide dell'immigrazione", 2014) è stato dedicato alla relazione tra immigrazione e dimensione familiare. Infatti, se, è vero che «volevamo braccia e sono arrivate persone», è ancora più vero che «volevamo lavoratori e sono arrivate famiglie». Raccogliendo le opinioni di 4.000 famiglie italiane, il Rapporto ha descritto i diversi atteggiamenti, le paure e le rappresentazioni del fenomeno migratorio. Abbiamo rilevato pregiudizi e resistenze, ma anche inaspettate capacità di accoglienza, a partire dalla viva voce delle famiglie stesse. La presenza dei bambini figli di immigrati nel sistema scolastico si è confermata come la grande opportunità di integrazione per i minori e per le loro famiglie, pur nelle oggettive difficoltà che la scuola sperimenta. Sulla questione della cittadinanza ai minori nati in Italia da genitori stranieri, troppo a lungo rimasta intrappolata in una sterile contrapposizione ideologica tra rigidi difensori dello *ius sanguinis* e altrettanto rigidi cantori di uno *ius soli* senza vincoli o criteri, abbiamo lanciato la soluzione dello *ius culturae*, capace di tenere insieme in modo equilibrato questi modelli ideali. A tutt'oggi essa ci sembra la giusta prospettiva da perseguire, anche se va naturalmente riempita di precisi e affidabili percorsi, valorizzando proprio la partecipazione alla scuola come tempo e veicolo d'integrazione attorno a cui costruire percorsi tempestivi e agili di attribuzione della piena cittadinanza, ancora prima della maggiore età, alle nuove generazioni, nate e vissute in Italia e per questo a pieno titolo cittadine del nostro Paese.

Il *Quattordicesimo Rapporto* ("Le relazioni familiari nell'era delle reti digitali", 2017) ha analizzato come le famiglie italiane utilizzano le nuove *Information & Communication Technologies*, in particolare internet, e come ne vengono influenzate nella vita quotidiana. È stato messo a fuoco il tema della "famiglia ibridata" dalle nuove tecnologie, mostrando i processi attraverso cui le tecnologie comunicative e digitali in genere influenzano le relazioni fra familiari nei diversi strati sociali e secondo le caratteristiche dei membri della famiglia.

Il Rapporto 2020 è quindi il *Quindicesimo*, e giunge a trent'anni dalla sua nascita.

Una voce nel deserto?

Che impatto hanno avuto i Rapporti Cisf?

Benché le élite culturali, soprattutto in ambito accademico, abbiano in gran parte ignorato i Rapporti Cisf, tuttavia vi è stata un'ampia e positiva adesione nei mondi vitali delle famiglie e delle associazioni familiari. Basterebbe consultare le attività del *Forum delle associazioni familiari* per constatare quanto i Rapporti Cisf abbiano ispirato molte iniziative e attività operative pro-famiglie.

È da notare, comunque, che molte proposte di questi trent'anni sono confluite nel *Piano nazionale di politiche per la fami-*

glia predisposto dall'Osservatorio nazionale famiglia sotto la direzione del sottoscritto, e approvato, dopo la Conferenza unificata Stato-Regioni, dal governo Monti nel giugno 2012[1]. Benché il testo originario di quel *Piano* sia stato privato del suggerimento di introdurre il cosiddetto "Fattore famiglia" (una riformulazione tutta italiana del quoziente familiare praticato in altri Paesi) e poi anche del riferimento sostanziale all'art. 29 della Costituzione repubblicana[2], pur tuttavia, anche se in forma ridotta, ha aperto una nuova stagione di sostegni alle famiglie come tali. Il Piano dunque non è stato completamente disatteso ma applicato in minima parte, come ha documentato di recente la Corte dei Conti con la rendicontazione del fondo per le politiche della famiglia[3]. Le applicazioni hanno riguardato soprattutto alcuni servizi per l'infanzia e la conciliazione famiglia-lavoro, due temi molto importanti, ma certamente riduttivi rispetto alla portata delle politiche familiari auspicate nel suddetto *Piano nazionale* del 2012.

Nella rendicontazione della Corte dei Conti, il *Piano* è stato ripreso integralmente[4]. Ma qual è stata la dotazione del Fondo per le politiche familiari negli anni 2012-2018? La cifra complessiva è stata di 62 milioni di euro, cioè poco più di 9 milioni di euro per anno[5]. Una cifra indubbiamente miserevole. Per fare solo un esempio, alla voce "interventi di conciliazione dei

[1] Presidenza del Consiglio dei Ministri, *Piano nazionale di politiche per la famiglia. L'Alleanza italiana per le famiglie*, Deliberazione del Consiglio dei Ministri 7 giugno 2012.

[2] Le differenze fra il primitivo progetto approntato dall'Osservatorio nazionale e quello approvato dal Governo Monti possono essere analizzate raffrontando il Piano citato nella nota precedente con il testo pubblicato in P. Donati e R. Prandini (a cura di), *La cura della famiglia e il mondo del lavoro. Un piano di politiche familiari*, Osservatorio nazionale della famiglia, FrancoAngeli, Milano 2008.

[3] Corte dei Conti, *La gestione del fondo per le politiche della famiglia (2012-2018)*, Deliberazione 28 giugno 2019 n. 12/2019/g (accessibile on line).

[4] Si veda la Tabella n. 3 del documento citato della Corte.

[5] Si veda la Tabella n. 2 del documento citato della Corte.

tempi di vita e di lavoro (ex art. 9, legge 8 marzo 2000, n. 53)" la cifra totale è stata di 6.749.204 euro, il che significa circa 964.000 euro all'anno su un totale di 87 interventi, distribuiti soprattutto nelle Regioni del Nord.

Si parla oggi del progetto di legge delega denominato *Family Act*; sarebbe importante che fosse formulato tenendo conto di tutta questa storia precedente.

Il problema di fondo è quello che connota da sempre in modo negativo il nostro Paese, cioè il fatto che la classe politica riparte sempre da zero come se dovesse fare tutto per la prima volta e cambiare il mondo con la propria visione. A questo proposito, ci permettiamo alcune avvertenze: si deve evitare che un eventuale *Family Act* si ispiri ancora una volta a misure assistenziali, e che, seguendo un certo *mainstream* culturale, consideri la famiglia solo come fonte di mali sociali (povertà, disuguaglianze, conflitti, violenze, abusi), mentre è essenziale varare misure di sostegno relazionale alle famiglie, affinché siano messe in grado di essere socialmente generative e produttrici di beni relazionali. Altrimenti si continuerà a trattare la famiglia come un soggetto passivo, destinatario anziché protagonista, delle politiche sociali.

Il presente Rapporto: comprendere e rispondere alla rivoluzione in atto

Veniamo allora alla novità del presente Rapporto. È ormai largamente noto che nelle attuali società modernizzate la famiglia e la parentela hanno assunto forme fluide e mutevoli, che si sono rapidamente diffuse nella popolazione. La cosiddetta pluralizzazione delle forme familiari, ovvero la modificazione dei legami di coppia e genitoriali sulla base di preferenze soggettive e "nuovi diritti" ispirati ai principi della privacy e dell'individualismo, rende sempre più marginali i modelli normativi giuridicamente legittimati e socialmente riconosciuti fino a poco tempo fa. Le tradizioni culturali vanno declinando ovunque sotto la spinta di forze economiche e tecnologiche che la politica e il diritto fanno fatica a regolare, mentre le prassi degli attori sociali seguono percorsi accelerati di cambiamento che non hanno precedenti nella storia umana. Ciò avviene soprattutto all'estero, e tuttavia l'Italia ne risente per gli effetti dell'internazionalizzazione del diritto e della globalizzazione mediatica su ogni località.

I comportamenti familiari e parentali sono sempre più segnati dagli effetti di una rivoluzione sessuale iniziata negli anni Sessanta del secolo scorso che ha comportato un profondo cambiamento nelle relazioni di *gender*, e quindi una ridefinizione di tutti i rapporti familiari. Se è vero che questa rivoluzione ha portato con sé cose positive, come una maggiore uguaglianza fra i sessi e una visione meno strumentale e utilitaristica della famiglia, tuttavia è altrettanto vero che ha comportato anche fenomeni problematici, come il declino del matrimonio, la scissione fra matrimonio e filiazione, una maggiore conflittualità di coppia, l'emergere di nuove concezioni etiche e del diritto che, alimentate dalle nuove pratiche bio-mediche di riproduzione artificiale, hanno aperto le relazioni familiari a possibilità inattese e sempre più sorprendenti. A questo si aggiunga l'avvento del nuovo mondo virtuale portato dalle tecnologie digitali (cellulari, social network, applicazioni di algoritmi, robotica) che creano relazioni ibride e, correlativamente, forme ibride di famiglie.

Secondo alcuni, pur essendo in parte imprevedibili, tutti questi cambiamenti possono essere compresi alla luce di un principio, quello della "scelta consapevole" degli individui, che costituirebbe il fondamento ideologico forte di questa rivoluzione, e di fatto orienterebbe le pratiche concrete nei mondi vitali.

Secondo questa narrazione, chiamati a prendere decisioni responsabili, i soggetti elaborano condotte e fanno "scelte di famiglia" che – così si dice – hanno i caratteri della trasparenza e della riflessività. In realtà, le cose non stanno così, perché scelte trasparenti e riflessive sono una rarità.

Potenti forze collettive, impersonali, artificiali, influenzano sempre più le decisioni delle persone che non hanno gli strumenti e le risorse per prendere decisioni meditate. Per lo più, i soggetti decidono di fare famiglia sulla base di motivazioni provvisorie, contingenti, poco trasparenti a loro stessi, sulla base di identità mobili e fluttuanti. Quanto alla riflessività, essa è in modo crescente fratturata o addirittura impedita. Quelle che vengono chiamate "famiglie per scelta" (*families of choice*), fatte su misura dalla volontà dei singoli individui e delle coppie, sono bensì espressione della soggettività degli individui che le vogliono a loro modo, ma non sono per nulla riflessive e trasparenti come la narrazione corrente del *politically correct* vorrebbe farci credere.

In questo Rapporto vogliamo focalizzarci sulla rivoluzione in atto, cercare di capire dove ci può portare e se esistono delle alternative ai problemi sociali che emergono dalla modificazione del tessuto delle famiglie.

Certamente il panorama non va in una sola direzione e non prende tutta la popolazione, ma è molto frastagliato. Le ricerche sul campo presentate in questo Rapporto, quella su un campione nazionale e quella sui giovani, mostrano che i fenomeni di cambiamento sono molto diversificati a seconda dell'età e delle caratteristiche delle persone nelle diverse condizioni sociali.

Nel primo capitolo, chi scrive cerca di delineare lo scenario del futuro sulla base del fatto che la società attuale sembra sempre più abbandonare la famiglia alla auto-determinazione degli individui. La società non (ci) è più "famigliare" come era fino a due-tre decenni fa. C'è un surriscaldamento delle relazioni familiari che provoca quello che qui viene chiamato *family warming*, per analogia con il surriscaldamento del clima. Si tratta di capire come il gioco delle relazioni di coppia, sessuali e di filiazione provochino un processo di morfogenesi familiare che sembra inarrestabile.

Nel secondo capitolo, l'analisi dei dati statistici presentata da Gian Carlo Blangiardo e collaboratori descrive l'andamento attuale delle forme familiari e presenta proiezioni sul futuro. Il caso italiano si presenta con caratteristiche molto tradizionali e i cambiamenti vanno soprattutto nella direzione di un restringimento della dimensione della famiglia, fino alla frammentazione in nuclei di uno o due componenti, dovuto sia alla bassa natalità, sia all'invecchiamento generale della popolazione. Per capire qualcosa di più sul lungo periodo, dovremmo conoscere una serie di fenomeni che esulano dai dati statistici oggi disponibili e affidabili, come la formazione delle cosiddette "famiglie arcobaleno", le famiglie in cui le nascite si avvalgono di metodi artificiali di riproduzione di tipo eterologo o di surrogazione, le nuove reti "familiari" che si formano con la combinazione di individui o nuclei provenienti da separazioni e divorzi ecc. Si tratta di conoscenze che speriamo possano essere rese disponibili in futuro.

Nel terzo capitolo Elena Marta e Camillo Regalia presentano i risultati di un'indagine originale Cisf volta a conoscere il punto di vista dei giovani italiani sulle motivazioni per fare famiglia – quale fare e come. I risultati mostrano che nei giovani – complessivamente presi, salvo gruppi particolari – i confini di ciò che si intende per "famiglia" sono ormai molto labili e praticamente inesistenti. La famiglia coincide con le persone che ritengono di avere relazioni di amicizia intima, anche oltre le relazioni di coppia e filiazione. Non è un caso che essi siano molto esposti all'influenza dei media dove questa rappresentazione è dominante. La maggior parte trova più piacere che costrizione nell'uso dei media, mentre la nostra ricerca precedente (Rapporto 2017) aveva messo in luce la prevalenza di una parità fra piacere e costrizione. Segno che cresce l'assuefazione ai media digitali. Indicativa è la frequenza di siti web in cui cercare un/a partner. Infatti, il 50% cerca un/a partner su una chat/app (come Tinder, Grindr, Badoo ecc.), cosa che segnala la mancanza di reti sociali primarie significative, forse addirittura una condizione di solitudine, e anche – per una buona parte – di una trasmissione generazionale debole o insignificante da parte della famiglia di origine, per quanto i giovani siano pieni di affetto per i genitori. Solo il 64% di loro pensa di sposarsi. L'età media in cui si consolida questo progetto è quella di 34 anni. Il 44% ritiene che la differenza di età fra chi si sposa non sia per nulla rilevante. L'83% vorrebbe avere al massimo due figli (il 22 % ne vorrebbe solo uno, e il 61% ne vorrebbe due). Il 22% non vorrebbe figli. Chi ha già figli li ha avuti in media a 26 anni, mentre chi non ha ancora figli vorrebbe averli a un'età di 34 anni (sempre nella media). Il desiderio di avere figli è essenzialmente basato su motivi affettivi e di realizzazione personale, senza riguardo al valore sociale dei figli. Per il 63% fare famiglia sarà più difficile in futuro. Il panorama che ne esce è quello di una generazione in linea con le tendenze culturali odierne, privatizzata, alla ricerca di un partner per motivi essenzialmente di espressività personale, nella consapevolezza che la società non aiuta i giovani a fare famiglia, per il semplice fatto che non ne valorizza le funzioni sociali.

Nel quarto capitolo, Federico Perali si interroga su come lo Stato italiano sostiene economicamente le responsabilità familiari. Ancora una volta si deve constatare la carenza, quando non l'assenza, di misure adeguate.

Nel quinto capitolo, Pier Cesare Rivoltella affronta il tema delle sfide che le nuove tecnologie digitali pongono alle responsabilità familiari e fa delle proposte su come educare le famiglie a gestire le relazioni nella società iperconnessa.

Nel capitolo sesto, Tonino Cantelmi ci informa sul lato più problematico, e anche patologico, di come le nuove tecnologie stiano decostruendo i legami sociali, provocando una metamorfosi delle relazioni di amore, e producendo quella che lui chiama la "famiglia tecnoliquida".

Nel capitolo settimo, Pietro Boffi, con il supporto metodologico di Luigi Tronca, presenta l'evoluzione nel tempo dei *Family Social Indicators*, raccolti dal 2009 al 2020 nella ricerca empirica originale del Cisf su un campione nazionale di famiglie, per comprendere le modificazioni delle strutture e reti familiari (circa 4.000 interviste in ogni anno). L'analisi delle serie storiche mostra la portata dei cambiamenti.

Nel capitolo ottavo, Francesco Belletti, sempre con l'ausilio di una raffinata analisi metodologica svolta da Luigi Tronca, illustra l'immagine e la rappresentazione presente dell'identità della famiglia e del suo futuro, secondo le percezioni espresse dalle famiglie italiane, e il modo in cui i *Family Social Indicators* interagiscono con tali percezioni.

Nelle conclusioni ci si interroga infine su quella grande sfida che è la transizione della società spinta dalle nuove tecnologie verso il cosiddetto trans/post-umano, che coinvolgerà la famiglia al punto di poter produrre una "famiglia trans/post-umana". Si tratta di prendere in seria considerazione questa ipotesi, per ora abbastanza fantascientifica, al fine di comprendere le alternative possibili, e in concreto l'alternativa di una cultura che umanizzi le relazioni familiari.

Il lettore proverà forse un certo senso di incertezza, e anche disorientamento, sul futuro della famiglia. Ma questa è la realtà. Esistono, comunque, anche segnali di speranza sul fatto che una parte significativa delle nuove generazioni avverta la necessità di elaborare forme di vita familiare più riflessive, capaci di generare beni relazionali anziché mali relazionali. Il lettore avrà modo di documentarsi su questi *cleavages* (*fratture, divisioni*) leggendo i dati e le considerazioni presentate in questo Rapporto. Non è ancora possibile valutare in modo approfondito l'impatto che avranno le culture delle popolazioni immigrate, sia per la difficoltà di contattare le persone, sia per la dinamica del fenomeno migratorio. In linea generale, possiamo dire che all'arrivo esse presentano tratti assai tradizionali rispetto alle culture di provenienza. Per esempio, enfatizzano le differenze fra genere maschile e femminile, diversamente da quanto avviene nelle culture occidentali. Tuttavia, nelle seconde e terze generazioni le differenze con i modelli occidentali diminuiscono notevolmente, perché anche gli immigrati risentono dei flussi culturali prevalenti a livello globale.

Sono oggi all'opera dei radicali processi di iper-modernizzazione che molti ancora non vedono. Il senso di questo Rapporto 2020 è proprio quello di renderci più consapevoli di tendenze che oggi non appaiono manifeste o rilevanti per quanto riguarda il caso italiano, ma che tuttavia sono già all'opera e diverranno visibili nel medio-lungo periodo.

Quali prospettive di fronte ai cambiamenti della famiglia?

I Rapporti Cisf hanno seguito l'evoluzione della famiglia negli ultimi trent'anni. Che cosa dire della famiglia nei prossimi trenta?

Negli ultimi decenni la famiglia è stata oggetto di una serie di forze convergenti verso la sua "evaporazione". Quando un corpo evapora, ciò che vediamo è la sua trasformazione in aria. Questo è successo alla famiglia italiana.

Le forze che hanno contribuito a questa progressiva evaporazione della famiglia sono molteplici. Il sistema politico ha da molto tempo abbandonato la famiglia a sé stessa. Si è iniziato con la commissione Gorrieri del 1983 che propose l'abolizione degli assegni familiari universali, dando inizio a una legislazione sociale la cui filosofia non era quella di sostenere la famiglia, ma di usare la politica familiare per combattere le disuguaglianze sociali e la povertà. S'intende che questi obiettivi erano, come sono ancor oggi, del tutto apprezzabili, ma perché abbandonare il sostegno alla famiglia, in quanto tale, per realizzarli? Dietro questa filosofia c'era, presente ancora oggi, un principio di sussidiarietà inteso e applicato alla rovescia: anziché avere uno Stato sussidiario alla famiglia, si è proceduto nel senso contrario, è stata usata la famiglia per sussidiare lo Stato. Prova ne sia che, negli anni Novanta, l'INPS raccoglieva da imprese e famiglie circa sette miliardi di lire da redistribuire alle famiglie, mentre di fatto utilizzava quel denaro per ripianare i deficit nelle altre casse, specie quelle delle pensioni. Quella logica perdura tuttora, mentre viene ripetutamente rifiutata una riforma fiscale a misura di famiglia (con il quoziente familiare o il fattore famiglia).

Ma non è certamente solo questione di soldi, e le responsabilità non fanno capo solamente al sistema politico. La stessa società civile delle famiglie si è fatta prendere nel vortice di una crescente secolarizzazione, incapace di pensare al futuro. Allettate dal mercato delle merci e dai nuovi mezzi di comunicazione, le famiglie italiane si sono lasciate andare a un "dolce benessere" vissuto nel presente, un sogno di eterno presente, senza munirsi di una progettualità e di una cultura adeguata delle relazioni sociali. I legami sociali si sono allentati, anche sotto l'influenza dei nuovi media (cellulari, internet, social network) che sostituiscono le connessioni virtuali alle relazioni interpersonali. L'amore è diventato una relazione liquida. Ora le famiglie si scompongono e ricompongono continuamente, generando reti sociali di relazioni che sono "familiari" solo perché si sta assieme, almeno finché ci sono soddisfazione e utilità.

La società civile è andata in senso contrario a quanto la riforma del diritto di famiglia (legge 151/1975) aveva sognato. Quella legge si era proposta di sostenere una famiglia "comunitaria", l'indicatore più significativo era l'idea della "comunione dei beni". Da allora in poi le cose sono andate in senso esattamente contrario, segnalato dalla preferenza per il regime di separazione dei beni, e dalla crescita dei divorzi. Dal punto di vista culturale, si è soliti parlare dell'individualismo come del grande male della società odierna. Molti ripetono lo slogan di Bauman sulla "società liquida". Ma la realtà è che questa società, priva di legami solidi e stabili, è il frutto di precise strutture culturali, tradotte in leggi e principi giuridici, che non sono per niente liquide. I principi legislativi dell'Unione Europea che equiparano la famiglia a una sfera puramente privata (priva di valenze sociali e pubbliche) e le applicano il principio di non discriminazione (che vieta di fare differenze fra arrangiamenti familiari), sono strutture culturali e legali molto solide, che decidono già oggi del futuro delle forme familiari. La famiglia viene ridotta a una persona che si prende cura di almeno un'altra persona (può essere una madre che sta con il figlio, può essere un amico che si prende cura di un'amica ecc.). Così recita la nuova struttura sociale e culturale.

Fine della famiglia come relazione di reciprocità fra i sessi e fra le generazioni, dunque? In Italia i processi di cambiamento appena richiamati sono ancora piuttosto limitati. Di fatto la famiglia italiana, complessivamente considerata, specie nel Meridione, presenta ancora molti tratti tradizionali. Ma non c'è da illudersi. Le nuove generazioni mostrano già tutti i segni del cambiamento, almeno dal punto di vista della disponibilità al cambiamento. Per capire dove andiamo, possiamo delineare tre possibili scenari futuri. L'unico tratto comune è il processo di differenziazione delle famiglie, per cui non possiamo dire che vi sarà un unico o prevalente percorso.

Il primo scenario è quello della "*morfogenesi caotica*", che è caratterizzata dal fatto che le famiglie si formano in base a pure preferenze individuali, laddove il diritto le legittima con i principi di privacy e non discriminazione. Lo Stato non interferisce, non riesce a regolare in anticipo, ma eventualmente solo *ex post*, per rimediare a eventuali effetti negativi.

Il secondo scenario è quello della "*morfogenesi adattativa*". Di fronte ai cambiamenti in atto, lo Stato reagisce cercando di ri-orientare le relazioni di coppia e di filiazione mediante regole più stringenti di quelle lasciate alla libera volontà degli individui. Per esempio, pone dei limiti alla maternità surrogata, all'autodefinizione del gender, a comportamenti sessuali ritenuti legittimi. È lo scenario delle politiche "tappabuchi", cioè delle risposte a comportamenti ritenuti "estremi".

Il terzo scenario è quello di una "*morfogenesi creativa*". Non intendo delineare quest'ultimo modello con speranze illusorie. Dobbiamo prendere atto che i processi di differenziazione delle forme familiari sono inarrestabili, e probabilmente sempre più soggetti a tendenze culturali materialistiche, evoluzionistiche e neo-paganeggianti. Tuttavia, proprio queste forze solleciteranno bisogni di tipo spirituale, almeno per reazione a bisogni umani profondi che rimangono insoddisfatti. Con il termine "spirituale" mi riferisco non solo a esigenze religiose come quella cristiana, ma anche a quelle ispirate a filosofie orientali (tipo buddismo), e soprattutto alle nuove "spiritualità ecologiche". Non parlo di sogni "comunitari" che, a mio avviso, sono improponibili, almeno nelle versioni più utopiche.

Certamente è possibile, e auspicabile, che si formino delle culture capaci di costruire legami e prendersi cura delle relazioni e non solo di sé stessi. Ma per una morfogenesi creativa occorrono potenti forze ricostruttive che possono essere generate solo da grandi eventi storici che rimettano in moto il genoma sociale naturale della famiglia, piegando la tecnologia al significato umano della vita. Mi ritornano in mente le parole di Karl Marx quando profetizzava "tutto ciò che è solido si scioglie in aria, tutto ciò che è santo è profanato, e l'uomo è finalmente costretto ad affrontare con sensi sobri le sue reali condizioni di vita e le sue relazioni con la sua specie". Un tale riorientamento richiede un cambio radicale di paradigma della società, uno shock di ecologia integrale che abbia un grande impatto, per portare la società a riconsiderare la famiglia come il dispositivo cruciale di passaggio dalla natura alla cultura, e non come puro prodotto culturale.

Capitolo 1

L'OPZIONE-FAMIGLIA IN UNA SOCIETÀ POST-FAMILIARE: IL GIOCO DELLE RELAZIONI NEL *FAMILY WARMING*

Pierpaolo Donati

1. La società non (ci) è più "famigliare": abbandonare la famiglia all'autodeterminazione?

Bisogna prendere atto che, nello scenario del prossimo futuro, la società sarà sempre meno "famigliare"[1] nel senso in cui l'hanno conosciuta le generazioni precedenti. Stiamo entrando in una società *post-famigliare*[2]. Una società in cui le famiglie si andranno frammentando, scomponendosi e ricomponendosi sulla base di giochi relazionali che abbandonano la struttura sociale *sui generis* della famiglia come intreccio fra la relazione spon-

[1] In tutto il presente capitolo userò il termine "famigliare" (con la g) per indicare la famiglia normo-costituita secondo il genoma sociale di padre-madre-figlio, concepiti come ruoli sociali performabili anche da persone diverse da quelle naturali, per esempio con l'adozione; mentre il termine "familiare" (senza la g) si riferisce a un carattere generico di "familiarità", ossia di relazioni vissute *come* familiari, per analogia, somiglianza o metafora con certi aspetti della famiglia normo-costituita.

[2] P. Donati, *La famiglia. Il genoma che fa vivere la società*, Rubbettino, Soveria Mannelli (CZ) 2013. Parlare di genoma sociale della famiglia in sociologia ha un parallelo nelle scienze biologiche, che parlano di "essenzialismo biologico relazionale": cfr. M. Devitt, «Resurrecting Biological Essentialism», *Philosophy of Science*, 75 (2008), pp. 344-382; O. Rieppel, «New Essentialism in Biology», *Philosophy of Science*, 77 (2020), pp. 662-673. L'idea di fondo è che il carattere *umano* delle persone e delle loro relazioni è *essenzialmente* diverso, per capacità e responsabilità specifiche, dalle "amalgame" fra persone e tecnologie portato dalle applicazioni artificiali. Il nuovo essenzialismo è una risposta alle correnti anti-umanistiche o trans-umane (I. Al-Amoudi, J. Morgan (eds.), *Realist Responses to Post-Human Society: Ex Machina*, Routledge, Londra 2019).

sale e quella genitoriale. Su queste relazioni si preannunciano i giochi più impensati.

Certamente la famiglia ha sempre avuto tante varianti a seconda delle condizioni storiche e culturali delle diverse aree geo-politiche. Tuttavia ha costantemente conservato alcuni tratti comuni, e in modo essenziale *l'intreccio* fra l'asse matrimoniale (più o meno influenzato dalle reti parentali) e l'asse della filiazione (legittimata in vari modi). Nel modello occidentale, la coppia sponsale e i relativi figli erano i due pilastri essenziali, in quanto combinati fra di loro.

Oggi questi pilastri non solo vengono scissi fra loro, ma sono entrambi rivoluzionati al loro interno. Si può essere coppia senza impegni matrimoniali, e anche senza convivere assieme; la coppia può essere ristretta ai due partner o includere relazioni più ampie; si può essere genitori senza aver generato i figli con rapporti naturali, ma mediante l'uso di varie tecnologie riproduttive, fino al ricorso alla maternità surrogata. Fare coppia ed essere genitori sono due possibilità che rispondono a progetti diversi di vita, vanno per conto loro. La famiglia classica composta di madre, padre e figli naturali o adottivi diventa solo una delle tante possibilità di chiamarsi famiglia.

La società post-famigliare può essere descritta in vari modi. Si va dalle visioni futuriste e fantascientifiche, alle estrapolazioni "scientifiche" di tendenze già in atto.

Quanto alle visioni futuriste, Aldous Huxley, nel famoso libro "Il mondo nuovo" (*Brave New World*) del 1932, immaginava così il futuro della famiglia. Siamo nel 2540 d.C. e la famiglia non esiste più. È considerata solo un peso, un insieme di costrizioni e vincoli. Porta solo sofferenza, spreco di tempo ed energie. I bambini non vengono più procreati in modo naturale. Le parole *padre/madre* sono insulti, non esiste più il parto naturale perché prevalgono le riproduzioni artificiali. Gli embrioni sono prodotti da gameti selezionati e congelati, poi coltivati in incubatrici a rilascio di ossigeno differenziato (determinante per lo sviluppo del cervello) in base al tipo di individuo da produrre per la rigida gerarchia di ruoli sociali da ricoprire. La trasmissione generazionale è ridotta a zero, ognuno inventa il suo nome e cognome. Si è solo individui, disponibili alle dinamiche di vita indotte dal progresso scientifico-tecnologico e da un ordine sociale guidato da poteri impersonali.

Quello scenario è certamente da fantascienza, ma siamo sulla buona strada se osserviamo quanto viene richiesto oggi dal *mainstream* della cultura e del diritto europeo, come argomenterò più avanti. Il nocciolo di queste tendenze può essere brevemente sintetizzato così: si chiede di allargare le maglie dell'istituto matrimoniale per favorire la libera espressione della personalità dei singoli, aprendola alle relazioni affettive desiderate, concepite come nuove proiezioni sociali dell'autodeterminazione individuale. Certo, si prevede la necessità di sanzionare i comportamenti lesivi della libertà altrui e anche di riconoscere il valore delle solidarietà interpersonali fondate sull'affettività. Ma, in buona sostanza, la tendenza è quella di legittimare tutte le forme di vita che gli individui scelgono, legittimandoli con "nuovi diritti". L'irrilevanza del *gender* fa nascere le cosiddette "famiglie arcobaleno", si diffondono le "coppie poliamorose", si può diventare genitori con la maternità surrogata, e così via[3].

Questa è la società post-famigliare. Nella società post-famigliare, esistono ed esisteranno sempre più delle svariate forme sociali dette "famiglie" per alcuni tratti di somiglianza, o per

[3] S. Golombok, *Modern families: Parents and children in new family forms*, Cambridge University Press, Cambridge 2015; per un'ampia bibliografia: J.M. Aveldanes, C.A. Pfeffer, J. Augustine, *Postmodern families*, 2018, Oxford Bibliographies Online, doi:10.1093/obo/9780199756384-0159.

metafora, rispetto al genoma sociale della famiglia (di cui abbiamo scritto nel Rapporto 2001). Queste svariate forme sono solo apparentemente spontanee. In realtà sono il prodotto di dinamiche societarie in cui hanno un ruolo primario le mode culturali e le nuove tecnologie, a cui il diritto fornisce una legittimazione *ex post*, consentendo così sempre nuovi "giochi relazionali" fra le persone, di cui si dirà.

Nello spostamento da un ordine legato alla natura a un ordine di costruzione artificiale c'è l'affermarsi di una concezione culturalista della famiglia, che la intende come puro prodotto culturale, anziché come passaggio dalla natura alla cultura. I mutamenti vanno nella direzione di un allontanamento da una visione realista della famiglia, rispettosa del suo "essere" costitutivo, che è quello di una struttura che umanizza le persone mediante una relazionalità intersoggettiva che opera attraverso lo scambio simbolico fra i sessi e fra le generazioni. Per dirla in un altro modo, i mutamenti sono il prodotto di un rapporto sinergico e di reciproca determinazione tra famiglia e società in cui, in modo apparentemente paradossale, la famiglia è sempre più presa dalla dinamica societaria (individualista e commerciale) e sempre più se ne distacca, privatizzandosi. Lo vediamo attraverso vari fenomeni.

In primo luogo, la cultura emergente del familiare accentua la perdita delle funzioni sociali della famiglia, cioè del valore prodotto dalla famiglia per la società; la famiglia viene fatta coincidere con il puro privato; la privacy è eretta a principio primo. In questa cultura viene rimossa l'idea che la struttura e la dinamica della famiglia contribuiscano, nel bene o nel male, in modo positivo o negativo, a dare una certa configurazione alla società. La società è pensata come una società di individui. Le formazioni sociali dette "familiari" sono luoghi dove cercare il benessere individuale in mancanza del quale non ha più senso vivere assieme. Ogni tentativo di pensare la famiglia come luogo di ricomposizione dei conflitti fra le persone, se non proprio come luogo di educazione alle virtù personali e sociali, nonché come luogo di trasmissione di competenze civilizzatrici dell'intera società, sembra destinato al fallimento.

In secondo luogo, poiché la famiglia, qualunque sia la sua forma, è strettamente connessa alla dinamica societaria, l'influenza di quest'ultima sulle famiglie privatizzate diventa più forte e cogente, anche se più indicibile e sotterranea. Lo si vede nei modi in cui le relazioni familiari sono ibridate dalle tecnologie della comunicazione digitale, di cui assumono i caratteri della rapidità, della superficialità, della mancanza di contatto fisico, dell'abbassamento della soglia della decenza, dell'affidamento a sensazioni, immagini ed emozioni che sono tipici nell'uso dei dispositivi digitali, specie sui social network[4]. Così come lo si vede nella correlazione fra i conflitti e le violenze nel privato familiare da un lato, e l'incattivirsi delle relazioni pubbliche dall'altro. C'è una corrispondenza stretta fra le povertà relazionali nelle sfere familiari e la precarietà e la degradazione delle relazioni umane nel mondo dell'economia e della politica. L'aumento dei femminicidi, delle violenze tra "familiari", degli abusi sui bambini, sono chiari indicatori. Non c'è coscienza della corrispondenza stretta tra la formazione della fiducia e della solidarietà nella famiglia da un lato e nella sfera pubblica dall'altro, e più in generale fra il capitale sociale e umano nell'una sfera e nell'altra[5].

[4] Su questo tema ci siamo soffermati nel Rapporto Cisf, *Le relazioni familiari nell'era delle reti digitali*, San Paolo, Cinisello Balsamo (MI) 2017.

[5] *Fiducia* personale e fiducia (*confidenza*) sistemica si corrispondono (sono positivamente correlate), se crolla una crolla anche l'altra, e così la *famigliarità*: J. Jalava, *Trust as a Decision*, Faculty of Social Sciences, Department of Social Policy Research Reports, Helsinki, 1/2006; P. Donati, L. Tronca, *Il capitale sociale degli italiani. Le radici familiari, comunitarie e associative del civismo*, FrancoAngeli, Milano 2008.

In breve, così come non si vedono le funzioni sociali della famiglia, altrettanto viene rimossa la consapevolezza delle corrispondenze fra ciò che succede in famiglia e ciò che succede nella sfera pubblica.

2. Il *family warming*: dalla famiglia autopoietica alla liquefazione della famiglia?

Nel dibattito pubblico si parla molto, e con giusta ragione, del surriscaldamento del clima e del pianeta (*global warming*), ma assai meno, per non dire nulla, del "surriscaldamento della famiglia". Propongo di chiamarlo *family warming*. Con questo termine intendo riferirmi a quanto è successo dall'emergere della famiglia autopoietica (di cui abbiamo parlato nel Primo Rapporto Cisf, 1989), fino alla liquidazione dei modi tradizionali di vita familiare. Il processo è consistito, e ancora consiste, nel fatto che le famiglie tendono a "farsi norma a sé stesse", comportandosi secondo valori e norme fuori del controllo sociale regolato da un ordine pubblico. Lo si può chiamare anche "privatizzazione", a patto di non considerarlo come una scelta autodiretta delle persone, ma come il prodotto di potenti forze economiche che vengono legittimate da legislazioni e prassi giudiziarie che vanno a rimorchio del mercato.

L'affermarsi della famiglia autopoietica, nel corso del tempo, ha prodotto la diversificazione e frammentazione delle forme familiari, cioè il fenomeno della "pluralizzazione", secondo il quale non si potrebbe più parlare di "famiglia" ma solo di "famiglie", al plurale.

Nei Rapporti precedenti abbiamo documentato questi processi in tutti gli ambiti di vita, sostenendo tuttavia che la questione terminologica (famiglia o famiglie) porta fuori strada. Non ci sarebbero "le famiglie" se non ci fosse un concetto di "famiglia" articolabile in forme diverse. Il fatto che si insista a evitare di parlare di "famiglia" indica l'adesione a un pensiero debole e relativista, incapace di andare oltre i meri fatti empirici, e inadeguato sul piano della riflessività. Come giustamente ha affermato Theodor Adorno, "*i fatti non sono, nella società, la realtà ultima*"[6]. La realtà ultima è di ordine ontologico, cioè ha a che fare con "l'essere" della famiglia. Questo essere è una struttura relazionale che non può essere ridotta all'affettività soggettiva dei singoli[7].

Certamente, i fatti empirici dicono che, negli ultimi trent'anni, la struttura familiare della società italiana è cambiata profondamente. Lo documenta bene il capitolo di analisi demografica, che incontreremo più avanti, di Gian Carlo Blangiardo e colleghi. Per richiamare qui solo gli aspetti più eclatanti del *family warming*, possiamo rilevare i seguenti fenomeni:

– massiccio invecchiamento della popolazione italiana, che è diventata una delle più anziane del mondo; il che significa aumento relativo delle famiglie di nonni e bisnonni, con molte famiglie di grandi anziani composte da un solo componente, in maggioranza donne vedove;
– costante restringimento delle coorti di donne in età feconda, il che spiega perché il tasso di fecondità non possa far altro che diminuire di anno in anno, essendo assai improbabile che un numero sufficiente di donne italiane possa avere almeno tre figli per portare il tasso di natalità al livello della riproduzione della popolazione;
– costante diminuzione delle coppie con figli;
– aumento delle famiglie con un solo genitore;

[6] T.W. Adorno, *Sulla logica delle scienze sociali*, in *Dialettica e positivismo in sociologia*, Einaudi, Torino 1972, p. 132.
[7] P. Donati, «La famiglia nell'orizzonte del suo essere», *La Famiglia*, 34 (2000) n. 200, pp. 57-74.

– esplosione delle famiglie a un solo componente, cioè i *single*;

Tanto per avere un'idea, si consideri la struttura della famiglia italiana che risulta dalla dichiarazione degli intervistati nell'indagine nazionale Cisf presentata in questo Rapporto (*Tabella 1*):

Tabella 1 – La struttura della famiglia così come dichiarata dall'intervistato (dic. 2019)

In totale, quante persone costituiscono attualmente la sua famiglia (ovvero vivono stabilmente nella stessa casa) lei compreso? In % e per classi di età (n. medio dei componenti sul totale 2,31)							
N.	**%**	18-34	35-44	45-54	55-64	65-74	75 e più
1	**29,2**	4,2	3,2	5,1	37,3	34,8	57,1
2	**31,7**	11,1	19,7	32,2	29,3	44,7	35,2
3	**20,8**	38,0	32,9	32,3	21,2	13,6	5,5
4	**13,7**	33,8	32,3	24,5	9,2	4,1	1,4
5	**3,9**	10,2	10,5	5,1	2,8	2,1	0,1
6	**0,6**	2,8	1,2	0,5	0,2	0,7	0,1
7	**0,2**	0,0	0,2	0,4	0,0	0,0	0,2
8	**0,1**	0,0	0,0	0,0	0,0	0,0	0,3
TOT.	**100,0**	100,0	100,0	100,0	100,0	100,0	100,0

Al dicembre 2019, la fotografia è la seguente. Il 60,9% delle famiglie italiane ha al massimo due componenti. Le famiglie che hanno più di quattro componenti sono ridotte al lumicino (4,8%). Prevale la famiglia ridotta a coppia (31,7%). Le famiglie più ristrette sono presenti nelle fasce di età più alte (dai 55 anni in su), mentre le famiglie più ampie sono maggiormente rappresentate nelle classi di età più giovani (18-44), dato che i figli rimangono più a lungo di un tempo nella famiglia di origine. Nell'arco di vent'anni il numero medio di componenti in famiglia è sceso da 2,7 (media 1996-1997) a 2,4 (media 2016-2017). Al dicembre 2019, una famiglia su tre è "single". Nel 2019, per 100 morti sono nati 69 bambini. La popolazione italiana quindi diminuisce nel saldo naturale. L'insieme di queste dinamiche rendono l'Italia uno dei Paesi più vecchi al mondo. Calano i primi matrimoni, mentre aumentano separazioni e divorzi in seguito anche all'introduzione del cosiddetto "divorzio breve".

Nel complesso, abbiamo una fotografia impietosa che mostra come la famiglia italiana vada piano piano esaurendosi. Come famiglia, persiste in una minoranza sempre più ristretta di popolazione. È opportuno sottolineare che questa tendenza non è momentanea o di breve periodo, ma è dovuta a meccanismi strutturali di lungo periodo che possono essere modificati solo con interventi radicali, assai improbabili in un Paese come l'Italia. In particolare, per risollevare la natalità verso il livello di rimpiazzamento della popolazione, si calcola che sarebbe necessario che circa il 35% delle donne avesse almeno tre figli, il che appare del tutto improbabile, se non con misure shock sul piano delle politiche familiari.

Non sembra che le classi dirigenti si rendano conto dell'impatto che una simile struttura demografica avrà sul futuro del Paese. Non si discute, per fare un esempio, sulla correlazione (statisticamente positiva) fra il processo di invecchiamento della popolazione e la crescita del debito pubblico, che può essere corretta solo con drastiche misure che riversino ingenti risorse sulle nuove generazioni, tenuto conto che ogni bambino che nasce porta con sé già un debito all'erario di circa 40 mila euro (sic!).

Nei Rapporti precedenti abbiamo parlato di "tendenze *suicidogene*" della popolazione italiana. Lo stesso termine può essere applicato alla famiglia in quanto struttura sociale. Negli ultimi trent'anni, molti, anche accademici, hanno ritenuto eccessiva questa espressione e i politici non hanno raccolto il nostro allarme, che non voleva, come non vuole, sollecitare politiche demografiche espansive, ma semplicemente favorire il rimpiazzamento della popolazione per ristabilire l'equilibrio fra le generazioni. Alcuni hanno rifiutato politiche pro-nataliste tacciandole di fascismo, quando tutti gli altri Paesi europei hanno iniziato a praticarle o le hanno aumentate. Adesso ne vediamo le conseguenze nei fenomeni di spopolamento di vaste aree, e negli squilibri fra i pochi giovani e i molti anziani. Le maggiori conseguenze negative si vedranno nei prossimi decenni, quando mancheranno i contributi per le pensioni degli anziani e i giovani dovranno arrangiarsi per sbarcare il lunario, oltre a dover pagare il debito pubblico creato dalle generazioni precedenti. Dove può andare un Paese in questa situazione?

Eppure il *mainstream* culturale ci assicura che le "nuove famiglie" sono una bellezza. Francamente, non mi pare, se consideriamo i problemi di un numero crescente di genitori soli con i figli, i nuovi livelli di conflittualità – fino alle violenze – nelle relazioni amorose, l'aumento della povertà, in particolare dei bambini. Una quantità incalcolabile di problemi di vita deriva dal fatto che le famiglie si sono assottigliate, hanno perduto di funzionalità autonoma, non hanno più le reti di solidarietà primaria di un tempo, sono diventate più deboli, precarie, bisognose di assistenza. Il fatto è che chi esalta le cosiddette nuove forme familiari come luoghi di felicità, spesso, sta parlando di alcuni strati di persone benestanti, di strati sociali privilegiati rispetto al resto delle famiglie. Come dimostra il caso di chi ottiene un figlio pagandolo a una madre surrogata.

L'allarme per gli effetti del *family warming* tocca in modo particolare i bambini, perché è su di essi che si riversano le difficoltà degli adulti. Come ha documentato il decimo *Atlante dell'infanzia* di *Save the Children*, l'Italia è un paese «vietato ai minori», dove negli ultimi dieci anni (2008-2018) il numero dei bambini e ragazzi in povertà assoluta è triplicato, raggiungendo quota 1,2 milioni. Per ora, una certa parte di famiglie resistono perché ci sono i nonni, ma fino a quando?

Di fronte a questo panorama, il *Forum delle associazioni familiari* da molti anni invoca nuove politiche familiari in Italia, ma rimane inascoltato. La debolezza delle azioni di *advocacy* delle associazioni familiari è ben nota. Guardiamo alla *Coface Families Europe*[8], che è la rappresentante delle associazioni familiari presso la UE. Che cosa chiede? Sotto l'etichetta programmatica di "una migliore società per tutte le famiglie", chiede: non-discriminazione, piena partecipazione dei disabili alla società, benessere dei bambini; solidarietà fra le generazioni; rispetto dei diritti umani; uguali opportunità fra i sessi; *empowerment* per tutte le famiglie di agire come cittadini, consumatori e lavoratori; internet per tutti; inclusione sociale (lotta alla povertà); sostenibilità (vedi *Figura 1*). Si tratta di obiettivi certamente tutti assai meritevoli, ma che riguardano la promozione del benessere della gente in generale, quale che sia la forma di famiglia in cui vivono. La Coface suppone che una famiglia valida derivi dallo star bene degli individui. Le relazioni sono ritenute funzionali al benessere individuale, un *byproduct* (effetto secondario) del benessere collettivo. Manca del tutto una visione relazionale della famiglia.

[8] La Coface, nata nel 1958 come confederazione delle associazioni familiari europee, oggi si definisce così: "Una rete europea di organizzazioni familiari che rappresentano gli interessi di tutte le famiglie, basata su valori di pluralismo e non discriminazione. Sosteniamo politiche/legislazioni che promuovano le pari opportunità tra le persone e tra le forme familiari".

Figura 1 – Il programma della Coface

Il fatto è, come abbiamo documentato nei Rapporti precedenti, che le politiche familiari hanno perduto il loro target, cioè la stessa famiglia, che ora coincide con le scelte più indeterminate di vita privata, in una sfera sempre più bisognosa di un intervento pubblico che la sostenga, mentre è lei stessa che genera una società de-politicizzata, spersonalizzata, precaria e priva di soggettività sociale. Mi rendo conto che questa affermazione può risultare pesante, e allora vediamo se e come può essere giustificata.

3. La morfogenesi familiare e il gioco delle relazioni

3.1. Comprendere la morfogenesi della famiglia

Il processo di morfogenesi, ossia di *generazione di nuove forme* familiari, è un processo che si sviluppa a partire da una struttura iniziale, passa attraverso l'interazione fra gli agenti che modificano tale struttura, e fa emergere una nuova struttura relazionale. È un processo che evolve nel tempo, che si concretizza in una successione di vari cicli, i quali, poco a poco, generano vari tipi di famiglie (*Figura 2*).

Figura 2 – Il processo di morfogenesi familiare

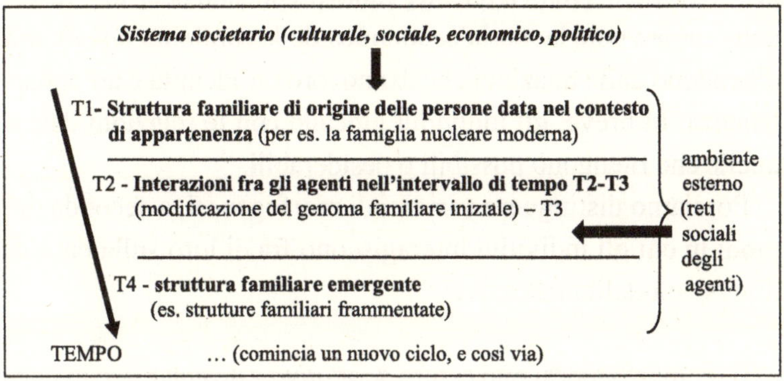

L'importanza di questo schema sta nel fatto che offre una serie di indicazioni.

Innanzitutto, ci dice che le strutture familiari esistenti sono sostenute da un sistema societario – culturale, sociale, economico, politico – in cui si collocano occupando una certa posizione, a seconda della loro condizione sociale, della cultura di appartenenza, della fase del ciclo di vita. Ogni area geo-politica ha la sua stratificazione. La relativa omogeneità di un tempo è sostituita da processi di differenziazione molto forti in virtù del pluralismo culturale.

In secondo luogo, la *Figura 2* evidenzia che le nuove forme familiari non emergono né solo per la volontà degli individui né per qualche necessità strutturale, ma per un gioco fra gli individui e le relazioni implicate dalle strutture societarie in cui vivono. I cambiamenti familiari non partono dagli individui in quanto tali, ma da una struttura sociale nella quale sono inseriti e alla quale reagiscono con diverse motivazioni, più o meno razionali, più o meno emotive, in base alle opportunità del contesto e con diverse modalità riflessive, il più delle volte problematiche. Qui giocano gli stili di vita che sono significativi per gli agenti. Gli individui giocano con le strutture, agendo in maniera tattica o strategica per derivarne quello che pensano possa essere il proprio benessere. Non vivono nel vuoto prendendo decisioni razionali (come vuole la teoria economica della *rational choice*), ma dipendono dalle relazioni che danno loro un'identità e un'appartenenza. In breve, gli individui giocano con le relazioni date e quelle che ritengono possibili o desiderabili.

Possiamo distinguere vari tipi di morfogenesi, a seconda dei modi in cui gli individui interagiscono fra di loro sulla base di diverse modalità riflessive:

(i) la morfogenesi può essere *adattativa e pragmatica*: in questo caso, i giochi sono limitati a interazioni che non modificano sostanzialmente la struttura familiare di partenza, ma semplicemente la adattano a nuove condizioni; prevale una riflessività *dipendente* dalla struttura iniziale; le persone non si allontanano molto dai modelli interiorizzati, ai quali restano legati; cercano solo degli aggiustamenti contingenti; in un certo senso, lo sono anche le famiglie ricostituite dopo un divorzio, quando si forma un altro nucleo familiare con un altro matrimonio;

(ii) la morfogenesi *instabile e caotica*: è quella di chi vive le relazioni interpersonali come flussi e processi privi di una struttura relazionale che abbia una sua normatività; qui gli individui non si ritrovano in un determinato modello familiare, adottano stili di vita precari, sostanzialmente fragili e vulnerabili; la loro riflessività è generalmente *fratturata* (decidono ora in un modo, ora in un altro, per esempio cambiano spesso partner) oppure *bloccata* e *impedita* (quando non riescono a pensare esattamente che cosa vogliono, come nel caso della dilazione o rifiuto temporaneo del matrimonio);

(iii) la morfogenesi *guidata* (*steered morphogenesis*): è quella che genera nuove forme sulla base delle distinzioni-direttrici proprie della famiglia, cioè l'asse matrimoniale e l'asse della filiazione, rispettando la differenziazione sessuale maschio/femmina; questa modalità richiede un modo maturo di interagire, che è quello della *meta-riflessività*, ossia la capacità di determinare uno scopo e di modificare sé stessi e le proprie relazioni passo a passo, in modo da gestire errori e delusioni. Quando quest'ultimo tipo di riflessività viene applicato alla relazione con l'Altro, parliamo di *meta-riflessività relazionale* – certamente difficile, ma l'unica che porta a generare i beni relazionali della famiglia, come il Cisf ha documentato in precedenti Rapporti[9] – che esiste nelle famiglie coese e prosociali.

La prevalenza statistica si trova nei primi due tipi di morfogenesi. Questo fatto ci dice che l'edificio della famiglia non viene distrutto, ma invece de-costruito, smontato pezzo per pezzo, e rimontato a seconda delle strategie del momento. Alla fine, abbiamo tanti pezzi che si possono usare come nel gioco del lego. I giochi sono "a briglia sciolta". Il nome di famiglia finisce per risultare vuoto, e possiamo dire: *stat familia pristina nomine, nomina nuda tenemus* (la famiglia esiste solo nel nome, abbiamo solo nomi nudi).

Oggi prevale ancora la morfogenesi adattativa, ma una società che promuove l'individualismo neo-liberale, sempre più pragmatica e processuale, volente o nolente favorirà sempre più una morfogenesi instabile e caotica.

Sul piano empirico, ciò significa il prevalere di cicli morfogenetici i cui esiti sono quelli di una continua frammentazione del-

[9] Si vedano i Rapporti Cisf: *Identità e varietà dell'essere famiglia: il fenomeno della "pluralizzazione"*, San Paolo, Cinisello Balsamo (MI) 2001; *La relazione di coppia oggi: una sfida per la famiglia*, Erickson, Trento 2012.

le famiglie. Frammentazione vuol dire crescente indebolimento delle capacità delle persone che interagiscono nell'arrivare a costruire delle forme familiari dotate di sufficienti risorse umane, culturali, sociali per far fronte ai bisogni del gruppo familiare come sistema relazionale. Detto in altri termini, le strutture familiari emergenti sono sempre più problematiche dal punto di vista relazionale, come testimoniano l'aumento dei *single*, l'attrazione delle coppie verso giochi di scomposizione e ricomposizione, la bassa natalità che indica crescenti difficoltà a generare beni relazionali. Manca una cultura delle relazioni sia nelle strutture di partenza, sia nell'ambiente che condiziona la vita familiare, perché le relazioni non sono tematizzate, e neppure viste.

3.2. Il gioco delle relazioni e i processi di ibridazione della famiglia

Che cosa succede nella fase T2-T3 della *Figura 2*, quando le persone interagiscono per fare famiglia adottando degli stili di vita familiare sulla base del principio del piacere, e poi giocano con le relazioni? Accade quel fenomeno che qui chiamo *ibridazione delle relazioni*, ossia il fatto che le persone creano degli intrecci relazionali che si avvalgono dell'uso di strumenti tecnologici oppure derivano da riconoscimenti giuridici che legittimano strutture familiari artificiali. In breve, vengono create delle reti familiari complesse che non hanno precedenti.

Per fare un esempio, prendiamo il caso di una donna del Nebraska, Cecile (61 anni), che ha voluto "regalare" un figlio al proprio figlio gay[10]. La donna partorisce una bambina (Uma Luise) che è stata concepita con il seme del figlio (Matthew) e l'ovulo della sorella (Lea) del suo compagno (Elliot). Cecile, a

[10] La notizia è stata diffusa da tutta la stampa nei giorni 7-8 aprile 2019.

questo punto, è allo stesso tempo madre e nonna di una bambina che è allo stesso tempo figlia e sorella del proprio figlio Matthew. La famiglia "allargata" che viene costituita ha dunque la seguente configurazione: la nonna (Cecile) è madre di una figlia (Uma Luise) che dona al figlio (Matthew), il quale è insieme il fratello e il padre della bambina, la cui madre è la zia (Lea) in quanto sorella del compagno di Matthew, Elliot.

Si tratta certamente di un esempio estremo, ma che ci rivela quali giochi relazionali saranno possibili in futuro con l'uso della riproduzione eterologa, della maternità surrogata e di altre tecniche che si profilano all'orizzonte, come quella futuristica dell'utero artificiale.

Recentemente in Francia è stata discussa una legge che prevede l'estensione del diritto alla "Pma" (procreazione medicalmente assistita) alle donne single e alle coppie lesbiche, includendo quindi anche le coppie cosiddette "asessuali"[11]. Era una promessa elettorale di Emmanuel Macron. Finora in Francia il ricorso alla Pma era riservato alle coppie sterili, eterosessuali, in età fertile. Con la nuova legge[12], le donne potranno dare alla luce bambini senza il concorso degli uomini, e per questo si è parlato di "fine del patriarcato", di "orfani pianificati", di "guerra alla natura", di relativismo che mina un'intera civiltà, e ancora di "esca e infelicità del transumanesimo". Nel nostro linguaggio, approvare istituzionalmente l'assenza del padre nella generazione dei figli porta a modificare le reti familiari in una direzione di cui non conosciamo le possibili conseguenze.

In tutti questi casi, l'ibridazione della famiglia, per via artifi-

[11] Le coppie e famiglie a-sessuali sono definite in base al fatto che mancano di attrazione sessuale, e pertanto possono avere figli solo senza generarli in modo naturale: M. Carroll, «Asexuality and Its Implications for LGBTQ-Parent Families», in A.E. Goldberg and K. R. Allen (eds.), *LGBT-Parent Families: Innovations in Research and Implications for Practice*, Springer, New York 2019.

[12] Nel momento in cui scriviamo, il disegno di legge non è stato ancora approvato in via definitiva, prorogato ancora (*ndr*), a meno di spostamenti di data.

ciale o legale, può essere compresa sotto il punto di vista della modificazione del genoma sociale proprio della famiglia, inteso non come fatto puramente naturale, ma *come dispositivo di passaggio dalla natura alla cultura* che caratterizza una civiltà.

Il genoma familiare consiste in quattro elementi fondamentali connessi fra loro, cioè: il *dono* reciproco fra i membri come valore che ispira la vita in comune; la norma della *reciprocità* come regola degli scambi interni; la *sessualità della coppia* e la *generatività* che ne consegue (*Figura 3*). Questi elementi formano i due assi fondamentali: l'asse *orizzontale* della coppia (legata dalla reciprocità e sessualità: I-A) e l'asse *verticale* della genitorialità (che connette il dono alla generatività: L-G), i quali operano in combinato disposto per formare una famiglia.

Figura 3 – La configurazione del genoma sociale e familiare e i fattori di cambiamento indotti dall'ambiente

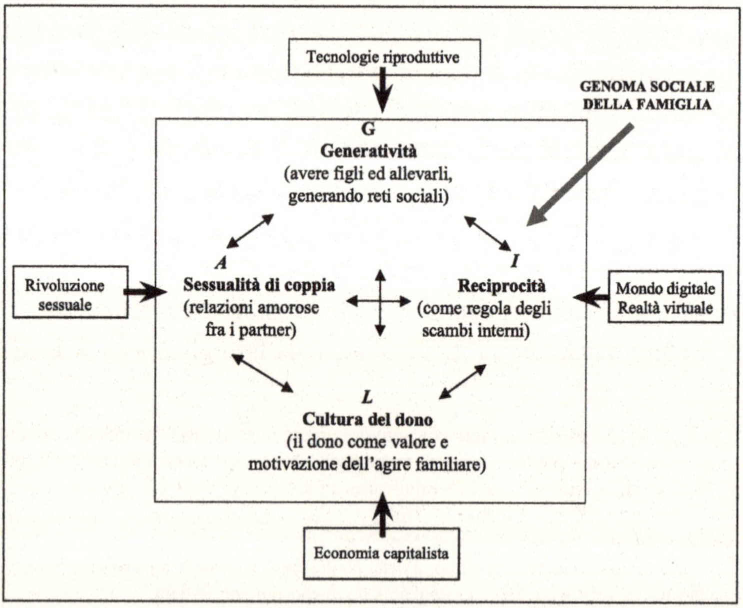

Questo modo di raffigurare la struttura relazionale della famiglia è certamente complesso, anche se qui viene presentato in forma già semplificata. Tuttavia, chiarisce bene quanto sia problematico arrivare a configurare uno stile di vita familiare solido e stabile. Di fatto, le famiglie sono sempre in transizione verso un assetto per loro ideale che sfugge continuamente, perché l'identità stessa della famiglia subisce continue oscillazioni.

Nelle società del passato, i quattro elementi erano tenuti assieme da una tradizione comunitaria a sfondo religioso che è ormai pressoché scomparsa. La secolarizzazione ha reso contingenti i quattro elementi (dono, reciprocità, sessualità, generatività) slegandoli e facendoli combinare fra loro in "altri" modi. Per la cultura postmoderna, il dono gratuito è impossibile o addirittura sempre avvelenato; la reciprocità è sostituita dall'aspettativa che l'altro soddisfi le proprie esigenze, altrimenti si abbandona il campo (così Anthony Giddens descrive la "coppia pura"); la sessualità è sempre meno regolata e staccata dall'identità di genere; la generatività risponde a motivazioni di tipo narcisistico o è sottoposta al calcolo costi-benefici.

La morfogenesi della famiglia consiste nel fatto che, modificando un elemento, vengono modificati anche tutti gli altri elementi e poi le loro relazioni, così da produrre una mutazione del genoma[13]. L'opzione-famiglia si decide in questo processo. Decisivo è l'influsso dell'ambiente, che è quello delle reti primarie – soprattutto amicali – di appartenenza, da cui si vuole ricevere quel consenso senza cui non ci si sente riconosciuti. A titolo di cronaca, vorrei citare un episodio. Un collega mi ha detto di essersi sposato, e quando gli ho chiesto com'è andata la cerimonia, mi ha spiegato che il suo matrimonio è consistito

[13] Mettere in crisi uno degli elementi significa mettere in crisi tutti gli altri, perché sono strettamente connessi, intrecciati come nell'*entanglement* della fisica quantistica.

nel fare un party a casa sua invitando gli amici, senza alcuna cerimonia civile o religiosa; semplicemente per avere il consenso della rete amicale.

Consideriamo le forze che modificano gli elementi basilari del genoma familiare (vedi *Figura 3*):

L) l'economia capitalista attacca la cultura del dono e introduce nel genoma elementi utilitaristici che oggi sono per lo più di carattere consumistico;

I) il mondo della comunicazione virtuale svuota la norma della reciprocità, perché tende a isolare i singoli, che sono connessi al mondo intero, ma non fra di loro[14];

A) la rivoluzione sessuale modifica profondamente la relazione di coppia, mettendo in causa la polarità maschio-femmina con l'apertura a un numero indeterminato di identità di gender (Lgbtqia[15]);

G) la generatività fisica viene modificata dalle nuove tecnologie della riproduzione (pratiche eugenetiche, fecondazione artificiale, maternità surrogata) e, domani, forse, all'uso dell'utero artificiale.

L'ibridazione delle relazioni familiari è un fatto in gran parte oggettivo e non intenzionale, avviene per imitazione, osmosi, assorbimento di modi di pensare e di fare appresi automaticamente dalla rete. Tuttavia, la scelta della forma familiare dipende dai giochi relazionali che gli individui stessi fanno tra gli elementi-base del genoma familiare.

[14] Sui processi di ibridazione delle relazioni dovute alle nuove tecnologie, si veda P. Donati, «The Digital Matrix and the Hybridization of Society», in I. Al-Amoudi, E. Lazega (eds.), *Post-Human Institutions and Organisations: Confronting the Matrix*, Routledge, Londra 2019, pp. 67-92.

[15] L'acronimo significa lesbica, *gay*, *transgender*, bisessuale, *queer* (eccentrico, insolito, non eterosessuale), *questioning* (indeciso), intersessuale, asessuale e *ally* (simpatizzante).

La *Figura 3* ha lo scopo di orientarci a comprendere gli enormi cambiamenti che avverranno nei prossimi decenni. Si tratta di capire fin dove sia possibile modificare il genoma familiare senza perdere le basi di un'intera civiltà. Nella prospettiva qui proposta, infatti, non si tratta di conservare un genoma fisso e immutabile, ma di fare in modo che il genoma, in quanto dispositivo di passaggio dalla natura alla cultura, possa utilizzare le nuove tecnologie – che caratterizzano da sempre l'essere umano[16] – in modo tale da valorizzare ciò che in esso vi è di naturale anziché stravolgere la natura umana della relazione famigliare. Questa idea va di pari passo con l'ecologia umana, che oggi giustamente si rivendica per promuovere un ecosistema sostenibile. Per cui potremmo parlare della necessità di favorire una *famiglia sostenibile*, nel senso di conferire un nuovo senso agli elementi del suo genoma sociale e ai modi di connetterli.

Alla luce della *Figura 3*, possiamo dire qualcosa sul fenomeno cosiddetto delle "nuove famiglie". Quali sono? Alla luce del genoma anzidetto, le vere nuove forme familiari si danno quando vengono radicalmente mutati i due assi portanti della famiglia, cioè la coppia sponsale e la filiazione, il che accade (i) quando la coppia è formata da identità sessuali che non si riconoscono nella polarità maschio-femmina; e (ii) quando la filiazione è ottenuta a prescindere dalla generatività della coppia, con l'intervento legittimato di un terzo esterno. Queste sono le famiglie realmente "nuove", perché non erano legalmente riconosciute in precedenza. Tutte le altre forme sono modificazioni di forme familiari tradizionali da cui sono derivate. In questo senso, la società post-famigliare converge con quella che è stata chiamata la "condizione post-umana".

Dove ci porta il *family warming*? La crescente ibridazione della famiglia, per via artificiale o legale, pone gli individui di

[16] C. Bordoni (a cura di), *Il primato delle tecnologie*, Mimesis, Milano-Udine 2019.

fronte a una pluralità di opzioni che richiedono una riflessività responsabile che tenga conto delle conseguenze. Tuttavia, queste sono quasi sempre sconosciute. E poi sappiamo che l'individuo ha ben scarsi poteri, perché il processo morfogenetico è collettivo. Se, dopo il '68, la domanda è stata "dove ci porta la rivoluzione sessuale?", oggi essa riguarda soprattutto la rivoluzione collettiva delle identità e delle relazioni familiari, portata dai processi di ibridazione delle relazioni familiari per via dell'assunzione di logiche derivate dal mondo virtuale/digitale, che ci accompagna quotidianamente[17].

4. La famiglia come opzione post-tradizionale

4.1. L'influenza dei "nuovi diritti"

È ormai evidente che l'Unione Europea ha abbandonato la famiglia all'autodeterminazione dei singoli, in quanto la identifica con una forma privatistica di pura affettività. Per andare dove?

Vediamolo con le parole di una insigne giurista, Marta Cartabia[18], secondo la quale l'Europa si trova in posizione di avanguardia nell'ambito della cultura giuridica dei diritti individuali e condiziona in modo determinante la legislazione dell'Italia, come degli altri Paesi dell'Unione, in ciò supportata dalla Corte europea dei diritti dell'uomo.

Per capire dove andiamo, Cartabia prende come esempi i casi della fecondazione assistita e del matrimonio omosessuale,

[17] A. Nordlund, S. Sekki, P. Korvela, J. Silvonen, «The changing everyday life of families and young people», in M. Toivonen, E. Saari (Eds.), *Human-Centered Digitalization and Services*, Springer, Singapore 2019, pp. 79-100.

[18] M. Cartabia, «I "nuovi" diritti», in *Stato, Chiese e pluralismo confessionale*, Rivista telematica, febbraio 2011, pp. 1-19 (on line: www.statoechiese.it).

su cui è intervenuta la suddetta Corte europea, considerandoli "nuovi diritti".

Nel primo caso, la Corte ha sostanzialmente affermato il diritto al figlio con tecniche di laboratorio, in base all'argomento secondo cui la distinzione tra fecondazione omologa ed eterologa provoca una discriminazione fra coppie che soffrono di problemi di sterilità e una violazione del loro diritto alla vita privata e familiare. Il diritto al figlio viene fatto derivare dalla Corte dalla matrice dell'art. 8 della Convenzione europea dei diritti dell'uomo, cioè dal diritto alla *privacy*: "tutti gli argomenti della Corte europea legati alla discriminazione tra diverse coppie – sostiene Cartabia – presuppongono un'altra affermazione e cioè che il diritto al rispetto della vita privata e familiare implichi il diritto ad avere un figlio"[19].

Nel caso del matrimonio omosessuale, la suddetta Corte adopera le stesse argomentazioni, dal momento che, sempre interpretando gli articoli della suddetta Convenzione, ritiene che le coppie omosessuali, anche se non godono della protezione dell'art. 12, debbono essere considerate "famiglie" e quindi sono protette dall'art. 8, nella parte in cui tutela la vita familiare come sfera privata.

"Entrambe le decisioni – scrive Cartabia – sono foriere di nuovi diritti, mai esplicitati in nessuna carta o dichiarazione scritta di diritti umani: il diritto ad avere un figlio e il diritto di una coppia omosessuale al riconoscimento giuridico di una unione di tipo familiare. Per essere precisi, le due decisioni pongono i primi elementi per lo sviluppo di tali diritti. I due nuovi diritti non hanno (ancora) una propria autonomia, ma costituiscono emanazioni, ramificazioni di diritti e principi scritti nella Convenzione (artt. 8 e 14). E tuttavia ne costituiscono uno sviluppo nuovo, potenzialmente costitutivo di una nuova posi-

[19] M. Cartabia, *Ivi*, p. 10.

zione giuridica soggettiva. In entrambi i casi la "produzione" di nuovi diritti si radica in due matrici culturali precise. Il diritto alla vita privata e il principio di non discriminazione. Si tratta delle stesse matrici culturali e giuridiche che sono alla base di tutta la stagione dei diritti individuali di matrice *liberal* che ha segnato una intera epoca del costituzionalismo americano. (...) Con questa nuova generazione di nuovi diritti originati dalla privacy si diffonde sempre più la versione *libertarian* dei diritti umani"[20].

Gli art. 8 e art. 14 della Convenzione, – continua Cartabia – specie se considerati in combinato disposto, si prestano ad essere interpretati come clausole aperte per la produzione *potenzialmente illimitata* di nuovi diritti.

Cartabia osserva che i nuovi diritti tendono a comparire nell'ordinamento giuridico privi di limitazioni (fatta eccezione, ovviamente, per quelle derivanti dal necessario bilanciamento con altri diritti individuali già protetti). Si apre un'era in cui i nuovi diritti sono considerati assoluti, sciolti cioè da vincoli che non siano le preferenze soggettive, dal momento che i nuovi diritti sono fondati su due principi: quello della libertà individuale, intesa come autonomia e autodeterminazione degli individui nella vita privata (principio di *privacy*), e quello di non discriminazione, inteso come attribuzione di uguali diritti a chi o che cosa sia differente (ad esempio le diverse forme familiari).

Tutto diventa possibile, se si muove dal presupposto che le differenze di fatto – per esempio i diversi tipi di sterilità o la differenza fra una relazione omosessuale di per sé non feconda e quella eterosessuale – non possano mai riflettersi in differenze di diritto, neppure quando fosse necessario per la tutela di altri beni e interessi generali – quali l'identità biologica dei fi-

[20] M. Cartabia, *ivi*, pp. 12-13.

gli, la prevenzione dell'uso commerciale del corpo o di parti di esso, la pratica eugenetica, il diritto del bambino ad avere una madre e un padre, e così via.

A mio avviso, dietro questo scenario si intravvede una rivoluzione antropologica, che vediamo tradotta nelle applicazioni giurisprudenziali: il fondamento dei diritti della persona non è più la dignità umana fondata sull'ontologia della persona, in qualche modo presupposta ai fatti empirici, ma è quello dell'autodeterminazione soggettiva. I due principi del diritto alla privacy e della non discriminazione conducono verso una società di perfetto individualismo, dove le relazioni sono certamente cercate e desiderate, ma come proiezioni del proprio "Io". La riprova sta nel fatto che le famiglie sono definite in base alle aspettative delle persone, e non in base alla qualità delle relazioni. Prendiamo il caso delle "famiglie arcobaleno". La rete NELFA (*Network of European LGBTIQ Families Associations*) le definisce in base al fatto che siano presenti dei genitori Lgbtiq. Ma questa non è una definizione di famiglia, perché – sociologicamente – la famiglia è definita in base alle caratteristiche delle sue relazioni e non in base alle caratteristiche degli individui.

La libertà di autodeterminazione, intesa come libertà dalle costrizioni esterne, si traduce in assenza di legami e liberazione da ogni forma di condizionamento fattuale e relazionale, ed esprime l'immagine della persona umana come un individuo astratto che intende essere padrone di sé stesso.

Cartabia termina il suo intervento avvertendo che questo corso delle cose ha rischi tremendi. Di fatto, il puro moltiplicarsi dei diritti non avvicina alla meta desiderata, ma – al contrario – può far naufragare l'intero viaggio, nel senso che la moltiplicazione delle norme che definiscono i diritti non riduce, ma di fatto aumenta i rischi di violazione dei diritti stessi. Dobbiamo constatare – con non pochi motivi di preoccupazione – che si sta diffondendo una nuova minaccia per i diritti delle persone: "la negazione dei loro diritti in nome dei diritti stessi", cioè nuovi abusi. Può accadere che i nuovi diritti "umani", anziché servire lo scopo originario di baluardo della persona umana contro le degenerazioni del potere, diventano essi stessi – magari in buona fede – strumenti di esercizio del potere, politico o di gruppi particolari, sulla persona umana.

Che fare allora?

Cartabia non indica una precisa strada da percorrere, il suo è un appello a considerare i rischi e le problematiche che derivano dai cosiddetti "nuovi diritti". Esiste un'alternativa?

A mio parere, l'alternativa è possibile se ci si rende conto che il diritto vigente ignora le relazioni sociali umane e anzi immunizza le persone dalle relazioni, lasciandole alla pura soggettività. I due principi della privacy e della non discriminazione negano appunto la costituzione relazionale, di diritto e di fatto, della persona umana e, conseguentemente, negano la costituzione relazionale della famiglia come luogo di umanizzazione della persona.

Il punto di svolta sta nel riconoscere che *i diritti sono relazioni.*

4.2. Ripensare i diritti familiari come relazioni

Da tempo, specie in campo femminista, si propone una nuova comprensione dei diritti come relazioni e un costituzionalismo come dialogo di rendicontabilità democratica.

Una delle voci più significative è quella di Jennifer Nedelsky[21], la quale ritiene che l'approccio relazionale possa offrire

[21] J. Nedelsky, «Reconceiving Rights as Relationship», in *Review of Constitutional Studies/Revue d'études constitutionnelles*, 1 (1993) n.1; J. Nedelsky, *Law's Rela-*

una via alternativa per risolvere il problema dei diritti, che da individuali debbono essere ridefiniti in senso relazionale. Il focus delle decisioni in materia di diritti dovrebbe essere sul tipo di relazione che vogliamo promuovere e, di conseguenza, sulle istituzioni che possono contribuire a tale scopo. Se ci concentriamo sul concetto di autonomia, che, come ho ricordato in precedenza, è il concetto-chiave del pensiero giuridico e politico di trasformazione della famiglia, vediamo che la teoria prevalente dell'individualismo liberale caratterizza l'autonomia come indipendenza nella *privacy*. Eppure, dal punto di vista sociale, questa concezione è palesemente inadeguata. Nedelsky afferma che dobbiamo ripensare la nostra nozione di autonomia, rifiutando il solito vocabolario di controllo, confini e diritti individuali.

Se capiamo che siamo fondamentalmente in relazione con gli altri, riconosceremo che diventiamo anche autonomi con gli altri – con genitori, insegnanti, datori di lavoro, con chi vogliamo convivere, con lo Stato. Non dovremmo quindi considerare l'autonomia come un semplice strumento concettuale per l'assegnazione dei diritti, ma come una capacità che può essere promossa o indebolita durante la vita attraverso le relazioni e le strutture sociali in cui viviamo. Il progetto politico quindi non dovrebbe essere solo quello di proteggere l'individuo da costrizioni esterne, ma di usare la legge per costruire relazioni tra la sfera privata e quella pubblica che possano migliorare l'autonomia delle persone in un tessuto di relazioni responsabili.

Di recente, i fautori dei nuovi diritti neo-liberistici hanno tentato di legittimarli sulla base del concetto di "dignità delle relazioni". Con questo termine essi intendono riferirsi al riconoscimento dell'affettività come qualità che rende degne le rela-

tions: A Relational Theory of Self, Autonomy, and Law, Oxford University Press, New York 2011.

zioni. Per esempio, nelle coppie Lgbtqia, nella cura dei figli comunque ottenuti, e in generale nelle formazioni sociali in cui i singoli "svolgono" la loro personalità. Una relazione sarebbe allora degna solo per il fatto di essere sentita come relazione d'amore. Tutti noi apprezziamo i sentimenti d'amore ma questo non basta per rendere degna una relazione, che non dipende solo dai soggetti, ma ha una sua struttura, che deve essere virtuosa, altrimenti anche l'amore intersoggettivo può essere fonte di mali relazionali. Ci sono affetti che stravolgono la vita altrui, e talvolta perfino uccidono. Come ha affermato Corrado Pontalti in uno dei Rapporti Cisf, beati sono coloro che non si sposano per il solo fatto di essere innamorati, ma per il bene della loro relazione, e dei frutti che la relazione può portare.

Le relazioni intersoggettive hanno certamente una dignità, ma la posseggono in quanto hanno qualità e proprietà causali propriamente umane, cioè tali da umanizzare le persone, non quando sono semplicemente delle proiezioni di desideri, emozioni, sentimenti e affetti individuali. Le relazioni famigliari sono un'altra cosa rispetto alle passioni amorose. La famiglia è fatta di relazioni, non di emozioni individuali (cioè è fatta *dagli* individui, ma la sua sostanza consiste di relazioni). La dignità delle relazioni può essere data da un atteggiamento denso di affetto e da un agire di cura dell'Altro, ma bisogna vedere la qualità di questi atteggiamenti e comportamenti, e dove essi portano. La famiglia, in ogni caso, è più di questo, molto di più.

La dignità delle relazioni richiede che la relazione sia moralmente buona. E ciò avviene non solo se gli individui sono buoni, ma se questa si forma sulla base degli elementi che caratterizzano il genoma famigliare, cioè il dono, la reciprocità, la sessualità di coppia e la generatività, almeno desiderata, che ne consegue. L'Io è relazionale, ma si umanizza solo con certe relazioni e non con altre.

La relazione è un'entità a sé, nel senso che ha qualità e proprietà causali proprie. Essa è certamente generata dagli individui in relazione, ma è una realtà emergente *fra di essi*, non è il prodotto delle loro buone volontà e delle loro buone azioni, come ancora molti la intendono. È a questa realtà che si riferisce l'art. 29 della nostra Costituzione repubblicana quando parla di "diritti *della* famiglia", e non solo di diritti degli individui *nella* famiglia ("La Repubblica riconosce i diritti della famiglia come società naturale fondata sul matrimonio. Il matrimonio è ordinato sull'uguaglianza morale e giuridica dei coniugi, con i limiti stabiliti dalla legge a garanzia dell'unità familiare"). Il punto è che i diritti della famiglia vengono sacrificati a quelli individuali, creando così una società sempre più individualista. Nessuno si prende cura delle relazioni come tali, perché manca una cultura delle relazioni che sappia distinguere le qualità proprie di ogni genere di relazioni.

In teoria ciò dovrebbe accadere, ad esempio, quando si confrontano i diritti della famiglia con quelli di altre formazioni sociali. La legge 20 maggio 2016, n. 76 (detta Legge Cirinnà) ha istituito l'unione civile tra persone dello stesso sesso, quale specifica formazione sociale, ai sensi degli articoli 2 e 3 della Costituzione e ha disciplinato le convivenze di fatto. Queste forme sociali dovrebbero quindi essere distinte dalle famiglie in senso proprio (ex art. 29 della Costituzione), ma ciò viene negato in base ai principi di *privacy* e non discriminazione di cui si è detto, che impongono di togliere le distinzioni, in quanto ritenute "discriminatorie", anziché, come dovrebbero essere, protettive delle specifiche qualità relazionali di ogni forma sociale. Invocando la flessione delle garanzie istituzionali e il principio pluralista verso il libero svolgimento della personalità, le correnti neo-liberiste sostengono che alle nuove proiezioni sociali dell'autodeterminazione individuale non si possano opporre limiti diversi da quelli derivanti da eventuali (imprecisati) doveri di solidarietà.

È lo stretto legame tra principio pluralista e libero svolgimento della personalità nelle formazioni sociali che, secondo queste opinioni, rivela un nesso altrettanto intenso con le dinamiche dell'eguaglianza e, in modo del tutto particolare, con l'eguaglianza intesa come *pari dignità delle differenze*, e cioè come riconoscimento di eguale capacità di dare vita a esperienze di relazione a partire dalla propria autodeterminazione, anche in ambito affettivo. Si contrappone l'esperienza delle relazioni vissute a supposte astratte ricostruzioni dogmatiche, in quanto tali esperienze sarebbero solidamente ancorate agli articoli 2 e 3 della Costituzione. Si invita così il diritto a riconoscere quelle esperienze di vita che, nella pluralità delle loro manifestazioni, sono espressione dell'autodeterminazione solidale del singolo nelle formazioni sociali. In breve, per il *mainstream* culturale, si tratta di assicurare che il diritto si adegui pienamente alla molteplicità di esperienze che caratterizzano l'autodeterminazione in materia familiare.

Questa concezione della "dignità delle relazioni" semplicemente recepisce l'attuale spinta neo-liberistica che viene dall'espansione del mercato neo-capitalistico delle relazioni umane, a cui le legislazioni postmoderne si piegano come alberi curvati dalla bufera. Ripeto: non si tratta di negare il valore che possono avere certe relazioni di amicizia, sostegno, cura reciproca, ma di non confonderle con quelle che costituiscono una struttura famigliare. Sono condizioni e progetti diversi, che producono effetti diversi.

5. Conclusioni e prospettive: la scelta della forma familiare non è una questione individuale

Nei trent'anni dei Rapporti Cisf abbiamo analizzato i processi che hanno portato dalla famiglia autopoietica all'evaporazione della famiglia, che viene ridotta al lumicino di poche persone che convivono assieme, quali che siano le loro relazioni, purché siano affettive e "di cura". La famiglia diventa, come recita il nuovo diritto, "una persona che si prende cura di almeno un'altra persona". Non vogliamo con ciò negare l'importanza degli affetti e della presa in carico delle persone con cui conviviamo. Ci mancherebbe altro. Ma di qui a pensare che la famiglia del futuro sia solo questo, ce ne passa. Sarebbe una famiglia piuttosto fragile, precaria, incapace di affrontare le sfide della vita.

Di fatto, l'indagine nazionale che viene presentata in questo Rapporto ci dice che, tutto sommato, in una parte significativa delle famiglie italiane il genoma sociale della famiglia ancora tiene. Ma non potrà reggere, nel lungo periodo, di fronte alle pressioni di una società post-familiare guidata da tecnologie sempre nuove e da diritti ispirati all'individualismo.

La società degli ultimi decenni ha abbandonato la famiglia a sé stessa, in preda al mercato e alle mode che l'accompagnano. Il sistema dei servizi alle famiglie non ha recepito gli stimoli a costruire un welfare relazionale. Le famiglie stesse, del resto, di fronte alle difficoltà, si sono ritirate nel privato e hanno perduto il senso della trasmissione generazionale.

Allora dobbiamo abbandonare l'idea che la famiglia possa generarsi con una sua struttura capace di essere fonte di beni relazionali, anziché di giochi che producono mali relazionali? Certo non è utile, a questo scopo, generalizzare il concetto di famiglia al punto che tutte le situazioni soggettivamente chiamate così ("famiglie di scelta") siano considerate equivalenti, o comunque indifferenti quanto alla loro forma. Pensare la famiglia come una questione di scelte individuali è scorretto e fuorviante per una serie di motivi. Perché le forme familiari sono il prodotto di processi collettivi di morfogenesi delle strutture sociali. Perché gli individui come tali sono troppo deboli e fragili per creare da soli relazioni solide in assenza di un sostegno della sfera pubblica. Perché le scelte, apparentemente individuali, seppure dipendano da emozioni e strategie individuali, sono più profondamente l'espressione di dinamiche di reti di relazioni che sovrastano l'individuo, il quale è spinto da bisogni di appartenere a quelle reti.

Non sarà certo un modello neo-statalistico di distribuzione dei diritti individuali a burocrazia centralizzata che aiuterà le famiglie ad essere famiglia. Serve una cultura autenticamente relazionale. Le scienze sociali dovrebbero essere in grado, se fossero sapienti, di distinguere tra relazioni famigliari e "altre" relazioni. E le politiche sociali dovrebbero trattarle in base a criteri di giustizia ed equità sociale che valorizzino gli apporti che i diversi stili di vita familiare danno alla società.

L'opzione-famiglia non consiste nella scelta di un sentimento o in una certa idea di benessere, né tantomeno in un modello *a priori* di vita in comune, ma nella ricerca di un genere di relazioni che non ha sostituti funzionali.

Non si tratta di mettere in dubbio o limitare i diritti fondamentali della persona umana, ma di concepirli relazionalmente anziché individualisticamente. Solo così si può generare una società conviviale. Prima di abbandonare la famiglia nucleare bisognerebbe pensarci non una, ma molte volte. L'alternativa di una famiglia "oltre la natura" ci porta verso una famiglia postumana.

Per concludere. La famiglia, in quanto tale, è stata abbandonata a sé stessa per dare spazio a un individuo teso a sperimentare tutte le libertà dei "possibili altrimenti". Oggi siamo nella fase storica di espansione di un Individuo autoreferenziale che pensa di definire sé stesso e le sue relazioni così come vuole. Questo individuo "aumentato" si ritroverà senza un "Io" che lo possa sorreggere, e allora cercherà relazioni che gli possano dare un senso vitale. Capirà che la famiglia non è un aggregato di individui che stanno assieme solo perché provano piacere, ma è un impegno per un progetto di relazioni umane. Nel frattempo, comunque, la gran parte delle famiglie sperimenterà condizioni frammentate e problematiche di vita. Gli appelli all'altruismo, alla fratellanza, alla comprensione, alla solidarietà, alla responsabilità sono importanti, ma da soli non possono fare molto. Le famiglie come tali dovranno lottare per trovare la loro identità. Dovranno costruire un nuovo ordine familiare, che comunque sarà un ordine costruito sull'orlo del caos.

Capitolo 2

IL FUTURO DELLA FAMIGLIA IN ITALIA: QUALI PROSPETTIVE DI CAMBIAMENTO?

Gian Carlo Blangiardo, Stefania Maria Lorenza Rimoldi**, Elisa Barbiano di Belgiojoso****

Introduzione

Alla fine degli anni Cinquanta, quando si stava realizzando l'ultima fase della prima transizione demografica, venne pub-

* **Gian Carlo Blangiardo** è Professore Ordinario di Demografia dal 1994. Insegna presso il Dipartimento di Statistica e Metodi Quantitativi dell'Università degli Studi di Milano-Bicocca dove ha svolto, per più mandati, il ruolo di Direttore del Dipartimento di Statistica. Ha presieduto il Gruppo Italiano di Coordinamento della Demografia ed è stato membro del Consiglio Scientifico del Progetto Culturale della C.E.I. e del Gruppo di esperti di Demografia ad alto livello presso la Commissione Europea. Ha collaborato a numerose Commissioni e gruppi di lavoro in ambito ministeriale e regionale su temi di carattere socio-demografico ed è stato membro della delegazione italiana alla Conferenza Internazionale sulla Popolazione organizzata dalle Nazioni Unite a Città del Messico nel 1984 e al Cairo nel 1994. Dal febbraio del 2019 è Presidente dell'Istituto Nazionale di Statistica (Istat).

** **Stefania Maria Lorenza Rimoldi** è Ricercatore di Demografia presso il Dipartimento di Statistica e Metodi Quantitativi dell'Università degli Studi di Milano-Bicocca. Ha partecipato a numerose conferenze nazionali e internazionali. Ha preso parte a diversi progetti di ricerca sui temi dell'invecchiamento, della povertà e dell'immigrazione. È membro della Società Italiana di Studi di Popolazione, la Società Europea di Studi di Popolazione e la Società Italiana di Demografia, Economia e Statistica, della quale è membro del Consiglio Direttivo. Ha pubblicato articoli su diverse riviste nazionali e internazionali. Tra i più recenti: Rimoldi, S.M.L., Barbiano di Belgiojoso, E., Terzera, L., «Internal Mobility and Family Commitment of Foreigners in Italy», *International Migration* (2019); Arcagni, A., Barbiano di Belgiojoso, E.B., Fattore, M., Rimoldi, S.M.L., «Multidimensional analysis of deprivation and fragility patterns of migrants in Lombardy, using partially ordered sets and self-organizing maps», *Social Indicators Research*, 141(2), (2019).

*** **Elisa Barbiano di Belgiojoso** è Professore Associato di Demografia presso il Dipartimento di Statistica e Metodi Quantitativi dell'Università degli Studi di Milano-Bicocca. Ha partecipato a numerosi convegni internazionali. L'attività di ricerca

blicato in Italia il Dizionario Demografico Multilingue, che definiva la famiglia come un'istituzione[1].

Da allora molte cose sono cambiate.

Il modello tradizionale della coppia coniugata con figli, già compromesso alla fine del secolo scorso, negli ultimi vent'anni è andato ulteriormente indebolendosi. In primo luogo, la crisi dell'istituzione matrimoniale, cominciata in Italia nel 1972[2], sembra interpretare la disconnessione dalla tradizionale sequenza degli eventi cruciali del ciclo di vita dell'individuo: l'uscita dalla famiglia d'origine, l'entrata nella vita sessuale attiva, la formazione della coppia e la riproduzione. L'espansione degli intervalli tra gli eventi, la loro rarefazione, ma anche la loro circolarità, fatta di rotture e ricostruzioni, hanno dato vita a una pluralità di forme familiari sempre più distanti dal modello tradizionale. Accanto alla sempre più debole famiglia finalizzata alla riproduzione, sono ormai numericamente rilevanti le altre forme di convivenza tra individui, finalizzate allo svolgimento di altre funzioni, come l'affetto, la reciproca cura o, semplicemente, la condivisione (di spazi, tempi, risorse). La dinamica familiare che si è manifestata a partire dagli anni Settanta, avviatasi già alcuni decenni prima nel nord Europa, è strettamente collegata, in primo luogo, al-

si concentra sulle previsioni demografiche, l'analisi della condizione degli stranieri in Italia. È membro della Società Italiana di Studi di Popolazione e la Società Europea di Studi di Popolazione. Ha pubblicato numerosi articoli scientifici su riconosciute riviste nazionali ed internazionali. Tra i più recenti: Barbiano di Belgiojoso E., Ortensi L.E., «Satisfied after all? Working Trajectories and Job Satisfaction of Foreign-born Female Domestic and Care Workers in Italy», *Journal of Ethnic and Migration Studies* (2018); Cela E., Barbiano di Belgiojoso E., «Ageing in a foreign country: determinants of self-rated health among older migrants in Italy», *Journal of Ethnic and Migration Studies* (2019).

[1] B. Colombo, *Dizionario demografico multilingue*, IUSSP (International Union for the Scientific Study of Population: Commission of the Demographic Dictionary), volume italiano, Giuffrè, Milano 1959, p. 8.

[2] G.C. Blangiardo, S.M.L. Rimoldi, «Portrait of the Italian Family: Past, Present and Future», *Journal of Comparative Family Studies*, 45(2), (2014), pp. 57-76.

la diffusione dei valori individualistici centrati sul perseguimento degli obiettivi di realizzazione personale. Per la popolazione femminile, questo fenomeno si è tradotto in un maggior coinvolgimento nel mercato del lavoro e in un minor investimento nell'istituzione familiare come risorsa per la sopravvivenza. Inoltre, sullo sfondo di un generale processo evolutivo verso valori fortemente orientati all'individualismo e del venir meno dell'idea di famiglia come bene di investimento, le difficoltà economiche congiunturali degli ultimi anni si sono inserite nelle scelte familiari, ridefinendone il sistema di vincoli e di opportunità.

Va anche ricordato che le trasformazioni familiari sono strettamente collegate a quelle che interessano la popolazione più in generale: l'invecchiamento demografico, esso stesso causa ed effetto della riduzione delle nascite (famiglie più piccole, minori legami generazionali) e il consolidamento dell'ormai consistente elemento straniero, che per la complessità delle generazioni e delle provenienze che lo compóngono, finisce per incidere in modo sostanziale sulle strutture familiari italiane di oggi.

Il capitolo si propone di illustrare il quadro di riferimento quantitativo delle famiglie nel nostro Paese: si darà conto delle più importanti trasformazioni intervenute nel corso degli ultimi vent'anni e si stimerà la consistenza delle principali tipologie familiari (e della relativa popolazione) nel prossimo futuro.

1. Il quadro teorico di riferimento

Le trasformazioni che l'istituzione familiare ha subito negli ultimi decenni, nelle società post-transizionali, hanno trovato spiegazione, da parte degli studiosi, entro due filoni teorici di ricerca che si riconducono, da un lato, alla teoria della *new hou-*

sehold economics[3], e dall'altro alla teoria della *seconda transizione demografica* (STD)[4].

La teoria della *new household economics* attribuisce il cambiamento avvenuto nella famiglia al mutamento del sistema di costi/opportunità derivanti dall'inevitabile de-specializzazione dei ruoli di genere all'interno della famiglia, dovuta all'emancipazione femminile nei percorsi educativi e nel mercato del lavoro. Ne consegue che il più elevato livello di istruzione della donna, il suo maggiore impegno nel mercato e il reddito familiare (indirettamente, attraverso l'effetto sostituzione tra figli e altri beni, meno *time-consuming*) risultano correlati negativamente alla fecondità[5].

D'altro canto, in estrema sintesi, la visione della *seconda transizione demografica* attribuisce la dissoluzione del modello familiare tradizionale al cambiamento di valori e norme sociali, orientati verso un maggiore individualismo, e alla secolarizzazione del valore del matrimonio nell'ambito della procreazione, che si sono cominciati a manifestare in Europa già nella metà del secolo scorso, per poi diffondersi a macchia d'olio fino a lambire, nei decenni successivi, le realtà tradizionaliste del sud del Vecchio Continente[6]. L'espressione "convergenza verso la diversità"[7] esprime sinteticamente i mutamenti, anco-

[3] G.S. Becker, «A theory of marriage: Part I», *The Journal of Political Economy*, 81(4), (1973), pp. 813-846; G.S. Becker, «A theory of marriage: Part II», *The Journal of Political Economy*. 82(2), (1974), pp. 511-526.

[4] R. Lesthaeghe, «On Theory development: Applications to the study of family formation», *Population and Development Review*, 24(1), (1998), pp. 1-14; D.J. Van de Kaa, «Europe's Second Demographic Transition», *Population Bulletin*, 42 (1987), pp. 1-57.

[5] G. De Santis, *Demografia ed economia*, Il Mulino, Bologna 1997.

[6] R. Lesthaeghe, «The unfolding story of the second demographic transition», *Population and Development Review*, 36(2), (2010), pp. 211-251.

[7] A. Kuijsten, A., «Changing family patterns in Europe, a case of divergence?», *European Journal of Population*, 12(2), (1996), pp. 155–143; B. Perelli-Harris, M.R. Kreyenfeld, W. Sigle-Rushton, R. Keizer, T. Lappegård, A. Jasilioniene, C. Berghammer, P. Di Giulio, K. Köppen, «Examining nonmarital childbearing in Europe: how

ra in corso, della formazione delle unioni e dei suoi riflessi su modalità e intensità della discendenza, che hanno interessato i Paesi europei dalla metà del secolo scorso.

La seconda transizione demografica si manifesta in tandem con la crescita del post-materialismo, del disimpegno dalla partecipazione civile e dell'egualitarismo nelle relazioni tra i sessi. L'orientamento valoriale verso l'individualismo e l'anticonformismo in tutte le dimensioni dell'individuo è alla base delle scelte verso nuove forme familiari de-strutturate: le convivenze, le genitorialità senza coabitazione, le monadi[8].

Un importante fattore di differenziazione nelle modalità e nei tempi in cui la seconda transizione demografica si è manifestata entro le diverse realtà geografiche è il rapporto di sequenzialità causa-effetto tra i comportamenti, le norme sociali (con particolare riferimento ai ruoli di genere), le condizioni strutturali e i sistemi di regole che caratterizzano i singoli contesti[9]. Un rapporto che non può ritenersi universalmente valido: in taluni Paesi sono i mutamenti nei comportamenti ad aver indotto i cambiamenti nelle norme sociali, in altri, invece, il cambiamento nel sistema di regole ha preceduto quello nei comportamenti. Nei Paesi est-europei, ad esempio, il desiderio di libertà (anche nei costumi) e il vuoto normativo nelle politiche di *welfare* creato dalla caduta del muro di Berlino, hanno accelerato la piena adozione dei modelli familiari e riproduttivi (convivenze, nascite fuori dal matrimonio) dei Paesi dell'Europa occidentale e nord-americani, modificando i

does union context differ across countries?», *MPIDR Working Paper WP2009-021*, Max Planck Institute for Demographic Research, Rostock 2009.

[8] R. Lesthaeghe, «The second demographic transition: A concise overview of its development. Proceedings of the National Academy of Sciences», 111(51), (2014), pp. 18112-18115.

[9] G.C. Blangiardo, S.M.L. Rimoldi, *cit.*

comportamenti prima delle norme, sociali e legali[10]. In Italia, l'adozione di questi modelli di unione e riproduzione è stata (e in parte lo è ancora) frenata dall'attrito dovuto al suo specifico contesto socio-economico e culturale. La resistenza del modello familiare tradizionale forte, caratterizzato da legami tra le generazioni riluttanti ad allentarsi, e alimentato da un sistema di *welfare* debole, si è sostanzialmente tradotto nell'allungamento della permanenza dei figli nella famiglia d'origine, con la conseguente dilatazione dei tempi di formazione dei nuovi nuclei familiari e, in definitiva, nella riduzione dei livelli della fecondità[11].

Benché da due punti di vista diversi, sia per le teorie microeconomiche della famiglia, sia per la seconda transizione demografica, si scorge l'ipotesi di fondo che assicura ai desideri di autorealizzazione e di crescita individuale la posizione apicale nella piramide dei bisogni umani[12]. Va osservato che lo stesso Lesthaeghe, più recentemente[13], ha proposto una rilettura della teoria della seconda transizione demografica (STD), secondo cui essa si propone come sovraordinata rispetto alle due contrapposte visioni, quella economica e quella sociologica: in questa più recente rivisitazione, la STD non risulta in contrasto con gli argomenti fondamentali del ragionamento economico neoclassico, in quanto tratta i cambiamenti

[10] A. Thornton, D. Philipov, «Sweeping changes in marriage, cohabitation and childbearing in Central and Eastern Europe: new insights from the developmental idealism framework», *European Journal of Population*, 25 (2009), pp. 123–156.

[11] G. Dalla Zuanna, «The banquet of Aeolus: a familistic interpretation of Italy's lowest low fertility», *Demographic Research*, *4*(5), (2011), p. 133-162; G. Dalla Zuanna, G. Micheli, *Introduction*, in G. Dalla Zuanna e G. Micheli (Eds.), *Strong family, familism and lowest-low fertility*, Kluwer Academic Press, Dordrecht 2004, (pp. i-xv); A. Rosina, F. Billari, M. Livi Bacci, «Famiglia e figli», in Gruppo di Coordinamento per la Demografia e S.I.S. (Eds.), *Generazioni, famiglie, migrazioni. Pensando all'Italia di domani*, Fondazione Giovanni Agnelli, Torino 2006.

[12] A.H. Maslow, R. Frager, R. Cox, «Motivation and personality» (Vol. 2), in J. Fadiman, C. McReynolds (Eds.), Harper & Row, New York 1970.

[13] Lesthaeghe, R. (2014), *cit.*

ideazionali e culturali come influenze esogene che aggiungono stabilità alle tendenze.

Nel quadro descritto, il percorso evolutivo dei modelli familiari risulterebbe già tracciato e inevitabilmente orientato, seppur con tempi e modi diversi, verso il limite teorico della dissoluzione delle famiglie in unità individuali.

Va tuttavia osservato come, secondo alcune recenti evidenze empiriche, il trend nei processi di formazione delle famiglie sembrerebbe avere natura transitoria[14]. In primo luogo, negli anni più recenti si registrano tassi di fecondità positivamente correlati all'occupazione femminile e al reddito[15]. Inoltre, la battuta d'arresto nel trend decrescente, segnata dai tassi trasversali di fecondità, sembrerebbe attribuibile a una contrazione del ritardo accumulato nella fecondità dalle generazioni[16]; un tale effetto potrebbe presumibilmente avverarsi anche per i divorzi e i matrimoni. Secondariamente, nonostante l'evidente calo della propensione verso il matrimonio e il maggiore ricorso al divorzio, numerose sono le indagini che testimoniano la sostanziale tenuta della portata valoriale del matrimonio, della maternità e del numero desiderato di figli[17]. Infine, in alcuni Paesi si osserva il riemergere della fecondità differenziale rispetto alla classe sociale. La relazione tra fe-

[14] G. Espig-Andersen, F.C. Billari, «Re-theorizing Family Demographics», *Population and Development Review*, 41(1), (2015), pp. 1-31.

[15] M. Myrskylä, H.P. Kohler, F.C. Billari, «Advances in dovolopment reverse fertility decline», *Nature*, 460(7256), (2009), pp. 741-743; OECD, *Doing Better for Families*, OECD Publishing, Parigi 2011.

[16] J. Bongaarts, T. Sobotka, «A demographic explanation for the recent rise in European fertility», *Population and Development Review*, 38(1), (2012), pp. 83-120.

[17] J. Scott, M. Braun, «Individualization of family values», in P. Ester, M. Braun, P. Mohler (Eds.), *Globalization, Value Changes and Generations*, Brill Academic Publication, 2006; J. Sleebos, «Low fertility rates in OECD countries: Facts and policies responses», in *OECD Labour Market and Social Policy*, Occasional Papers 15, OECD, Parigi 2003; T. Sobotka, E. Beaujouan, «Two is best? The persistence of a two-child family ideal in Europe», *Population and Development Review*, 40(3), (2014), pp. 391-419.

condità e classe sociale storicamente attribuisce alle classi meno agiate un'elevata fecondità, che diminuisce al crescere della classe sociale, ma che riacquista una certa intensità in corrispondenza del segmento più elevato della popolazione[18]. Tale relazione, rimasta per lungo tempo appiattita attorno al figlio unico con scarsa variabilità, sembra oggi riacquistare significato: considerando il livello d'istruzione della donna come *proxy* dello status socio-economico della famiglia, prove in tal senso derivano da alcuni studi sulla fecondità delle donne nord-americane[19]. Analoghe considerazioni emergono anche da alcune ricerche sulla relazione tra il matrimonio e il titolo di studio della donna, in molti Paesi europei e anche con riferimento al contesto italiano[20].

2. Il metodo di previsione delle famiglie

Poiché i profondi cambiamenti nei comportamenti e nella società, già vissuti e ulteriormente ipotizzabili, hanno profondamente modificato sia la consistenza che la struttura delle unità familiari, la prospettiva di monitorarne la dinamica, attraverso la messa a punto di appropriati criteri di stima, sembra particolarmente interessante e funzionale alla comprensione dei futuri scenari. A tale proposito, è di vitale importanza l'adozione di un appropriato modello di previsione che sia efficiente e compatibile con il sistema di conoscenze statistiche cui si può fare affidabile riferimento.

Nel caso specifico del nostro Paese, attualmente la scelta del

[18] M. Livi Bacci, *A History of Italian Fertility during the Last Two Centuries*, Princeton University Press, 1977.

[19] M. Hazan, H. Zoabi, «Do highly educated women choose smaller families?», in CEPR Discussion Paper 8590, Centre for Economic Policy Research, Londra 2011.

[20] S. Salvini, D. Vignoli, *Convivere o sposarsi?* Il Mulino, Bologna 2014.

modello di previsione per stimare il numero di famiglie è fondata su alcune considerazioni. In primo luogo, si deve osservare che un modello ufficiale per la stima del numero di famiglie in Italia non esiste, sebbene molti siano stati i tentativi portati avanti da diversi studiosi[21]. D'altra parte, anche a livello internazionale non si riscontra un orientamento pienamente condiviso: in genere la scelta ricade sul metodo classico dei tassi di capofamiglia (MTCF), metodo di facile applicazione[22], ma di discussa affidabilità. Tra le alternative proposte al classico MTCF, per le elaborazioni proposte in questa sede si è scelto un modello che, da un lato, ha il vantaggio di mantenere la semplicità dell'approccio classico, ma dall'altro ne supera in parte i limiti. Il metodo selezionato, detto *metodo della propensione* (MP), è stato originariamente proposto dall'Istituto di Statistica neozelandese[23] e già applicato al caso italiano con buoni risultati in una precedente occasione[24].

Tale metodo si basa sulla ripartizione della popolazione rispetto al ruolo in famiglia (detta "posizione familiare"): per ciascun membro viene definito il ruolo, scegliendo tra figlio[25], genitore, adulto in coppia senza figli, adulto che vive solo, adulto senza legami di parentela con gli altri membri e membro aggregato[26]. Per i genitori si distingue ulteriormente tra "genitore in

[21] Per una rassegna approfondita si veda: G.C. Blangiardo, E. Barbiano di Belgiojoso, P. Bonomi, «Le previsioni demografiche delle famiglie», in P. Donati (a cura di) *La famiglia in Italia. Sfide sociali e innovazioni nei servizi*, Vol. I, Aspetti demografici, sociali e legislativi, Carocci, Roma 2012.

[22] G.C. Blangiardo, *Elementi di demografia*, Il Mulino, Bologna 1987, pp. 192-193.

[23] Statistics New Zealand, *New Zealand Family and Household Projections 2001(base)–2021*, 2004.

[24] G.C. Blangiardo, E. Barbiano di Belgiojoso, P. Bonomi, *cit.*

[25] Nella distribuzione della popolazione fornita dall'ISTAT, i figli sono distinti tra "figlio di una coppia" e "figlio di una famiglia monoparentale", ma poiché al fine dei calcoli successivi questa distinzione non è necessaria, li si è entrambi accorpati nella categoria "figli".

[26] I membri aggregati non sono considerati nei calcoli, in quanto l'obiettivo è stimare il numero di famiglie non di nuclei.

coppia" e "genitore solo". Una volta definita la posizione familiare per ciascun individuo, si calcolano le propensioni (qui sono calcolate a livello di area demografica)[27], distintamente per genere e classe d'età. La propensione esprime dunque la probabilità che un individuo appartenga alla *i*-esima posizione familiare ed è ottenuta rapportando il numero di individui in posizione familiare *i* al totale della popolazione con medesime caratteristiche di età, genere ed area[28].

Tali propensioni sono poi applicate alla distribuzione della popolazione distintamente prevista per genere, classe d'età e area geografica[29] in modo da ottenere il numero di persone per tipologia familiare. Dal numero di persone per tipologia si può facilmente ottenere il numero di famiglie per tipologia familiare. Il numero di coppie (con o senza figli) è pari alla metà delle persone in coppia (esclusi i figli), il numero di famiglie monoparentali e di famiglie unipersonali è pari rispettivamente al numero di genitori soli e al numero di persone che vivono sole; infine il numero di famiglie senza nucleo è pari al numero di persone che vivono in altre famiglie senza nucleo diviso per la dimensione media di queste famiglie[30].

[27] Al fine di garantire risultati più stabili, per le regioni demograficamente piccole, le propensioni sono calcolate a livello di aree costituite da regioni limitrofe con caratteristiche socio-demografiche. In particolare, le aree considerate sono le seguenti: "Piemonte e Valle d'Aosta", "Lombardia", "Veneto, Friuli Venezia Giulia e Trentino- Alto Adige", "Emilia Romagna e Liguria", "Marche, Abruzzo e Molise", "Toscana e Umbria", "Lazio", "Campania", "Puglia, Basilicata e Calabria", "Sicilia" e "Sardegna".

[28] Le informazioni per il calcolo delle propensioni derivano dal modulo *Aspetti della Vita Quotidiana* dell'indagine Multiscopo dell'ISTAT per tutti gli anni disponibili dal 1993-1994 al 2016-2017.

[29] La popolazione prevista è disponibile sul sito demo.istat.it.

[30] La dimensione media è stata stimata sui dati del modulo *Aspetti della Vita Quotidiana* anno 2017 e mantenuto costante per tutto l'arco di previsione. Per l'anno 2017 i dati dell'indagine Multiscopo sono stati scaricati dal sito Unidata (https://unidata.unimib.it/?lang=it).

Due sono gli scenari considerati nella stima del modello: 1) modello a propensioni fisse, che utilizza sempre gli stessi valori che sono stati ottenuti come media mobile a tre termini delle propensioni degli ultimi tre bienni disponibili con peso maggiore per il biennio più recente; 2) modello a propensioni variabili, nel quale il valore della propensione si modifica, di anno in anno, sulla base della funzione *modified two-point exponential model* (proposto per la prima volta nel 1958 dall'US Census Bureau) sfruttando la serie storica disponibile delle propensioni. Pertanto, il primo scenario riflette unicamente le variazioni nel numero di famiglie determinate dal cambiamento della struttura per età della popolazione, mentre il secondo scenario tiene conto anche dell'evoluzione delle propensioni[31].

3. Uno sguardo al passato per comprendere il futuro

Sulla scorta delle indagini multiscopo Istat "Aspetti della vita quotidiana" è stato possibile ricostruire la serie delle propensioni medie per biennio delle posizioni in famiglia, distintamente per maschi e femmine e per classi d'età, per il periodo 1993/94 – 2016/17. Dai risultati si possono cogliere preziosi elementi per confermare il processo di trasformazione familiare in atto da alcuni decenni e riconducibile allo schema della seconda transizione demografica.

La persistente bassa fecondità nel nostro Paese, oggi attestata a 1,29 figli per donna, è infatti accompagnata dal prolungamento della permanenza dei giovani nella famiglia d'origine, dalla debolezza delle strutture familiari e dalla loro fluidità.

[31] Per una dettagliata descrizione del metodo si rimanda a G.C. Blangiardo, E. Barbiano di Belgiojoso, P. Bonomi, *cit.*

Figura 1a. Propensioni familiari. Maschi 25-34 anni, Italia, medie 1993/94 – 2016/17

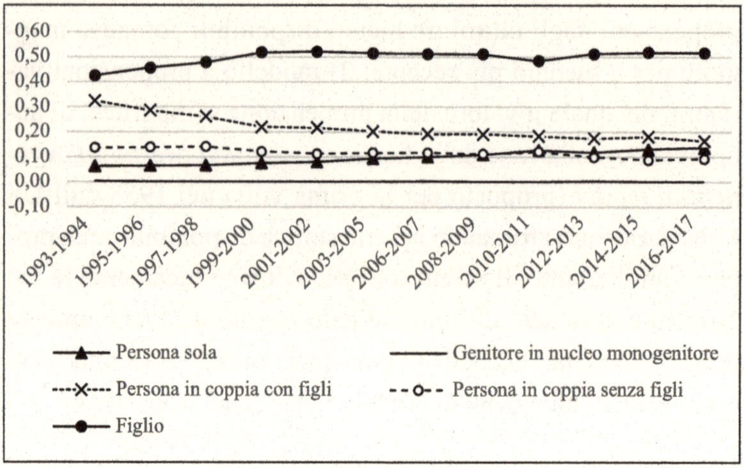

Fonte: n.s. elaborazioni su dati Istat

Figura 1b. Propensioni familiari. Femmine 25-34 anni, Italia, medie 1993/94 – 2016/17

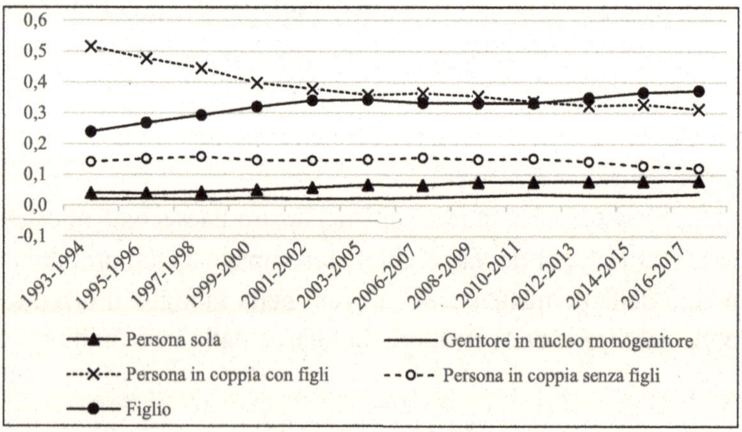

Fonte: n.s. elaborazioni su dati Istat

Osservando le serie delle propensioni, distintamente per genere, per le classi d'età centrali (24-34, 35-44 e 45-54 anni), questi tratti si delineano chiaramente. Relativamente alle propensioni della classe 25-34 anni, si può immediatamente osservare come, nel corso degli ultimi 25 anni, la propensione a restare nella famiglia d'origine come "figli" sia progressivamente aumentata per entrambi i generi, ma in particolare per le femmine (dal 24% al 37%) (*Figure 1a* e *1b*).

Solo venticinque anni fa il progetto di "coppia con figli" risultava già realizzato per oltre la metà delle donne 25-34enni, mentre oggi risulta interessare meno di un terzo di esse. D'altro canto, tra i loro coetanei maschi, il desiderio di indipendenza dalla famiglia d'origine sembra invece essersi più manifestato attraverso l'avvio di una famiglia unipersonale (dal 6% al 14% nell'intervallo 1993/94-2016/17). Nelle classi d'età 34-44 anni e 45-54 anni, la propensione a vivere in coppia con figli, benché ancora nettamente prevalente rispetto alle altre forme di famiglia, nel corso degli ultimi 25 anni appare essersi drasticamente ridotta, a vantaggio di altre tipologie familiari: famiglie unipersonali, in particolare per i maschi; coppie senza figli e famiglie monogenitoriali soprattutto per le femmine. L'uscita di casa dei figli e gli scioglimenti sempre più frequenti delle unioni sono alla base di questi cambiamenti.

4. Gli scenari per i prossimi vent'anni

Sulla base della metodologia di previsione adottata, si sono ottenuti due distinti scenari previsionali. Lo *scenario a propensioni costanti* riflette le tendenze imputabili unicamente alle variazioni della popolazione, per consistenza numerica e struttura per classi d'età e genere; lo *scenario a propensioni variabili*, invece, include gli effetti prodotti dai cambiamenti nei comportamenti, cioè nelle propensioni a occupare le diverse posizioni familiari. Tali propensioni sono determinate da vari fattori socio-economici e culturali, come la maggiore partecipazione al mercato del lavoro da parte delle donne e il sempre più diffuso perseguimento di un più elevato livello di istruzione da parte dei giovani; fattori che hanno influito sulla posticipazione dell'abbandono del "nido" familiare per la formazione di una nuova famiglia.

4.1. Quante e quali famiglie?

A propensioni costanti, ossia considerando unicamente le variazioni nella dimensione e nella struttura per età della popolazione, si ha modo di osservare come, nei prossimi due decenni, il numero di famiglie in Italia sia destinato a crescere di circa 1 milione di unità (*Figura 2a*): gli attuali 25,8 milioni di famiglie passerebbero ai 26,8 milioni nel 2038.

Figura 2a. Italia: numero di famiglie e composizione % per tipologia. Previsioni 2018-2038 (propensioni fisse)

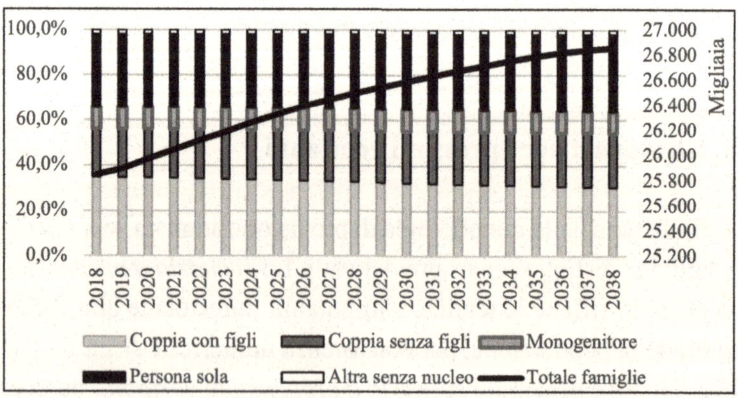

Fonte: n.s. elaborazioni su dati Istat

La composizione rispetto alla tipologia familiare vedrebbe il progressivo calo della proporzione di coppie con figli, che passa dal 35% al 30%, a beneficio delle quote relative alle coppie senza figli (+2,7%) e delle persone sole (+2,2%).

Figura 2b. Italia: numero di famiglie e composizione % per tipologia. Previsioni 2019-2038 (propensioni variabili)

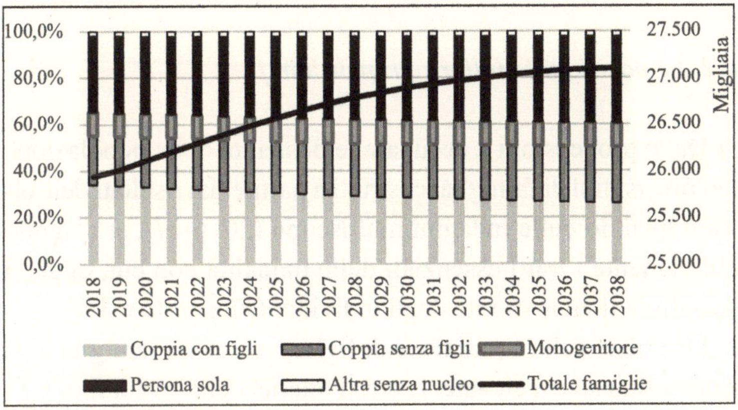

Fonte: n.s. elaborazioni su dati Istat

Quando si prende in considerazione anche la variazione prevedibile delle propensioni ad occupare le diverse posizioni in famiglia (*Figura 2b*), mentre l'incremento assoluto nel numero di famiglie sembra cambiare di poco (solo circa 100mila famiglie in più nell'ipotesi a tassi variabili), si accentuano le tendenze osservate circa la composizione per tipologia: la proporzione di coppie con figli diminuisce consistentemente (-8%), mentre aumentano in modo significativo le proporzioni di coppie senza figli (+3,1%) e di persone sole (+4,7%).

In termini assoluti, secondo questa variante previsiva, gli attuali 9 milioni di coppie con figli nei prossimi vent'anni scenderanno a 7-8 milioni; le coppie senza figli passeranno da 5,4 a 6,4-6,5 milioni; le persone sole si accresceranno dagli attuali 8,2 milioni, a 9,1-10,1 milioni. Variazioni assai più ridotte si ipotizzano in entrambe le varianti per le famiglie monogenitore: sulla base del semplice effetto strutturale della popolazione, le previsioni indicano una lieve diminuzione (-1000 unità circa), mentre considerando gli effetti di variazione delle propensioni, si avrebbe un aumento di circa 160mila unità.

4.2. Le posizioni familiari: propensioni fisse

Dalle propensioni a occupare le posizioni della popolazione nei diversi tipi di famiglia, costruiti a partire dai risultati dell'ultimo biennio delle indagini multiscopo (2016-17), si colgono chiaramente i tratti essenziali delle modalità con cui, oggi, si scandisce il ciclo di vita degli individui (*Figure 3a* e *3b*).

Si rimane nella condizione di figlio, cioè nella famiglia d'origine, fino ad età elevate: la quasi totalità dei giovani fino a 24 anni d'età e oltre, il 61% tra i maschi e il 47% delle femmine tra coloro che hanno 25-34 anni. L'abbandono del "nido" avviene prevalentemente in questa classe d'età, quando gli individui si apprestano ad avviare una famiglia propria. I maschi (14%) sono più propensi delle femmine (8%) a stare soli, mentre queste ultime sono più propense a mettersi in coppia, soprattutto con figli: tra le femmine il 12% avvia una famiglia senza figli e il 30% avvia una famiglia con figli; tra i maschi le propensioni sono rispettivamente il 9% e il 16%. Si può notare come l'andamento dei tassi per genere rispecchi la differenza di età all'interno della coppia, e come esso subisca l'influenza del calendario della fecondità: le donne, infatti, sembrano tendere ad anticipare gli uomini nelle scelte relative alla sfera familiare/riproduttiva.

Figura 3a. Propensioni familiari fisse.
Maschi, Italia, media 2016-2017

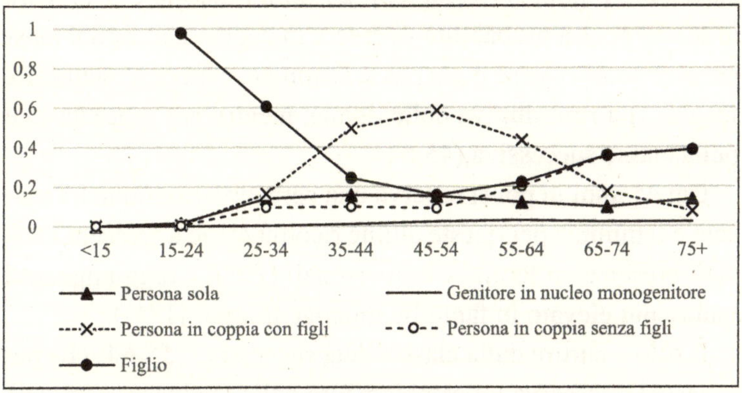

Fonte: n.s. elaborazioni su dati Istat

Figura 3b. Propensioni familiari fisse.
Femmine, Italia, media 2016-2017

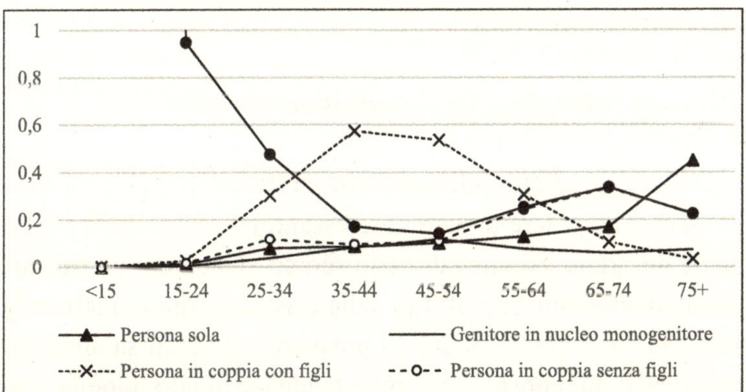

Fonte: n.s. elaborazioni su dati Istat

Le distanze si accorciano nella classe d'età successiva, 35-44 anni: il 57% tra le femmine e il 50% tra i maschi si trova in una famiglia completa di figli. Da notare, tuttavia, come tra i 35-44enni la proporzione dei giovani classificati come "figli" sia ancora piuttosto rilevante: il 24% tra i maschi e il 17% tra le femmine. La probabilità di essere in coppia con figli è massima in questa classe d'età per le femmine, concordemente alla fase di vita riproduttiva delle donne, mentre per i maschi lo è nella classe successiva (45-54).

Dai 45 anni in poi si osserva una certa divaricazione tra maschi e femmine: per queste ultime ricominciano a crescere i tassi di presenza in famiglie unipersonali (10%) e raggiungono il valore più elevato in famiglie monogenitoriali (12%).

È solo a partire dalla classe d'età successiva (55-64) che per i maschi si osserva un cambiamento nelle tendenze: comincia ad aumentare la propensione a stare in coppia senza figli (20%) e continua a ridursi la propensione a stare da soli (12%). La più lunga sopravvivenza femminile, infine, si coglie attraverso l'impennata (45%) del loro tasso di presenza in famiglie unipersonali oltre i 75 anni d'età.

4.3. Le posizioni familiari: propensioni variabili

Dall'osservazione delle propensioni stimate per gli anni a venire possono essere dedotte interessanti riflessioni sull'evoluzione dei trend già rilevati nello scorso ventennio, particolarmente interessanti soprattutto nelle classi centrali e finali della vita. Per i maschi 25-34enni, i prossimi vent'anni saranno caratterizzati dal consolidarsi delle tendenze in atto, cioè la progressiva riduzione della già bassa propensione a "fare famiglia", con o senza figli (solo il 13% e il 10%, rispettivamente, dei 25-34enni nel 2038), e l'aumento della propensione a rimanere nella famiglia d'origine in qualità di figlio (il 57%) o, al limite, di costituire una famiglia unipersonale (19%) (*Figura 4a*).

Figura 4a. Propensioni familiari variabili. Maschi 25-34 anni. Italia, 2018-2038

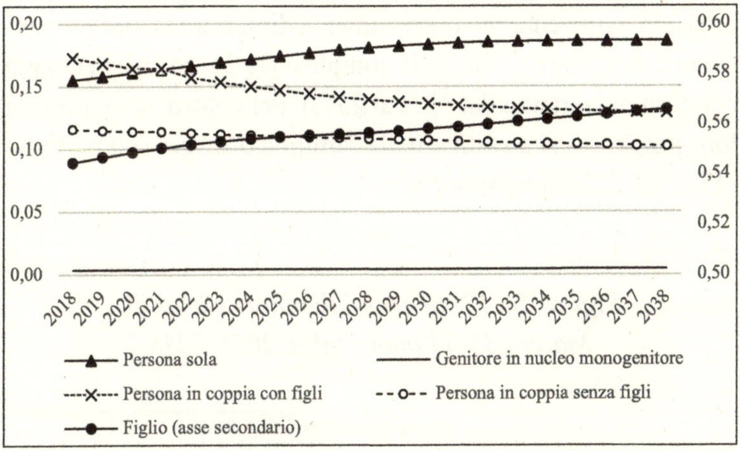

***Fonte:** n.s. elaborazioni su dati Istat*

Figura 4b. Propensioni familiari variabili. Femmine 25-34 anni. Italia, 2018-2038

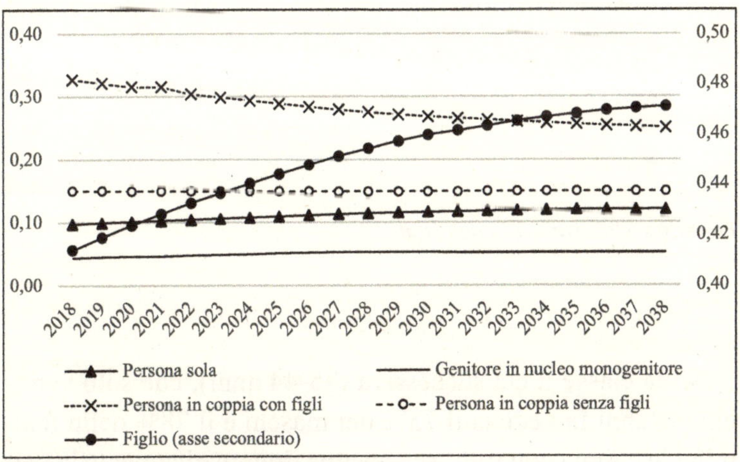

***Fonte:** n.s. elaborazioni su dati Istat*

Un analogo discorso vale per le coetanee femmine che, pur partendo da una situazione diversa (nel 2018 ben il 48% delle 25-34enni si trova in coppia, con o senza figli), nel corso dei prossimi anni vedranno drasticamente diminuire la loro propensione a realizzare la famiglia completa (le 25-34enni in coppia con figli passeranno dal 33% al 25%). Per contro, aumenterà la loro propensione a restare nella famiglia d'origine come figlie (47% nel 2038) (*Figura 4b*).

Figura 5a. Propensioni familiari variabili.
Maschi 35-44 anni. Italia, 2018-2038

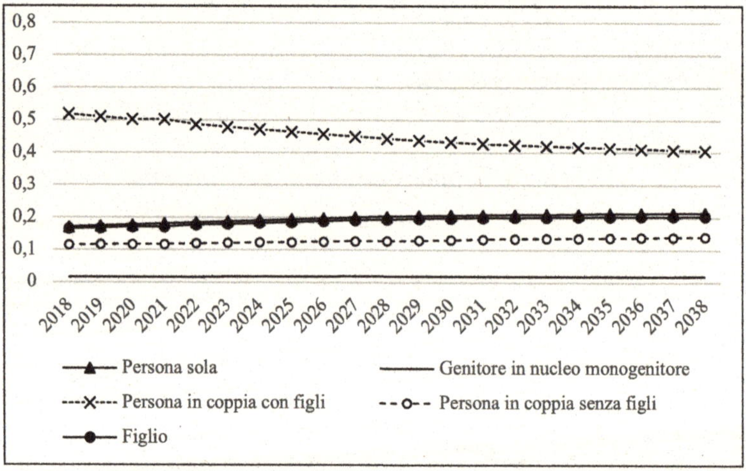

Fonte: n.s. elaborazioni su dati Istat

Nella classe d'età successiva (35-44 anni), che solo venticinque anni fa vedeva il 73% dei maschi e il 78% delle femmine in coppia con figli, si accentua drammaticamente la tendenza al distacco dalla famiglia tradizionale (*Figure 5a* e *5b*):

i maschi che la realizzeranno diventeranno una minoranza, passando dal 51% nel 2018 al 41% nel 2038; un'analoga diminuzione si registrerà per le femmine, dal 62% al 52%. Le condizioni concorrenti che avranno la meglio sono, per i maschi, quella di "figlio" (dal 16% al 20%) e "persona sola" (dal 17% al 21%), mentre per le femmine avranno maggiori guadagni percentuali le "coppie senza figli" (dall'11% al 15%) e i "genitori soli" (dal 9% all'11%).

Figura 5b. Propensioni familiari variabili. Femmine 35-44 anni. Italia, 2018-2038

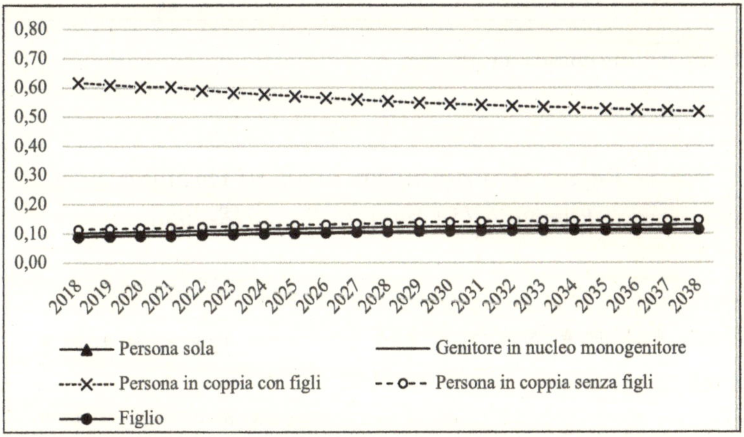

Fonte: n.s. elaborazioni su dati Istat

Se il trend familiare osservato nelle classi d'età centrali della vita è riconducibile ai cambiamenti nei comportamenti, quello nell'età avanzata è prevalentemente dovuto ai cambiamenti di struttura nella popolazione e ai progressivi guadagni nella longevità (*Figure 6a* e *6b*).

Figura 6a. Propensioni familiari variabili. Maschi 75+ anni. Italia, 2018-2038

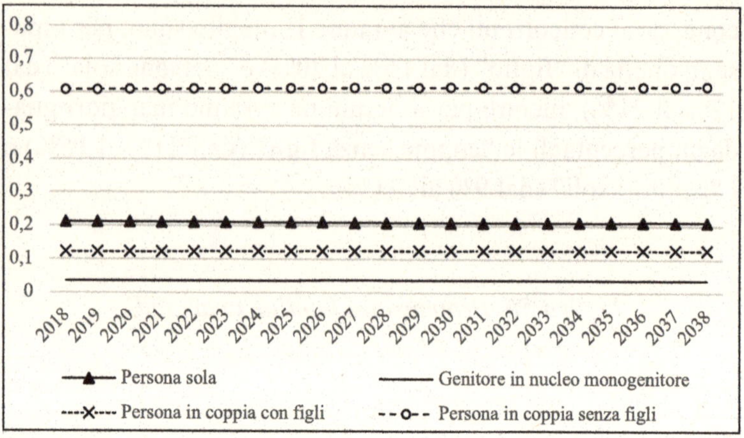

Fonte: n.s. elaborazioni su dati Istat

Figura 6b. Propensioni familiari variabili. Femmine 75+ anni. Italia, 2018-2038

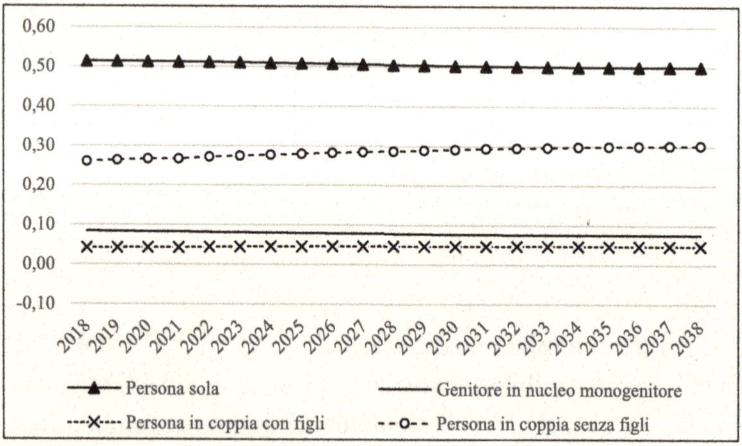

Fonte: n.s. elaborazioni su dati Istat

In particolare, per le femmine più anziane (75 anni o più), la probabilità di essere sole, che aveva raggiunto livelli molto elevati già nei 25 anni precedenti (oltre il 50%), negli anni a venire fa registrare, al contrario, una lieve flessione.

L'incremento previsto per la modalità "coppia senza figli" – dal 16% registrato nei primi anni Novanta a oltre il 30% nel 2038 – benché riconducibile a una quota di famiglie assai minoritaria rispetto a quella nella condizione di "soli", riflette l'incremento registrato e atteso nella speranza di vita dei maschi più anziani: da 74,2 anni nel 1993 a 80,9 anni nel 2018, associato a una riduzione di ben 2 anni del divario con le femmine (Istat, *Tavole di mortalità*).

4.4. Aspetti territoriali

L'evoluzione prevista per le famiglie non si presenta omogenea sul territorio nazionale. Com'è noto, le differenti condizioni demografiche di partenza, in particolare la struttura per età delle popolazioni, condizionano le dinamiche nel futuro.

La *Figura 7* illustra la dinamica del numero di famiglie a propensioni fisse e variabili per l'intero arco previsionale. Nel quadro generale italiano che vede il numero di famiglie in aumento, alcune regioni si distinguono per il trend inverso, segnalato da entrambi gli scenari di propensione; si tratta di Liguria, Basilicata e Sardegna. In particolare, lo scenario a propensioni fisse mostrerebbe una perdita pari a circa 36mila famiglie (delle quali, come si vedrà più avanti, 29mila sono coppie con figli) per la Liguria – la regione più vecchia d'Italia con il 28,5% di popolazione con 65 anni o più nel 2019 – solo parzialmente attenuata (21mila), nell'ipotesi di propensioni variabili. Sul fronte opposto spiccano il Trentino-Alto Adige (+56-60mila famiglie, secondo i due scenari), la Lombardia (+37-38mila famiglie) e il Lazio (+20-21mila famiglie). Il trend positivo di queste ultime è riconducibile a ragioni diverse: da un lato, la dinamica naturale favorisce il Trentino-Alto Adige, in particolare la Provincia di Bolzano (+1,7 per 1000 abitanti nel 2019) per la quale si registra un numero medio di figli per donna pari a 1,89 (contro l'1,29 a livello nazionale); dall'altro la dinamica migratoria favorisce la Lombardia per una maggiore attrazione sia verso gli spostamenti interni (+3,4 per 1000, nel 2019), sia per quelli con l'estero (+3,8 per 1000), e il Lazio soprattutto per l'attrazione dall'estero (+3,3 per 1000). Il confronto con le previsioni a propensioni variabili, inoltre, mette in evidenza l'effetto della variazione dei trend regionali nei comportamenti. Vale la pena di osservare come, in generale, i comportamenti agiscano in positivo, amplificando la crescita del numero di famiglie, ovvero riducendone la decrescita.

Figura 7. Numero di famiglie, variazioni %, 2018-2038. Propensioni familiari fisse e variabili.

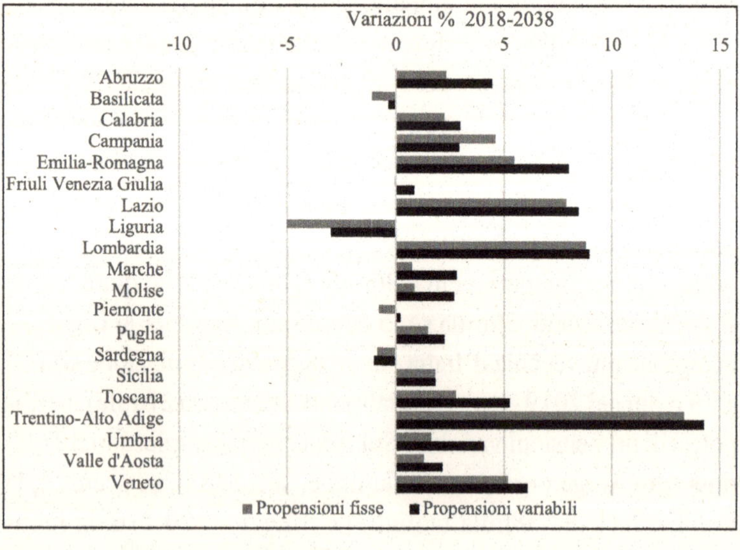

Fonte: ***n.s. elaborazioni su dati Istat***

Figura 8. Persone sole, variazioni %, 2018-2038. Propensioni familiari fisse e variabili.

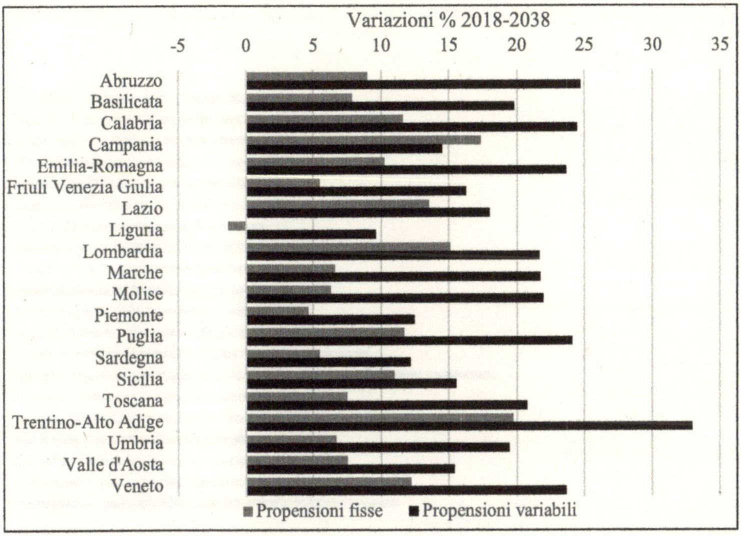

Fonte: n.s. elaborazioni su dati Istat

È interessante approfondire l'analisi di alcuni tipi di famiglia: le persone sole e le coppie con figli. Le *Figure 8* e *9* consentono di vedere chiaramente l'effetto dovuto al cambiamento delle propensioni, per quanto riguarda le persone sole e le coppie con figli.

La prevedibile evoluzione dei comportamenti potrà avere un impatto molto rilevante sulla dimensione di queste famiglie se confrontata con l'azione dei semplici effetti strutturali. Per quanto riguarda le persone sole, ad eccezione della Liguria, la variazione è sempre positiva, ma in alcune realtà (Abruzzo, Marche e Molise) l'impatto dell'aumento delle propensioni potrà portare a una vera e propria esplosione di questo tipo di famiglie.

Figura 9. Coppie con figli, variazioni %, 2018-2038. Propensioni familiari fisse e variabili.

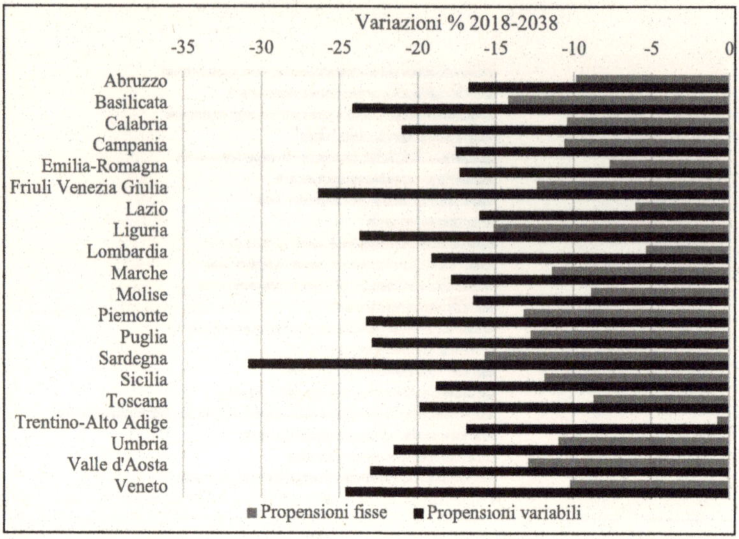

***Fonte:** n.s. elaborazioni su dati Istat*

Va tuttavia ribadita la diversa natura di queste famiglie aggiuntive, rispetto a quelle che si osservano nello scenario a propensioni fisse: mentre in quest'ultimo è l'effetto struttura della popolazione che produce un aumento delle famiglie unipersonali (prevalentemente di persone anziane), per quanto detto a proposito delle propensioni degli individui per classi d'età, nello scenario a propensioni variabili si tratta anche di famiglie costituite da giovani (fino a 34 anni), e da adulti maschi di ritorno da un'esperienza di vita di coppia.

In contraltare, le coppie con figli subiscono drammatiche riduzioni. Gli effetti dovuti al progressivo distacco dalla famiglia tradizionale sono ben visibili, e non solo nelle regioni del centro-nord: per la Sardegna si tratterebbe di una perdita che va da un minimo di 37mila famiglie, nello scenario a propensioni fisse, a un massimo di 72mila (pari al 31%), nello scenario a propensioni variabili; per la Liguria si tratterebbe, rispettivamente, di 29mila e 45mila famiglie.

5. Conclusioni

In questo capitolo ci si è proposti di fornire un possibile scenario in termini quantitativi e strutturali delle famiglie italiane.

Le due varianti previsive proposte, a propensioni costanti e variabili, suggeriscono un quadro sostanzialmente convergente. Ciò per due ragioni: in primo luogo le tendenze sono in gran parte determinate dall'evoluzione della popolazione che, a sua volta, è in gran parte già insita nella sua attuale composizione per età. In secondo luogo, le propensioni confermano, anche nell'ipotesi di variabilità, le tendenze già emerse nello scorso ventennio. Il quadro si compone dei seguenti fenomeni: il prolungamento della permanenza dei figli nella famiglia d'origine, anche fino ad età avanzate (fino a 45 anni), con il conseguente slittamento in avanti della formazione di nuove famiglie; nuove famiglie sempre più piccole, individuali (di giovani, ma anche meno giovani – i single di ritorno – e di anziani) o coppie senza figli; famiglie con figli in progressiva riduzione.

Nel complesso, il numero di famiglie atteso è previsto in aumento, anche se a un tasso via via più ridotto. In questo quadro, emerge comunque un elemento di novità, ancorché limitato a una quota di famiglie minoritaria: si tratta delle famiglie di anziani (75 anni o più) che nello scenario a propensioni variabili assume un certo rilievo.

Dal quadro appena descritto si possono fare alcune considerazioni. La diversa struttura delle famiglie ha certamente un impatto, in primo luogo, sulla popolazione stessa: l'orientamento verso un sistema valoriale individualistico pone la riproduttività in seconda linea nello scandire le fasi di vita degli individui, e ciò si riflette in una sempre più bassa fecondità e un sempre più accentuato invecchiamento della popolazione. Il continuo prolungamento della permanenza dei giovani nella condizione di figlio deve indurre a riflettere sulla necessità di fornire a questa parte della popolazione i necessari strumenti per consentire loro di emanciparsi, per entrare, a pieno titolo, nella parte attiva della popolazione. Infine, l'accorciamento delle distanze nella sopravvivenza tra anziani maschi e femmine può favorire la condizione di coppia anche a queste età (visibile nello scenario a propensioni variabili), con un impatto positivo sul ridimensionamento del fenomeno degli anziani soli e dei problemi sociali connessi a questa condizione.

Le considerazioni che si possono fare in base ai risultati ottenuti, evidentemente toccano anche molti altri campi (si pensi ai consumi, al risparmio, al mercato delle abitazioni, ai riflessi sui sistemi di welfare ecc.), e si propongono come un utile strumento di programmazione, sia per il pubblico che per il privato.

RIFERIMENTI BIBLIOGRAFICI

Becker, G.S., «A theory of marriage: Part I», *The Journal of Political Economy*, 81(4), (1973), pp. 813-846.

—, «A theory of marriage: Part II», *The Journal of Political Economy*, 82(2), (1974), pp. 511-526.

Blangiardo G.C., Barbiano di Belgiojoso E., Bonomi P., «Le previsioni demografiche delle famiglie», in Donati, P., (a cura di), *La famiglia in Italia. Sfide sociali e innovazioni nei servizi, Vol. I, Aspetti demografici, sociali e legislativi*, Carocci, Roma 2012.

Blangiardo, G.C., Rimoldi S.M.L., «Portrait of the Italian Family: Past, Present and Future», *Journal of Comparative Family Studies*, 45(2), (2014), pp. 57-76.

Bongaarts, J., Sobotka, T., «A demographic explanation for the recent rise in European fertility», *Population and Development Review*, 38(1), (2012), pp. 83-120.

Dalla Zuanna, «Thc banquet of Aeolus: a familistic interpretation of Italy's lowest low fertility», *Demographic Research*, 4(5), (2011), pp. 133-162.

Dalla Zuanna, G., Micheli, G., «Introduction», in G. Dalla Zuanna e G. Micheli (Eds.), *Strong family, familism and lowest-low fertility*, Kluwer Academic Press, Dordrecht 2004, pp. i-xv.

De Santis, G., *Demografia ed economia*, Il Mulino, Bologna 1997.

Espig-Andersen G., Billari F.C., «Re-theorizing Family Demographics», *Population and Development Review*. 41(1), (2015), pp.1-31.

Hazan, M., Zoabi, H., «Do highly educated women choose smaller families?», in CEPR Discussion Paper 8590, Centre for Economic Policy Research, London 2011.

IUSSP (International Union for the Scientific Study of Population), Commission of the Demographic Dictionary, *Dizionario demografico multilingue*, volume italiano redatto da Bernardo Colombo, Giuffré, Milano 1959.

Kuijsten, A., «Changing family patterns in Europe, a case of divergence?», *European Journal of Population*, 12(2), (1996), pp. 155-143.

Lesthaeghe, R., «On Theory development: Applications to the study of family formation», *Population and Development Review*, 24(1), (1998), pp. 1-14.

—, «The unfolding story of the second demographic transition», *Population and Development Review*, 36(2), (2010), pp. 211-251.

—, «The second demographic transition: A concise overview of its development», *Proceedings of the National Academy of Sciences*, 111(51), (2014), pp. 18112-18115.

Livi Bacci, M., *A History of Italian Fertility during the Last Two Centuries*, Princeton University Press, Princeton 1977.

Maslow, A.H., Frager, R., Cox, R., «Motivation and personality» (Vol. 2), in: J. Fadiman, C. McReynolds (Eds.), Harper & Row, NY 1970.

Myrskylä, M., Kohler, HP., Billari, F.C., «Advances in development reverse fertility decline», *Nature*, 460(7256), (2009), pp. 741-743.

OECD, *Doing Better for Families*, OECD Publishing, Paris 2011.

Perelli-Harris, B., Kreyenfeld, M.R., Sigle-Rushton, W., Keizer, R., Lappegård, T., Jasilioniene, A., Berghammer, C., Di Giulio, P., Köppen, K., «Examining nonmarital childbearing in Europe: how does union context differ across countries?», *MPIDR Working Paper WP2009-021*, Max Planck Institute for Demographic Research, Rostock 2009.

Rosina, A., Billari, F., Livi Bacci, M., «Famiglia e figli», in Gruppo di Coordinamento per la Demografia e S.I.S. (Eds.), *Generazioni, famiglie, migrazioni. Pensando all'Italia di domani*, Fondazione Giovanni Agnelli, Torino 2006.

Salvini, S., Vignoli, D., *Convivere o sposarsi?*, Il Mulino, Bologna 2014.

Scott, J., Braun, M., «Individualization of family values», in Ester P., Braun M., Mohler P. (Eds.), *Globalization, Value Changes and Generations*, Brill Academic Publication, 2006.

Sleebos, J., «Low fertility rates in OECD countries: Facts and policies responses», in *OECD Labour Market and Social Policy*, Occasional Papers 15, OECD, Paris 2003.

Sobotka, T., Beaujouan, E., «Two is best? The persistence of a two-child family ideal in Europe», *Population and Development Review*, 40(3), (2014), pp. 391-419.

Statistics New Zealand, *New Zealand Family and Household Projections 2001(base)-2021*, 2004.

Thornton, A., Philipov, D., «Sweeping changes in marriage, cohabitation and childbearing in Central and Eastern Europe: new insights from the developmental idealism framework», *European Journal of Population*, 25(2009), pp. 123-156.

United Nations, *Manual VII. Methods of Projecting Households and Families*, United Nations, New York 1973.

Van de Kaa, D.J., «Europe's Second Demographic Transition», *Population Bulletin*, 42(1987), pp. 1-57.

Capitolo 3

LA FAMIGLIA PER I GIOVANI NELLA SOCIETÀ POST-FAMILIARE: RAPPRESENTAZIONI, VALORI E PROGETTUALITÀ

Camillo Regalia e Elena Marta***

1. Introduzione

Non vi è ricerca sui valori dei giovani adulti che non riporti tra i primi posti la famiglia. Il dato è interessante, perché conferma come questa "istituzione" continui ad essere importante anche oggi, ma d'altra parte esso risulta poco informativo. Quando pensano alla famiglia, cosa hanno in mente, realmente, i giovani?

Oggi sono molte le rappresentazioni di coppia e di famiglia, così come le loro forme: infatti alle famiglie cosiddette "tradi-

* **Camillo Regalia** è Professore Ordinario di Psicologia Sociale della Famiglia presso l'Università Cattolica del Sacro Cuore di Milano, dove è anche Direttore del Centro di Ateneo Studi e Ricerche sulla Famiglia. Già Presidente della *European Society of Family Relations* e Coordinatore della sezione di Psicologia Sociale dell'Associazione Italiana di Psicologia, da anni conduce ricerche sulle relazioni familiari in diverse fasi del ciclo di vita, che sono state pubblicate su riviste nazionali e internazionali. Tra le sue opere più recenti: *Ci perdiamo o ci perdoniamo?* (San Paolo, 2018); *Giovani in transizione e padri di famiglia* - con Elena Marta (Vita e Pensiero, 2018).

** **Elena Marta** è Professore Ordinario di Psicologia Sociale e Psicologia di Comunità presso l'Università Cattolica del Sacro Cuore di Milano e Brescia. Fa parte del Comitato Scientifico dell'Osservatorio Giovani dell'Istituto Giuseppe Toniolo ed è membro del Centro di Ateneo Studi e Ricerche sulla Famiglia. Presidente della Società Italiana di Psicologia di Comunità, da anni conduce ricerche sulle relazioni familiari dei giovani e sulle azioni sociali quali volontariato, impegno politico e partecipazione civica, che sono state pubblicate su riviste nazionali e internazionali. Tra le sue opere più recenti: *Adolescenti di valore. Indagine Generazione Z 2018-2019* – con Sara Alfieri e Paola Bignardi (Vita e Pensiero, 2019); *Giovani in transizione e padri di famiglia* - con Camillo Regalia (Vita e Pensiero, 2018).

zionali" si sono affiancate le famiglie monoparentali, le famiglie ricomposte, le coppie omosessuali, le famiglie plurietniche[1], solo per citare le principali.

Quali sono le rappresentazioni di famiglia che caratterizzano i cosiddetti *millennials*?

Inoltre, l'attribuzione di valore si traduce in intenzioni, e ancor di più in comportamenti, coerenti? Ovvero si traduce nel fare famiglia, costituire una coppia stabile e generare dei figli? E ancora, i giovani cosa pensano del matrimonio?

Abbiamo ritenuto importante chiederlo a loro, anziché affidarci a stereotipi o proiezioni delle generazioni precedenti su di loro[2]. Da questa considerazione nasce il presente contributo, che si propone di offrire alcuni spunti di riflessione per rispondere a queste domande partendo dalla voce dei giovani italiani.

Esso prende le mosse dall'approccio relazionale-simbolico di Scabini e Cigoli[3], che definisce la famiglia come «un'organizzazione di relazioni primarie fondata su tre differenze, quella tra genere, tra generazioni e tra stirpi, e che ha come obiettivo e progetto intrinseco la generatività»[4]. Secondo gli autori, la famiglia si configura quindi come un sistema organizzato attraverso una struttura interna e una gerarchia, capace di interagire in maniera non casuale – ovvero tramite intenzioni implicite e/o esplicite – con il contesto socioculturale. Essa è connotata dalla presenza di una struttura simbolica, formata dalle qualità di base dei legami familiari nei quali convivono aspetti affettivi ed etici: infatti, la famiglia è il luogo sorgivo degli affetti più profondi e anche il luogo ove si apprende la responsabilità nei

[1] L. Fruggeri, T. Mancini, «"Vecchie" e "nuove" famiglie. Rappresentazioni e processi sociali», *Adultità*, 14 (2001), pp. 87-108.

[2] Il punto di vista delle altre generazioni sui giovani, sulla loro idea e sui loro progetti di famiglia è in parte rappresentato dall'indagine Cisf sul campione di famiglie (4.000 casi); cfr. capitolo 8, di F. Belletti, in questo stesso volume.

[3] E. Scabini, V. Cigoli, *Il famigliare*, Cortina, Milano 2000.

[4] Ibidem, p. 26.

confronti dell'altro, sia esso un membro della famiglia sia esso un membro della comunità in cui si vive. Il prototipo della qualità affettiva è la fiducia-speranza, e il prototipo di quell'etica è la lealtà-giustizia-responsabilità. Nella realtà dei fatti, esse, in una certa misura, convivono con il loro opposto: nessuna famiglia è infatti perfetta e una certa quota di mancanza di fiducia e di giustizia è presente in tutte le relazioni familiari.

Se consideriamo il tema famiglia in merito ai giovani, possiamo far riferimento a due registri, quello della famiglia d'origine e quello della famiglia d'elezione.

La famiglia d'origine, a seguito della crisi economica del 2008, ha acquisito per i giovani ancor più importanza che in passato[5], accentuando il suo ruolo di sostegno – sia emotivo sia strumentale. In un mondo incerto, insicuro, disorientato e disorientante, la famiglia d'origine rimane una certezza, un elemento di ancoraggio e stabilità. Nella rilevazione del Rapporto Giovani del 2013, ben l'85% dei giovani – su un totale di 9.000 rispondenti tra i 18 e i 29 anni – riteneva la famiglia una fonte importante per il raggiungimento dei propri obiettivi, un luogo ove ciascuno può esprimere sé stesso e manifestare il proprio pensiero. Dal medesimo lavoro emergeva che il 68% dei giovani si riteneva d'accordo sul fatto che la famiglia si basi sul matrimonio. La famiglia era ritenuta anche in grado di trasmettere i valori del contesto sociale in cui si vive (89%) e capace di influenzare sia la scelta della carriera professionale sia la decisione di sposarsi o meno[6]. Tale dato rimane stabile nel tempo e risulta esser condiviso anche dai coetanei europei che, come i giovani italiani, hanno una rappresentazione molto positiva

[5] E. Scabini, E. Marta, «Giovani in famiglia: risorsa o rifugio?» in Istituto Toniolo, *La condizione giovanile in Italia. Rapporto Giovani 2013*, Il Mulino, Bologna 2013, pp. 23-48.

[6] Ibidem.

della famiglia d'origine e la vivono come imprescindibile fonte di orientamento per le scelte cruciali della vita[7].

Se è ormai assodato che buone relazioni familiari possono garantire benessere ai figli e proteggere da difficoltà psicologiche e comportamentali, quanto esse sono anche in grado di promuovere "il fare famiglia" da parte dei suoi giovani membri nell'attuale contesto sociale?

Infatti se è vero che da sempre il rapporto genitori-figli è stato segnato da una certa ambivalenza – data dal fatto che la generazione sociale dei genitori teme la generazione sociale dei figli ma, allo stesso tempo, soprattutto in famiglia se ne prende cura – è anche vero che nel passato essa si traduceva in una mortificazione per le giovani generazioni e sottostima del loro potenziale. Oggi, invece, alle giovani generazioni viene garantito un ampio spazio di realizzazione personale privato, a discapito però delle istanze generative[8]. Questo è uno dei fattori che determinano la lunga transizione alla condizione adulta entro la famiglia d'origine: certamente la dilatazione dei tempi può essere una risposta funzionale a una serie di problemi sociali – mancanza di lavoro, difficoltà economiche ecc. – ma è anche l'esito di movimenti congiunti di genitori e figli. Entrambi traggono un vantaggio psichico e relazionale dalla dilatazione – i giovani si sentono supportati sempre e comunque nei loro desideri autorealizzativi, e i genitori si sentono "bravi genitori"; essa però può tradursi in un pericolo per il processo di distacco dei figli dai genitori, se si trasforma in una condizione di stallo intergenerazionale. Nell'attuale clima culturale, ove il passaggio dalla generatività parentale alla generatività sociale – com-

[7] E. Marta, S. Alfieri, «Il ruolo della famiglia d'origine nella transizione all'età adulta. Un confronto tra cinque Paesi europei» in Istituto Toniolo, *La condizione giovanile in Italia. Rapporto Giovani 2016*, Il Mulino, Bologna 2016, pp. 75-96.

[8] E. Scabini, E. Marta, M. Lanz, *Transition to adulthood and family relations: An intergenerational perspective*, Psychology Press, London 2006.

pito della coppia genitoriale durante la transizione all'età adulta dei figli[9] – è particolarmente critico, e le condizioni socio-economiche per i giovani sono particolarmente problematiche, questo rischio è quanto mai possibile.

In merito alla famiglia d'elezione dei giovani, anche il recente lavoro longitudinale di Sironi, Rosina e Migliavacca[10] mostra chiaramente come le variabili che influenzano maggiormente l'uscita dei figli da casa – per formare una famiglia o anche per vivere soli – sono, in ordine di importanza, la situazione economica, la mancanza di lavoro, le condizioni abitative e il legame con la famiglia d'origine. I primi tre fattori determinano anche il realizzarsi o meno di tradurre in concretezza il desiderio di avere un figlio, per nulla assente nei giovani italiani ma bloccato dal timore di non riuscire a far fronte economicamente alla situazione.

Avere un figlio implica anche assumersi la responsabilità di dar vita a una nuova persona e prendersene cura: talvolta la stampa diffonde l'idea che i giovani di oggi non vogliano assumersi responsabilità. Mesa e Triani[11], in un recente lavoro, mostrano chiaramente come nel 70% dei casi i giovani ritengono invece di essere responsabili e di volerlo essere.

Questo vale anche per i social. Sebbene i giovani di oggi non siano ancora i veri nativi digitali – lo sono i loro fratelli/le loro sorelle adolescenti – è innegabile e noto il loro stretto rapporto con la rete e con i social, ma meno nota è la reale modalità di

[9] Per un approfondimento, si veda E. Scabini, V. Cigoli 2000, ibidem; E. Marta, M. Lanz, S. Tagliabue, «The Transition To Adulthood And Generativity: A Family Generative Climate», in E. Scabini, G. Rossi (a cura di), *Family transitions and families in transitions*, Vita e Pensiero, Milano 2012, pp. 147-159.

[10] E. Sironi, A. Rosina, M. Migliavacca, «Progetti di autonomia e formazione della famiglia. Un'analisi delle intenzioni e dei comportamenti» in Istituto Toniolo, *La condizione giovanile in Italia. Rapporto Giovani 2017*, Il Mulino, Bologna 2017, pp. 71-93.

[11] D. Mesa, P. Triani, «Imparare a scuola: una risorsa per la vita?» in Istituto Toniolo, *La condizione giovanile in Italia. Rapporto Giovani 2017*, Il Mulino, Bologna 2017, pp. 17-44.

utilizzo di questi strumenti: lungi dall'esserne dominati, nella maggioranza dei casi essi li usano proprio come strumenti, con un significativo livello di riflessività e spirito critico[12]. E questo vale in diverse sfere, anche nella scelta di fare famiglia.

Studi recenti hanno mostrato una relazione positiva tra lo sviluppo di relazioni affettive e la positività, un indicatore sintetico di benessere personale e sociale, composto da autostima, soddisfazione per la propria vita, ottimismo e fiducia negli altri nel corso della transizione all'età adulta[13].

2. La ricerca

2.1. Obiettivi

Alla luce dei riferimenti teorici presentati e per offrire un contributo per rispondere alle domande iniziali, il presente lavoro si propone di:

1. rilevare le rappresentazioni di famiglia, di matrimonio e del valore del figlio; indagare il futuro del loro fare famiglia e l'importanza della famiglia d'origine dei giovani in merito a queste scelte;
2. rilevare la progettualità familiare intesa come intenzione di sposarsi e intenzione di avere dei figli;
3. indagare l'esistenza di una qualche relazione tra uso dei social network e progettualità familiare;
4. indagare la relazione tra progettualità familiare, rappresentazioni di famiglia e percezione di positività.

[12] F. Introini, C. Pasqualini, «*I Millennials*. Generazione social?» in Istituto Toniolo, *La condizione giovanile in Italia. Rapporto Giovani 2017*, Il Mulino, Bologna 2017, pp. 121-156.

[13] G.V. Caprara, G. Alessandri, C. Barbaranelli, «Optimal functioning: The contribution of self efficacy beliefs to positive orientation», *Psychoterapy and Psychosomatics*, 79 (2010), pp. 267-330.

Nelle analisi sono state testate le differenze legate alle variabili socio-strutturali – genere, status civile, presenza/assenza di figli, titolo di studio, zona di residenza – e alle relazioni tra le diverse variabili.

2.2. Strumenti

Di seguito vengono presentati i costrutti indagati nel presente lavoro e le scale utilizzate per rilevarli.

1. *Le rappresentazioni di famiglia, di matrimonio e del figlio.* Per indagare la rappresentazione e il valore attribuita alla famiglia in quanto tale, al matrimonio e al figlio sono stati utilizzati differenti strumenti.

a) L'adattamento italiano del *Family Concept Interview* (FCI)[14]. Tale strumento è composto da 17 *item* che descrivono esempi di situazioni familiari diverse (coppie sposate, conviventi, separate, etero e omosessuali, con e senza figli). I soggetti dovevano indicare in quale percentuale (da 0% a 100%) a loro avviso ciascuno di tali esempi costituisse una famiglia. La FCI ha evidenziato la presenza di quattro rappresentazioni: "Novità" include gli item che descrivono situazioni familiari che nel tempo si sono affiancate a quelle codificate tradizionalmente: coppie eterosessuali non sposate con e senza figli, coppie omosessuali con e senza figli, e nuclei monoparentali; "Separazione" comprende le situazioni in cui è intervenuta una separazione della coppia coniugale; "Tradizione" comprende gli item che sottolineano la centralità dell'essere sposati con o senza figli e dell'avere legami di consanguineità; infine "Amicizia" comprende situazioni caratterizzate dalla convivenza con

[14] L. Fruggeri, T. Mancini, 2001, ibidem.

una persona non consanguinea, né legata da rapporti di parentela (amico/a). Le alpha delle sottoscale sono estremamente alte, con valori oltre =.90[15].

b) La rappresentazione del matrimonio è stata indagata tramite cinque "classiche" affermazioni rispetto alle quali i partecipanti dovevano esprimere il loro grado di accordo, in una scala da 0 = *per niente d'accordo* a 10 = *del tutto d'accordo*. Tale strumento era già stato utilizzato in un precedente Rapporto CISF sui rapporti di coppia[16]. L'analisi fattoriale su questo campione ha evidenziato la presenza di un fattore chiaramente identificabile come "visione conservativa della famiglia" composto da tre item, la cui è affidabilità interna è buona (alpha=.72).

c) La visione della famiglia come risorsa e valore è stata indagata tramite cinque affermazioni create *ad hoc* che definiscono la famiglia come luogo di sostegno reciproco, luogo della felicità, luogo della prevalenza dei sentimenti positivi e come risorsa per la società. I soggetti dovevano indicare il loro accordo in termini percentuali da 0 a 100. L'alpha della scala è =.84.

d) Il valore del figlio è stato indagato tramite la versione italiana del *Value of Children Questionnaire* (VOC)[17]. In questa sede sono stati somministrati 15 degli item originari in cui i partecipanti dovevano esprimere quanto erano per loro importanti, in una scala da 1 = *per niente importante* a 5 = *molto importante* una serie di affermazioni sulle ragioni che possono spingere le persone

[15] Dove utile nel testo e nelle tabelle sono riportati alcuni indicatori di significatività statistica dei dati qui presentati. Per non appesantire il testo si rimanda, per la loro interpretazione, ai più diffusi manuali di metodologia di analisi quantitativa dei dati. Si veda per esempio A.P. Ercolani, A. Areni, L. Leone, *Elementi di statistica per la psicologia*, Il Mulino, Bologna 2008.

[16] P. Donati (a cura di), *La relazione di coppia oggi. Una sfida per la famiglia*, Rapporto famiglia CISF 2011, Erickson, Trento 2012.

[17] D. Barni, S. Donato, E. Giusti, S. Alfieri, «The Italian version of the value of children questionnaire: factorial structure and measurement invariance across gender and generations», *TPM: Testing, Psychometrics, Methodology in Applied Psychology*, 22(2015), n. 4, pp. 445-459.

a desiderare di avere un figlio. L'analisi fattoriale ha messo in evidenza la presenza di due fattori: il primo definibile come "valore emotivo del figlio", che sottolinea come avere un figlio sia un'esperienza emotiva gratificante, piacevole in sé e per i suoi benefici psicologici ed esistenziali (alpha=.92); il secondo fattore, "valore strumentale del figlio", sottolinea come il figlio possa rappresentare un valore per i genitori, ad esempio incrementando la loro reputazione sociale, o garantendo nel futuro un supporto emotivo ed economico nei momenti del bisogno (alpha=.88).

2. *Futuro del fare famiglia*, misurato attraverso domande costruite *ad hoc* volte a rilevare le percezioni in merito al grado di difficoltà del costruire famiglia in futuro, le cause di queste difficoltà e i sostegni che la società può dare per farvi fronte. Inoltre, sono state poste domande relative all'età in cui si ritiene giusto sposarsi, in merito alla differenza d'età tra partner e all'età in cui si ritiene giusto avere un figlio.

3. *L'influenza della famiglia di origine sulla scelta di sposarsi,* misurata attraverso tre affermazioni costruite *ad hoc* che sottolineano il ruolo positivo svolto dai genitori nell'orientare le scelte e la progettualità familiare dei giovani. Per ogni item i partecipanti dovevano indicare quanto ciascun aspetto fosse importante per loro, su una scala da 1 = *per niente* a 5 = *moltissimo*. L'alpha della scala è =.83.

4. *Registro affettivo – l'amore nei confronti del partner*, rilevato usando 11 item tratti dalla *Triangular Love Scale*[18], che misura tre dimensioni dell'amore – intimità, passione e impegno. I soggetti dovevano indicare quanto ogni affermazione fos-

[18] R.J. Sternberg, «Construct validation of a triangular love scale», *European Journal of Social Psychology*, 27 (1997), n. 3, pp. 313-335.

se caratteristica della relazione con il partner su una scala di risposta da 1 = *fortemente in disaccordo* a 5 = *fortemente d'accordo*. L'analisi fattoriale ha evidenziato la presenza di un unico fattore che sintetizza una visione dell'amore come intreccio unitario delle tre dimensioni. L'alpha della scala è =.93

5. *Registro etico – la responsabilità sociale*, misurata mediante un riadattamento della *Social Responsibility Scale*[19], ovvero quattro item con una scala di risposta da 1 = *per nulla importante* a 5 = *molto importante*, che chiedevano quanto fosse importante considerare il bisogno delle altre persone, aiutare coloro che sono meno fortunati, essere certi che tutte le persone siano trattate con equità, e pensare a quanto le proprie azioni possano influenzare le altre persone in futuro. L'alpha della scala è =.84

6. *Benessere personale e sociale: la positività*, analizzata con la P- scale[20], che misura la positività, definita come la visione positiva di sé stessi, della propria vita e del proprio futuro, tramite otto item rispetto ai quali i partecipanti dovevano rispondere con una scala di risposta da 1 = *fortemente in disaccordo* a 5 = *fortemente d'accordo*. L'alpha della scala è =.84

2.3. Descrizione del campione

Il campione è costituito da 800 persone nella fascia di età 25-35 anni, di cui 50,6% sono uomini. L'età media è di 30,1 anni. Il 47,9% vive nel Nord Italia, il 20,1% al Centro e il 32% nel Sud e nelle Isole.

[19] L. Wray-Lake, A.K. Syvertsen, C. A. Flanagan, «Developmental change in social responsibility during adolescence: An ecological perspective», *Developmental Psychology*, 52 (2016), n. 1, pp. 130-142.

[20] G.V. Caprara, G. Alessandri, N. Eisenberg, A. Kupfer, P. Steca, M.G. Caprara, S. Yamaguchi, A. Fukuzawa, J. Abela, «The Positivity Scale», *Psychological Assessment,* 24 (2012), n. 3, pp. 701-712.

Il 38,9% sono laureati, il 52,8% ha un titolo di scuola media superiore e l'8,4% di media inferiore. Il 63,5% si dichiara occupato, mentre il 36,5% non è occupato (o perché disoccupato o perché in cerca di occupazione – 15,6%); l'11,1% è studente, il 9,0% casalinga e, infine, lo 0,8% pensionato. I genitori, e in particolare le madri, hanno un profilo formativo e occupazionale complessivamente più basso dei loro figli. Per quanto riguarda i padri, il 38,3% ha un titolo di media inferiore o elementare; il 45,1% un titolo di media superiore e il 13,4% risultano laureati; il 63,9% è inserito nel mondo lavorativo. Per quanto riguarda le madri, il 43,4% ha un titolo di media inferiore o elementare; il 43,5% un titolo di media superiore e il 10,8% risultano laureate; solo il 38,9% è inserita nel mondo lavorativo.

Dal punto di vista delle relazioni affettive, il 25,9% si dichiara single, il 43% ha una relazione informale, il 31,1% è costituito da giovani sposati. Tra il 74,1% di coloro che hanno una relazione affettiva informale o matrimoniale, il livello di istruzione/formazione è complessivamente inferiore al totale dei rispondenti: i laureati sono il 32,4%, e coloro che hanno un titolo di media superiore sono il 50,4%. Il livello di occupazione del partner è più elevato: l'82,5% lavora e il 17,5% non è inserito nel mercato del lavoro.

Per quanto riguarda i giovani sposati, hanno contratto il matrimonio prima della media, oramai consolidata in Italia, che vede la scelta matrimoniale verificarsi non prima dei 30 anni. Infatti si sono sposati in media intorno ai 26 anni, con una piccola discrepanza legata al genere: le donne si sono sposate in media a 25,6 anni e gli uomini a 26,7 anni. Il 76,7% ha figli: il 52,4% ne ha uno e il 38,7% due.

3. I risultati

3.1. Rappresentazioni di famiglia, di matrimonio, di figlio

3.1.1. Le rappresentazioni di famiglia

Per avere un primo quadro su come i giovani si rappresentano la famiglia, sui dati relativi alle quattro rappresentazioni di famiglia ottenute con la *Family Concept Interview*, è stata condotta una *cluster analysis* su 789 soggetti[21] che ha permesso di individuare quattro tipologie di soggetti:

I *non-famigliari*. Rappresentano l'8,7% del campione (N = 69) e sono caratterizzati dall'avere attribuito punteggi minimi a tutti gli item (la media dei punteggi oscilla tra 9 e 11 su 100) evidenziando quindi una posizione molto critica e/o distaccata rispetto alle idee di famiglia prevalenti, dal momento che niente per loro sembra essere pienamente considerato come famiglia.

I *tradizionalisti conservatori*. Sono l'11,9 % del campione (N = 94) e ritengono che la famiglia sia prevalentemente quella di tipo tradizionale (media = 79 su 100) rispetto alle altre forme che ottengono punteggi medi tra il 50 e il 60 e quindi vengono considerate forme deboli di famiglia.

I *tradizionalisti aperti*. Sono il 20,7% del campione (N = 163) e comprendono quei giovani che considerano famiglia in modo pieno sia quella tradizionale (media = 91 su 100) sia quella "nuova", che può assumere diverse forme, dalle coppie eterosessuali non sposate con e senza figli, fino alle coppie omosessuali (media = 89).

[21] Undici soggetti sono stati eliminati dalla cluster analysis dopo aver fatto un controllo degli *outliers* univariati e multivariati. G. Tabachnick, L.S. Fidell, *Using multivariate statistics*, 4/e, Allyn and Bacon, London 2013.

Gli indifferenti. Sono oltre la metà del campione, ossia il 58,7% (N = 463). Per loro non ci sono differenze chiare tra le diverse tipologie di famiglia: al contrario dei non famigliari, gli indifferenti ritengono di fatto che tutte le forme possibili di relazioni sono espressione di famiglia, con punteggi medi che variano per le quattro forme tra il 90 e il 97 su 100.

Da questa tipologia si può notare che circa metà degli intervistati ha un'idea indifferenziata di famiglia, per la quale non solo le forme tradizionali ma anche quelle diffuse negli ultimi anni – le convivenze, le relazioni omogenere – sono considerate a pari livello. Una serie di analisi del chi-quadro è stata condotta per esaminare se la distribuzione dei partecipanti in queste tipologie fosse legata al genere, allo stato civile, al titolo di studio, all'occupazione professionale, all'area geografica di provenienza, alla presenza di figli. Nella *Tabella 1* sono riportati i risultati, evidenziando le variabili risultate significative.

Tabella 1. Associazione tra variabili socio-demografiche e profili di rappresentazione della famiglia

	Non-famigliari (N=69)	Tradizionalisti conservatori (N=94)	Tradizionalisti aperti (N=163)	Indifferenti (N=463)
Genere	Uomini	Uomini	Uomini	Donne
Stato Civile	Single	Sposati	Relazione informale	—
Titolo di studio	—	Non Laureato	Laureato	—
Occupazione	—	—	—	—
Area geografica	Nord-Est	Sud Isole	—	—
Avere figli	—	—	—	—

Come possiamo vedere dalla tabella, alcuni di questi profili sono maggiormente definiti. Chi appartiene al cluster dei tradizionalisti conservatori ha più probabilità di essere uomo, di essere sposato, di avere un titolo d'istruzione media o bassa, di vivere al Sud o nelle Isole. I tradizionalisti aperti hanno più probabilità di essere uomini, di avere una relazione affettiva informale e di essere laureati. Tra i non familiari c'è una maggiore concentrazione di uomini, di persone che vivono nel Nord-Est e che sono single. Il profilo meno definito è proprio quello più numeroso, ossia quello degli indifferenti, a testimonianza del fatto che sembra raffigurare una rappresentazione veramente trasversale. Interessante che siano le donne ad avere più probabilità di essere in questo cluster. Pur con le cautele legate al fatto che non sappiamo i motivi dietro le scelte dei partecipanti, questo dato è in linea con l'orientamento relazionale tipicamente femminile, che può portare le donne a includere e considerare come degne di essere ritenute familiari tutte le forme di legame intimo e basate su prossimità e vicinanza.

Dalla *cluster analysis* si evince che la visione tradizionalista della famiglia è minoritaria all'interno del campione. Il dato è chiaramente confermato anche dallo strumento che sondava l'accordo dei giovani intervistati con una serie di affermazioni circa il matrimonio. Infatti, il punteggio medio sull'indice che misura una rappresentazione tradizionale del matrimonio su tutto il campione è di 4,63 (*range* della scala 0-10), quindi inferiore alla media. Questo valore è significativamente più basso tra i giovani del Centro Italia (M=3,93) rispetto al Nord (M=4,85) e al Sud (M=4,73) e tra coloro che sono occupati (M=4,15) rispetto a chi non ha un lavoro (M=4,90). Anche l'analisi in particolare di due affermazioni singole fa emergere una visione quanto meno critica del matrimonio, dal momento che l'affermazione secondo cui il matrimonio è un'istituzione superata ottiene un punteggio medio di 5,8, un valore che oltrepassa la media. E anche l'alto accordo sul fatto che la convivenza possa essere accettata senza il progetto di sposarsi si pone sulla stessa linea (punteggio medio =8,1).

Non si evidenziano differenze significative in merito alle altre variabili strutturali.

3.1.2. Famiglia come valore

Mentre la valutazione positiva della rappresentazione più tradizionale del matrimonio e della famiglia appare complessivamente minoritaria, il valore della famiglia in quanto tale è decisamente sostenuto. Il punteggio medio sull'indice che misura la rappresentazione della famiglia come un valore positivo e una risorsa per l'individuo e la società, su tutto il campione, è di 7,7 su 10, un valore decisamente sopra la media.

Questa visione positiva è legata in modo evidente allo status civile. Chi è sposato attribuisce un punteggio medio di 8,3, significativamente superiore sia a quello di chi ha una relazione affettiva informale (M=7,57) sia a quello di coloro che non hanno una relazione affettiva (M=7,13).

Un trend analogo si riscontra per chi ha figli: essi considerano la famiglia una risorsa in misura maggiore rispetto a coloro che non hanno figli (M=8,13 vs M=7,45).

3.1.3. Il valore del figlio

Anche i figli hanno un grande valore per i giovani. In sintonia con quanto evidenziato in letteratura a livello internazionale e cross-culturale[22], i figli hanno soprattutto un grande valore a livello emotivo per i giovani intervistati, come evidenzia il punteggio medio decisamente elevato (M=4,09 su un range da 1 a 5); mentre è meno condiviso il loro valore strumentale (M=2,99). Non si riscontrano differenze significative in relazione al genere, all'età, al luogo di residenza.

In modo analogo alla rappresentazione della famiglia come valore, vi è una connessione significativa tra i punteggi a queste scale e lo stato civile e la presenza di figli: sia coloro che sono sposati sia coloro che hanno dei figli attribuiscono un valore maggiore al figlio, sia dal punto di vista emotivo che strumentale. Inoltre anche chi ha un'occupazione considera il figlio un valore strumentale in misura maggiore di chi non lavora (vedi *Tabella 2*).

Tabella 2. Punteggi medi del valore emotivo e del valore strumentale del figlio in relazione alle variabili socio-demografiche

Variabili socio-demografiche	Valore emotivo figlio			p	Valore strumentale figlio			p
Stato Civile	Sposato	Convivente	Single		Sposato	Convivente	Single	
	4,47	4,01	3,46	<.001	3,44	2,81	2,76	<.001
Presenza figli	Sì	No			Sì	No		
	4,42	3,90		<.001	3,30	2,80		<.001
Occupazione	Sì	No		ns	Sì	No		
					3,12	2,81		<.01

[22] G.V. Caprara, E. Scabini, D. Barni, «I valori degli italiani», in G. V. Caprara, E. Scabini, P. Steca, S.H. Schwartz (a cura di), *I valori nell'Italia contemporanea,* FrancoAngeli, Milano 2011, pp. 45-68; G. Trommsdorff, B. Nauck, «Introduction to special section for Journal of Cross-Cultural Psychology: Value of children: A concept for better understanding cross-cultural variations in fertility behavior and intergenerational relationships», *Journal of Cross-Cultural Psychology*, 41 (2012) n. 5-6, pp. 637-651.

3.1.4. Influenza dei genitori sull'immagine di famiglia e sulla progettualità a livello familiare

Il legame con la famiglia di origine e in particolare con i genitori è vivo e rappresenta un punto di riferimento esplicito per le idee e le intenzionalità progettuali dei giovani adulti, anche se l'intensità dell'influenza del modello della famiglia d'origine non sembra essere molto elevata.

I risultati emersi dalle domande che chiedevano di indicare quanto la propria idea di famiglia fosse influenzata dalle proprie esperienze di vita, dalla società, dagli amici e dalla famiglia d'origine, sono chiari. Per i giovani adulti è molto importante in primo luogo quello che hanno vissuto e le esperienze personali (M=4,01 su un *range* da 1 a 5). La famiglia d'origine è seconda fonte d'influenza in ordine d'importanza. Il punteggio medio di 3,64 indica che la concezione di famiglia dei giovani è in larga misura sentita come espressione delle esperienze e della vita vissuta all'interno della propria famiglia. Non si rilevano differenze su questo punteggio in relazione a tutte le variabili socio-demografiche considerate.

L'influenza che la famiglia esercita sui giovani sembra estendersi anche sul piano delle scelte. Il punteggio medio della scala che misura l'influenza positiva dei genitori nell'orientare la decisione di sposarsi o meno è di 3,25, un valore che sembrerebbe esprimere il riconoscimento sì del ruolo svolto dai modelli familiari positivi osservati, ma con un'intensità abbastanza contenuta. Questo valore non è influenzato dalle variabili socio-demografiche considerate.

Peraltro bisogna notare che il punteggio varia molto in relazione allo stato civile e affettivo dei giovani. Chi è sposato, infatti, fa registrare un punteggio medio sulla scala di 3,64, che è superiore a quello di chi vive un rapporto di coppia informale (M=3,25) e soprattutto di quello di chi è da solo (M=2,61). Sembra quindi che il peso dell'influenza positiva dei genitori venga riconosciuta *après-coup*, ossia una volta che sia stata effettivamente compiuta la scelta matrimoniale.

3.2. Il futuro della famiglia

Questa generazione di giovani avverte in modo chiaro la difficoltà che il futuro riserverà a chi vorrà intraprendere una progettualità a livello familiare. Infatti ben il 62% dei rispondenti è convinto che fare famiglia in futuro sarà più difficile – e di questi oltre il 90% ritiene che ciò avrà conseguenze sia per i giovani che per la società; solo il 12% ritiene che sarà più facile e il 25% non prevede cambiamenti significativi rispetto a oggi.

Questa percezione diffusa della difficoltà per il futuro si differenzia in relazione all'area geografica di residenza dei giovani, allo stato civile e affettivo, nonché alla presenza di figli. Chi vive al Nord Italia ha una visione del futuro certamente problematica ma con un'intensità minore. Infatti, tra coloro che vivono al Nord il 58% ritiene che sarà più difficile fare una famiglia, mentre la percentuale sale al 63% e al 70% rispettivamente per chi vive al Sud e nelle Isole e in Centro Italia. Sempre al Nord vive la percentuale maggiore di giovani (31%) che ritiene che nel futuro la situazione rimarrà simile ad ora rispetto a chi risiede al Centro (20%) e al Sud e nelle Isole (22%).

Questa visione del futuro cambia in relazione alla condizione affettiva di chi risponde. Chi non ha una relazione affettiva ha una visione complessivamente meno pessimistica rispetto a chi è sposato e soprattutto rispetto a chi vive una relazione affettiva informale. Tra chi non ha legami affettivi infatti è il 56% a ritenere che sarà più difficile fare una famiglia, mentre la percentuale è del 61% per chi è sposato e del 67% per chi ha una relazione informale. Inoltre il 35% di chi è single pensa che nel futuro la situazione rimarrà simile ad ora rispetto a chi è sposato (26%) e a chi ha una relazione affettiva non formalizzata (21%).

Avere già o non ancora figli incide parzialmente, nel senso che pur equivalendosi in termini percentuali rispetto alla convinzione che fare una famiglia sarà comunque difficile, tra coloro che hanno figli la percentuale di chi ritiene che fare famiglia in futuro sarà più facile, pur se contenuta (17,4%), è comunque doppia rispetto a coloro che non hanno figli (8%).

Le rappresentazioni del matrimonio, del figlio, così come i modelli familiari positivi non differenziano in modo significativo le percezioni relative alle difficoltà future circa il fare famiglia. Per quanto riguarda le rappresentazioni di famiglia in generale, solo coloro che fanno parte del cluster dei *non-famigliari* presentano dati significativamente differenti rispetto a coloro che sono inseriti negli altri cluster: infatti solo il 22% tra di loro ritiene che sarà più difficile per i giovani fare famiglia in futuro, rispetto alle percentuali oltre il 65% riscontrabili negli altri cluster.

In merito alle ragioni di tali difficoltà, a parere di coloro che hanno una visione negativa per il futuro, per metà di essi, cioè il 50%, le cause delle difficoltà sono di tipo economico – precarietà o mancanza di lavoro, scarsità di soldi – per il 15% di tipo valoriale – perdita del senso della famiglia, del sacrificio – per il 12% si tratta di un generico pessimismo; per il 9% la colpa è della società in generale, o lo Stato e l'Europa; il 5% lega questa convinzione ai cambiamenti della società e della cultura; il 4% fa riferimento in modo esplicito a un mix di cause economiche, culturali e sociali, infine i restanti non hanno espresso parere.

Per quanto riguarda i possibili rimedi a questa situazione, le risposte sono chiare. Il 47% fa riferimento generico, esplicito e lineare alla dimensione economica – maggiore possibilità di lavoro e di un posto stabile, maggiore possibilità economica; il

29% chiama in causa la necessità di un intervento politico più strutturato in diversi ambiti – politiche per la creazione, la tutela e il sostegno del lavoro, riduzione delle tasse; il 10% evidenzia la necessità di politiche di conciliazione tra vita familiare e lavorativa e di politiche familiari in senso stretto; il 7% fa un richiamo diretto all'importanza del recupero di valori e di un'educazione familiare.

In definitiva, la questione della difficoltà di fare famiglia per i giovani sembra ruotare, per la maggior parte degli intervistati, attorno a problematiche di tipo economico e alla necessità da parte della società e delle istituzioni di attivare politiche volte all'incremento del lavoro e, in subordine, a favorire coloro che intendono sposarsi e avere figli con interventi specifici a livello familiare. Decisamente minoritaria è la posizione di chi legge i motivi delle difficoltà del fare famiglia come un problema di tipo culturale e valoriale in senso ampio.

3.3. Progettualità familiare

3.3.1. L'intenzione di sposarsi

Il matrimonio è sempre un desiderio per la maggior parte dei giovani, anche se non è un desiderio condiviso in maniera assoluta. Sul campione totale di chi non è sposato (551 soggetti) il 64% indica che si vuole sposare, il 36% no.

L'età ideale per il matrimonio è per gli intervistati non sposati in media attorno ai 33,8 anni, un valore sostanzialmente coincidente con i dati ufficiali sull'età effettiva in cui ci si sposa[23]. Va peraltro sottolineato che ben il 36% ha risposto di non

[23] Vedi le ultime rilevazioni dell'Istat relative al 2018, https://www.istat.it/it/files/2019/11/Report_Matrimoni_Unioni_Civili_2018.pdf

saper dare una risposta. È interessante rilevare una differenza legata all'età del campione. Per coloro che hanno tra i 25 e i 30 anni, l'età ideale per il matrimonio è 32,9 anni; per coloro che hanno tra i 30 e i 35 anni il valore sale a 35,6 anni. Come a dire che quando ci si confronta con questo evento critico, la tendenza è di immaginarlo spostato in avanti rispetto alla propria età cronologica.

È ancora un elemento importante la differenza di età tra uomo e donna per il matrimonio?

Il quadro è articolato. Circa il 45% del campione ritiene che la differenza di età non sia importante. Questa indifferenza di giudizio si riscontra in maniera pressoché identica per uomini e donne. Un quarto circa del campione invece si ritrova in una rappresentazione tradizionale, tale per cui il 24% degli uomini ritiene che dovrebbe essere più anziano della propria coniuge, a cui specularmente corrisponde un 26% di donne che sostiene che sia il coniuge maschio a dover essere più anziano.

Sul piano della realtà, ossia tra coloro che sono effettivamente sposati, il quadro è più polarizzato e in parte sorprendente. Il 74% delle donne ha un coniuge più anziano di età. Gli uomini si dividono: il 40% ha un coniuge più giovane e il 41% ha un coniuge più anziano. Un dato che sembra inserirsi all'interno del quadro dei cambiamenti culturali che riguardano la figura maschile odierna, le cui condotte sembrano in parte orientarsi in modo differente rispetto alle tradizionali aspettative di genere.

Abbiamo esaminato quanto le variabili socio-demografiche siano legate a tali intenzioni.

C'è un legame tra questa intenzione e l'interazione tra genere e l'età. In particolare (vedi *Tabella 3*) vi è una maggiore probabilità che siano i maschi più giovani, di età compresa tra i 25 e 30 anni, che intendono sposarsi; mentre sono soprattutto le donne oltre i 30 anni che hanno minore probabilità di esprimere il desiderio di sposarsi.

Tabella 3. Associazione tra intenzione di sposarsi con genere ed età

<table>
<tr><td colspan="2" rowspan="2"></td><td colspan="4">Età e sesso</td><td>Totale</td></tr>
<tr><td>25-30
Maschi</td><td>31-35
Maschi</td><td>25-30
Femmine</td><td>31-35
Femmine</td><td>100%
551</td></tr>
<tr><td rowspan="2">Intenzione di sposarsi</td><td>No</td><td>25,8%
51</td><td>26,3%
52</td><td>24,2%
48</td><td>23,7%
47</td><td>100%
198</td></tr>
<tr><td>Sì</td><td>36,8%
130</td><td>21%
74</td><td>28%
99</td><td>14,2%
50</td><td>100%
353</td></tr>
</table>

È interessante notare che tra coloro che intendono sposarsi, la percentuale più bassa si riscontra tra le donne che sono nella fascia di età più avanzata, mentre tale percentuale è più accentuata nella fascia dei maschi più giovani.

La convinzione socialmente diffusa secondo cui avere un lavoro possa influenzare positivamente l'intenzione di formare una propria famiglia non sembra confermata. Anzi, i dati mostrano che se il 58% di chi è occupato intende sposarsi, questa percentuale sale al 64% tra coloro che non intendono sposarsi. Anche l'idea che avere un contratto a tempo indeterminato dovrebbe motivare maggiormente la progettualità familiare sembra non trovare conferma. Tra coloro che intendono sposarsi chi ha un lavoro a tempo indeterminato è meno della metà (48,5%); mentre tra coloro che non intendono sposarsi chi ha un contratto di lavoro indeterminato è pari al 58%.

È possibile osservare come l'interazione tra professione e intenzione di sposarsi valga in maniera particolare per le donne, ma anche qui in una direzione che pare essere contraria alle aspettative. Tra tutte le donne che intendono sposarsi, coloro che lavorano e intendono sposarsi sono il 52%; tra coloro che invece non hanno in mente per il futuro di sposarsi, chi lavora è ben il 66%, ossia due terzi di questo sottocampione.

Il fatto che il partner con cui si ha una relazione lavori, così come la formazione scolastica e l'area geografica di residenza, non incidono in maniera significativa sui progetti matrimoniali.

La percezione delle difficoltà per il futuro è una variabile che incide in modo significativo soprattutto per le donne, come vediamo dalla *Tabella 4*. Le giovani che non intendono sposarsi sono più propense a pensare che il futuro ricalcherà il presente; mentre chi intende sposarsi ritiene in maniera più marcata che nel futuro sarà più difficile per i giovani farsi una famiglia.

Tabella 4. Associazione tra intenzione di sposarsi e percezione di difficoltà di fare famiglia in futuro per le donne

		Per i giovani fare famiglia nei prossimi 10 anni sarà			
		Più facile	Più difficile	Uguale	100% 244
Intenzione di sposarsi	No	1,6% 11	47,4% 45	41,1% 39	100% 95
	Sì	9,8% 24	60,7% 172	29,5% 48	100% 149

Chi-quadro = 12,03(df –2 < .01)

3.3.2. Registro affettivo e registro etico: l'amore e la responsabilità sociale

Nella nostra cultura, sposarsi è espressione dell'amore che lega tra loro i partner. Questo assunto è chiaramente confermato anche nel nostro campione. Come si evince dai punteggi alla scala triangolare dell'amore, chi intende sposarsi descrive il legame con il proprio partner come caratterizzato da maggiori sentimenti amorosi rispetto a chi non ha il matrimonio tra le sue prospettive (t-test=8,39; M=4,4 vs M=3,7:p<.0001).

Meno scontato è pensare che chi ha una progettualità matrimoniale condivida un atteggiamento di responsabilità sociale, come invece i dati evidenziano (t-test=4,68; M=4,2 vs 3,8; p<.01). Il contesto culturale odierno favorisce scelte familiari che sono espressione di inclinazioni personali sganciate da un interesse per quello che avviene nella comunità. In questo campione chi intende sposarsi appare invece più attento ai problemi sociali, e questo aspetto è degno di nota perché è un potenziale indizio del fatto che per i giovani orientati a costruirsi una famiglia, questa scelta si inserisce in una visione relazionale e sociale della propria identità.

3.3.3. Intenzione di sposarsi, rappresentazioni e modelli famigliari appresi

L'intenzione di sposarsi è influenzata dalle rappresentazioni di famiglia e dai modelli familiari appresi? La risposta non può che essere affermativa. La *Tabella 5* evidenzia in modo chiaro che coloro che intendono sposarsi hanno una rappresentazione della famiglia come valore, danno un forte valore al figlio sia dal punto di vista emotivo che strumentale, avvertono l'influenza positiva della propria famiglia d'origine rispetto alla progettualità familiare.

Tabella 5. Confronto delle medie delle rappresentazioni e dei modelli familiari in relazione all'intenzione di sposarsi

* *scala 0-10* ** *scala 1-5*	Intenzione di sposarsi (N= 353)	Non intenzione di sposarsi (N=198)	t-test	p
Famiglia come valore *	7,85	6,60	7,80	<.001
Valore emotivo del figlio **	4,18	3,45	9,10	<.001
Valore strumentale del figlio **	2,98	2,46	5,32	<.001
La famiglia di origine come modello positivo **	3,34	2,63	6,48	<.001
Matrimonio tradizionale *	4,48	3,10	5,62	<.001

Analizzando i cluster relativi alla rappresentazione di *famiglia* si osserva che sono soprattutto coloro che condividono una visione della famiglia tradizionale a essere più propensi a sposarsi, mentre coloro che non si riconoscono in nessuna rappresentazione di famiglia sono decisamente più inclini a non sposarsi, seguiti in percentuale da coloro che fanno parte del cluster degli indifferenti (vedi *Tabella 6*).

Tabella 6. Associazione tra intenzione di sposarsi e i cluster di rappresentazione della famiglia

percentuali di colonna			Cluster rappresentazioni di famiglia			
			Non famigliari	Tradizionalisti aperti	Tradizionalisti	Indifferenti
Intenzione di sposarsi	Sì		39,3% 22	68,5% 85	81,0% 81	60,5% 161
	No		60,7% 34	31,5% 39	19,0% 19	39,5% 105
Totale		546	56	124	100	248

Chi-quadro= 29,86(df=39, p<.0001

Finora abbiamo visto che tutte le variabili concernenti le rappresentazioni e le influenze familiari hanno un impatto significativo sull'intenzione di farsi una famiglia. Ma quali sono più importanti, tenendo sotto controllo contemporaneamente l'effetto reciproco di ogni variabile? A tale scopo abbiamo condotto una regressione logistica inserendo come predittori le rappresentazioni circa il valore emotivo del figlio, il valore strumentale del figlio, il matrimonio tradizionale, la famiglia come valore, l'influenza del modello familiare. I risultati mostrano l'influenza significativa di tre variabili inserite nel modello di regressione (R^2=.25). In particolare molto forte è l'influenza dell'immagine tradizionale di famiglia, dal momento che in coloro che si ritrovano in questo cluster, le probabilità di avere intenzione di sposarsi aumentano di oltre due volte e mezzo (Exp(ß)=2.62; $p<.001$). Il valore emotivo attribuito al figlio è un altro indicatore particolarmente predittivo, dal momento che all'aumentare della condivisione di questa variabile, l'intenzione di sposarsi aumenta del 75% (Exp(ß)=1.75; $p<.001$). Significativo anche il ruolo svolto dalla famiglia d'origine come modello, dal momento che una persona che condivide tale influenza ha circa il 40% in più di probabilità di pensare di sposarsi (Exp(ß)=1.39; $p<.001$).

Sono risultati che sembrano confermare quanto l'intenzione di sposarsi sia per i giovani adulti legata in modo evidente a una rappresentazione tradizionale di famiglia in cui un ruolo centrale è rivestito dal valore emotivo del figlio. Su questa progettualità sembrano incidere anche dimensioni legate al rapporto intergenerazionale considerato come fonte e modello a cui ispirarsi.

3.3.4. Intenzione di avere figli

Elemento decisivo della progettualità familiare è l'intenzione di avere dei figli. Un primo elemento da sottolineare è che meno della metà del campione (45,7%) è certa di volere un figlio. Se a questi aggiungiamo coloro che *probabilmente* vorrebbero avere figli, la percentuale sale al 76,3%. Il 23,7%, quasi un quarto del campione, non pensa di volere un figlio, in misura abbastanza simile tra coloro che sono certi di non volerli (11%) e di coloro che lo sono *tendenzialmente* (12,7%)[24].

Già solo da questo primo dato, emerge in modo netto come la dimensione della generatività non appaia una priorità per i giovani adulti di oggi.

Altro elemento da sottolineare è come questa visione non sia significativamente differente tra uomini e donne, in controtendenza rispetto alla convinzione che siano soprattutto le donne a desiderare un figlio. Anzi, analizzando l'interazione tra età e genere, si vede che tra coloro che non vogliono figli la percentuale significativamente più alta è tra le donne oltre i 30 anni, mentre tra coloro che desiderano figli la percentuale più alta riguarda i giovani maschi tra i 25 e i 30 anni. Sono dati che ricalcano quelli presentati poco sopra, relativi all'intenzione di sposarsi (vedi *Tabella 7*).

Tabella 7. Associazione tra intenzione di avere un figlio e genere ed età

		Età e sesso				Totale
		25-30 Maschi	31-35 Maschi	25-30 Femmine	31-35 Femmine	100% 510
Intenzione di avere un figlio	No	22,3% 27	25,6% 31	23,1% 28	28,9% 35	100% 121
	Sì	36,2% 141	22,1% 86	26,2% 102	15,4% 60	100% 389

[24] Nelle analisi successive, considereremo come intenzionati ad avere figli coloro che alla domanda se vogliono avere dei figli hanno risposto: "certamente o probabilmente sì", e come non intenzionati ad avere figli coloro che alla stessa domanda hanno risposto: "certamente o probabilmente no".

È noto che in Italia la tendenza ad avere figli al di fuori del matrimonio non sia l'esperienza prevalente. I dati lo confermano, almeno a livello progettuale, ma in maniera non così definita ed univoca.

Si evidenzia in generale una chiara e prevedibile correlazione tra intenzione matrimoniale e il pensiero di avere figli, ma l'intensità di questa associazione presenta caratteristiche interessanti. Infatti tra coloro che intendono sposarsi, il 92,1% vuole avere un figlio in futuro, mentre tra coloro che non intendono sposarsi questa percentuale è più bassa, ma riguarda in ogni caso il 46,5% di questo gruppo, ossia quasi la metà di coloro che non vogliono sposarsi.

Per cui se è vero che ancora oggi chi si sposa ha in mente di avere figli, sembra anche che l'idea di averli al di fuori del matrimonio sia una prospettiva, ancora minoritaria, ma certamente presente nella progettualità dei giovani.

Anche in questo caso si evidenziano differenze per genere: come vediamo nella *Tabella 8*, tra coloro che non intendono sposarsi, sono le donne a desiderare di meno i figli rispetto agli uomini, e questa percentuale è decisamente più bassa per la fascia di età delle donne sopra i 30 anni, come abbiamo affermato anche poco sopra.

Se quindi è vero che non avere intenzione di sposarsi non preclude il pensiero di una generatività, ciò sembra valere maggiormente per gli uomini, mentre per le donne pensare di avere un figlio sganciato da una progettualità matrimoniale sembra essere una strada meno percorribile, soprattutto in funzione dell'avanzare dell'età.

Tabella 8. Associazione tra intenzione di avere un figlio e genere ed età nel campione di chi non intende sposarsi

percentuali di colonna			Intenzione di sposarsi = no			
			25-30 Maschi	31-35 Maschi	25-30 Femmine	31-35 Femmine
Intenzione di avere un figlio	No		50% 22	46,3% 19	52,6% 20	65,8% 25
	Sì		50% 22	53,7% 22	47,4% 18	34,2% 13
Totale		161	44	41	38	38

L'intenzione di avere figli non è connessa all'area geografica di provenienza, né sono predittivi di tale desiderio il grado di istruzione o il livello occupazionale dei giovani, del partner, o dei genitori della famiglia d'origine. Ha un peso significativo invece l'esperienza di fratria, nel senso che tra coloro che vogliono avere dei figli, il 75% ha almeno un fratello o una sorella, mentre tra coloro che non hanno tale intenzione, questa percentuale scende al 59%. Avere fratelli o sorelle sembra quindi svolgere una funzione modellatrice delle intenzioni generative da non trascurare. In prospettiva futura questo dato deve far riflettere, perché questa potenziale spinta generativa, alla luce della radicale e progressiva diminuzione delle famiglie con più di un figlio, rischia concretamente di essere persa.

Pensare ai figli significa proiettarsi nel futuro. E il futuro come abbiamo visto non si prevede essere facile. Le preoccupazioni in tal senso sono fatte proprie da chi desidera un figlio. Infatti, tra chi pensa di avere un figlio, il 66% ritiene che il futuro sarà più difficile per formare una famiglia, mentre questa difficoltà è avvertita dal 48% di chi non intende averne. Quest'ultimo gruppo ritiene che il futuro sarà più o meno come la situazione attuale nel 46% dei casi, una percentuale decisamente superiore, quasi del doppio, a quella di chi intende avere un figlio (25%).

Chi desidera figli percepisce un'intensità di amore per il partner significativamente più forte rispetto a chi non li desidera (t-test=5,65; M=4,37 vs 3,87; p<.001), mentre non incide la durata del legame affettivo. In modo analogo a chi intende sposarsi, registriamo anche l'incidenza positiva del senso di responsabilità sociale, per cui chi vuole avere dei figli ha un atteggiamento di apertura responsabile nei confronti del mondo esterno maggiore di chi non vuole averne (t-test=6,14; M=4,16 vs 3,67; p<.001). Questo risultato sembra quindi confermare che in questo campione la progettualità familiare, l'intenzione di sposarsi e fare una famiglia, possa essere letta non solo in termini di intenzioni individuali, ma anche come espressione di una disposizione prosociale o quanto meno di assunzione di responsabilità nei confronti del mondo esterno.

Abbiamo parlato finora di intenzione generale ad avere figli. Ma quanti sono i figli che i giovani desiderano avere? A livello ideale, il 60,4% vorrebbe avere due figli, il 16,7% almeno tre figli, e il 17,5% un solo figlio. Il dato non è influenzato dal genere, è in sintonia con altre ricerche[25] e documenta come i giovani vorrebbero progettare una famiglia diversa, più ampia di quella che si registra attualmente. È interessante notare che questo desiderio è trasversale al campione, nel senso che anche su questo indicatore non si riscontrano differenze significative in relazione al livello di istruzione, al livello occupazionale dei giovani e delle loro famiglie d'origine e all'area geografica di residenza. Anche le variabili concernenti la qualità e la durata del legame con il partner attuale non appaiono legate in modo significativamente consistente al numero di figli desiderati.

Per quanto riguarda la preferenza per il sesso del figlio, il campione si divide tra coloro che non hanno preferenze e coloro che

[25] Si vedano al riguardo i "Rapporto Giovani" già citati, e la serie dei Rapporti Cisf dal 2009 in poi.

desiderano un figlio del proprio sesso (vedi *Tabella 9*). Il dato evidenzia ancora una volta come nel campione dei giovani alcune aspettative tradizionali, quali la preferenza per il figlio maschio, siano ampiamente superate a livello di sentire condiviso. Anche il disinteresse nei confronti del sesso del figlio, maggioritaria nel campione, va in questa direzione, in sintonia con le tendenze omogeneizzanti presenti a livello sociale e culturale.

Tabella 9. Associazione tra preferenza per il sesso del figlio e genere

		Preferenza per il sesso del figlio			
		Maschio	Femmina	Uguale	100% 389
Genere	Uomo	33,5% 76	21,4% 48	55,4% 103	100% 227
	Donna	13,6% 22	35,2% 57	51,2% 83	100% 162

Chi-quadro = 22,42 (df=2, p<.001)

3.3.5. Intenzione di avere figli, rappresentazioni e influenze familiari

Il desiderio di avere figli è chiaramente connesso alla rappresentazione che i giovani hanno della famiglia, del matrimonio e del valore del figlio, così come ai modelli familiari appresi.

Dalla *Tabella 10* si evidenzia come i giovani che intendono avere figli attribuiscono maggiore valore alla famiglia e al figlio dal punto di vista emotivo e strumentale, sono maggiormente influenzati dal modello familiare e sentono di avere maggiori responsabilità a livello sociale.

Tabella 10. Confronto delle medie delle rappresentazioni familiari e sociali in relazione all'intenzione di avere figli

** scala 0-10* *** scala 1-5*	Figli voluti (N= 389)	Figli non voluti (N=121)	t-test	p
Famiglia come valore *	7,80	6,33	7,84	<.001
Valore emotivo del figlio **	4,25	2,78	18,08	<.001
Valore strumentale del figlio **	2,96	2,37	5,32	<.001
La famiglia di origine come modello per la decisione di sposarsi **	3,35	2,63	5,58	<.001
Matrimonio tradizionale *	4,39	3,87	1,74	Ns

La connessione tra rappresentazione tradizionale di famiglia e progettualità generativa è altrettanto evidente analizzando i dati relativi ai cluster. Sono infatti coloro che appartengono al cluster dei tradizionalisti che sono chiaramente più propensi ad avere dei figli, mentre coloro che non si riconoscono in nessuna rappresentazione di famiglia sono decisamente più inclini a non avere figli (vedi *Tabella 11*).

Tabella 11. Associazione tra intenzione di avere un figlio e cluster delle rappresentazioni di famiglia

percentuali di colonna		Cluster rappresentazioni di famiglia			
		Non familiari	Tradizionalisti aperti	Tradizionalisti	Indifferenti
Intenzione di avere un figlio	Sì	44,4% 20	77,8% 91	90,3% 84	76,2% 189
	No	55,6% 25	22,2% 26	9,7% 9	23,8% 59
Totale	503	45	117	93	248

Chi-quadro= 35,51 (df=39, p<.0001

Anche per quanto riguarda l'intenzione di avere dei figli abbiamo cercato di indagare tramite una regressione logistica quali tra queste variabili risultasse maggiormente predittiva, tenendo sotto controllo l'influenza reciproca di ciascuna di esse. Come si evince dai risultati, in realtà molte delle variabili considerate svolgono un ruolo importante e spiegano una quota molto significativa di varianza (complessivamente $R^2 = .57$), ma innegabilmente emerge la centralità del valore emotivo del figlio (Exp(ß)=13.29; $p<.0001$). Quanto più un giovane condivide le considerazioni secondo cui i figli diano pienezza, portino allegria, diano piacere nel vederli crescere, permettano di sperimentare un amore unico, quanto più le probabilità di volere un figlio aumentano a dismisura.

Interessante notare che se invece un giovane fa propria una concezione del valore strumentale del figlio, le probabilità di volerlo avere in futuro quasi si dimezzano (Exp(ß)=.46; $p<.001$). Anche avere una visione tradizionale della famiglia è cruciale (Exp(ß)=3.43; $p<.05$): al suo aumentare le probabilità di volere un figlio aumentano di tre volte e mezzo. Anche riconoscere l'influenza della propria famiglia di origine sulla scelta di sposarsi ha un effetto non indifferente (Exp(ß)=1.47; $p<.05$), dal momento che all'aumentare del punteggio di una unità le probabilità di desiderare un figlio si incrementano quasi del 50%. Infine, anche la visione della famiglia come valore personale e familiare incrementa del 30% le probabilità di voler avere un figlio, un valore che se pur inferiore alle altre variabili è comunque di una certa rilevanza (Exp(ß)=1.29; $p<.05$).

In definitiva, desiderare un figlio s'inserisce all'interno di un complesso coerente e unitario di immagini e di valori tradizionali che evidenziando l'importanza emotiva del figlio e riconoscendo la centralità e la risorsa della famiglia e la sua influenza positiva, predispongono i giovani a manifestare una chiara intenzione generativa.

3.4. Media digitali e progettualità familiare

La presenza dei media digitali nella vita contemporanea di ciascuno è una realtà imprescindibile e lo è ancora di più per le nuove generazioni, che sono cresciute immerse in quella che viene chiamata in maniera icastica l'interrealtà[26], ossia quello spazio sociale ibrido che permette di far entrare il digitale nel nostro mondo fisico e viceversa, con un impatto diretto sui processi di costruzione della realtà sociale e della nostra identità sociale. Da questo punto di vista, abbiamo provato ad analizzare quali siano le caratteristiche attribuite ai social media, quali profili emergano e se vi siano alcune connessioni tra questi profili e la progettualità familiare dei giovani.

Riprendendo lo schema concettuale utilizzato nel Rapporto CISF 2017, dedicato alle relazioni familiari nell'era delle relazioni digitali[27], a cui rimandiamo per un approfondimento, vediamo nella *Tabella 12* che la maggior parte dei giovani del campione (57,2%) si adatta alla presenza continua dei social media, quasi un terzo (31,9%) vive in modo forzato questa pervasività dei social media, mentre coloro che vivono senza problemi questa situazione sono una netta minoranza (4,5%), come d'altra parte è minoritaria la posizione di chi vive ai margini e sente solo gli aspetti negativi del mondo dei social (6,3%).

[26] G. Riva, *Psicologia dei nuovi media*, Il Mulino, Bologna 2012; P.C. Rivoltella, *Screen Generation. Gli adolescenti e le prospettive dell'educazione nell'età dei media digitali*, Vita e Pensiero, Milano 2006.

[27] P. Donati (a cura di), *Le relazioni familiari nell'era delle reti digitali. Rapporto Famiglia CISF 2017,* San Paolo, Cinisello Balsamo (MI) 2017.

Tabella 12. Profilature dei giovani in relazione alla valutazione data sull'utilizzo dei media digitali come costrizione o piacere

			Utilizzare i media digitali è una "costrizione necessaria"		Totale
			No	Sì	
Utilizzare i media digitali è un "piacere"	No	% del totale n. casi	6,3% MARGINALI 39	31,9% FORZATI 197	38,2% 236
	Sì	% del totale n. casi	4,5% IBRIDATI 28	57,2% ADATTATI 353	61,8% 381
Totale		% del totale n. casi	10,9% 67	89,1% 550	100% 617

Questa suddivisione è trasversale e non influenzata dal genere, dall'età o dal livello di occupazione o dalla formazione. Il dato di per sé è interessante perché evidenzia come una quota non indifferente di questa generazione nata e cresciuta con la rete sembra in modo omogeneo avere dei problemi a integrare in un modo positivo gli aspetti di piacere e di costrizione che l'uso dei social comporta.

Ai fini del nostro lavoro è interessante capire se la profilatura emersa sia in qualche misura connessa con la visione del futuro e la progettualità familiare dei giovani. Ci siamo concentrati sui profili più numerosi, ossia quello degli adattati e dei forzati, e sono emerse alcune indicazioni interessanti.

Per quanto riguarda la percezione legata al futuro, emerge che tra i forzati il 71% ritiene che formarsi una famiglia sarà più difficile e il 19% che sarà più o meno uguale, mentre tra gli adattati queste percentuali sono rispettivamente del 57% e del 28%. In relazione all'intenzione di sposarsi osserviamo che tra i forzati il 61% pensa di sposarsi in futuro, mentre tra gli adattati questa percentuale sale al 74%. Non si evidenziano invece differenze significative tra questi profili rispetto all'intenzione di avere dei figli.

In definitiva, queste analisi mettono in luce un aspetto degno di nota, ossia che gli adattati sembrano avere una visione del futuro meno pessimista e mostrano un'intenzionalità a sposarsi superiore rispetto ai forzati.

La capacità di adattamento all'ambiente è una risorsa importante per poter affrontare le sfide del presente e poter progettare il futuro. E quando parliamo di ambiente, oggi non si può prescindere dal legame connaturato con il mondo pervasivo della rete e dei social media in particolare. Chi riesce a gestire e ad affrontare le sfide poste dal mondo dell'interrealtà sembra anche essere maggiormente attrezzato rispetto a una progettualità come quella familiare, intrinsecamente rischiosa ma anche fonte di piacere, come anche quella che il mondo dei social media può offrire (ovviamente a un altro livello e con ben altri contenuti). Queste osservazioni sono evidentemente preliminari e richiedono un approfondimento specifico che permetta in futuro di confermarle e di specificarle.

3.4.1. Intenzione di creare legami affettivi e social media

Un ulteriore elemento di riflessione viene dai dati relativi all'utilizzo dei social media come veicolo per formare in modo specifico relazioni affettive, un'opportunità che le diverse piattaforme di incontri disponibili sul web mettono a disposizione.

I dati, da un lato, evidenziano che molte persone colgono quest'opportunità ed evidenziano altresì anche una discrepanza tra esperienza personale e sociale. Mentre in tutto il campione, infatti, il 45,5% afferma di conoscere qualcuno che ha conosciuto un partner tramite siti specifici, a livello personale, nel campione di coloro che non sono sposati, solo il 30,3% ha dichiarato di avere conosciuto un partner sulle app o le chat, il 23,2% afferma di aver conosciuto delle persone via chat senza che diventassero partner, e il 46,5% dichiara che non ha conosciuto nessuno tramite questi veicoli comunicativi. È noto che di fronte a condotte che il contesto sociale considera in modo ambivalente, le persone tendono a non esporsi. Conoscere un partner su un sito o un'applicazione dedicata in modo specifico a tale scopo incontra ancora a livello generale delle resistenze, come modalità quanto meno insolita e non canonica di avviare una relazione. Può essere quindi che i giovani si "nascondano" dietro questi conoscenti e proiettino su di loro condotte personali che hanno una certa reticenza a far conoscere.

Che quella dei siti sia una strada poco valorizzata, almeno a livello esplicito, appare evidente anche dai risultati di un'ulteriore domanda che chiedeva ai giovani non sposati se avessero mai pensato di trovare un partner via chat. L'83% ha dato una risposta negativa. È in ogni caso interessante notare che tra coloro che hanno già conosciuto qualcuno via chat senza che il legame diventasse affettivo, il 38,6% ha detto di aver pensato di cercare un partner nel futuro sui social, mentre tale percentuale scende all'8% tra coloro che non hanno mai cercato qualcuno neanche nel passato.

Sembra quindi che la tendenza a cercare un partner tramite canali specifici presenti sul web possa rappresentare un trend importante, ancorché oggetto di valutazioni contrastanti, che coinvolge un numero di giovani non indifferente. Quanto si possa considerare questa tendenza espressione latente del desiderio di formare una famiglia o del semplice desiderio di trovare un partner è difficile da dire. Non si riscontra un legame significativo tra il proposito di conoscere un partner via chat e l'intenzione di formare una famiglia, però si evidenzia un'associazione significativa tra il fatto di conoscere qualcuno che ha avviato una relazione affettiva tramite i social e il pensiero di sposarsi in futuro. Nello specifico, il 68% di coloro che hanno conoscenti o amici che hanno avviato un legame affettivo tramite i social intende sposarsi, mentre questa percentuale scende al 58% tra coloro che non hanno tali conoscenti. Anche in questo caso potrebbe essere plausibile ritenere che questi giovani proiettino su tali conoscenti un loro desiderio. In ogni caso, è certo che l'ambito dei canali di formazione delle relazioni affettive mediata dai social e il loro significato per la vita e la progettualità dei giovani debba essere ulteriormente esaminato e approfondito.

3.5. Positività, rappresentazioni familiari e progettualità

Finora abbiamo considerato come i giovani adulti nella nostra società contemporanea si rappresentano la famiglia, quali valori familiari e sociali riconoscono importanti, e come queste rappresentazioni e valori si connettano sul piano della progettualità familiare, intesa come intenzione a sposarsi e ad avere una famiglia.

In questo paragrafo ci interroghiamo se queste rappresentazioni e la progettualità familiare siano connesse a un atteggiamento personale di positività nei confronti della vita, indicatore sintetico di benessere familiare e sociale. Nel campione complessivo, il punteggio medio di positività è di 3,38, un valore che indica un atteggiamento abbastanza positivo in termini di soddisfazione personale, di fiducia e di speranza per il futuro. Non è un valore elevato, ma neanche basso, ed esprime una posizione intermedia, tendenzialmente orientato verso il polo più positivo.

Come vediamo nella *Tabella 13* sono diversi gli elementi che si legano al benessere percepito. È da sottolineare come coloro che sono sposati e coloro che hanno già figli esprimono chiaramente maggiori livelli di positività. Così come hanno un atteggiamento particolarmente positivo anche coloro che vogliono sposarsi e intendono avere dei figli e considerano che in futuro fare famiglia sarà più facile. Sul versante sociale, la differenza la fa l'essere inseriti nel mondo lavorativo e la capacità di adattarsi al mondo dei social media.

Tabella 13. Punteggi medi della scala di positività in relazione a variabili socio-demografiche e progettualità familiare

Variabili socio-demografiche (scala 1-5)	Positività			p
Fratria	Nessuno 3,33	Uno 3,34	Almeno due 3,53	<.05
Stato Civile	Sposato 3,64	Convivente 3,34	Single 3,09	<.001
Presenza figli	Sì 3,56	No 3,28		
Occupazione	Sì 3,48	No 3,20		Ns <.001
Utilizzo social media	Adattati 3,58	Forzati 3,28		<.001
Progettualità familiare				p
Intenzione sposarsi	Sì 3,40	No 3,03		<.001
Desiderio figlio	Sì 3,40	No 2,91		
Difficoltà futura a fare famiglia	Più difficile 3,32	Più facile 3,67	Uguale 3,39	<.001

L'atteggiamento positivo nei confronti della vita si correla inoltre in maniera significativa con le rappresentazioni di famiglia, con l'amore provato per il partner e con il grado di responsabilità sociale.

Come si può osservare nella *Tabella 14*, tutte le correlazioni sono positive e sono elevate. Quanto più i giovani vivono un amore intenso per il partner, sentono di avere una responsabilità nei confronti del mondo sociale, percepiscono di essere influenzati in modo positivo nelle loro scelte familiari dai genitori, hanno un'immagine tradizionale di matrimonio, considerano la famiglia come un valore e una risorsa, e attribuiscono un grande valore alla presenza dei figli, tanto più aumentano la loro soddisfazione personale e la fiducia e la speranza nei confronti del mondo e del futuro. È anche evidente che l'intensità di tale correlazione è particolarmente forte per le donne, un risultato che sembra confermare il dato ampiamente noto relativo alla centralità che assumono per le donne i legami e la loro cura, sia a livello familiare sia a livello sociale, ai fini del loro benessere.

Tabella 14. Correlazioni tra la scala di positività e le scale di amore, responsabilità sociale e le rappresentazioni di famiglia suddivisi per genere. (valori significativi con p<.001)

	Amore	Responsabilità sociale	Influenza modello famigliare	Immagine matrimonio tradizionale	Famiglia come valore	Valore emotivo figlio	Valore strumentale figlio
Uomini	.44	.22	.33	.22	.37	.36	.26
Donne	.49	.36	.50	.34	.47	.46	.41

I dati non permettono di dire la causalità di questo legame, ossia se chi ha un atteggiamento positivo nei confronti di sé e della vita ha certe rappresentazioni e determinate intenzionalità progettuali o se siano esse a determinare tale atteggiamento positivo. Solo una ricerca di tipo longitudinale potrebbe aiutare a sciogliere l'interrogativo, ma in ogni caso i dati evidenziano in modo chiaro che l'aver costituito un nucleo familiare, certe rappresentazioni della famiglia e dei figli, l'apertura responsabile e l'impegno nei confronti del sociale, il pensiero del futuro e il desiderio di sposarsi, sono connessi, soprattutto per le giovani donne, a uno "stare bene" personale, a una visione del mondo aperta e positiva, alla speranza per il futuro.

In definitiva, i risultati sembrano confermare un'evidenza apparentemente prevedibile, ma che in un contesto sociale di fragilità e di incertezza esistenziale e progettuale come quello odierno assume un significato affatto scontato: il benessere non può prescindere dalla famiglia, sia dalle immagini che una persona ha ereditato e si porta dentro, sia da quella che è riuscita a costruire o che ha intenzione di formare. In particolare, il messaggio che i giovani sposati offrono a coloro che stanno costruendo il loro percorso affettivo è che la scommessa del fare famiglia può essere vincente e promuovere una migliore percezione di benessere.

4. Conclusioni

Come sempre, dar voce alle persone offre molteplici e interessanti dati, complessi e articolati, ambivalenti e sorprendenti, come lo è il vivere quotidiano. Sono tanti gli spunti di riflessione emersi da questo lavoro di ricerca: ne riprendiamo alcuni che ci sembrano non scontati, consapevoli dei molti che lasceremo in ombra.

In primo luogo, ci sembra importante sottolineare il fatto che questi dati mostrano come il fare famiglia non sia solo un fatto privato, personale: nella realtà dei fatti, il registro familiare diventa, si intreccia, si avviluppa con quello sociale. I dati mostrano chiaramente come la famiglia sia luogo degli affetti, ma anche della responsabilità sociale: fare famiglia e avere figli, porta in modo "naturale" a pensare alla comunità in cui si vive, prepara al passaggio da una generatività familiare a una sociale. È questa una considerazione che abbiamo sostenuto molte volte, soprattutto dal punto di vista teorico, ma qui ha trovato una conferma empirica. Primo dato non scontato.

In secondo luogo, ci sembra importante evidenziare il fatto che, per la maggior parte dei giovani, tutto ciò che comprende legami e affetti possa esser considerato famiglia, e che siano proprio le donne – ancora educate all'etica della cura – a sostenerlo. Se a questo aggiungiamo che per gli uomini, ma soprattutto per le donne, avere una famiglia con figli sia legato alla percezione di benessere, confermiamo quanto molta letteratura scientifica e molti scritti del senso comune hanno sostenuto. Ma è interessante notare che sono proprio le donne oltre i 30 anni a non mostrare molto il desiderio di figli, e a desiderarli preferibilmente entro un legame matrimoniale tradizionale. Emerge un quadro delle giovani donne piuttosto contraddittorio, complesso, articolato, in cui movimenti tradizionalisti convivono con movimenti "innovativi". Anche questo è un dato non scontato, se pensiamo che invece le loro madri hanno conquistato la scena familiare e sociale mettendo in difficoltà i partner e mostrando una chiara via del vivere i legami familiari e sociali[28].

In terzo luogo, i dati sfatano uno stereotipo: i giovani della nostra indagine, come in altre ricerche, attribuiscono all'assenza di lavoro l'impossibilità di fare famiglia; ma nel concreto della quotidianità la presenza di un lavoro non porta con sé la scelta di una relazione affettiva stabile. È questo un dato molto

[28] Al riguardo si veda C. Regalia, E. Marta (a cura di), *Giovani in transizione e padri di famiglia*, Studi Interdisciplinari sulla Famiglia 30, Vita e Pensiero, Milano 2018.

interessante, che porta a ipotizzare alla base delle scelte progettuali dei giovani dinamiche familiari, sociali e identitarie più profonde, che si combinano con variabili socio-strutturali.

Come sempre chiudiamo con più domande che risposte, ma anche con la consapevolezza che i giovani di oggi, come quelli di ieri, sono un affascinante universo da ascoltare e sostenere, valorizzare e con cui affrontare il meraviglioso viaggio della vita.

Allegato al capitolo 3

NOTA METODOLOGICA DI SINTESI: INDAGINE SUI GIOVANI*

L'indagine presentata nel presente capitolo è stata indirizzata alla generazione dei giovani, di chi "deve fare famiglia", definita con uno spazio generazionale di 10 anni, individuato non solo attorno all'età media del matrimonio (33,7 anni per i maschi, 31,5 per le femmine, Istat 2018), ma anche considerando la crescente quota di coppie che convivono prima del matrimonio (abbassando quindi l'età media del progetto di coppia). Il decennio di età considerato è stato quindi individuato nella fascia di età tra i 25 e 35 anni, che al 1 gennaio 2019 era pari a 7.287.147 di soggetti.

È stato costruito un campione[29] di 800 casi, casuale stratificato per quote, rappresentativo della popolazione nazionale della fascia di età 25-35 anni per genere, età, area e ampiezza del comune di residenza (margine di errore +/-3,5%). Il confronto tra campione finale e universo di riferimento è rappresentato nel seguente prospetto.

* Dati forniti da Eumetra MR, società che ha realizzato anche l'indagine sulle famiglie (4.000 interviste – vedi capitoli 7 e 8, più l'Appendice metodologica di Luigi Tronca).

[29] Sono state utilizzate più fonti, privilegiando la più recente quando il dato era presente in più di una (Censimento Istat 2011, Indagine campionaria "Aspetti della vita quotidiana 2017", Portale Demo Istat, aggiornamento al 2019). I dati sono poi stati ponderati per rispettare questi parametri e quelli di rappresentatività per istruzione e condizione lavorativa.

	Popolazione (1 gennaio 2019)		Campione (dicembre 2019)	
	v.a.	%	v.a.	%
M25-30	1.985.569	27,2	218	27,2
M31-35	1.761.277	23,6	208	23,5
F25-30	1.896.217	26,0	188	26,1
F31-35	1.689.084	23,2	186	23,2
TOTALE	7.287.147	100,0	800	100,0

Le interviste sono state raccolte con metodologia CAWI (*Computer Assisted Web Interviewing*), dal 5 al 23 dicembre 2019.

Capitolo 4

QUALE SOSTEGNO ECONOMICO, SOCIALE E ISTITUZIONALE ALLE RESPONSABILITÀ FAMILIARI

*Federico Perali**

1. Introduzione

Il soggetto istituzionale di interesse nel contesto di questo saggio è la famiglia intesa in un'ottica soprattutto statistico-amministrativa, in quanto potenziale beneficiaria di sostegno economico, sociale e istituzionale in cambio di servizi e prestazioni svolti per lo Stato e la comunità. Questa accezione del termine "famiglia" si riferisce a una coppia, con o senza figli, che vive insieme o separatamente, ma ha figli in comune, indipendentemente dalla tipologia di contratto formale o informale con cui si è formata l'unione e dalle modalità con cui si è eventualmente sciolta, unita da un progetto cooperativo e, se desiderato, anche generativo, che si fa carico delle responsabilità familiari. Questa definizione contiene anche elementi di interesse comportamentale e socio-economico, nel momento in cui si fa

* **Federico Perali** è professore di Politica Economica presso l'Università di Verona. Ha un Ph.D. conseguito presso l'Università del Wisconsin, USA. I principali interessi di ricerca riguardano la stima del costo dei figli e delle disabilità, la povertà e l'ineguaglianza, le politiche familiari, l'analisi di micro e macro modelli di politica economica, l'efficacia dell'ISEE, e le cause della criminalità giovanile. È membro del comitato scientifico del Centro Studi CHILD (*Center for Household, Income, Labor and Demographics*), del Centro Internazionale per lo Sviluppo Economico (ICID) e del "Centro Studi e Ricerche sulla Famiglia" dell'Università Cattolica di Milano. È autore di numerose pubblicazioni e libri nel campo dell'economia del benessere, della famiglia, e dello sviluppo economico sostenibile.

riferimento alla famiglia come unità decisionale che tende a operare le migliori scelte riguardanti la sfera riproduttiva e lo svolgimento delle responsabilità assunte in modo cooperativo.

In quest'ottica, oltre ad assicurare un livello di consumo adeguato a tutti i membri della famiglia, si può intendere l'unione familiare anche come una forma di partenariato che coopera nell'organizzare le attività di produzione di beni e servizi domestici, che "produce" bambini, offre protezione e scambia reciproci affetti e altri beni intangibili quali il tempo investito dai genitori nell'educazione dei figli[1]. Se questa "impresa sociale" resiste nel tempo è anche grazie ai vantaggi economici che tale forma di cooperazione garantisce, quali, per esempio, le economie di scala derivanti dalla condivisione del costo dell'affitto o del mutuo di un'abitazione, degli spazi di una cucina o dei vestiti per i figli, e anche grazie alla specializzazione lavorativa, sia per quanto concerne le forme di lavoro retribuito al di fuori della famiglia sia per le forme lavorative non retribuite all'interno dell'economia familiare, e all'armonizzazione delle strategie di conciliazione degli impegni lavorativi di entrambi i membri della coppia con le responsabilità familiari[2]. La famiglia è anche il luogo primario di produzione di beni relazionali familiari e di comunità[3], beni solidali, di rete e capitale sociale,

[1] G.S. Becker, «A Theory of the Allocation of Time», *Economic Journal*, 75(299), (1965), pp. 493-517; G.S. Becker, *Treatise on the Family*, Harvard University Press, Cambridge (Mass.) 1981; P. Apps, R. Rees, *Public economics and the household*, Cambridge University Press, Cambridge 2009; R. Posner, *The Economic Analysis of Law*, Wolters Kluwer Law and Business, New York 2007; G. Esping-Andersen, *The Incomplete Revolution: Adapting to Women's New Roles*, Polity Press, Cambridge-Malden (Mass.) 2009; E. Matteazzi, M. Menon, F. Perali, *Famiglia soggetto economico e fattore di protezione dal rschio di povertà materiale e relazionale*, International Family Monitor (2019).

[2] L. Mlcoch, *Family Economics. Come la famiglia può salvare il cuore dell'economia*, San Paolo, Cinisello Balsamo (MI) 2017.

[3] P. Donati, R. Solci, *I beni relazionali*, Bollati Boringhieri, Milano 2011; P. Donati, *Scoprire i beni relazionali. Per generare una nuova socialità*, Rubbettino, Soveria Mannelli (CZ) 2019.

e scambi di reciprocità di beni intangibili quali l'affetto che viene distribuito in modo efficiente, e possibilmente equo, all'interno della famiglia, alla stregua dei beni e servizi tangibili, secondo forme di contrattazione o modalità altruistiche[4]. Nell'impresa familiare si producono anche servizi educativi complementari al servizio scolastico (che si concentra soprattutto sulla formazione delle abilità cognitive dei figli), coltivando maggiormente la formazione delle abilità non cognitive, della trasmissione dei valori e i principi fondanti del vivere civile quali la tolleranza, il rispetto e la responsabilità di sentirsi parte attiva di una comunità, in linea con la visione ciceroniana del *principium urbis et quasi seminarium rei publicae.* In quest'ottica, la famiglia esercita anche una funzione di controllo sociale attraverso l'interiorizzazione e la trasmissione di norme civiche e morali da parte di ogni suo membro, che aiutano a moderare le pulsioni individuali che possono sfociare in comportamenti antisociali. Queste responsabilità, normalmente compiute nell'adempimento delle attività quotidiane di famiglie intatte, dovrebbero essere mantenute anche nell'ambito di nuclei divisi, chiamati a condividere la genitorialità in situazioni spesso critiche e non egalitarie. Vengono meno, nel caso di famiglie separate, altre responsabilità quali la condivisione di adempimenti fiscali, di welfare o trattamenti sanitari, di diritti pensionistici o ereditari, e disposizioni di fine vita per il coniuge.

Tali responsabilità, che pertengono alla sfera economica, sociale e istituzionale, sono beni non di mercato, ma che hanno un valore come beni comuni familiari e sociali. Vi sono inoltre irresponsabilità familiari che generano mali comuni, i quali, per

[4] M. Menon, F. Perali e R. Pendakur, «All in the Family: How Do Social Capital and Material Wellbeing Affect Relational Wellbeing?», *Social Indicators Research*, 124(3), (2015), pp. 889-910.

quanto possibile, dovrebbero essere circoscritti a "mali" privati, come potrebbero essere, per esempio, gli effetti della conflittualità tra genitori che non dovrebbero danneggiare i figli[5].

Se dunque la famiglia responsabile è un bene per la società e, attraverso le reti familiari a livello locale e altre forme di investimento in beni fruibili dalla comunità, promuove lo sviluppo socio-economico di un territorio, allora essa rappresenta anche un valore aggiunto per la comunità[6]. È proprio su questa base che si formano le ragioni di scambio tra Stato e famiglia e che ne giustificano il sostegno, auspicabilmente di qualità, vale a dire non attraverso politiche assistenziali, ma con azioni fondate sul principio della sussidiarietà a favore di una famiglia soggetto di cittadinanza proattiva e solidale.

Parte del problema dell'attuazione delle ragioni di scambio è dovuto alla debolezza politica, e quindi anche contrattuale, delle istituzioni che rappresentano gli interessi delle famiglie che, in genere, non hanno la forza di sostanziare le proprie argomentazioni sulla base di evidenze e stime statistico-economiche rigorose. Tale differenza sproporzionata nel peso negoziale tra Stato e famiglie è in parte spiegata anche dal fatto che è molto più facile, per lo Stato, contabilizzare i trasferimenti diretti verso le famiglie, seppur esigui se comparati con gli altri Paesi europei, che non stimare il valore non di mercato dei benefici diretti, indiretti e intangibili prodotti dalle famiglie verso lo Stato[7].

[5] K. Arrow, K., «The Responsibility of Parents to Children», in *Vanishing Youth? Solidarity with Children and Young People in an Age of Turbulence*, Pontifical Academy of Social Sciences, Acta 12, Vatican City 2006.

[6] P. Donati, *Ri-conoscere la famiglia. quale valore aggiunto per la società? Decimo Rapporto Cisf sulla famiglia in Italia*, San Paolo, Cinisello Balsamo (MI) 2007; P. Donati, *Famiglia risorsa della società*, Il Mulino, Bologna 2012.

[7] P. De Agostini, M. Menon, F. Perali, *What Does the State Do for the Family and What the Family Does for the State. A Proposal for Welfare Reform*, mimeo, Università di Verona, Verona 2019.

Le famiglie che riescono ad attuare il loro progetto riproduttivo si assumono anche la responsabilità collettiva di tramandare l'insieme dei valori che costituiscono l'identità storica e culturale della società, costituendo così il ponte che consente forme di cooperazione verticale e di solidarietà tra le generazioni, sotto forma sia di trasferimenti finanziari che di tempi di cura. Allo stesso tempo, costituisce il pilastro demografico che regge la sostenibilità finanziaria del sistema pensionistico. Quest'ultimo aspetto, peraltro, contiene un forte elemento di *free-riding*, considerato che il costo di accrescimento dei figli, i quali garantiscono le pensioni anche a chi non ha figli, è a carico delle sole famiglie con figli. Lo Stato riconosce questo servizio sostenendo le famiglie con politiche a favore della natalità che si sono rivelate poco efficaci, come è dimostrato dal continuo declino delle nascite.

Non è invece corretto ritenere che il sistema delle detrazioni per figli a carico sia una forma di sostegno economico. Le detrazioni dal reddito complessivo nell'ambito di un sistema fiscale su base individuale, quale quello vigente, rappresentano somme di denaro che dovrebbero trovare il loro corrispettivo nel costo dei figli riconosciuto in un sistema fiscale su base familiare – come lo è, per esempio, il sistema del quoziente familiare francese. Le detrazioni sono scale in termini monetari assoluti (le scale di equivalenza lo sono in termini relativi). Questi correttivi servono per trattare tutti i cittadini dal punto di vista fiscale allo stesso modo, cioè come se fossero individui resi equivalenti da fattori di correzione (o scale) che tengono conto della diversa composizione delle famiglie. Quindi le detrazioni, peraltro non congrue anche per motivi di drenaggio fiscale[8], rispondono a un principio di equità fiscale e non rappresentano una forma di sostegno.

[8] P. De Agostini, M. Menon, F. Perali, cit.

Attraverso l'attuazione del mandato costituzionale, lo Stato si è assunto un impegno molto chiaro verso le famiglie sia per quanto concerne a) l'onere di agevolare con misure economiche e altre provvidenze la formazione della famiglia e l'adempimento dei compiti relativi (Art. 31), e quindi delle responsabilità familiari, e b) l'impegno di rimuovere gli ostacoli di ordine economico e sociale, che, limitando di fatto la libertà e l'eguaglianza dei cittadini, impediscono il pieno sviluppo della persona umana (Art. 3), e, di riflesso, la realizzazione del progetto generativo e cooperativo delle famiglie.

Un impegno che sembra rimanere sulla carta a causa della mancanza di risorse economiche, impiegate soprattutto nel garantire il servizio del debito pubblico, e di una burocrazia lenta e inefficace che non consente di attuare riforme di tipo economico, sociale e istituzionale che rispondono ai molteplici, e a volte repentini, cambiamenti strutturali della società. Come sostiene Belletti[9], sembra di assistere a una reale inversione di ruoli tra Stato sociale e responsabilità delle famiglie, che si concretizza in una forma di "sussidiarietà alla rovescia", in cui la famiglia sostituisce le carenze e le responsabilità dello Stato, anziché essere sostenuta nell'adempiere alle proprie responsabilità familiari.

Di fronte a questo quadro, sembrerebbe più opportuno prendere atto dell'impossibilità dello Stato di ottemperare ai propri compiti, se non cercando di garantire almeno livelli minimi di sussidiarietà, e pensare a come trasferire il luogo di produzione di iniziative di cittadinanza proattiva e di responsabilità sociali alle comunità in grado di sostentarsi attivando processi circo-

[9] F. Belletti, «Leggere la famiglia, valutare le politiche: il percorso dei rapporti Cisf 1989-2017» in F. Belletti, D. Bramanti, E. Carrà, *Il Family Impact. Un approccio focalizzato sulla famiglia per le politiche e le pratiche*, Vita e Pensiero, Milano 2018; in questo Rapporto si veda anche a p. 23 dell'Introduzione di P. Donati.

lari. Questa constatazione di fatto decreta la fine dello Stato provvidenza tradizionale, e rivela l'opportunità di investire nella creazione di un welfare di comunità efficace e finanziariamente sostenibile.

Oggi, famiglia e società non godono di buona salute. Come in una situazione in cui è necessario ricorrere a criteri di *triage*, sembra preferibile salvare imprese e lavoro a scapito dell'impresa familiare. Sembra non sia nemmeno chiaro se valga la pena di prendersi cura di un organo del nostro corpo sociale, così trasandato e apparentemente "parte in causa" nella malattia della società. Avrebbe ancora senso accanirsi per salvare l'organo? E quali sono le cause della vulnerabilità della famiglia, per poter almeno definire una terapia appropriata? Quale istituzione potrà curarla sotto l'aspetto economico, sociale e istituzionale, se anche lo Stato è malato, e il Welfare State uscirà particolarmente provato dall'emergenza sanitaria del 2020? Sarà in grado di auto-curarsi con le sue energie e con quelle della comunità?

Questi sono i quesiti a cui si cercherà di dare risposta, esaminando dapprima la resistenza e resilienza della famiglia ai cambiamenti della società, e se questa rappresenta oggi una risorsa o un problema dal punto di vista pubblico. Solo se si può ancora dare fiducia alla famiglia, allora si può giustificare l'investimento pubblico in cure di sostegno di natura economica, sociale e istituzionale. Queste saranno prescritte nell'ultima parte del presente studio.

2. La famiglia: un'alleanza cooperativa debole e obsoleta?

Le preoccupazioni sull'evoluzione futura dell'istituzione famiglia, date le non buone condizioni di salute, sono legittime. È lecito, infatti, chiedersi se la famiglia sia darwinianamente destinata a scomparire perché non più adatta ai nuovi cambiamenti della società, o se invece sia in grado di adattarsi senza che questo comporti una fuga dalle proprie responsabilità familiari. Oggi si assiste a una separazione tra la missione cooperativa e quella generativa della famiglia[10]. Il riconoscimento legale del matrimonio non è più un requisito formale necessario per mettere al mondo dei figli. Considerato che l'alleanza cooperativa finalizzata al compimento delle responsabilità familiari è una condizione necessaria per la filiazione ma non viceversa, la sopravvivenza della famiglia dipenderà molto dalla forza e capacità di adattamento dell'alleanza cooperativa tra i membri della famiglia stessa.

Le responsabilità collettive in generale, siano esse familiari, di impresa, di comunità o governative, prendono forma come somma delle azioni di singoli individui socialmente responsabili, cioè verso gli altri componenti della famiglia, gli amici e la comunità in cui vivono. Può sembrare singolare, ma una delle responsabilità familiari più importanti è proprio quella di formare individui responsabili che in futuro saranno anch'essi genitori e formatori. Un individuo responsabile persegue azioni che migliorano il proprio benessere e possibilmente anche quello degli altri componenti della società, con l'attenzione che non danneggi nessuno. Questa è l'essenza del Principio di Pareto (1906), che dovrebbe essere parte integrante del corredo comportamentale di ogni individuo responsabile.

Nel riconoscere che la vita adulta futura dei figli è profondamente influenzata dall'ambiente familiare, Arrow[11] sembra essere molto preoccupato dal comportamento irresponsabile dei genitori, che può diventare una seria "esternalità" verso i

[10] N. Jonas, *La famille*, collana *Thèmes et Débats sociologie*, Bréal Editions, Rosny-Cedex, France 2007.

[11] K. Arrow, *The Responsibility of Parents to Children*, cit.

figli. Quando in una coppia viene meno la capacità di nutrirsi reciprocamente di affetto, che è il principio vitale su cui poggia la famiglia[12], allora viene revocato il sentimento d'amore, si rompe l'alleanza cooperativa e la coppia si separa. Arrow sostiene che ci sono problemi reali nella relazione genitori-figli e nel sistema legale che la circonda. Un rapporto basato su un obbligo di natura di prendersi cura dei figli, e su un'insuperabile dose di affetto, che nemmeno la deformità di una persona o di una mente, tanto meno la malvagità, l'ingratitudine, o la ribellione di un figlio, può totalmente sopprimere o estinguere[13]. Il divorzio unilaterale ha un impatto significativo sul comportamento dei figli da adulti come futuri genitori, lavoratori e cittadini. Sono meno istruiti, hanno redditi più bassi, maggiori problemi di salute mentale, tendono a sposarsi prima e a separarsi più frequentemente[14]. Secondo Arrow[15], «il matrimonio di per sé non è una materia di grande interesse sociale. Gli adulti consenzienti dovrebbero essere lasciati liberi. Ma quando i figli sono coinvolti, allora la situazione cambia considerevolmente. Ci sono, come direbbero gli economisti, le esternalità». Non essendo queste "internalizzate" dai genitori, che non sono pienamente consapevoli dei danni futuri che

[12] J.R. Commons, «John R. Commons on the Family», *Population and Development Review*, Vol. 17, No. 3 (1991), pp. 525-530.

[13] R. Mnookin, D.K. Weisberg, *Child, Family, and State: Problems and Materials on Children and the Law*, Gaithersburg, N.Y. Aspen 2000.

[14] A.L. Estin, *Economics and the Problem of Divorce*, The University of Chicago Law School Roundtable: 2(2), Article 9 (1995); A.J. Cherlin, P.L. Chase-Lansdale, C. McRae, «Effects of parental divorce on mental health throughout the life course», *American Sociological Review*, 63 (1998), pp. 239-249; J. Gruber, «Is making divorce easier bad for children? The long-run implications of unilateral divorce», *Journal of Labor Economics*, 22 (2004), pp.799-833; J. Wallerstein, J. Lewis, S. Blakeslee, *The Unexpected Legacy of Divorce*, The 25 Year Landmark Study, Hyperion, New York 2000; A. Wicklegren, «Why Divorce Laws Matter: Incentives for Non-Contractible Marital Investments under Unilateral and Consent Divorce», *The Journal of Law, Economics & Organization*, 25(1), (2005), pp. 80-106.

[15] K. Arrow, *The Responsibility of Parents to Children*, cit., p. 54.

il loro comportamento attuale creerà, la condotta dei genitori separati è spesso lontano dall'essere socialmente responsabile verso i figli in senso paretiano.

Farsi carico delle responsabilità familiari verso i membri della famiglia e la comunità è un'attività complessa che non si può svolgere individualmente in modo non coordinato. Ci vuole un'alleanza cooperativa. Ma come prende forma? È necessario sottoscrivere un contratto formale e vincolante perché si sostenga nel tempo, cioè sia forte e sappia adattarsi in modo socialmente efficiente ai cambiamenti sociali? Per dare una risposta, seppur parziale, a quesiti così ambiziosi, può essere utile fare ricorso a un esempio mutuato dalla teoria dei giochi[16]. Questa disciplina studia le interazioni razionali tra individui analizzando dal punto di vista comportamentale delle situazioni di gioco semplificate per poter cogliere gli aspetti fondamentali della condotta osservata.

L'esempio che sembra più calzante è relativo al gioco di coordinamento noto come "caccia al cervo", che descrive il dilemma della fiducia reciproca e cerca di cogliere i tratti comportamentali che favoriscono la cooperazione sociale. Si basa su un'osservazione di J.J. Rousseau, descritta nel suo libro "Discorso sull'Ineguaglianza" (1755): «Se si pensa alla caccia al cervo, ognuno ha ben chiaro che deve rimanere fedele alla postazione assegnata; ma se un coniglio passa vicino ad un cacciatore non possiamo dubitare che cerchi di catturarlo senza farsi alcun scrupolo delle conseguenze». La storia di Rousseau lascia qualche quesito aperto. Qual è il valore certo di un coniglio, confrontato alla quota individuale di cervo se riescono a catturarlo? Qual è la probabilità che l'impresa avrà

[16] J. Nash, «The Bargaining Problem», *Econometrica*, 18(1950), pp. 155-62; J. Nash, «Two-Person Cooperative Games», *Econometrica*, 21(1953), pp. 128-40.

successo se tutti i partecipanti rimangono fedeli alla caccia del cervo? E se due cacciatori decidessero di cacciare il coniglio? Notiamo che la possibilità di prendere un coniglio è indipendente da ciò che fanno gli altri. Al contrario, non è possibile cacciare un cervo da soli e più sono i cacciatori, maggiori sono le possibilità. Il cervo vale molto di più di un coniglio. Quest'ultimo non richiede alcun coordinamento tra cacciatori ed è una strategia di caccia certa. Ma se un cacciatore caccia il cervo e l'altro il coniglio, il primo torna a casa a mani vuote, mentre il secondo torna con il coniglio. Così se esiste almeno un minimo dubbio nella mente di un cacciatore che l'altro possa non cooperare, viene a mancare la fiducia. Quindi la scelta di seguire il coniglio, con la certezza di prenderlo, diventerebbe conveniente per entrambi.

Ora che abbiamo formato questa rappresentazione astratta del gioco del cervo di Rousseau, possiamo ritrovare un simile stereotipo in molte situazioni reali. David Hume porta come esempio di convenzione sociale un'illustrazione che ha la struttura di gioco simile alla caccia del cervo: «Due uomini che spingono i remi di una barca, lo fanno secondo un accordo o una convenzione, sebbene non si siano fatti alcuna promessa...». Se entrambi remano nello stesso senso, allora raggiungono il miglior risultato per ciascuno, proprio come nel racconto di Rousseau quando entrambi i soggetti decidono di cacciare il cervo. Se, al contrario, uno dei due non rema, non vanno da nessuna parte. Il peggior risultato si ha quando uno rema e l'altro non fa nulla, proprio come il peggior scenario nella caccia al cervo se si è lasciati a cacciare il cervo da soli. Un altro esempio simile riguarda il coordinamento richiesto a marito e moglie per decidere come conciliare le attività lavorative con le responsabilità familiari.

Naturalmente, cooperare fra più persone non è la stessa cosa che cooperare tra due. Nella caccia al cervo ciò che è razionale fare, per un giocatore, dipende da ciò che crede che l'altro farà. Cacciare il cervo o il coniglio rappresentano equilibri, nel senso che è meglio cacciare il cervo o il coniglio se anche l'altro caccia il cervo o il coniglio. C'è anche un elemento di rischio. Se un giocatore decide di cacciare il cervo, si assume anche il rischio che l'altro non cooperi. Chi invece va per il coniglio non si assume alcun rischio, ma rischia di perdere il vantaggio potenziale di dividersi il cervo.

Nella caccia al cervo, la ricerca del bene comune tende da una parte, mentre la ricerca del bene privato, sicuro e immediato, dall'altra. Anche la virtù dell'essere paziente dirime il gioco; cioè, in termini economici, se si ha un tasso di sconto del tempo elevato. Il soggetto più paziente gioca cervo, l'impaziente gioca coniglio. Anche un pessimista propenderebbe verso la scelta di giocare la carta coniglio. Detto in altro modo, i giocatori per coordinarsi verso la soluzione cervo, che garantirebbe a entrambi un ritorno più elevato, hanno bisogno di avere fiducia, oggi e anche domani, nel caso in cui il gioco venisse ripetuto.

Nella caccia al cervo, un cacciatore sta meglio in una soluzione, mentre l'altro è più felice nell'altra situazione di equilibrio. Entrambi perdono tutto se non si coordinano. Ma è così irrazionale che le persone si fidino l'una dell'altra? Nel caso della caccia al cervo, per esempio, entrambi starebbero meglio se solo riponessero un po' di fiducia nell'onestà altrui. Ciò che non è razionale è riporre fiducia senza una buona ragione. Sperare che una società, o una famiglia, si muova verso un contratto sociale migliore semplicemente basandosi sulla fiducia o l'onestà della persona, non è sufficiente. Dovremmo invece cercare di capire come e perché ha senso avere fiducia in determinate situazioni, ma non in altre, e tentare di promuovere quelle condizioni per cui è comprensibile a tutti perseguire quella buona ragione o bene comune.

Il cervo rappresenta il bene comune, per la famiglia e la società. Più si persegue il bene individuale e quello comune, remando nella stessa direzione, e maggiori saranno le possibilità di uscire da situazioni di crisi in tempi ragionevoli. Se pensiamo alla situazione che si è verificata durante l'emergenza sanitaria del 2020, la famiglia che resta pazientemente a casa, cosciente dei costi futuri verso sé stessa e le altre famiglie che altrimenti imporrebbe, è quella che investe nel bene comune, cioè gioca cervo. Al contrario, la famiglia miope e impaziente che decide di fare una passeggiata per godere di un beneficio certo oggi, noncurante delle conseguenze verso gli altri e della buona ragione di perseguire il bene comune, gioca invece coniglio.

La morale del gioco sembra essere che siamo persone egoiste e individualmente irresponsabili, dotate di poca pazienza e fiducia negli altri, anche se ci scegliamo le persone con cui cooperare come quando formiamo una famiglia, sebbene l'alleanza cooperativa possa assicurare un mutuo beneficio più elevato. In realtà, il gioco non finisce così. Nel caso in cui l'alleanza tra genitori cooperativi rappresenta una leadership forte nei confronti dei figli, allora è più facile unificare i comportamenti, creare fiducia tra i componenti e nel futuro, condurre tutto il gruppo familiare verso il bene comune. Una situazione simile vale anche per il comportamento al di fuori del nucleo familiare, nella comunità. Il buon esempio di famiglie carismatiche dedite alla caccia del cervo, portatrici cioè di beni di cui tutti possono beneficiare, induce per imitazione un ambiente in cui prosperano i cacciatori di cervi e famiglie con comportamento "conigliesco" diventano minoritarie. Il comportamento virtuoso dà così vita a un contratto sociale che persegue un vantaggio comune in cui la maggior parte delle persone si fa carico delle responsabilità genitoriali verso la propria famiglia e di cittadinanza attiva verso la comunità, nonostante ognuno sia motivato dal proprio interesse personale[17]. Questo risultato socialmente efficiente, è bene rimarcarlo, è ottenibile senza necessariamente dover sottoscrivere un contratto vincolante, che richiede un sistema legale per renderlo esecutivo, come potrebbe essere il contratto matrimoniale.

La famiglia e la comunità sono luoghi dove ci si può spontaneamente scambiare reciprocità in modo vantaggioso per tutti, soprattutto quando esiste la possibilità di effettuare scambi in situazioni che si ripetono nel tempo. Per esempio, se un individuo è consapevole che l'adozione di un comportamento particolaristico che danneggia il gruppo verrebbe punito più dei benefici che otterrebbe dal perseguire il suo interesse privato nell'immediato, allora eviterà di adottare un comportamento che può danneggiare gli altri.

Nella vita di tutti i giorni, le persone, come comanda il cuore, si fanno cortesie aspettandosi di ottenerle in cambio. Se non viene reciprocato, lo scambio, come comanda la testa, si ferma. Questo comportamento, che non necessita di un contratto sociale formale, è il collante che tiene insieme le alleanze cooperative. Ciò che conta è che i membri della famiglia o della comunità onorino i termini del contratto informale perché è nel loro interesse farlo. In un certo senso, ogni membro controlla il comportamento dell'altro senza necessariamente ricorrere ad autorità di sorveglianza esterne. Così facendo, attua la convenzione sociale di cui parla David Hume nel Trattato sulla Natura Umana: «Ho imparato a fare un piacere ad un'altra persona, senza l'intenzione di fare una vera gentilezza: perché prevedo che restituirà il mio piacere, in cambio di un altro dello stesso

[17] D. Schmidtz, R. Goodin, *Social Welfare and Individual Responsibility*, Cambridge University Press, Cambridge 2012; P. Bardhan, *Scarcity, Conflicts, and Cooperation: Essays in the Political and Institutional Economics of Development*, The MIT Press, Cambridge (Mass.) 2004.

tipo, e al fine di mantenere la stessa corrispondenza di buoni uffici con me o con gli altri. E di conseguenza, dopo che gli ho fatto un piacere e lui è in possesso del vantaggio derivante dalla mia azione, è indotto a fare la sua parte, prevedendo le conseguenze del suo rifiuto».

Un aspetto altrettanto interessante è interrogarsi, come sembra fare Hume, sull'importanza di mantenere anche buoni uffici verso gli altri. Un principio che potrebbe essere reso operativo decidendo di non fare piaceri ad altri se chi lo riceve non lo farà a sua volta ad altri. Di fatto, questo modo di ragionare prelude la visione di Roemer[18], che cerca di arricchire di contenuto etico la soluzione di processi di negoziazione all'interno di una famiglia o di una comunità alla Nash[19] abbandonando lo schema egoistico *self-regarding*, dove l'incentivo a prendersi cura dei figli, o di un anziano o di un membro della comunità si basa solo sul fatto che il benessere degli adulti dipende anche da quello dei figli o degli anziani o di altri membri della comunità[20].

Roemer[21] mostra che un comportamento ottimizzante di interazione, che definisce kantiano, può essere più efficiente del comportamento alla Nash, soprattutto nelle situazioni in cui esistono esternalità negative, come quelle di congestione nell'uso di risorse limitate o generate da genitori irresponsabili, o esternalità positive generate da un comportamento (*ethos*) sociale attento verso l'altro membro della famiglia o della comunità. Secondo Roemer, l'incentivo a cooperare in famiglia per otte-

[18] J. Roemer, *How We (Do and Could) Cooperate*, Department of Political Science, Economics, Yale University, New Haven (CT) 2015; J. Roemer, *How We Cooperate, A Theory of Kantian Optimization*, Yale University Press, New Haven (CT) 2019.

[19] J. Nash, *The Bargaining Problem*, cit.; J. Nash, *Two-Person Cooperative Games*, cit.

[20] F. Perali, «Padri e figli pallidi: aspetti economici e istituzionali», in C. Regalia, E. Marta (a cura di), *Giovani in transizione e padri di famiglia*, Vita e Pensiero, Milano 2018, pp. 100-131.

[21] J. Roemer, *How We (Do and Could) Cooperate*, cit.

nere soluzioni migliorative per tutti sarebbe naturalmente in atto, se i componenti adottassero un imperativo categorico di tipo kantiano, che suggerisce di scegliere sempre quell'azione che vorremmo venisse seguita da tutti. L'equilibrio kantiano, dunque, corrisponde alla strategia che ognuno vorrebbe che tutti giocassero.

Detto in altro modo, se fossi nei panni dell'altro (che in piccoli gruppi come la famiglia generalmente conosciamo), come mi comporterei? Probabilmente cercherei di essere coerente e di comportarmi come a me farebbe piacere che l'altro si comportasse. È come se riconoscessimo che siamo tutti nella stessa barca o comunità, dove la distribuzione del potere si presume non sia troppo sbilanciata verso una parte. In questo modo, l'impatto sul benessere di un'azione di un membro della famiglia nei confronti di un altro è simile, anche se la stessa viene esercitata dall'altro membro. Come fa notare Roemer[22], l'altruismo non va confuso con la reciprocità. Mentre l'altruista coopera in modo gratuito senza aspettarsi di essere reciprocato, chi si adopera al fine di essere reciprocato si aspetta, egoisticamente, un miglioramento del proprio ritorno personale. Quest'ultimo tipo di cooperazione è quello che sta alla base del pensiero innovativo di Roemer. C'è da chiedersi perché questa tipologia di famiglie disposte a cacciare il cervo non sembra essere molto frequente nella nostra società, e come fare affinché siano invece più frequenti; forse considerando investimenti in riforme mirate dell'istruzione o campagne di sensibilizzazione pubblica simili a quelle spesso adottate durante il periodo dell'emergenza sanitaria.

Alla luce di queste considerazioni, sembra ragionevole sostenere che l'alleanza cooperativa familiare e comunitaria sia attrezzata per sopravvivere alle sfide evolutive del cambia-

[22] J. Roemer, ibidem.

mento sociale. Rappresenta infatti un'alleanza cooperativa, seppur fortemente indebolita e in ritardo nel produrre strategie adattative, che può sussistere grazie a meccanismi spontanei di fiducia, reciprocità e morali che non richiedono contratti che vengano resi esecutivi con forme coercitive esercitate da un sistema legale. È dunque socialmente efficiente investire nel rafforzamento e nella modernizzazione dell'alleanza cooperativa della famiglia studiando azioni sussidiarie e di stimolo a moltiplicare, attraverso processi circolari, le risorse delle singole famiglie e delle comunità alle quali appartengono.

3. La famiglia: risorsa o problema dal punto di vista pubblico?

Il modello canonico della famiglia nucleare con il padre unico percettore di reddito, la madre casalinga, con molti bambini, fondata sul matrimonio, è in forte trasformazione a partire dagli anni Settanta del secolo scorso. Il matrimonio non è più la tappa obbligatoria per istituzionalizzare la formazione di una coppia che possa accogliere dei figli, e quindi la costituzione di una famiglia. Il fatto che oggi esistano modi diversi per formare una coppia non implica necessariamente che la famiglia sia un problema che mette a rischio anche l'ordine sociale. Questa evoluzione non si traduce necessariamente in una fuga dalle proprie responsabilità familiari.

La crisi del matrimonio come istituzione è in parte dovuta alla maggiore diffusione di una cultura individualista secondo la quale la scelta di sposarsi e di rompere il legame deve essere assoggettata al libero arbitrio dell'individuo, che sempre più raramente condivide i beni nel momento in cui decide di formare la coppia. La crescente secolarizzazione della società ha fortemente indebolito il legame tra matrimonio e sacramento religioso. Se i matrimoni sono meno numerosi e più tardivi rispetto al passato, sono anche molto più instabili. L'istituzionalizzazione dell'unione non è più un ostacolo verso la sua eventuale rottura in futuro. Lo sviluppo del concubinato e la maggiore semplificazione amministrativa del divorzio sono in parte anche conseguenza del processo di emancipazione della donna, che può garantirsi maggiore indipendenza economica grazie anche a una più elevata partecipazione al mercato del lavoro. Questa evoluzione non implica che la coppia sia necessariamente più fragile, ma può semplicemente rivelare delle preferenze verso nuove forme di organizzazione coniugale.

Le statistiche Eurostat sulle famiglie rivelano che nei 28 Stati membri (dato *pre-Brexit*) i tassi di matrimonio si sono quasi dimezzati dal 1964 al 2014 e che i tassi di divorzio dal 1965 al 2013 sono più che duplicati (in Italia dal 1991 sono praticamente quadruplicati). Circa il 40% dei primi matrimoni si chiude con un divorzio. Nei Paesi OCSE la proporzione percentuale delle nascite al di fuori del matrimonio era nel 1970 pari al 7,2% e nel 2016 è del 39,7%.

In Italia, secondo dati Istat[23], i matrimoni dal 2008 al 2018 sono diminuiti del 20% per la progressiva diffusione delle unioni libere. Nel 2018 i riti civili sono in media il 50,1% (al Nord la quota è del 63,9%, mentre al Sud è del 30,4%). Il 31,3% dei matrimoni del 2018 si riferisce a primi matrimoni con rito civile. La durata media del matrimonio al momento della separazione è di circa 17 anni. La propensione a separarsi è più bassa e stabile nel tempo nei matrimoni celebrati con il rito religioso.

[23] Rapporto Istat su Matrimoni e Unioni Civili 2018, del 20 novembre 2019.

Questo andamento sembra suggerire che i benefici derivanti dal matrimonio si siano ridotti in relazione ai costi. Anche il valore dell'avere figli si è ridotto nel tempo, considerando che il supporto verso i genitori anziani da parte dei loro figli è molto cambiato a causa dell'introduzione del sistema pensionistico[24]. L'aumento del costo opportunità del tempo dei genitori, oggi più elevato rispetto al passato, altrimenti investito in attività lavorative o ricreative, ha anche contribuito a elevare il costo ombra dei figli. Allo stesso tempo, sono aumentati sia i costi diretti sia indiretti del mantenimento e dell'accrescimento dei figli e il coinvolgimento emotivo dei genitori. Oggi i figli sono frutto di una scelta ponderata, anche grazie alla larga diffusione delle pratiche contraccettive, soprattutto per le gratificazioni intangibili che possono dare ai loro genitori. Secondo l'*European Values Study* i bambini sono oggi considerati dei "piccoli angeli", tanto che la casa si è lentamente trasformata in un paradiso che ruota intorno ai figli o, in un crescente numero di casi, intorno al figlio unico[25]. Questa evoluzione culturale del modo di fare famiglia ha determinato un nuovo quadro demografico e sociale che mette a nudo punti di forza e debolezza del nuovo assetto familiare.

[24] L. Kotlikoff, S. Burns, *The clash of generations: Saving ourselves, our kids, and our economy*, MIT Press, Cambridge (MA) 2012; M. Gonçalves, F. Perali, «Intergenerational Responsibility in the 21st Century: An Independent Agency as Intergenerational Lens», in *Intergenerational Responsibility in the 21st Century*, Vernon Press, Delaware (USA) 2017.

[25] Per il gruppo di Studio sui Valori degli Europei sembrerebbe che, per quanto riguarda i valori familiari, gli Europei siano sorprendentemente conservatori. Lo stile di vita preferito da una stragrande maggioranza sembra essere quello di essere sposati con bambini, a dispetto della de-istituzionalizzazione della famiglia negli anni Sessanta, dell'emancipazione, e della diffusione dell'individualismo. L'opinione prevalente è che sia un padre che una madre, che dovrebbero fare del loro meglio per i propri figli anche a spese del proprio benessere, sono necessari per un bambino per crescere felicemente.

La *Figura 1* riporta la distribuzione percentuale di tipologie familiari nel 2011 per un insieme selezionato di Paesi occidentali. In media, le coppie senza figli sono il 25,1%, le coppie con figli il 28%, le famiglie monoparentali il 7,6% e le persone sole sono il 31,1%. La proporzione di coppie con figli è significativamente più alta rispetto alla percentuale di coppie senza figli solo in Australia. La proporzione di persone sole è la più alta in tutti i Paesi, ad eccezione di Australia e Spagna. Le persone sole di età superiore a 65 anni sono circa il 15%

Figura 1. Distribuzione (%) di famiglie per tipologia, Anno 2011 – (Dati OECD)

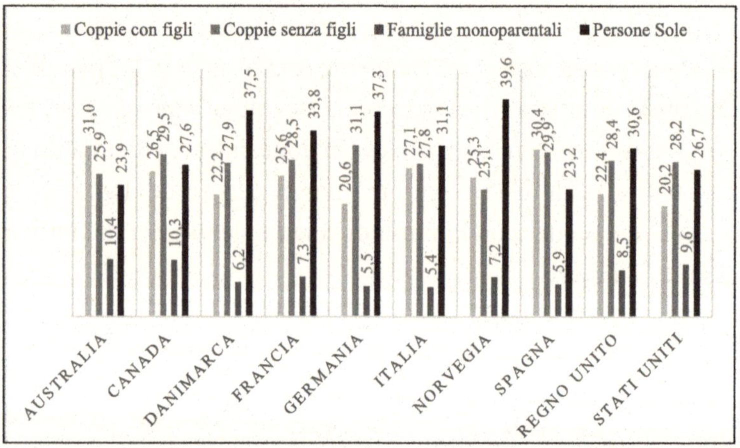

La *Figura 2* descrive la distribuzione percentuale delle famiglie conviventi per presenza di figli, che rappresentano in media il 17,8% del totale delle famiglie. In media sono leggermente superiori le famiglie conviventi senza figli (9,3%). Questo ordine si inverte solo in Norvegia e in Francia.

Figura 2. Distribuzione (%) delle famiglie conviventi per presenza di figli, Anno 2011 – (Dati OECD)

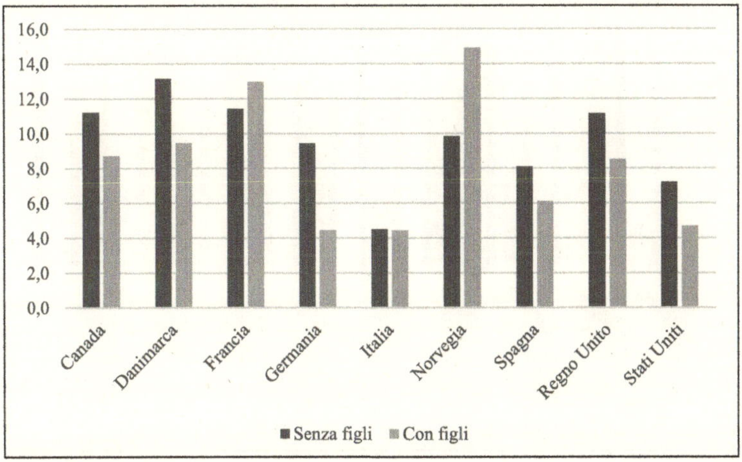

La *Figura 3* riporta la distribuzione del reddito disponibile relativo al reddito percepito nell'anno 2015 da una coppia senza figli (normalizzato pari a 100 per tipologia di famiglia) per un insieme selezionato di Paesi occidentali. La distribuzione mette in evidenza il diverso grado di esposizione al rischio di povertà in tutti i Paesi considerati, soprattutto delle coppie con almeno un figlio con un solo percettore, relativamente più vulnerabili alla precarietà del mondo del lavoro, e delle famiglie monoparentali[26]. Per quest'ultima tipologia, la situazione è particolarmente critica per Francia, Regno Unito e Stati Uniti. Le famiglie con almeno un figlio e due percettori di reddito sono le più protette dal rischio di povertà in ogni Paese.

[26] J.M. Fletcher, B. Wolfe, «The importance of family income in the formation and evolution of non-cognitive skills in childhood», *Economics of Education Review*, 54(2016), pp. 143-154.

Figura 3. Reddito disponibile relativo per tipologia di famiglia, Anno 2015 – (Dati OECD)

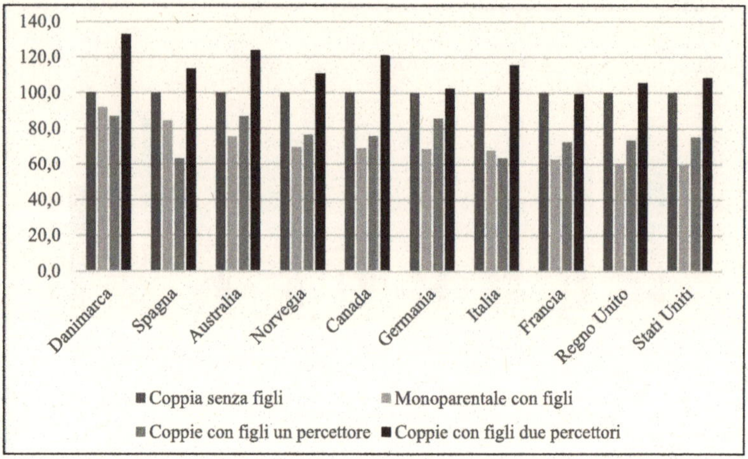

Figura 4. Tassi di Povertà in Famiglie con Figli, Anno 2016 – (Dati OECD)

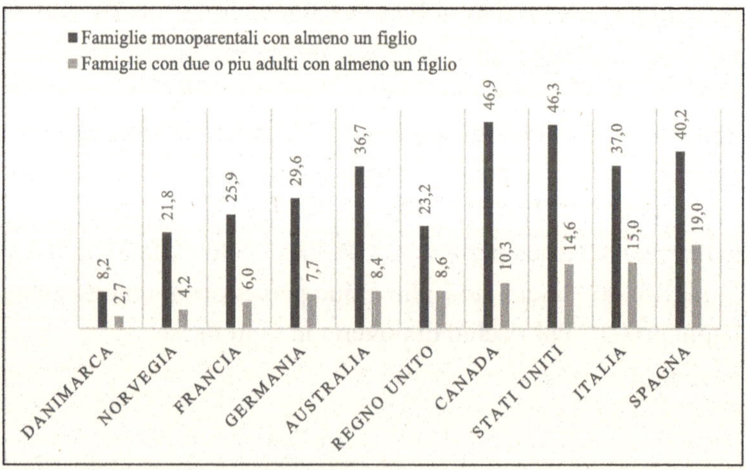

La *Figura 4* mostra l'incidenza della povertà tra le famiglie con figli dei Paesi occidentali selezionati, con dati relativi al 2016. Il rischio di povertà per i minori è intorno al 40% per le famiglie monoparentali in Canada, Stati Uniti, Spagna e Italia (37%). L'esposizione è molto alta per gli stessi Paesi, compresa tra il 10% e il 20%, anche per le famiglie con due genitori.

Le evidenze appena esaminate mostrano caratteristiche sociodemografiche strutturali di grande debolezza nelle società occidentali prese in considerazione. Queste sono in parte associabili all'instabilità delle relazioni familiari e alla maggiore liquidità delle forme di organizzazione coniugale. La preponderante componente di persone sole e anziane le rende vulnerabili ai molti rischi di salute pubblica. La precarietà dei legami coniugali ha riflessi privati – per quanto concerne i costi emotivi ed economici per i genitori e i figli che sono andati incontro a una separazione – ma anche costi pubblici molto rilevanti[27].

La separazione espone i membri della coppia che si è rotta, sposata o convivente, a un elevato rischio di rimanere soli in età avanzata. Le famiglie con un solo percettore di reddito, soprattutto con molti figli, e le famiglie monoparentali con figli sono estremamente vulnerabili. Questi genitori hanno un livello di istruzione generalmente più basso e sono spesso costretti a crescere i loro figli in ambienti familiari avversi. Questi svantaggi sono spesso associati a risultati meno brillanti nella scuola e nella futura vita lavorativa[28]. Spesso abbandonano la scuola e hanno una probabilità inferiore di entrare nell'istruzione terziaria. Le abilità non-cognitive acquisite, soprattutto in famiglia, nei primi cinque anni di vita, influenzano in modo determinan-

[27] Cfr. «The Future of Children», *Marriage and Child Wellbeing*, Vol.15, n. 2 (2005), Princeton-Brookings, (USA).

[28] J.J. Heckman, «Policies to foster human capital», *Research in Economics*, 54(1), (2000), pp. 3-56.

te le future condizioni di salute e gli esiti della persona nei futuri ambiti lavorativi ed affettivi[29].

Condizioni di indigenza, inoltre, portano il genitore a dare priorità agli aspetti materiali che assicurano le necessità quotidiane ai figli, a scapito delle attenzioni educative e affettive, con importanti conseguenze sul processo di accumulazione di capitale umano dei giovani[30]. Spesso condizioni di privazione materiale sono anche associate a condizioni di salute precarie, che aggravano la situazione e le conseguenze di lungo periodo sulla qualità del giovane in età matura[31]. Le famiglie monoparentali sono inoltre, per loro struttura, meno dotate di beni relazionali e vivono in ambienti non ideali per la crescita dei figli. Questa condizione sembra giocare anche un ruolo determinante come fattore criminogeno, capace di influenzare il comportamento illegale di un minore[32] e di generare alti costi sociali. In generale, va anche sottolineato che i figli che crescono in famiglie con genitori conviventi sono, in molti Paesi, tra cui l'Italia, relativamente meno protetti dal punto di vista legale.

Alla luce di queste considerazioni, possiamo concludere che la famiglia, indipendentemente dal rito che la istituisce e dalla forma di organizzazione coniugale, è una risorsa netta per la società dal punto di vista sia della salute pubblica sia dell'interes-

[29] J.L. García, J.J. Heckman, S.E. Leaf, M.J. Prados, *Quantifying the Life-Cycle Benefits of a Prototypical Early Childhood Program*, Working Paper 23479, National Bureau of Economic Research (NBER), (MA) 2017.

[30] F. Cunha, J. Heckman, «Investing in Our Young People», *Rivista Internazionale di Scienze Sociali*, 3/4 (2009), pp. 387-417.

[31] J.J. Heckman, *Inequality in America: What Role for Human Capital Policies? Focus*, Institute for Research on Poverty, University of Wisconsin-Madison, 23(3), (2005), pp. 1-10; J.J. Heckman, N. Stixrude, S. Urzua, «The effects of cognitive and non-cognitive abilities on labor market outcomes and social behavior», *Journal of Labor Economics*, 24(3), (2006), pp. 411-448.

[32] E. Matteazzi, M. Menon, F. Perali, *Famiglia soggetto economico e fattore di protezione dal rischio di povertà materiale e relazionale*, International Family Monitor, 2019.

se pubblico più in generale. Maggiore è la fragilità della famiglia, maggiore lo è anche della comunità e della società. Più giovani capitani coraggiosi riusciremo a formare e più forti e meno precarie saranno le famiglie di giovani e di anziani, così per tutta la società[33].

Renderla più forte è un investimento pubblico con un alto tasso di ritorno sociale. Considerato anche, come abbiamo visto in precedenza, che non è un'istituzione in estinzione e che porterà avanti la sua missione cooperativa indipendentemente dalla presenza di un contratto vincolante quale quello matrimoniale, allora sostenere la famiglia è nell'interesse di tutti. Certo, la famiglia è un'istituzione malata e in crisi, fatica ad espletare le proprie responsabilità, ma non è da rottamare. Vale la pena curarla attraverso nuove forme di sostegno economico, sociale e istituzionale.

4. Quale moderno sostegno economico, sociale e istituzionale per le responsabilità familiari?

Se dunque l'alleanza cooperativa familiare, sia essa nata con rito religioso, civile o senza rito, non è destinata a scomparire ed è una risorsa per la società dal punto di vista pubblico, sembra ragionevole che venga tuttora riconosciuta come un beneficiario del sostegno economico non di tipo assistenziale, ma sussidiario. Se ben disegnato e dosato, il sostegno economico alle responsabilità familiari potrebbe essere anche curativo, soprattutto se accompagnato da azioni di sostegno di tipo sociale, volte al rafforzamento della cittadinanza attiva e delle comunità, e da appropriate innovazioni degli aspetti giuridici che nor-

[33] A. Rosina, E. Ruspini, *Un decalogo per i genitori italiani: crescere capitani coraggiosi*, Vita e Pensiero, Milano 2009.

mano la formazione, dissoluzione e il buon funzionamento della famiglia. Non farlo sarebbe espressione di un comportamento socialmente irresponsabile da parte dello Stato, che rivelerebbe di non voler riconoscere in modo esplicito il valore dei beni comuni prodotti dalla famiglia per i propri membri e per la comunità[34].

Va però riconosciuto che lo Stato sociale oggi non può più erogare le provvidenze del passato, dati i vincoli di bilancio, il peso del servizio del debito pubblico e il costo della ristrutturazione economica a seguito dell'emergenza sanitaria del 2020. In Italia stiamo vivendo una radicale trasformazione del sistema di welfare che è simile allo smantellamento, per mano dell'amministrazione Reagan negli anni Ottanta di stampo liberale, del Welfare State americano, che era stato costituito con il nuovo patto sociale proposto da Roosevelt in risposta alla grande depressione economica degli anni Trenta del secolo scorso.

La devoluzione dei servizi pubblici al settore privato e non profit continua ancora oggi, e sempre più organizzazioni a scopo di lucro e senza fini di lucro gestiscono scuole paritarie, forniscono assistenza sanitaria, gestiscono case di cura e aiutano a ricollocare le persone dal sussidio del welfare all'impiego.

Il Governo americano ha progressivamente passato il testimone alle Comunità e alle aziende responsabili nel nuovo ruolo di innovatori sociali, generando una forte pressione sul settore privato, che ha indotto un grande numero di aziende ad essere più *socialmente responsabili* (la *corporate social responsibility*), redistribuendo parte dei profitti per interventi a favore della società. Allo stesso tempo, le Comunità si sono organizzate per diventare centri erogatori di servizi anche attraverso la cooperazione sociale e le fondazioni di comunità, che integra-

[34] P. De Agostini, M. Menon, F. Perali, *What Does the State Do for the Family and What the Family Does for the State*, cit.

no in modo efficace il capitale privato con il sostegno pubblico e filantropico. L'Italia sta seguendo un percorso simile di arretramento dello Stato dalle questioni familiari, dato che il governo, economicamente sempre più debole, sta abbandonando il tradizionale ruolo attivo ed eccessivamente costoso nell'offerta di servizi di welfare, chiedendo al contempo alle Comunità di sostituire la fornitura pubblica di servizi.

Oggi *Oxford Economics* stima che le domande di servizi sociali insoddisfatte dallo Stato ammonteranno a 70 miliardi di euro entro il 2025. La filantropia comunitaria sta emergendo come una fonte alternativa di reperimento di risorse e agente del cambiamento sociale, costruendo legami molto innovativi con il mondo delle aziende e della finanza. In Italia, ogni anno la filantropia veicola fra 9 e 10 miliardi di euro, rispetto ai circa 25 miliardi di Germania e Regno Unito. Il flusso italiano di risorse fa capo per gran parte a elargizioni individuali (4,6 miliardi) e fondazioni (1,5), mentre il resto viene prevalentemente da lasciti testamentari e *corporate giving*.

Questo contesto può mettere le basi per un patto sociale che si fonda su una nuova alleanza Stato e Comunità a favore della famiglia. Lo Stato, dunque, assume un ruolo innovativo senza intervenire nelle scelte private, ma solo in ciò che concerne gli effetti sociali delle scelte individuali. Non fa dunque distinzione tra famiglie concubine, monoparentali o sposate con ogni rito, ma cerca di proteggerle in egual misura, cercando di soddisfare i loro bisogni essenziali tenendo conto dell'obiettivo di ridurre le ineguaglianze. L'azione dello Stato invece si rivolge a rafforzare le comunità, le sue istituzioni di intermediazione filantropica, le aziende socialmente responsabili, i distretti sociosanitari sostenibili e le associazioni che erogano servizi di assistenza sociale, psicologica, medica e educativa, con l'attenzione a garantire il coordinamento fra Terzo settore e servizi sociali pubblici territoriali e uguali opportunità di sviluppo alle comunità meno dotate di risorse. In quest'ottica, le politiche della famiglia si fondono con le politiche sociali. Il ruolo di regolatore degli aspetti legali *child and family friendly* è anche fondamentale. Riguarda modifiche di legge che hanno un costo molto basso, ma un impatto molto elevato sulle scelte individuali e sul benessere dei cittadini.

Esaminiamo in sequenza i tre ambiti di sostegno: economico, sociale, istituzionale.

4.1. Sostegno economico

Il sostegno economico alle responsabilità familiari dovrà essere in grado di:

a) migliorare le condizioni di vita peggiorate per le condizioni di isolamento e il rallentamento delle attività economiche causate dall'emergenza sanitaria, anche contrastando la maggiore insicurezza del lavoro a causa della crescente disoccupazione e di una modalità di produzione economica sempre più automatizzata e sotto forma di lavoro agile;

b) favorire le scelte riproduttive della famiglia, la sua stabilità e la conciliazione tra famiglia e lavoro;

c) riconoscere il valore del tempo e dei servizi forniti dalle famiglie come forma di integrazione delle politiche di sicurezza sociale.

Contrasto alla povertà e alla precarietà del mondo del lavoro. La misura principale di reinserimento nel mondo del lavoro e di integrazione dei redditi familiari per contrastare povertà e ineguaglianze è oggi il Reddito di cittadinanza. L'obiettivo di questo strumento di inclusione sociale è di offrire un paracadute contro l'impoverimento per la popolazione eleggibile in base alla verifica dei mezzi dell'*Indicatore della Situazione Economica Equivalente* (ISEE) che, in condizioni emergenziali, viene resa meno stringente. L'efficacia dello strumento dipende in modo cruciale dall'efficienza con cui si riesce ad identificare chi è in stato di reale bisogno. Menon et al. sono molto critici in merito e auspicano una vera riforma dello strumento[35]. È importante inoltre che il Reddito di cittadinanza sia ben calibrato, onde evitare che non disincentivi il lavoro. Questo aspetto è di fondamentale importanza soprattutto quando viene erogato nel Sud Italia, dove il costo della vita è anche inferiore del 40% e quindi garantisce un potere di acquisto molto più elevato a parità di condizioni[36]. Inoltre il Reddito di cittadinanza, per garantire incentivi appropriati, dovrebbe essere armonizzato con la cassa integrazione guadagni, onde evitare sovrapposizioni inefficienti.

Anche la Carta acquisti ordinaria elettronica, cumulabile con il Reddito di cittadinanza e assegnata su base ISEE, costituisce per i più bisognosi un'esigua forma di ausilio. Questa assicura un beneficio economico di 40 euro mensili per il sostegno della spesa alimentare e sanitaria e per il pagamento delle spese energetiche.

Gli enti del terzo settore, in coordinamento con i servizi sociali pubblici territoriali, svolgono un ruolo fondamentale nell'erogare servizi a domicilio in sostegno delle fasce deboli della popolazione, sebbene l'emergenza sanitaria abbia messo a nudo l'inadeguatezza della rete pubblico-privata su cui poggia il welfare territoriale in merito a servizi di distribuzione alimentare a domicilio per disabili o anziani senza assisten-

[35] M. Menon, F. Perali, V. Polin, «Il nuovo Indicatore della Situazione Economica Equivalente: è una vera riforma?», *Rivista di Politica Economica*, (2018), pp.1-38.

[36] M. Menon, F. Perali, R. Ray, N. Tommasi, *Due Italie non solo nei salari*, Lavoce.info, 2020.

za, oppure di consegna di farmaci, di prestazioni mediche e di supporto psicologico o altri generi di prima necessità, o anche il pagamento di bollette prestando particolare attenzione, per quanto possibile, ad anziani, ai disabili e ai senza fissa dimora.

È quindi fondamentale migliorare l'efficacia della distribuzione di servizi e aiuti che necessitano di determinare la platea di destinatari in tempi ristretti, considerata la lunghezza della procedura di verifica dei mezzi ordinaria ISEE e reti di distribuzione. Piccoli e grandi comuni si sono trovati in gravi difficoltà di gestione, per esempio, del bonus alimentare, anche per la mancanza di informazioni relative alla platea di beneficiari. Questi servizi, inoltre, incontrano costi di attuazione non giustificati in piccoli comuni che non riescono a coordinarsi tra loro per effettuare il servizio in modo efficace e a costi ragionevoli. Questo problema di coordinamento si verifica anche in situazioni normali, considerato che le risorse per finanziare i livelli essenziali delle prestazioni sociali per le diverse aree del bisogno (povertà, disagio minorile, responsabilità familiari, dipendenze, disabilità) provengono dal finanziamento plurimo dei tre livelli di governo (Stato, Regioni e Comuni), secondo dotazioni finanziarie presenti nei rispettivi bilanci. Queste considerazioni suggeriscono che i processi di armonizzazione dei diversi livelli amministrativi delle politiche sociali si intensifichino e favoriscano l'unione di piccoli comuni, spesso inadeguati per garantire una gestione efficiente dei servizi anche dal punto di vista statistico e informatico.

Un problema generale relativo alla sfera dell'attuazione delle politiche di contrasto della povertà e di aiuto in condizioni emergenziali è la mancanza di dati ricavati da inchieste mirate, relativi alle persone fragili, anziane e diversamente abili. Le inchieste ISTAT si riferiscono a campioni rappresentativi della popolazione normale e non consentono di conoscere le caratteristiche della marginalità che, di conseguenza, non può essere oggetto di politiche di sostegno mirate. Inoltre, nel nostro paese, mancano studi che stimino i costi delle diverse forme di disabilità, rendendo difficile l'identificazione delle loro reali condizioni di bisogno. Queste lacune andrebbero colmate.

Allo stesso tempo, è importante aiutare coloro che sono in condizioni di indigenza a gestire le diverse dimensioni del bisogno, che richiedono spesso una dose di informazioni e di impegno burocratico che crea delle barriere di accesso ingiuste, anche attraverso la creazione di applicazioni per il telefono cellulare che raccolgono suggerimenti utili e che aiutano a scoprire le opportunità economiche e sociali più adatte alle diverse situazioni.

Considerate le ristrette disponibilità di risorse pubbliche, sarebbe inoltre opportuno considerare di devolvere al sostegno delle politiche sociali l'eventuale applicazione di tasse sui *peccati*, quali il consumo di alcol, tabacco, sostanze zuccherine, e vizi da gioco.

Sostegno alla natalità. L'efficacia delle politiche di natalità nel modificare comportamenti da lungo tempo consolidati, che hanno portato al modello del figlio unico e alla crescente proporzione di coppie che rinunciano alla genitorialità, dipende in modo critico dalla dose del sostegno che, in questo caso, non basta a porsi come *antidoto* alla denatalità, data la relativa modestia delle risorse pubbliche dedicate a questa finalità. Inoltre, molte azioni di supporto alla genitorialità, peraltro esigue date le ristrettezze di bilancio, sono state limitate alle famiglie meno abbienti, riducendo per disegno l'eventuale impatto sulle nascite.

Per questo motivo, è probabile che le azioni di contrasto alla denatalità non siano efficaci nemmeno se somministrate attraverso la costituzione, che dovrebbe entrare in vigore nel 2021, di un assegno unico e dote unica per figli a carico, elargiti per fasce di reddito ISEE esentasse e maggiorati per il numero dei figli. In tal modo, si potrebbero inoltre riordinare le diverse iniziative di sostegno quali il premio alle nascite, il bonus bebè e per la frequenza degli asili nido o il ricorso a baby-sitter, comprese le detrazioni Irpef e le maggiorazioni per la presenza di figli disabili, in quanto mirano a coprire i costi di mantenimento dei figli, non quelli di accrescimento, che sono molto più elevati e che di fatto condizionano le scelte di natalità[37].

Ciò che sembra avere un impatto reale è coordinare il sostegno ai servizi per la prima infanzia, come asili nido pubblici, privati e aziendali purché a costi accessibili, con le misure di promozione, soprattutto nelle giovani generazioni, della divisione del lavoro di cura fra uomini e donne; di conciliazione tra famiglia e lavoro, quali l'apertura delle scuole pubbliche per tutto l'anno e nei pomeriggi, anche ricorrendo al contributo di volontari, congedi parentali e il riconoscimento di orari flessibili; impiego part-time e lavoro agile per i membri della coppia con figli; interventi fiscali mirati a favore anche della classe media, le cui scelte sono anche condizionate dagli alti costi di accrescimento[38].

È inoltre importante non trascurare le politiche attive per la stabilità della famiglia[39], atte a creare e mantenere un luogo accogliente per i figli futuri, con azioni di supporto verso la mediazione familiare, servizi di *enrichment* familiare[40], servizi con-

[37] M. Menon, F. Perali (2010): «Il costo di accrescimento dei figli», in P. Donati, *Il costo dei figli. quale welfare per le famiglie?*, FrancoAngeli, Milano 2010.

[38] A.J. Cherlin, «Family Policy Today», *Journal of Family Theory & Review*, 11(2019), pp. 47-51.

[39] A. Hawkins, L.D. Wardle, D.O. Coolidge, *Revitalizing the Institution of Marriage for the Twenty-First Century: An Agenda for Strengthening Marriage*, Praeger Publishers, London 2002.

[40] R. Iafrate, C. Giuliani, *L'enrichment familiare*, Carocci, Roma 2006.

sultoriali che offrono percorsi di educazione alla genitorialità, centri per le famiglie e associazioni di supporto educativo per i figli di famiglie in difficoltà. Molto rilevanti sono anche le politiche a favore di un accesso più equo alla casa, soprattutto per le giovani coppie. La scelta di avere un bambino è un impegno di lungo termine spesso in competizione con la scelta di contrarre un mutuo per la casa, soprattutto nel nuovo millennio, quando le banche hanno iniziato a erogare i mutui chiedendo in garanzia un pagamento anticipato del 20% del mutuo, difficilmente accumulabile dalle coppie giovani in tempi ragionevoli, se non attraverso un trasferimento intra-familiare da parte di genitori.

Valorizzare i servizi resi dalle famiglie riconoscendo un reddito di partecipazione come complemento delle misure esistenti di protezione sociale. Il valore del tempo e dei servizi forniti dalle famiglie può essere riconosciuto offrendo un beneficio da pagare, non basato sulla cittadinanza, ma sulla partecipazione definita in senso lato come contributo sociale[41]. Il reddito di partecipazione avrebbe la virtù di chiarire i termini del contratto di reciprocità tra Stato e famiglia, e rappresenterebbe una misura complementare di protezione sociale. Questo sarebbe un cambiamento radicale, perché riconoscerebbe il principio che le famiglie dovrebbero essere tassate non solo in termini di capacità contributiva, ma anche in base alla loro capacità produttiva di fornire contributi sociali. La partecipazione può essere indiretta, come nel caso delle madri che si occupano di bambini piccoli o anziani fragili, o diretta, come nel caso del volontariato nel terzo settore. Questo programma può rivelarsi efficace nel

[41] A.B. Atkinson, «The Case for a Participation Income», *The Political Quarterly*, 67(1), (1996), pp. 67-70; A.B. Atkinson, "Inequality. What Can Be Done?" Harvard University Press, Cambridge (MA) 2015.

ridurre la povertà infantile trasferendo risorse dalle vecchie alle giovani generazioni e nel controllo delle spese pubbliche per l'assistenza agli anziani.

Il reddito di partecipazione, implementabile grazie a una card dedicata che certifica il contributo volontario, potrebbe aiutare a rendere sostenibili i sistemi di assistenza a lungo termine, la fornitura di assistenza domiciliare e la protezione sociale delle persone fragili. Il programma può essere considerato una pietra miliare nello sviluppo di un sistema di welfare più competente, in grado di valorizzare risorse gratuite per finanziare programmi più ampi di inclusione attiva, sopprimendo le forme ridondanti e ingiuste di sicurezza sociale e per integrare meglio all'interno di unità territoriali efficienti i servizi per l'occupazione e la formazione, la salute, l'edilizia abitativa e l'istruzione e la cultura, e la sostenibilità ambientale necessari alle famiglie fragili.

Infine, la globalizzazione e l'alto livello di automazione delle economie moderne espongono i lavoratori alla volatilità globale e ai rischi sistemici associati all'insicurezza del lavoro. Il mercato del lavoro altamente specializzato rende la riqualificazione meno efficace rispetto al recente passato, sebbene i lavoratori possano generalmente essere formati a breve termine per i lavori disponibili nel terzo settore emergente che integra i servizi sociali, comunitari o ambientali.

4.2. Sostegno sociale

Questa visione del sistema di sicurezza sociale fa riferimento a modalità di intervento governativo centrato sull'individuo, che dovrebbe venire gradualmente sostituito da un Welfare della comunità più focalizzato sulla famiglia, sulle sue relazioni e reti sociali di prossimità. Si passerebbe da un *welfare* erogato esclusivamente su richiesta a un *welfare* anche di prevenzione, che investe per far crescere giovani e famiglie più responsabili e forti[42]. Un *Welfare di Comunità* in grado di co-creare beni comuni, come la ricerca sociale per diagnosticare i bisogni della società e l'attivazione di servizi che rispondono in modo efficace ai bisogni, mobilizzando le risorse della Comunità, andando cioè oltre lo Stato e il mercato[43].

Il cuore del Welfare di Comunità dovrebbe essere un *business model* basato su un'impresa sociale finanziariamente sostenibile, cioè che dipende in modo marginale da donazioni o sussidi statali. Un'impresa che sposa una visione generativa, nel senso che si basa su progetti in grado di rigenerare risorse e produrre vantaggi sociali, sia per i beneficiari sia per l'intera società. Un esempio è rappresentato dalle *Scuole di Comunità*, che integrano la scuola pubblica con risorse ri-generate della Comunità. La sostenibilità dell'impresa dipende dalla forza circolare dell'economia locale capace di estendere il paradigma tradizionale al cosiddetto "modello delle 5 R", basato sulla *Raccolta* e *Redistribuzione* delle risorse, e capace di attivare le risorse della comunità che vengono *Rigenerate*, fatte *Rendere* e *Responsabilizzate*.

Per attuarlo è importante che le famiglie e le imprese possano investire risorse finanziarie su progetti legati al territorio, vicini alla propria missione individuale o d'impresa, utilizzando l'*intermediazione filantropica* delle Fondazioni di Comunità per ottenere un risparmio fiscale ed essere sicuri che l'investimento rimanga a servizio della propria comunità. Sarebbe anche rilevante dare vita a forme di partenariato tra consumatore-cittadino e grande distribuzione: il consumatore compra prodot-

[42] Caritas Europa, *The future of the Welfare State. A comparative study in EU-Countries*, Lambertus, Freiburg im Breisgau 2012.

[43] D. Bollier, S. Helfrich, *The Wealth of the Commons: beyond the State and the Market*, The Commons Strategy Group, (UK) 2012.

ti con finalità sociali e la grande distribuzione ritorna parte dei maggiori utili ai progetti sociali. Non va inoltre trascurato il contributo di lavoratori in cassa integrazione, pensionati e persone con reddito di cittadinanza che "partecipano" il proprio tempo e professionalità restituendo alla Comunità ciò che ricevono dalla Società, diventando quindi potenziali beneficiari del reddito di partecipazione. Andrebbero anche perseguite misure di promozione del welfare aziendale, interpretato come una forma proattiva di responsabilità sociale di impresa che riguarda una serie di servizi e benefici flessibili, non monetari, a favore dei lavoratori o dei loro familiari, riportati nella busta paga ai sensi della legge ed esenti Irpef. Non si tratta di una forma di filantropia, ma di una nuova cultura del lavoro: il benessere e la formazione del dipendente, e dei suoi cari, sono un bene comune. Il welfare aziendale rappresenta un vantaggio per tutti (*win-win*), vale a dire dipendenti, imprese ed erogatori del servizio, purché le piattaforme di offerta di servizi siano di fatto aperte alle più svariate forme di volontariato.

Il buon funzionamento di un'economia locale circolare richiede una cabina di regia che può trovare nei distretti che coordinano le attività del terzo settore l'istituto più adeguato. La missione del distretto è di promuovere la valorizzazione del patrimonio associativo in ambito sociosanitario, culturale (anche le Università possono prenderne parte) e ambientale di una comunità in una logica di sviluppo sinergico e sostenibile del territorio. Una delle principali sfide è quella di coniugare, in una visione di lungo periodo, gli investimenti in capitale umano e sociale, l'integrazione tra filiere produttive relative a servizi sociosanitari, ambientali e culturali, e di favorire processi di innovazione sociale in modo finanziariamente sostenibile. Al contempo è importante l'impegno nella co-gestione organizzativa e marketing, che sono attività costose per le piccole imprese sociali come la redazione di un bilancio sociale, nel favorire operazioni di *merging* o *acquisitions* di piccole imprese sociali poco efficienti e reti di imprese.

Le Fondazioni di Comunità rappresentano una istituzione chiave nella nuova visione di welfare del territorio, poiché raccolgono direttamente nel territorio le risorse da redistribuire nello stesso ambito geografico. Le Fondazioni di Comunità svolgono una funzione di intermediazione filantropica con la finalità di migliorare il benessere delle famiglie e delle comunità attraverso l'implementazione della pratica del dono, offrendo importanti agevolazioni fiscali per le aziende e le persone fisiche. Questo meccanismo a sua volta finanzia progetti sostenibili ad alto impatto sociale e catalizza il processo di innovazione socioculturale.

Nell'ambito delle attività di un distretto sociale è probabilmente più facile creare un contesto per costruire una buona comunicazione e fiducia tra ricercatori sociali e decisori pubblici, per esempio, nell'ambito di accordi quadro di collaborazione tra istituzioni e distretto, al fine di attuare politiche familiari che abbiano un impatto reale sul benessere della comunità[44].

L'importanza di promuovere un welfare di comunità efficace anche nell'offrire servizi sanitari territoriali è diventata palese durante l'emergenza sanitaria. Nel prossimo futuro, sarà molto importante che la riforma del sistema sanitario, oggi eccessivamente ospedale-centrica, attuata dallo Stato sia accompagnata a livello locale dallo sviluppo coordinato e complementare dei servizi sociosanitari territoriali offerti dal privato sociale anche grazie alle agevolazioni fiscali e normative dello Stato.

[44] K. Bogenschneider, S. MacDermid Wadsworth, «Fast-Forward to the Next Frontier of Family Policy», *Journal of Family Theory & Review*, 11(2019), pp. 9-17.

4.3. Sostegno istituzionale

Non vi è dubbio che oggi lo Stato italiano fatichi a realizzare la sua missione costituzionale per quanto riguarda il sostegno dei compiti familiari, a causa del fardello del debito e delle conseguenze economiche dell'emergenza sanitaria.

È importante tuttavia che sia vigile nell'assicurare che le disposizioni legali che regolano le scelte di formazione e dissoluzione di una coppia con figli diano incentivi corretti al compimento delle responsabilità familiari. Poiché è un dato di fatto che molte coppie scelgono di avere figli senza accedere al matrimonio, occorre far sì che questa loro libera scelta non abbia conseguenze negative sui figli. In altri termini è necessario garantire che tutti i figli, indipendentemente dal legame coniugale dei genitori, godano dello stesso grado di protezione sociale e legale. In molti Paesi questo problema viene risolto attribuendo alla coppia di fatto che ha figli le stesse responsabilità attribuite alla coppia formalmente sposata, senza richiedere una cerimonia pubblica di matrimonio. In sostanza, molti Stati attribuiscono alle coppie di fatto gli stessi diritti e doveri delle coppie sposate verso i propri figli, secondo principi di Diritto Comune (*Common Law*). In poche parole, lo Stato dice alla coppia: non mi interessa se siete sposati o meno, perché comunque i vostri diritti e doveri verso i figli sono completamente uguali come se foste sposati, perché io tratto in modo uguale la genitorialità come tale. In questo modo, nel caso che i partner desiderino terminare la relazione, i figli potranno godere della stessa protezione dei figli di genitori sposati, in base al principio che si può cessare di essere conviventi, ma si è genitori per sempre. È un diritto dei figli, che non significa equiparare matrimonio e non-matrimonio. Il diritto tutela i figli, mettendo i genitori di fronte alle loro responsabilità come se fossero sposati.

Sarebbe auspicabile che lo Stato mantenesse alta l'attenzione anche sulla questione della banalizzazione del divorzio, che è unilaterale non solo verso l'altro membro della coppia, ma anche verso i figli. Come ci fa notare Arrow[45], le esternalità negative del divorzio sui figli sono sia un problema privato dei figli, incolpevolmente coinvolti, sia pubblico per la società. Non sono certo i figli a inquinare le relazioni familiari. Lo sono invece i genitori che non rispondono dei danni che il loro comportamento, poco kantiano, provoca sui figli contravvenendo il principio che chiede a chi inquina di pagare i danni che provoca agli altri.

Questa negligenza normativa sembra non riconoscere un valore di pubblica utilità alla stabilità della famiglia. Va osservato, invece, che la coppia che decide di formalizzare la sua unione con un rito pubblico si assume di fatto la responsabilità di sottoscrivere un contratto di lungo periodo e di coltivare con continuità la qualità della propria relazione coniugale e quella con i figli, necessarie per cementare una sana unione familiare che si impegna ogni giorno a limitare le esternalità negative verso i figli[46].

[45] K. Arrow, *The Responsibility of Parents to Children*, cit.

[46] Come illustra V. Mancuso, *La forza di essere migliori. Trattato sulle virtù cardinali*, Garzanti, Milano 2019, significa mettere in campo le virtù cardinali e del perdono, che danno la forza di essere migliori.

RIFERIMENTI BIBLIOGRAFICI

Apps, P., Rees, R., *Public economics and the household*, Cambridge University Press, Cambridge 2009.

Arrow, K., «The Responsibility of Parents to Children», in *Vanishing Youth? Solidarity with Children and Young People in an Age of Turbulence*, Pontifical Academy of Social Sciences, Acta 12, Vatican City 2006.

Atkinson, A.B., (1996), «The Case for a Participation Income», *The Political Quarterly*, 67(1): 67-70.

—, *Inequality. What Can Be Done?*, Harvard University Press, Cambridge (MA) 2015.

Bardhan, P., *Scarcity, Conflicts, and Cooperation: Essays in the Political and Institutional Economics of Development*, The MIT Press, Cambridge (MA) 2004.

Becker, G.S. (1965), «A Theory of the Allocation of Time», *Economic Journal*, 75(299): 493-517.

—, *Treatise on the Family*, Harvard University Press, Cambridge (MA) 1981.

Belletti, F., «*Leggere la famiglia, valutare le politiche: il percorso dei rapporti Cisf 1989-2017*», in Belletti F., Bramanti D., Carrà E., *Il Family Impact. Un approccio focalizzato sulla famiglia per le politiche e le pratiche*, Vita e Pensiero, Milano 2018.

Bollier, D., Helfrich S., (Eds.), *The Wealth of the Commons:*

beyond the State and the Market, The Commons Strategy Group, (UK) 2012.
Bogenschneider, K., MacDermid Wadsworth, S., «Fast-Forward to the Next Frontier of Family Policy», *Journal of Family Theory & Review*, 11 (2019), pp. 9-17.
Caritas Europa, *The future of the welfare state: A comparative study in EU-countries*, Lambertus, Freiburg im Breisgau 2012.
Cherlin, A.J., Chase-Lansdale, P.L., McRae, C., «Effects of parental divorce on mental health throughout the life course», *American Sociological Review*, 63 (1998), pp. 239-249.
—, «Family Policy Today», *Journal of Family Theory & Review*, 11(2019), pp. 47-51.
Commons, J.R., «John R. Commons on the Family», *Population and Development Review*, Vol. 17, No. 3 (1991), pp. 525-530.
Cunha F., Heckman, J., «Investing in Our Young People», *Rivista Internazionale di Scienze Sociali*, 3/4 (2009), pp. 387-417.
De Agostini, P., Menon, M., Perali, F., *What Does the State Do for the Family and What the Family Does for the State. A proposal for Welfare Reform*, mimeo, Università di Verona (VR) 2019.
Donati, P., *Ri-conoscere la famiglia. Quale valore aggiunto per la società? Decimo Rapporto Cisf sulla famiglia in Italia*, San Paolo, Cinisello Balsamo (MI) 2007.
Donati, P., Solci, R., *I beni relazionali*, Bollati Boringhieri, Milano 2011.
Donati, P., *Famiglia risorsa della società*, Il Mulino, Bologna 2012.
—, *Scoprire i beni relazionali. Per generare una nuova socialità*, Rubbettino, Soveria Mannelli (CZ) 2019.
Esping-Andersen, G., *The Incomplete Revolution: Adapting to*

Women's New Roles, Polity Press, Cambridge-Malden, (MA) 2009.

Estin, A.L., *Economics and the Problem of Divorce*, The University of Chicago Law School Roundtable, 2(2), Article 9 (1995).

Fletcher, J.M., Wolfe, B., «The importance of family income in the formation and evolution of non-cognitive skills in childhood», *Economics of Education Review*, 54(2016), pp. 143-154.

García, J.L., Heckman, J.J., Leaf, S.E., Prados, M.J., «Quantifying the Life-Cycle Benefits of a Prototypical Early Childhood Program», Working Paper 23479, National Bureau of Economic Research (NBER), (MA) 2017.

Gonçalves, M., Perali, F., «Intergenerational Responsibility in the 21st Century: An Independent Agency as Intergenerational Lens», in *Intergenerational Responsibility in the 21st Century*, Vernon Press, Delaware 2017.

Gruber, J., «Is making divorce easier bad for children? The long-run implications of unilateral divorce», *Journal of Labor Economics* 22(2004), pp. 799-833.

Hawkins, A., Wardle, L.D., Coolidge, D.O., *Revitalizing the Institution of Marriage for the Twenty-First Century: An Agenda for Strengthening Marriage*, Praeger Publishers, London 2002.

Heckman, J.J., «Policies to foster human capital», *Research in Economics*, 54(1), (2000), pp. 3-56.

—, *Inequality in America: What Role for Human Capital Policies? Focus*, Institute for Research on Poverty, University of Wisconsin-Madison, 23(3), (2005), pp. 1-10.

Heckman, J.J., Stixrude, N., Urzua, S., «The effects of cognitive and non-cognitive abilities on labor market outcomes and social behavior», *Journal of Labor Economics*, 24(3), (2006), pp. 411-448.

Iafrate, R., Giuliani, C., *L'enrichment familiare*, Carocci, Roma 2006.

Jonas, N., *La famille*, collana *"Thèmes et Débats sociologie"*, Bréal Editions, Rosny Cedex, France 2007.

Kotlikoff, L., Burns, S., *The clash of generations: Saving ourselves, our kids, and our economy*, MIT Press, Cambridge (MA) 2012.

Mancuso, V., *La forza di essere migliori. Trattato sulle virtù cardinali*, Garzanti, Milano 2019.

Matteazzi, E., Menon, M., Perali, F., *Famiglia soggetto economico e fattore di protezione dal rischio di povertà materiale e relazionale*, International Family Monitor, 2019.

Menon, M., Perali, F., «Il costo di accrescimento dei figli» in P. Donati, *Il costo dei figli. Quale Welfare per le famiglie?*, FrancoAngeli, Milano 2010.

Menon M., Perali, F., Pendakur, R., «All in the Family: How Do Social Capital and Material Wellbeing Affect Relational Wellbeing?», *Social Indicators Research*, 124(3), (2015), pp. 889-910.

Menon M., Perali, F., Ray, R., Tommasi, N., *Due Italie non solo nei salari*, Lavoce.info, 2020.

Menon M., Perali, F., Polin, V., «Il nuovo Indicatore della Situazione Economica Equivalente: È una vera riforma?», *Rivista di Politica Economica*, (2018), pp. 1-38.

Mlcoch, L., *Family Economics. Come la famiglia può salvare il cuore dell'economia*, San Paolo, Cinisello Balsamo (MI) 2017.

Mnookin, R., Weisberg, D.K., *Child, Family, and State: Problems and Materials on Children and the Law*, 4th Edition, Aspen, Gaithersburg (2000).

Nash, J., «The Bargaining Problem», *Econometrica*, 18(1950), pp.155-62.

—, «Two-Person Cooperative Games», *Econometrica*, 21(1953), pp. 128-40.

Pareto, V., *Manuale di economia politica con una introduzione alla scienza sociale*, Società Editrice Libraria, Milano 1906.

Perali, F., «Padri e figli pallidi: aspetti economici e istituzionali», in Regalia, C., Marta, E., (a cura di), *Giovani in transizione e padri di famiglia*, Milano, Vita e Pensiero, Milano 2018, pp. 100-131.

Posner, R., *The Economic Analysis of Law*, Wolters Kluwer Law and Business, New York 2007.

Roemer, J., *How We (Do and Could) Cooperate*, Department of Political Science, Economics, Yale University, New Haven 2015.

—, *How We Cooperate, A Theory of Kantian Optimization*, Yale University Press, New Haven 2019.

Rosina, A., Ruspini, E., *Un decalogo per i genitori italiani: crescere capitani coraggiosi*, Vita e Pensiero, Milano 2009.

Schmidtz, D., Goodin, R., *Social Welfare and Individual Responsibility*, Cambridge University Press, Cambridge 2012.

The Future of Children, «Marriage and Child Wellbeing», Vol.15, N.2, Princeton, Brookings (USA) 2005.

Wallerstein, J., Lewis, J., Blakeslee, S., *The Unexpected Legacy of Divorce*, The 25 Year Landmark Study, Hyperion, New York 2000.

Wicklegren, A., «Why Divorce Laws Matter: Incentives for Non-Contractible Marital Investments under Unilateral and Consent Divorce», *The Journal of Law, Economics, & Organization*, 25(1), (2005), pp. 80-106.

Capitolo 5

LE SFIDE DEL DIGITALE ALLE RESPONSABILITÀ FAMILIARI: EDUCARE LE RELAZIONI NELLA SOCIETÀ IPERCONNESSA

*Pier Cesare Rivoltella**

1. Media, *parenting* e famiglia oggi: una mappa dei temi

Il *parenting* – ovvero la genitorialità, la gestione da parte dei genitori della loro relazione educativa con i figli – trova nella medialità (e oggi ancor di più nella mediatizzazione[1]) uno spa-

* **Pier Cesare Rivoltella** è Professore ordinario di Didattica presso la Facoltà di Scienze della Formazione dell'Università Cattolica del Sacro Cuore di Milano, ateneo in cui insegna Didattica e tecnologie dell'istruzione e dirige il Centro di Ricerca sull'Educazione ai Media, all'Innovazione e alla Tecnologia (CREMIT). Tra le sue ultime pubblicazioni si segnalano: *Le virtù del digitale. Per un'etica dei media*, Morcelliana, Brescia 2015; *Tecnologie di comunità*, ELS – La Scuola, Brescia 2017; *Il corpo e la macchina* (con P.G. Rossi), Scholé, Brescia 2019; *Tempi della lettura. Media, pensiero, accelerazione*, Scholé, Brescia 2020.

[1] Il concetto di *mediatization* indica un'ipotesi di lettura e un corpo di teorie che spiegano l'impatto dei media sulla comunicazione nella società contemporanea. Mentre il concetto di mediazione fa riferimento a ciò che interviene tra un emittente e un ricevente (in questo senso la comunicazione a distanza può essere mediata dai media, come nel caso della radio o del computer), il concetto di mediatizzazione è più largo e indica «*the process of increasing dependency of society upon media and its logic. Media logic refers to the construction of reality as portrayed by the media. According to Hjarvard (2008, p. 113), media logic refers to the "institutional and technological modus operandi of media, including the way in which media distribute material and symbolic resources and operate with the help of formal and informal rules."*» [Nie, Kee & Ahmad (2014; 364)]. Nella nostra traduzione: «il processo di crescente dipendenza della società dai media e dalle loro logiche. Quest'ultime si riferiscono alla costruzione della realtà così come essa viene rappresentata dai media. Come sostiene Hjarvard (2008, p. 113), le logiche dei media si riferiscono al "modus operandi istituzionale dei media, compreso il modo in cui essi distribuiscono materiale e risorse e operano col supporto di regole formali e informali"» [Nie, Kee & Ahmad (2014; 364)].

zio privilegiato e sempre più sfidante per il suo esercizio. Già nella ricerca dei *Cultural Studies* anglosassoni[2] sul rapporto tra famiglia e televisione e nella sua ricezione e applicazione in Italia negli stessi anni[3] venivano individuati i temi e i processi su cui gli studi successivi si sarebbero soffermati: il controllo da parte della famiglia degli spazi e dei tempi del consumo; la verifica dei contenuti (in particolare quelli legati al sesso e alla violenza) e del loro impatto sulla formazione dei valori e dei comportamenti; le possibili interferenze dei media sulla vita della famiglia in termini di ritualità[4], di economia temporale[5], di modifica delle regole della commensalità e più in generale della convivialità domestica[6].

La diffusione sociale dei dispositivi mobili rende più complesso il quadro dei fenomeni da considerare. Sono in particolare due caratteristiche dei "new media" a spingere in questa direzione.

In prima istanza, la leggerezza dei supporti (quelli che prima si chiamavano cellulari e che oggi si preferisce definire smartphone per la gamma di attività che grazie a essi è possibile svolgere) e la loro connessione permanente, grazie ai protocolli di comunicazione wireless, hanno prodotto lo sganciamento della comunicazione dallo spazio. Questo significa che per avere accesso alla comunicazione mediata non serve più

[2] D. Morley, *Family Television: Cultural Power and Domestic Leisure*, Routledge, Londra 1986; R. Silverstone, *Television and Everyday Life*, Routledge, Londra 1994.

[3] F. Casetti, *L'ospite fisso. Televisione e mass media nelle famiglie*, San Paolo, Cinisello Balsamo 1995; G. Carminati, V. Cigoli, *L'ospite e l'invasore. Governo familiare e televisione*, Rai Libri, Roma 1996.

[4] F. Casetti, F.Villa, *La storia comune. Funzioni, forma e generi della fiction televisiva*, Rai Libri, Roma 1992.

[5] P. Aroldi, *La meridiana elettronica. Tempo sociale e tempo televisivo*, FrancoAngeli, Milano 1999.

[6] R. Kubey, «Television and the quality of family life», *Communication Quarterly*, 4 (2009), pp. 321-324. In internet, https://doi.org/10.1080/01463379009369769; F. Casetti, 1995, *cit.*; G. Carminati, V. Cigoli, *cit.*

collocarsi in luoghi deputati provvisti di strumento e accesso, come era sempre successo con il televisore o il telefono fisso (e anche con il computer, quando la possibilità di navigare in internet era possibile solo da una postazione che fosse collegata fisicamente alla rete). Come si capisce, nella prospettiva del *parenting*, questo rappresenta un problema importante perché chiede al genitore di modificare completamente le proprie pratiche di gestione, fino a quel momento tutto sommato basate sul controllo dell'accesso (televisore in salotto, telefono in anticamera, niente computer e connessione nella camera dei figli), riconfigurando lo strumento nei termini di un nuovo significativo terreno di negoziazione delle regole e dei significati[7].

In seconda istanza, interattività e interazione[8] modificano strutturalmente l'economia dell'agire comunicativo dei soggetti. I media *mainstream* separavano produzione e consumo: comunicavano gli apparati (le televisioni, gli editori), ovvero chi deteneva gli strumenti e aveva competenze e mezzi per farlo; i soggetti erano solo spettatori, ricettori, destinatari del processo di comunicazione, i cui margini di interazione erano molto limitati. Nel caso degli smartphone, produzione e consumo sono compossibili, la comunicazione si fa bidirezionale, offrendo al nuovo consumatore, che è anche produttore (*prosumer*), la pos-

[7] D. Brancati, A.M. Ajello, P.C. Rivoltella, *Guinzaglio elettronico. Il telefono cellulare tra genitori e figli*, Donzelli, Roma 2009.

[8] L'interattività, in quanto prerogativa della relazione di un soggetto con l'interfaccia di un medium o di un'applicazione digitale, si distingue dall'interazione, che invece pertiene alla sfera delle relazioni sociali tra soggetti. Così, nel primo caso, si fa riferimento alla misura della capacità di un medium di fare in modo che il suo utente abbia margine di modifica della sua forma e del suo contenuto: in tal senso, si dice che è interattivo/a lo schermo di una biglietteria automatica in una stazione, uno smartphone o una smart-TV, un videogioco per consolle. Il dialogo tra genitore e figlio (o tra coniugi, tra amici, tra attori umani), invece, non è interattivo, ma un'interazione. A questo riguardo, caso mai, sarebbe interessante (ma esula dalla nostra analisi in questa sede) valutare se la comunicazione con un sistema di IA o con un robot sia solo interattività o anche interazione.

sibilità di interagire con il proprio interlocutore. Anche questo modifica sensibilmente l'attività di *parenting*: se prima il genitore era impegnato a salvaguardare i figli in quanto fruitori di contenuti, ora quell'attività deve allargarsi a comprendere anche la loro responsabilità di produttori (se e quando postano qualcosa in rete) e la prudenza che dovrebbero tenere quando cedono i propri dati o incontrano ed entrano in relazione con altri attori conosciuti on line.

Queste trasformazioni del paesaggio mediale e dei comportamenti di consumo a esso correlati vanno lette sullo sfondo di un complesso processo di trasformazione della famiglia stessa. Isoliamo in questo processo tre fenomeni che ci sembrano particolarmente rilevanti anche per le loro prospettive di sviluppo nei prossimi anni:

– il cambiamento della composizione delle famiglie, segnato da una diminuzione delle famiglie tradizionali, da un aumento delle separazioni e dal problema di ridefinire il *parenting* in termini di coparentalità, con quanto ne consegue in termini di allineamento educativo delle figure genitoriali;

– in questo quadro, un secondo elemento è costituito dal protagonismo delle madri, sovraccaricate di responsabilità, impegnate tra parentalità e lavoro, sempre più ibridate nella loro funzione perché spesso costrette a surrogare una parte maschile assente o, se presente, più complice dei figli che non riferimento educativo;

– il terzo fenomeno è quello della conciliazione famiglia-lavoro, ovvero di come far coesistere la situazione di due genitori entrambi impegnati lavorativamente con la possibilità di una loro presenza educativa in relazione ai figli.

Tutte e tre questi fenomeni trovano (e verosimilmente troveranno sempre più, almeno questa è la nostra ipotesi) nella mediatizzazione un elemento di ulteriore complessità nella prospettiva del *parenting*. Su questa intersezione vorremmo indagare, in questo contributo, lasciandoci guidare da alcune domande: quale relazione è possibile istituire tra coparentalità e mediazione dei dispositivi? Le famiglie scomposte e monoparentali gestiscono peggio o meglio di quelle tradizionali la relazione con gli strumenti? E quale rapporto esiste tra le "supermamme" e i media digitali? Esse controllano, mediano, o si servono dello strumento per gestire le vite dei figli? I media digitali, con le possibilità che assicurano allo *smart working*, favoriscono le relazioni familiari o finiscono per produrre un'ulteriore erosione del tempo familiare, per colpa di una sempre più invasiva presenza di quello lavorativo?

2. Media digitali e nuove composizioni familiari

La situazione della famiglia oggi presenta, dal punto di vista della sua composizione, a fronte di una discreta tenuta delle famiglie tradizionali (confermata dalla risposta a diverse domande dell'indagine), un aumento delle rotture e delle ricostruzioni – anche secondo geometrie allargate (+ 6,5%) – così da rendere decisamente più significativo il numero delle famiglie monoparentali (10,4%) e ricomposte; anche se più che di famiglie, forse, vista la diminuzione dei matrimoni (sia religiosi che civili), sarebbe meglio parlare di rapporti.

Per la nostra analisi, questa situazione è importante da considerare perché le separazioni sempre più frequenti mettono in discussione la genitorialità, sostituendole nuovi stili di coparentalità che possono generare problemi nella misura in cui lo scarso livello di colloquialità tra i due genitori produca comportamenti educativi non perfettamente allineati, se non di aperto disaccordo. Nello specifico, sembra possibile ricondurre le diverse forme di coparentalità a quattro principali modelli[9] (vedi *Figura 1*):

– il modello della "cooperazione educativa", contraddistinto da una buona comunicazione tra gli ex, chiama in causa i due genitori in relazione all'insieme delle scelte che riguardano i figli;

– il modello del "disimpegno", basato su uno scarso livello di comunicazione e un basso livello di cooperazione tra i genitori;

– il modello "conflittuale", improntato a un elevato livello di comunicazione basato sul conflitto tra i genitori e, di conseguenza, a un basso livello di cooperazione;

– il modello "misto", in cui i livelli di comunicazione conflittuale sono altissimi e questo si accompagna a un bassissimo livello di cooperazione.

Immaginando di individuare nella comunicazione e nella cooperazione i due assi principali lungo cui si organizza la coparentalità, è possibile aggiungere un quinto modello ai quattro indicati: lo si potrebbe definire come modello della "cooperazione non comunicativa", a indicare quelle situazioni in cui i partner si occupano degli aspetti strutturali e logistici (custodia, tempi, cibo, scuola), però separatamente, senza dialogare più del minimo indispensabile.

Si possono proiettare, infine, i cinque modelli che abbiamo appena descritto su un quadrante che consenta di meglio visualizzarli.

[9] E.E. Maccoby, C.E. Depner, R.H. Mnookin, «Coparenting in the second year after divorce», *Journal of Marriage and the Family*, 52 (1990), pp. 141-155.

Figura 1 – I modelli della coparentalità

Non ci interessa in questa sede valutare quale di questi modelli si riveli più efficace e in relazione a quali variabili, ma verificare in che misura i dispositivi digitali possano incidere sulla coparentalità stessa.

Uno studio di Dworkin, McCann e McGuire[10] può rappresentare un interessante punto di partenza, dal momento che esso descrive lo stato della ricerca circa il rapporto tra le famiglie scomposte e i media digitali, e presenta i risultati di una ricerca condotta su un campione di 178 genitori divorziati proprio per verificare quel rapporto. I risultati della ricerca dimostrano che i genitori divorziati ricorrono con frequenza alla tecnologia per comunicare sia con i figli che con l'altro genitore. Il dato conferma quanto una precedente ricerca[11] aveva già indicato,

[10] J. Dworkin, E. McCann, J. McGuire, «Coparenting in the Digital Era: Exploring Divorced Parents Use of Technology», Divorce, Separation, and Remarriage: The Transformation of Family, *Contemporary Perspectives in Family Research*, 10 (2016), Emerald Group Publishing Limited, pp. 279-298.

[11] J. Dworkin, S. Walker, J. Rudi, J. Doty, «Parents' use of new media for communication: A consideration of demographic differences», in C.J. Bruess (Ed.), *Family communication in the age of digital and social media*, Peter Lang, New York 2015, pp. 408-425.

evidenziando come il 58% di essi ricorra a Skype e a videochiamate, l'84% condivida fotografie, il 62% file video. Si tratta di una prima funzione dei media digitali come ponti e tessuti che possono aiutare a tenere insieme i lembi della famiglia estesa.

Questa presenza dei media digitali nella vita della famiglia scomposta può produrre effetti completamente diversi sulla qualità della relazione, soprattutto tra gli ex-coniugi, rendendola migliore o peggiore. Sempre nella ricerca cui facevamo riferimento[12] si osservava come circa la metà dei genitori del campione dichiarassero di ricorrere a messaggini per comunicare con l'altro genitore in funzione dell'esercizio della coparentalità, e il 43% di essi alla posta elettronica. Ma l'uso dei media digitali può produrre anche un deterioramento della qualità della relazione tra i genitori e, più in generale, tra genitori e figli. Se ne può far cenno attraverso due studi.

Il primo è uno studio[13] condotto in due fasi rispettivamente su un campione di 182 coppie del *Daily Life Family Project* (Fase 1) e su un altro campione di 239 coppie del *Family Well-Being Project*. L'obiettivo era di verificare gli effetti dell'interferenza prodotta dai dispositivi tecnologici sulla vita quotidiana (*technoference*) di queste coppie e sulla qualità della coparentalità. La prima fase dello studio ha evidenziato una correlazione significativa tra l'interferenza dei dispositivi nella vita della famiglia e il livello di conflitto, al di là dell'uso della tecnologia: il risultato è che il più alto livello di conflitto produce una più bassa soddisfazione relazionale e la percezione di una minor qualità della coparentalità. La seconda fase dello studio ha consentito di confermare la correlazione. Quindi, la tecno-

[12] J. Dworkin, S. Walker, J. Rudi, J. Doty, *cit.*

[13] T. Brandon, A. McDaniel, A.M. Galovan, D. Jaclyn, M.D. Cravensc, «"Technoference" and implications for mothers' and fathers' couple and coparenting relationship quality», *Computers in Human Behaviour*, 80 (2018), pp. 303-313.

logia può innalzare il livello del conflitto tra i genitori, e tra genitori e figli, peggiorandone la qualità della relazione.

Il secondo studio[14] mette in luce, invece, come occorra distinguere tra l'uso e il cattivo uso (o l'abuso) dei media digitali. Nel primo caso (uso) i media digitali possono: sostenere e promuovere la comunicazione coparentale nel caso di famiglie separate e/o in corso di separazione; fornire un supporto a persone che stanno lottando per comporre la propria crisi di coppia; assistere donne e bambini che sono stati esposti a violenza familiare. Ma certamente, gli stessi media digitali (cattivo uso, abuso) possono anche rappresentare un'estensione o un accompagnamento di violenze e abusi, sia nei confronti dell'ex-coniuge che dei figli: è il caso del *cyberstalking* e di tutte le forme di comunicazione online violenta e intenzionalmente rivolta a pedinare, assediare, screditare, diffamare.

3. Madri e figli: il guinzaglio lungo dei media digitali

Secondo i filosofi Marcel Gauchet[15] e Camille Froidevaux-Metterie[16] ci troviamo oggi di fronte a una vera e propria rivoluzione antropologica che ci ha visto passare dalla famiglia patriarcale a una forma di "matriarcato psichico" o "culturale", in cui le madri sono il vero e proprio asse su cui la famiglia si costruisce, sia dal punto di vista della concezione che della gestione. Come hanno fatto notare Martin Segalen e Agnès Martial[17], le madri sono il vero "pilastro" della fami-

[14] K. Markwick, A. Bickerdike, E. Wilson-Evered, J. Zeleznikow, «Technology and Family Violence in the Context of Post-Separated Parenting», *Australian and New Zealand Journal of Family Therapy*, 40 (2019), pp. 143-162.

[15] M. Gauchet, «L'enfant du désir», *Le Debat*, 5 (2004), p. 132.

[16] C. Froidevaux Metterie, *La Révolution du féminin*, Gallimard, Parigi 2005.

[17] M. Segalen, A. Martial, *Sociologie de la famille*, Armand Colin, Parigi 2013.

glia dal punto di vista della legittimità simbolica, degli scambi relazionali, della gestione della vita quotidiana, della trasmissione dei legami familiari.

Le ragioni sono da cercare sul piano storico e sociale. Sicuramente ha inciso su questa trasformazione, a partire dagli anni Sessanta, l'ingresso delle donne nel mercato del lavoro, che ha comportato una loro più chiara partecipazione alla definizione del budget familiare (spesso con un salario anche superiore a quello del marito) e una loro progressiva sempre maggiore consapevolezza di ruolo e diritti. Questo processo si è innestato sul movimento di emancipazione della donna, con il conseguente accantonamento dell'espressione "capofamiglia" e la sua sostituzione con quella dell'"autorità parentale". Ma la centralità della donna nella famiglia ha anche a che fare con quella "servitù volontaria"[18] che porta le donne a conciliare la vita coniugale, familiare e sociale.

Quest'ultimo aspetto comporta un fenomeno di "sovraresponsabilizzazione delle madri" osservato da tutti gli studiosi della famiglia: è il caso della famosa "doppia giornata lavorativa" che colpisce quelle donne che per motivi economici non possono allocare all'esterno alcune delle loro occupazioni (stirare, fare i mestieri di casa) e così al primo lavoro (quello del loro impiego, fuori di casa) aggiungono il secondo (che comincia al loro rientro a casa, dopo la giornata lavorativa). E non è solo un problema di "carico materiale", bensì mentale[19]: infatti sono le mamme, di regola, a preoccuparsi che i compiti siano fatti in tempo, a pianificare le visite dal dentista, a organizzare le feste

[18] P. Ménissier, *Être mère XVIIIe - XXIe siècle*, CNRS, Parigi 2016.

[19] Il tema del Mental Load è stato di recente portato all'attenzione della ricerca e dell'opinione pubblica da una serie di vignette della fumettista francese Emma che «The Guardian» ha poi ripreso (cfr. in internet, https://www.theguardian.com/world/2017/may/26/gender-wars-household-chores-comic). Al tema avrebbe dovuto essere anche dedicato il congresso del *Work Families Researchers Network* a New York (17-20 giugno 2020).

di compleanno, a gestire le attività settimanali dei figli (calcio, pianoforte, corsi di lingua).

Proprio questo protagonismo rispetto ai bisogni e alle attività dei figli rende le madri la figura genitoriale maggiormente coinvolta sia nel *parenting* rispetto ai media digitali (controllo del tempo, dei consumi, delle ricariche) che nell'uso degli stessi strumenti in funzione dell'esercizio della genitorialità: in una sola parola, è quello che Rakow e Navarro[20] già chiamavano *telemothering* e che di recente Matteo Lancini[21] ha definito il fenomeno delle "supermamme digitali", impegnate a tenere sotto controllo tutto, e sostenute in questo proposito proprio da una tecnologia ubiqua e "sganciata" rispetto allo spazio e al tempo come lo smartphone.

Le caratteristiche del *telemothering* sono state spesso indicate dalla ricerca:

– il maggior tempo passato con i figli[22];

– la natura delle relazioni che esse intrattengono con i figli, più strette, più calde, di maggior supporto, più egualitarie e autorevoli di quelle dei padri[23];

– il carattere più esigente e la mediazione più restrittiva rispetto a quella dei padri, viceversa più facilmente coinvolti nelle attività del tempo libero con i figli[24];

[20] L. Rakow, P. Navarro, «Remote Mothering and the Parallel Shift: Women Meet the Cellular Phone» *Critical Studies in Mass Communication*, 10, 2 (1993).

[21] M. Lancini, *Abbiamo bisogno di genitori autorevoli. Aiutare gli adolescenti a diventare adulti*, Mondadori, Milano 2017; M. Lancini, *Il ritiro sociale degli adolescenti. La solitudine di una generazione iperconnessa*, Raffaello Cortina, Milano 2019.

[22] K. Renk, R. Roberts, A. Roddenberry, «Mothers, fathers, gender role, and time parents spend with their children», *Sex Roles*, 48 (2003), pp. 305-315 (doi:10.1023/A:1022934412910).

[23] J.G. Smetana, «Parenting styles and conceptions of parental authority during adolescence», *Child Development*, 66 (1995), pp. 299-316 (doi:10.1111/j.1467-8624.1995.tb00872.x).

[24] B. Laursen, W.A. Collins, «Parent-child relationships during adolescence», in R.M. Lerner, L. Steinberg, (Eds.), *Handbook of adolescent psychology* (Vol. 3), Wiley, Hoboken, NJ 2009.

– le strategie di mediazione materne sono in genere più improntate alla mediazione attiva e risultano decisamente più restrittive di quelle paterne[25].

In una ricerca realizzata nel 2008[26], avevamo condotto 8 focus group su un complesso di 64 adolescenti di età compresa tra i 14 e i 18 anni[27]. Da quella ricerca emergevano alcuni dati interessanti per il nostro tema di questo paragrafo.

In primo luogo, nella maggior parte dei casi, le madri rappresentavano l'esito ultimo della vita domestica della tecnologia: lo smartphone di ultima generazione veniva acquistato di solito dal padre, e questo generava una dismissione del vecchio telefono verso i figli e un'ulteriore dismissione del loro vecchio telefono appunto verso la madre. In secondo luogo, i ragazzi nei focus addebitavano proprio alle madri la causa del fatto che il loro cellulare rimanesse spesso acceso anche in classe durante le lezioni, per potersi mettere in contatto con loro in caso di necessità e per essere informate in tempo reale sull'andamento della giornata scolastica (in particolare sull'esito delle verifiche).

Infine, la ricerca metteva in luce una curiosa complementarietà delle rappresentazioni del cellulare da parte dei figli e dei genitori (soprattutto proprio le madri). Il punto di convergenza di queste rappresentazioni era l'idea che esso fosse un "guinza-

[25] S. Livingstone, K. Ólafsson, E.J. Helsper, F. Lupiáñez-Villanueva, G.A. Veltri, F. Folkvord, «Maximizing opportunities and minimizing risks for children online: The role of digital skills in emerging strategies of parental mediation», *Journal of Communication*, 67 (2017), pp. 182-105 (doi:10.1111/jcom.12277).

[26] D. Brancati, A.M. Ajello, P.C. Rivoltella, (2009), *cit.*

[27] La ricerca in questione *Puoi parlare? Gli adolescenti al tempo del cellulare* è stata condotta con la direzione scientifica mia e di Anna Maria Ajello. Il disegno empirico prevedeva due studi. Il primo era costruito in due parti: una parte quantitativa, condotta su un campione di 812 bambini tra i 7 e i 13 anni; e una parte qualitativa, di 80 interviste in profondità. Il secondo studio era invece basato, come detto, su focus con un target di adolescenti.

glio molto lungo", come ebbe a definirlo in un focus uno dei ragazzi del nostro studio. La "lunghezza" del guinzaglio celava le opposte rappresentazioni di madri e figli, seppur nella loro complementarietà. Era "lungo" per le madri, il guinzaglio, perché nella loro percezione grazie a esso diveniva possibile controllare il figlio e sapere sempre dove si trovasse (anche se questa percezione non corrispondeva a un'esperienza di reale controllo, quanto piuttosto a un vissuto di riduzione dell'ansia[28]); il guinzaglio era "lungo" anche per i figli, perché grazie a esso potevano muoversi con maggior libertà proprio in virtù della reperibilità da esso garantita.

Strumento di supporto alla gestione della funzione genitoriale e terreno di negoziazione affettiva, per le madri oggi il digitale sembra essere una sorta di protesi della loro competenza genitoriale, proprio come abbiamo visto accadere per i genitori separati. Occorrerà tornare su questa lettura nel paragrafo conclusivo di questo contributo.

4. I media digitali, tra famiglia e lavoro

La promessa dell'utopia californiana[29] di inizio anni Novanta era che grazie a internet ci sarebbe stato possibile lavorare e studiare ovunque e in qualsiasi momento (*everywhere and anytime*)[30]. Questa promessa è anche stata la leva che ha con-

[28] La raggiungibilità in mobilità non consente infatti di sapere dove il figlio si trovi, ma solo che è vivo (!) Più che di uno strumento di controllo si tratta, quindi, di un ansiolitico digitale.

[29] A. Baricco, *The Game*, Einaudi, Torino 2018.

[30] In un lavoro dei primi anni 2000 (P.C. Rivoltella, *Costruttivismo e pragmatica delle comunicazioni on line*, Erickson, Trento 2003) avevo già riflettuto sul rapporto esistente tra la cultura underground californiana e la matrice teorica comune ai pionieri della cultura di internet, come Howard Rheingold o Jaron Lanier. Parlavo in quel libro di neoplatonismo di ritorno, o di neosciamanesimo, a indicare come per quegli intellettuali internet rappresentasse un'opportunità per sopprimere i vincoli del corpo

sentito all'eLearning di affermarsi nel nostro Paese proprio in relazione alla sua capacità di emancipare l'erogazione e la ricezione di formazione da vincoli spazio-temporali. La formazione aziendale, come l'aggiornamento professionale, che prima dell'avvento delle tecnologie di rete richiedevano spostamenti, residenzialità e tempi diversi da quelli lavorativi, ora grazie a queste tecnologie sembravano diventare compatibili con gli spazi e i tempi lavorativi. Di fatto avremmo capito più tardi che non si trattava di una compatibilità senza costi: quel che le tecnologie consentivano era il prolungamento e la flessibilizzazione dei luoghi e dei tempi della comunicazione, con il risultato di estendere la durata della giornata (sempre più presto al mattino, sempre più tardi la sera) e della settimana lavorativa (anche il week-end, anche le feste). Tutto questo non era e non è privo di impatti sulla famiglia.

Kossek[31] individua cinque tendenze nell'organizzazione dell'attività produttiva di oggi, che stanno incidendo sulle relazioni tra famiglia e lavoro:

– La prima di queste tendenze è la porosità sempre maggiore del confine tra tempi e spazi lavorativi e familiari, dovuta proprio alla diffusione dei dispositivi mobili. Lo smartphone e la connessione h24 producono una confusione sempre più marcata di sfera pubblica e sfera privata, ibridando il dentro e il fuori della casa.

aprendo all'essere umano la possibilità di vivere una vita aumentata dal punto di vista percettivo, non più limitato dall'abituale orizzonte dello spazio e del tempo. In sostanza si trattava della stessa utopia che apparteneva alla Beat Generation e alla cultura Hippie e che si esprimeva nella musica psichedelica e nell'uso degli acidi per "aprire le porte della percezione", come suggerivano il riferimento a Blake e il nome programmatico del gruppo di Jim Morrison, i *Doors*, tra i protagonisti della scena musicale e culturale di quegli anni.

[31] E.E. Kossek, «Managing work-life boundaries in the digital age», *Organizational Dynamics*, 45 (2016), pp. 258-270.

– La possibilità di personalizzare per contratto il proprio orario di lavoro, rendendolo flessibile – seconda tendenza – è sempre da ricondurre alla disponibilità dei media digitali e, di conseguenza, alla possibilità di operare in modalità di telelavoro.

– A questa tendenza occorre aggiungere la sempre maggiore necessità, da parte soprattutto di alcune categorie di lavoratori che lavorano in autonomia, di un controllo psicologico sul tempo lavorativo. Si tratta di lavoratori privi di un orario reale di lavoro e i cui tempi lavorativi non sono ritmati dall'azienda: la tentazione di lavorare senza soluzione di continuità, per queste categorie professionali, è particolarmente marcata.

– Ancora, la vita lavorativa e quella familiare, sempre in relazione all'uso di mail e smartphone, finiscono per avere un carattere frammentario. Il rischio è di sentirsi sempre interrotti: dagli affetti quando si lavora, dal lavoro quando si è in famiglia.

– Infine, va registrata la necessità di inclusione in relazione alle varie forme di diversità che il lavoratore può avere difficoltà a gestire: si pensi all'identità di genere, o alla lontananza geografica dalla famiglia.

In buona sostanza, da una parte le modificazioni sociali del lavoro, dall'altra la disponibilità crescente dei media digitali, sembrano rendere complicata la separazione dei tempi e dei luoghi dedicati al lavoro e alla famiglia.

Proprio sul peso che l'uso dello smartphone off-job correlato al lavoro possa avere sulle dinamiche familiari, si interrogano in uno studio Derks et alii[32]: in particolare i ricercatori riflettono sugli effetti dello smartphone in relazione alla gestione dei con-

[32] D. Derks, A.B. Bakker, P. Peters, P. Van Wingerden, (2016), *Work-related smartphone use, work-family conflict and family role performance: The role of segmentation preference*, in internet: https://doi.org/10.1177/0018726715601890.

flitti familiari, alla porosità dei confini tra ciò che è lavoro e ciò che deve rimanere vita familiare, alla capacità del genitore-lavoratore di rispondere alle richieste della famiglia e del lavoro.

I risultati dello studio (che ha analizzato quattro giornate-tipo di 71 lavoratori ricavandone tra 265 e 280 *data points* per l'analisi) sono interessanti e in un certo senso controintuitivi. Esso individua due profili di uso possibili. Quello dei *segmentatori* è il profilo di chi fa un basso ricorso allo smartphone off-job separando ambito lavorativo e ambito familiare: rientrano in questa categoria i genitori che tengono spento lo smartphone in famiglia oltre l'orario di lavoro, che non garantiscono la loro reperibilità oltre misura, che sono altrettanto radicali nel non permettere alla comunicazione familiare di interferire con il lavoro mentre sono on-job. L'altro profilo, quello degli *integratori*, è invece composto da soggetti che ibridano i contesti e che quindi in famiglia ricorrono con frequenza allo smartphone correlato al lavoro.

La ricerca indica – appunto in modo controintuitivo – che nel caso degli integratori, il forte uso dello smartphone correla con una migliore performance di ruolo familiare e con una diminuzione del conflitto famiglia-lavoro. Nel caso dei segmentatori, invece, non si rileva alcuna correlazione. In buona sostanza, mentre ci si aspetterebbe una migliore capacità di conciliazione da parte dei separatori, ci si accorge invece che la loro performance è peggiore di quella degli integratori, rispetto ai quali invece ci si aspetterebbe che, essendo connessi anche in famiglia, risultino maggiormente distratti dal lavoro nell'esercizio del loro ruolo genitoriale.

Agli *integratori* e ai *segmentatori* – categorie sovrapponibili a quelle introdotte da Derks et alii[33] – Kossek[34] aggiunge quel-

[33] D. Derks, A.B. Bakker, P. Peters, P. Van Wingerden, (2016), *cit.*
[34] E.E. Kossek, (2016), *cit.*

la dei *ciclici*. Si tratta di quei lavoratori che, magari anche in virtù di un lavoro che li tiene lontani da casa per determinati periodi, si dedicano completamente al lavoro e alla famiglia a periodi alterni. A differenza del separatore, che fa *switch* da famiglia a lavoro e viceversa a inizio e fine giornata e nel weekend, il ciclico vive completamente immerso nel lavoro una parte della settimana, per poi vivere completamente dedito alla famiglia nella parte rimanente.

Quel che Kossek osserva di questi tre stili di gestione della conciliazione è che, a differenza che in un recente passato, non rappresentano un'opzione esclusiva. Vi sono molti lavoratori che sono portatori di uno *stile duale*: ad esempio, a tratti integrano, a tratti separano. Inoltre molti lavoratori che dichiarano di essere degli integratori poi riconoscono contestualmente di non avere le capacità psicologiche per gestire effettivamente quello stile. Se a questo si aggiunge che non esiste una corrispondenza biunivoca tra stile e qualità della conciliazione, si capisce come il risultato del contributo di Kossek sia di consegnarci una situazione estremamente complessa, non generalizzabile e quindi di sicuro da non leggere secondo una polarizzazione netta come quella cui abbiamo fatto cenno poco sopra.

Proprio questa complessità e l'impossibilità di correlazioni lineari pare poter essere il dato più interessante che la ricerca suggerisce. Parrebbe logico, infatti, poter ritenere che i *separatori* (o i *ciclici* durante i loro periodi di assenza) rischino di essere meno efficaci e finiscano per perdere il controllo sui consumi dei figli, pur illudendosi che lo smartphone in remoto ne consenta un surrogato. Allo stesso modo sembrerebbe che più efficaci siano gli *integratori*, perché in ogni caso più presenti in casa. Ma si capisce bene che può valere anche il contrario: anche se il genitore fosse a casa, è il figlio che potrebbe passare fuori buona parte della giornata e, di fatto, la presenza del genitore in casa, trascorsa pensando al lavoro, grazie agli strumenti tecnologici, non sarebbe comunque sintomo di efficacia nel presidio educativo.

5. La mediazione familiare dei media digitali: uno scenario evolutivo

Le tre variabili che abbiamo considerato in questo contributo come rappresentative delle trasformazioni in atto nella famiglia e nel *parenting* consentono di immaginare dei possibili scenari di sviluppo nei prossimi anni, rispetto al tema di cui ci siamo occupati, ovvero la relazione educativa intrafamiliare in tema di media digitali.

5.1. Uno scenario possibile

La situazione che pare profilarsi è quella di famiglie:

– sempre meno tradizionali, segnate da separazioni e ricomposizioni, caratterizzate da monoparentalità, rapporti allargati, dislocazione spaziale di genitori e figli del nucleo originario;
– sempre più caratterizzate dal protagonismo femminile sia dal punto di vista del mantenimento del legame che della gestione dei figli;
– sempre più condizionate dall'invasività (e pervasività) delle pratiche lavorative dei coniugi rispetto agli spazi e a i tempi della famiglia.

Questi tre fattori – che suggeriscono altrettante possibili linee di tendenza – possono poi essere visti nella loro correlazione contribuendo a rendere più complessa la situazione e a rafforzare l'ipotesi evolutiva di cui sopra. In tal senso, viene facile pensare che il problema della conciliazione famiglia-lavoro, nel caso di famiglie scomposte e ricomposte, renda ancora più complicata la comunicazione tra ex-coniugi e figli, perché aggiunge alla sottrazione di tempo dovuta allo stato di separazione, un'ulteriore sottrazione di tempo imposta da esigenze lavorative sempre più *demanding* e pressanti proprio nella prospettiva dell'economia temporale[35]. E in questa situazione la condizione di madri separate, con la responsabilità dei figli nella nuova famiglia monoparentale, e inevitabilmente costrette a non risparmiarsi sul piano lavorativo per esigenze di economia familiare, potrebbe essere di ancora più netta sovraresponsabilizzazione.

Come potrebbe configurarsi il *parenting* in questo tipo di contesto e alla luce di questo tipo di trend evolutivo?

5.2. Stili di mediazione

Prima di provare a fare un'ipotesi dobbiamo dotarci di un ultimo fattore, ovvero una categorizzazione praticabile degli stili di mediazione genitoriale dei media digitali. La si può costruire integrando i contributi di due studi recenti.

Il primo è uno studio di meta-analisi[36] condotto su un corpus di 296 contributi scientifici che si sono occupati di *parental mediation* e che sono stati pubblicati tra il 1987 e il gennaio del 2017. In esso vengono individuate tre principali strategie cui il genitore ricorre per gestire la relazione del figlio con i dispositivi digitali:

[35] B.C. Han, *Il profumo del tempo. L'arte di indugiare sulle cose*, Vita e Pensiero, Milano 2017; H. Rosa, W.E. Scheuerman, *High-Speed Society. Social Acceleration, Power and Modernity*, University Press, State College, Pennsylvania University Press 2009.

[36] L. Chen, J. Shi, «Reducing Harm From Media: A Meta-Analysis of Parental Mediation», in *Journalism & Mass Communication Quarterly*, 96 (1), (2019), pp. 173-193.

1) la *mediazione attiva*. Fa riferimento a un genitore attento, presente, che discute con i figli le questioni che sono legate al consumo mediale. Si tratta di uno stile di presenza genitoriale che richiama una delle "tre A" di cui parla Tisseron[37]: la A di accompagnamento. Differente dalla compresenza fisica, l'accompagnamento fa riferimento alla presenza di un adulto capace di rispecchiamento nei confronti del figlio, impegnato in attività di glossa[38], abile nel sollecitare la sua discorsivizzazione dell'agito e la riorganizzazione narrativa dei suoi vissuti;

2) la *mediazione restrittiva*. È propria di un genitore che detta regole e prova a esercitare il controllo sui consumi dei figli. Questo tipo di mediazione passa attraverso la disponibilità all'adozione di sistemi di *parental control*, la vigilanza sul dispositivo del figlio (amministrazione delle restrizioni in carico al genitore, accesso concordato al tracciamento delle attività), la scelta di evitare o di procrastinare il più possibile l'acquisto e l'uso del dispositivo. Evidenzia soprattutto gli effetti negativi del consumo mediale;

3) l'*uso condiviso*. È l'ultimo profilo, quello di "genitori amici" che tendono a orizzontalizzare il rapporto con i figli, fanno cose insieme a loro (videogiocano, surfano), ma senza commentare o ricondurre le pratiche che stanno condividendo alla questione educativa.

Il secondo studio[39], evidenzia invece altri tre stili insistendo, più che sulla modalità della relazione (come fanno Chen &

[37] S. Tisseron, *3-6-9-12. Diventare grandi all'epoca degli schermi digitali*, ELS - La Scuola, Brescia 2016. Le tre A sono: accompagnamento, alternanza, autoregolazione.

[38] Sono attività di glossa tutti quegli interventi dell'adulto educatore improntati a lateralità e carattere indiretto. L'adulto glossatore non pontifica, non sale in cattedra; commenta, annota con il registro dell'ironia, dissimula ignoranza, chiama fuori il bambino, lo fa parlare, usa la battuta.

[39] P.M. Valkenburg, J.T. Piotrowski, J. Hermanns, R. De Leeuw, «Developing and validating the perceived parental media mediation scale: A self-determination perspective», *Human Communication Research*, 39 (2013), pp. 445-469.

Shi[40]), sul tipo di atteggiamento che la mediazione parentale intende (o di fatto finisce per) sviluppare nei figli. Si possono così riconoscere:

1) uno stile di *supporto all'autonomia*. Consiste nella giustificazione delle scelte che il genitore assume nel *parenting* e nella loro discussione con il figlio. L'obiettivo non è la prevenzione passiva rispetto ai possibili rischi della rete, ma al contrario l'abilitazione di un'altra delle "tre A" di Tisseron[41]: la A di autoregolazione;

2) uno stile di *controllo*. Consiste in una posizione sostanzialmente inoculatoria[42], ovvero convinta che il lavoro di mediazione parentale consista nel tenere al riparo il figlio dai rischi della rete. Si tratta di uno stile che muove dal presupposto degli effetti forti dei media e della sostanziale incapacità del minore di difendersi da essi;

3) uno stile *inconsistente*. Questa terza posizione non mira né al controllo né allo sviluppo dell'autonomia. In fondo è costruita sull'equivoco che la complicità con il figlio e la condivisione con lui delle sue pratiche e delle sue passioni rappresentino per ciò stesso un valore dal punto di vista educativo.

5.3. Verso una mappa integrata

L'ipotesi che pare interessante percorrere è di integrare le due tipologie di mediazione[43] che abbiamo appena presentato, imma-

[40] L. Chen, J. Shi, *cit.*

[41] S. Tisseron, *cit.*

[42] P.C. Rivoltella, *Media Education. Idee, metodo, ricerca*, ELS - La Scuola, Brescia 2017.

[43] A. Meeus, I. Beyens, F. Geusens, A.K. Sodermans, K. Beullens, «Managing Positive and Negative Media Effects Among Adolescents: Parental Mediation Matters-But not Always», *Journal of Family Communication*, 18, 4 (2018), pp. 270-285.

ginando che per ciascuna delle strategie di mediazione suggerite da Chen & Shi[44], si possano declinare i tre stili di mediazione proposti da Valkenburg et alii[45], come si può vedere nella *Figura 2*.

Figura 2 – Strategie e stili della mediazione familiare dei media digitali

Stili di mediazione / **Strategie di mediazione**	Supporto all'autonomia	Controllo	Inconsistente
Mediazione attiva			
Mediazione restrittiva			
Uso condiviso			

Il risultato interessante è ancora una volta il superamento di schemi di comprensione semplici e lineari del fenomeno. Ciò diventa chiaro se si pensa a come, normalmente, si presume che la mediazione attiva sia di sicuro quella più efficace dal punto di vista educativo, mentre molte più riserve solleva, proprio dal punto di vista educativo, la mediazione restrittiva. Alla luce del nostro schema, le cose assumono una luce leggermente diversa. Vediamo in che senso.

Se la mediazione attiva viene svolta secondo uno stile di controllo, certamente genitori e figli discutono e si confrontano, ma le ragioni dei figli non sono effettivamente ascoltate e prese in carico. Falsamente democratico, il genitore che agisce una *mediazione attiva di controllo* non fa *empowerment* nei confronti dei figli, e non si sforza di comprendere veramente il loro punto di vista.

[44] L. Chen, J. Shi, *cit.*
[45] P.M. Valkenburg, J.T. Piotrowski, J. Hermanns, R. De Leeuw, *cit.*

Viceversa, se la mediazione restrittiva è agita secondo uno stile di supporto all'autonomia, il genitore detta delle regole al figlio per l'uso dei media digitali, ma si sforza di spiegargli quali siano le ragioni che stanno alla base di questa scelta. In questo modo, se l'imposizione della regola può essere recepita come il tentativo di un controllo esterno e generare atteggiamenti reattivi, il fatto che sia spiegata e motivata favorisce l'allentarsi della disposizione reattiva e facilita l'internalizzazione della regola.

Il risultato interessante è che se uno stile restrittivo è agito in una prospettiva di sviluppo dell'autonomia del ragazzo (ad esempio, spiegando le ragioni che portano il genitore a imporre determinare regole d'uso) può ottenere risultati migliori nel produrre comportamenti prosociali rispetto a uno stile di mediazione attiva che però non supporti l'autonomia.

Si potrebbe ripetere il ragionamento per ciascuna delle caselle della tabella proposta in figura.

6. Una conclusione e un punto di partenza

Arriviamo così alla conclusione del nostro percorso interpretativo, che ci piace considerare nella prospettiva di un possibile punto di partenza per ricerche future. La proposta è di immaginare tre ipotesi di lavoro sulle future tendenze del *teleparenting*, incrociando i tre scenari evolutivi descritti nel contributo con il modello messo a punto in *Figura 2*.

Per quanto riguarda lo scenario della famiglia scomposta, si potrebbe immaginare (e sottoporre a verifica empirica attraverso la ricerca) la seguente situazione (cfr. *Figura 3*).

Figura 3 – Ipotesi di relazioni tra stili di mediazione parentale nelle famiglie scomposte

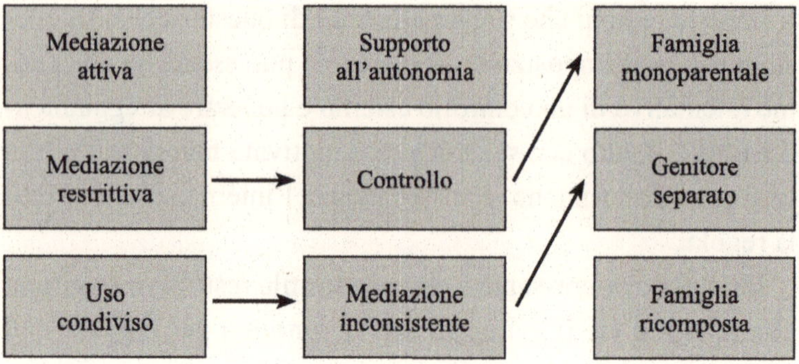

La situazione non prevede per la famiglia ricomposta (ovvero formata dai nuovi partner e dai figli da essi generati all'interno del nuovo rapporto) delle differenze rispetto a quel che normalmente accade nella famiglia tradizionale; questo comporta che tutte e tre le strategie e gli stili di mediazione potrebbero essere agiti nelle loro diverse combinazioni. Questa situazione suggerisce invece due ipotesi per le famiglie monoparentali e il genitore nel suo rapporto con i figli avuti dal precedente rapporto:

Ipotesi 1a = l'uso condiviso, accompagnato da una mediazione inconsistente, è positivamente associato al caso del genitore separato nella sua relazione con i figli. La necessità di rimanere in contatto con i figli potrebbe, in questo genitore, far preferire la complicità rispetto alla mediazione educativa, peraltro difficile da esercitare a causa del tempo limitato da spendere con i figli.

Ipotesi 1b = la mediazione restrittiva, nella modalità del controllo, è positivamente associata al caso del genitore separato che si trovi ad avere in affidamento i figli o che abbia deciso di non avviare un nuovo rapporto. La sovraresponsabilizzazione avvertita, associata con il tempo sottratto ai figli dalla sua assenza da casa per motivi di lavoro, potrebbe suggerire a questo genitore la necessità di sopperire con il controllo e la mediazione restrittiva a una presenza che vorrebbe più intensa.

Il secondo caso (*Figura 4*) è quello del *telemothering*.

Figura 4 – Ipotesi di relazioni tra stili di mediazione parentale nel telemothering

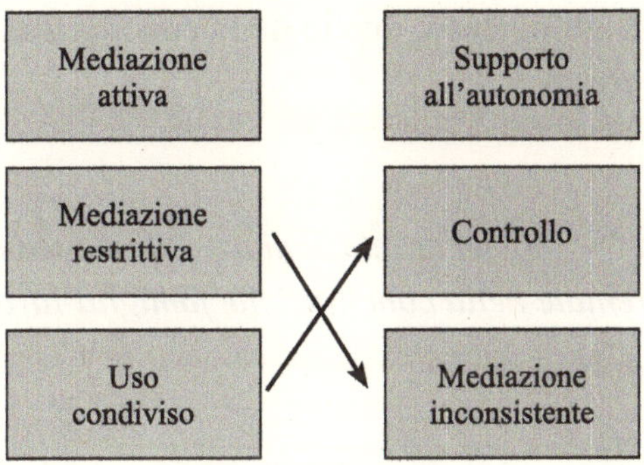

La situazione non prevede uno spazio significativo per la mediazione attiva e il supporto dell'autonomia; sconsigliano di considerarlo sia la scarsa propensione di genere per la tecnologia, sia la percezione di responsabilità che più facilmente si traduce nel controllo che non nella mediazione attiva e di supporto all'autonomia. Questa situazione suggerisce due ipotesi:

Ipotesi 2a = l'uso condiviso è accompagnato da una mediazione di controllo. Il bisogno di rimanere in contatto con i figli, di sapere in tempo reale dove sono e cosa fanno, potrebbe portare la madre a intensificare l'uso del dispositivo nella sua funzione di "guinzaglio elettronico", quindi tenendo in primo piano soprattutto la funzione di controllo.

Ipotesi 2b = la mediazione restrittiva è anche inconsistente nel supporto all'autonomia dei figli. La sovraresponsabilizzazione avvertita dalla madre potrebbe suggerire la necessità di rispondere con la mediazione restrittiva alla percezione del rischio legato all'uso del dispositivo (troppo tempo davanti allo schermo, esposizione nello spazio pubblico, possibilità di subire raggiri o comportamenti dannosi e violenti) togliendo spazio alla mediazione educativa vera e propria, che risulterebbe in questo caso inconsistente.

Siamo all'ultimo caso, quello della conciliazione famiglia-lavoro (*Figura 5*).

Figura 5 – Ipotesi di relazioni tra stili di mediazione parentale nella conciliazione famiglia-lavoro

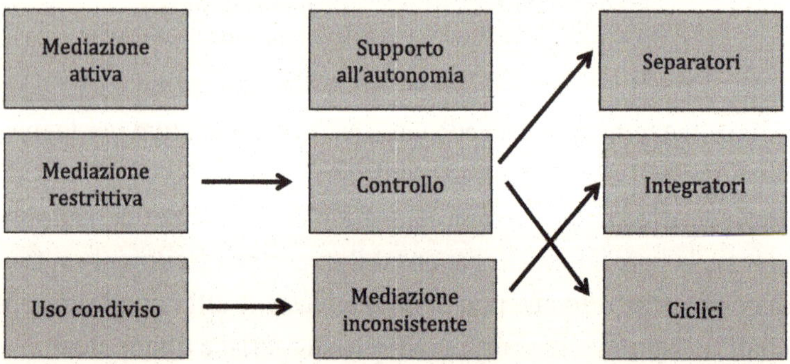

Anche in questo caso la mediazione attiva e di supporto all'autonomia non sembra associabile con casi particolari: essa rimane una possibilità che potrebbe verificarsi in uno qualsiasi dei tre stili di conciliazione suggeriti da Kossek[46]. Più interessanti, invece, paiono le altre forme di mediazione, come suggeriscono le due ipotesi che proviamo a proporre:

Ipotesi 3a = la mediazione restrittiva è accompagnata da uno stile di controllo sia nel caso di genitori separatori che di genitori ciclici. L'opzione che questo tipo di genitore ha fatto è per la netta separazione tra tempo lavorativo e tempo familiare (sia nell'arco della giornata, che sul tempo della settimana); questo potrebbe portarlo a voler condividere in pienezza con i figli il tempo familiare e a limitare, di conseguenza, l'uso dei dispositivi, sia quando si trova a casa che quando è assente per motivi di lavoro.

Ipotesi 3b = l'uso condiviso è accompagnato da uno stile di mediazione inconsistente nel caso dei genitori integratori. La scelta di rendere porosi i confini tra famiglia e ufficio, telelavorando o comunque rimanendo raggiungibili oltre l'orario di lavoro, anche nel week-end, potrebbe abbassare la soglia dell'allerta riguardo a eventuali rischi legati al consumo, facendo optare questi genitori per una "convivialità digitale" sicuramente in grado di avvicinarli ai figli ma senza creare le condizioni perché da essa si generi mediazione attiva o supporto allo sviluppo di autonomia.

In sintesi, ragionando su tutte e tre gli scenari, le ipotesi che abbiamo individuato parrebbero indicare per il futuro una minor presenza della mediazione attiva e del supporto allo sviluppo di autonomia, favorendo invece l'uso condiviso e la mediazione restrittiva. In generale, dunque, meno presidio educativo, più controllo e più complicità.

[46] E.E. Kossek, *cit.*

RIFERIMENTI BIBLIOGRAFICI

Aroldi, P., *La meridiana elettronica. Tempo sociale e tempo televisivo*, FrancoAngeli, Milano 1999.

Baricco, A., *The Game*, Einaudi, Torino 2018.

Brancati, D., Ajello, A.M., Rivoltella, P.C., *Guinzaglio elettronico. Il telefono cellulare tra genitori e figli*, Donzelli, Roma 2009.

Brandon T., McDaniel A., Adam M., Galovan A.M., Jaclyn D., Cravensc M.D., «“Technoference” and implications for mothers’ and fathers’ couple and coparenting relationship quality», *Computers in Human Behaviour*, 80(2018), pp. 303-313.

Carminati, G., Cigoli, V., *L’ospite e l’invasore. Governo familiare e televisione*, Rai Libri, Roma 1996.

Casetti, F., *L’ospite fisso. Televisione e mass media nelle famiglie*, San Paolo, Cinisello Balsamo (MI) 1995.

Casetti, F., Villa, F., *La storia comune. Funzioni, forma e generi della fiction televisiva*, Rai Libri, Roma 1992.

Chen, L., Shi, J., «Reducing Harm From Media: A Meta-Analysis of Parental Mediation», in *Journalism & Mass Communication Quarterly*, 96 (1), (2019), pp. 173-193.

Derks, D., Bakker, A.B., Peters, P., Van Wingerden, «Work-related smartphone use, work-family conflict and family role performance: The role of segmentation preference», (2016), in internet: https://doi.org/10.1177/0018726715601890.

Dworkin, J., Walker, S., Rudi, J., & Doty, J., «Parents' use of new media for communication: A consideration of demographic differences» in C.J. Bruess (Ed.), *Family communication in the age of digital and social media*, Peter Lang, New York 2015, pp. 408-425.

Dworkin, J., McCann, E. and McGuire, J., «Coparenting in the Digital Era: Exploring Divorced Parents' Use of Technology», Divorce, Separation, and Remarriage: The Transformation of Family, *Contemporary Perspectives in Family Research*, 10(2016), Emerald Group Publishing Limited, pp. 279-298.

Froidevaux-Metterie, C., *La Révolution du féminin*, Gallimard, Paris 2005.

Gauchet, M., «L'enfant du désir», *Le Debat*, 132(2004/5).

Han, B.C., *Il profumo del tempo. L'arte di indugiare sulle cose*, Vita e Pensiero, Milano 2017.

Kossek, E.E., «Managing work-life boundaries in the digital age», *Organizational Dynamics*, 45(2016), pp. 258-270.

Kubey, R., «Television and the quality of family life», *Communication Quarterly*, 4(2009), pp. 321-324. In internet: https://doi.org/10.1080/01463379009369769.

Lancini, M., *Abbiamo bisogno di genitori autorevoli. Aiutare gli adolescenti a diventare adulti*, Mondadori, Milano 2017.

—, *Il ritiro sociale degli adolescenti. La solitudine di una generazione iperconnessa*, Raffaello Cortina, Milano 2019.

Laursen, B., Collins, W. A., «Parent-child relationships during adolescence», in Lerner, R.M., Steinberg, L. (Eds.), *Handbook of adolescent psychology* (Vol. 3), Wiley, Hoboken, NJ 2009.

Livingstone, S., Ólafsson, K., Helsper, E.J., Lupiáñez-Villanueva, F., Veltri, G.A., Folkvord, F., «Maximizing opportunities and minimizing risks for children online: The role of digital skills in emerging strategies of parental mediation», *Journal*

of Communication, 67(2017), pp. 182-105, (doi:10.1111/jcom.12277).
Lübbe, H., «The Contraction of the Present» in Rosa, H., Scheuerman, W.E., *High-Speed Society. Social Acceleration, Power and Modernity*, Pennsylvania University Press, USA 2009, pp. 159-178.
Maccoby, E.E., Depner, C.E., Mnookin, R.H., «Coparenting in the second year after divorce», *Journal of Marriage and the Family*, 52(1990), pp. 141-155.
Markwick, K., Bickerdike A., Wilson-Evered E., Zeleznikow J., «Technology and Family Violence in the Context of Post-Separated Parenting», *Australian and New Zealand Journal of Family Therapy*, 40(2019), pp.143-162.
Ménissier, P., *Être mère XVIII*[e] *- XXI*[e] *siècle*, CNRS, Paris 2016.
Meeus, A., Beyens, I., Geusens, F., Sodermans, A.K., Beullens, K., «Managing Positive and Negative Media Effects Among Adolescents: Parental Mediation Matters - But not Always», *Journal of Family Communication*, 18, 4(2018), pp. 270-285.
Morley, D., *Family Television: Cultural Power and Domestic Leisure*, Routledge, London 1986.
Nie, K.S., Kee, C.P., Ahmad, A.L., «Mediatization: A Grand Concept or Contemporary Approach?», *Procedia – Social and Behavioral Sciences*, Vol. 155(2014), pp. 362-367. In internet: https://doi.org/10.1016/j.sbspro.2014.10.306.
Rakow, L., Navarro, P., «Remote Mothering and the Parallel Shift: Women Meet the Cellular Phone», *Critical Studies in Mass Communication*, 10, 2(1993).
Renk, K., Roberts, R., Roddenberry, A., «Mothers, fathers, gender role, and time parents spend with their children», *Sex Roles*, 48(2003), pp. 305-315 (doi:10.1023/A:1022934412910).
Rivoltella, P.C., *Tempi della lettura. Media, pensiero, accelerazione*, Scholé, Brescia 2020.

—, *Media Education. Idea, metodo, ricerca*, ELS – La Scuola, Brescia 2017.
—, *Costruttivismo e pragmatica della comunicazione on line*, Erickson, Trento 2003.
Rosa, H., *Accelerazione e alienazione*, Einaudi, Torino 2015.
Rosa, H., Scheuerman, W.E., *High-Speed Society. Social Acceleration, Power and Modernity*, Pennsylvania University Press, USA 2009.
Segalen, M., Martial, A., *Sociologie de la famille*, Armand Colin, Paris 2013.
Silverstone, R., *Television and Everyday Life*, Routledge, London 1994.
Smetana, J.G., «Parenting styles and conceptions of parental authority during adolescence», *Child Development*, 66(1995), pp. 299-316 (doi:10.1111/j.1467-8624.1995.tb00872.x).
Tisseron, S., *3-6-9-12. Diventare grandi all'epoca degli schermi digitali*, ELS – La Scuola, Brescia 2016.
Valkenburg, P.M., Piotrowski, J.T., Hermanns, J., De Leeuw, R., «Developing and validating the perceived parental media mediation scale: A self-determination perspective», *Human Communication Research*, 39(2013), pp. 445-469.

Capitolo 6

LA FAMIGLIA TECNOLIQUIDA: DECOSTRUZIONE DEI LEGAMI E METAMORFOSI DELL'AMORE

*Tonino Cantelmi**

1. Dal 1968 alla rivoluzione digitale, ovvero dall'amore libero a Tinder: la rivoluzione digitale[1]

Cinquant'anni fa e poco più fu il '68. Una rivoluzione, per alcuni mancata, per altri fallita e per altri ancora da dimenticare. Certamente rivoluzionò i costumi sociali. E quelli sessuali in modo particolare. Per la prima volta nella storia, sono i giovani a diventare protagonisti. Tutto iniziò nel 1964: i rampolli della *upper class* americana dell'Università di Berkeley, guidati

* **Tonino Cantelmi**, psichiatra e psicoterapeuta, docente di Psicopatologia presso l'Università Gregoriana di Roma e di Cyberpsicologia presso la Università Europea di Roma. Dirige il servizio di psichiatria presso gli istituti Regina Elena e San Gallicano di Roma. Recentemente ha pubblicato i volumi *Amore Tecnoliquido* (FrancoAngeli 2020) e *Amori immaturi* (Libreria Editrice Vaticana 2020).

[1] Il testo qui presentato sviluppa alcune delle mie considerazioni esposte in diversi contributi scientifici e divulgativi prodotti negli ultimi anni, in particolare riprende le riflessioni contenute in: T. Cantelmi, *Tecnoliquidità*, relazione tenuta presso l'USMI (Unione delle Superiore Maggiori d'Italia) al Convegno: "Quanto un granello di senape" (Lc 17, 6). *Chiesa domestica e vita consacrata: luoghi e modalità per educare alla fede*, Roma, 5-6 dicembre 2012, http://www.usminazionale.it/convegni/2012/cantelmi.pdf; T. Cantelmi, «La postmodernità tecnoliquida. Rivoluzione digitale e mutazione antropologica», in F. Pagnotta (a cura di), *L'Età di Internet. Umanità, cultura, educazione*, Milano-Firenze 2013, pp. 198-212; T. Cantelmi, *Tecnoliquidità. La psicologia ai tempi di Internet: la mente tecnoliquida*, San Paolo, Cinisello Balsamo (MI) 2013 e in particolare T. Cantelmi, «La relazione tecnoliquida: l'amore e l'amicizia ai tempi di internet», in F. Pagnotta (a cura di), *Linguaggi in rete conoscere, comprendere, comunicare nella web society*, Mondadori Education, Milano 2015; T. Cantelmi, «L'era tecnoliquida», *Psicologia Contemporanea*, gennaio 2020; T. Cantelmi, *Amore tecnoliquido*, FrancoAngeli, Milano 2020.

dallo studente cattolico italo-americano Mario Savio, danno vita a una protesta che, come un'onda travolgente, quattro anni dopo raggiungerà il suo acme nel maggio parigino. Occupazioni, assemblee, cortei e proteste si salderanno negli USA con un vasto movimento pacifista anti guerra in Vietnam.

In Italia, dall'autunno del '67 al febbraio del '68 tutte le Università italiane furono occupate: prima Trento, poi la Cattolica di Milano e via via le altre. Nella manifestazione giovanile di Valle Giulia a Roma ci furono centinaia di feriti fra poliziotti e studenti: Pasolini si schierò con i poliziotti, figli di poveri, rispetto agli studenti, figli di papà. La protesta dei giovani era contro ogni forma di autorità e struttura: famiglia, scuola, università, politica, religione. Il processo del '68 fu innanzitutto decostruzione.

E oggi? Oggi i giovani sono di nuovo protagonisti: l'umanità vive nei *social* e nelle *app*, quasi tutti "inventati" da ragazzini. Sono i giovani a guidare una nuova rivoluzione: la rivoluzione digitale. E come nel '68, assistiamo al processo di decostruzione: questa volta della relazione, dell'identità e della verità. Ma una colossale differenza segna le due rivoluzioni giovanili. Nel '68 i giovani contestavano gli adulti e sognavano un mondo migliore, proclamavano utopie e cercavano nuovi significati. Forse andò male, secondo molti. Oggi i giovani sono indifferenti verso gli adulti, non protestano e non propongono utopie: vivono un presente tecnologico dilatato, velocissimo e frammentato, sono disinteressati al passato e sostanzialmente non credono al futuro. La rivoluzione dei costumi sessuali avviata nel '68 oggi raggiunge l'estremo: nulla è così complicato come costruire una relazione autentica, salda e progettuale. Il dominio dell'emotivismo e del principio del piacere è netto. "La fantasia al potere", scandivano gli slogan giovanili del '68. Oggi i processi di decostruzione del razionale sono tali che potremmo dire "*fake news* al potere"!

Il '68 fu indubbiamente una rivoluzione alla quale sono attribuibili le origini di molti problemi delle società attuali, ma non si può negarne il desiderio di giustizia, di miglioramento sociale e di recupero della centralità della persona e dell'umano. Oggi invece dobbiamo chiederci, alla luce della rivoluzione tecnodigitale, cosa rende umano l'umano, giacché l'intelligenza artificiale promette non solo di lavorare (meglio) degli umani, di pensare (meglio) degli umani ma, stando alle ultime novità, anche di amare (meglio) degli umani!

Se pensiamo alla sessualità in modo particolare, senz'altro il '68 segnò il prevalere della pulsione su ogni forma di costruzione razionale, proclamando l'abbattimento non solo della famiglia, ma anche della coppia: si affermò l'amore libero nelle (poche) comuni che ebbero vita (breve) negli anni Settanta. Cosa rimane oggi? Happen, Tinder, Badoo, tanto per citare alcune delle app di incontri più famose, sono forse figlie dell'amore libero del 1968? In realtà dobbiamo fare i conti con un'altra rivoluzione, le cui radici sono contemporanee a quegli anni, in cui nascevano le prime reti digitali – negli anni Settanta le prime mail, negli anni Ottanta il web, negli anni Novanta le *chat* e all'alba del nuovo secolo i social. Ma in cosa consiste la rivoluzione digitale? E come modifica le relazioni, l'amore, l'amicizia, i legami e in definitiva la famiglia? Per capire, consentitemi di presentare lo scenario della rivoluzione digitale, già in atto ma non ancora conclusa.

La società digitale è "incessante", è sempre attiva, sempre più incapace di "staccare la spina" (ITSO, *Inability To Switch Off*, così si chiama la sindrome che affligge i *workaholic* del terzo millennio), sempre lì a digitare, a twittare, a condividere, senza fare differenze tra giorno e notte, tra feriale e festivo, tra casa e ufficio, come se fosse avviata verso una colossale dipendenza dalla "connessione". Vent'anni fa presentai in un congresso di psichiatria a Roma i primi quattro casi italiani di dipendenza da internet. Un caos di interviste, trasmissioni e commenti. Qualcuno mi accusò di essere io stesso un "retomane". Quelle balbettanti osservazioni, arricchite da successivi contributi di molti ricercatori italiani, diedero vita a un vasto percorso di ricerca, che ha avuto come obiettivo l'esplorazione della mente umana proprio mentre iniziava una fatale e ancora imprevedibile mutazione antropologica, quella dei "nativi digitali", gli abitanti del mondo tecnoliquido postmoderno.

Il termine "nativi digitali" ebbe molta fortuna, anche se fu ampiamente contestato in ambito accademico. In fondo, fu inventato da un abile comunicatore coinvolto nella produzione di videogiochi. Tuttavia per molti osservatori siamo oggi in una fase di mutazione psicosociale, l'insurrezione digitale, o addirittura di una vera e propria mutazione antropologica, che vede l'emergere in un sistema cervello/mente nuovo: la mente tecnoliquida. La chiave di lettura della insurrezione digitale o della mutazione antropologica in atto consiste nel passaggio dal sistema cervello/mente analogico al sistema cervello/mente digitale, con il prevalere di attivazioni rapide e intense del sistema limbico e del cervello più antico, e il progressivo ridursi di attivazioni lente e riflessive dei sistemi corticali, destinati a soccombere alle richieste del mondo digitale.

Ma cosa caratterizza la mente tecnoliquida? La "società incessante" è caratterizzata dall'abbraccio ineludibile tra *il mondo liquido*, così come annunciato da Zygmunt Bauman, e *la rivoluzione digitale*, così come proposta da Steve Jobs. Ecco perché nell'oscurità del postmoderno parliamo di "tecnoliquidità", quale nuovo paradigma esplicativo dell'espressività fenomenologica della mente tecnoliquida. Sul piano psicosociale, la saldatura tra tecnologia digitale e modernità postliquida ci proietta in una postmodernità capace di portare al massimo compimento tutti i processi di decostruzione già avviati nella stagione degli anni Sessanta del secolo scorso. In modo particolare, le trasformazioni del sistema cervello/mente riguardano l'amplificazione della ricerca di emozioni (*sensation seeking*), il narcisismo pervasivo, la costruzione dell'esperienza nello spazio/velocità, la trasformazione della relazione interpersonale e l'ambiguità identitaria. Questi processi sono esaltati dalla tecnologia, definendo così le caratteristiche dell'uomo postmoderno nell'era digitale e i nuovi scenari della mente tecnoliquida. In altri termini, la rivoluzione digitale e la trasformazione digitale della realtà intercettano, esaltano e plasmano alcune caratteristiche dell'uomo liquido: il narcisismo, la velocità, l'ambiguità, la ricerca di emozioni e il bisogno di infinite relazioni *light*.

La caratteristica fondamentale della socialità tecnoliquida è la tecnomediazione della relazione. Come è stato osservato, leggere le conclusioni del TESS (*Time-Sharing Experiment for the Social Sciences*, un programma che studia e analizza i rapporti sociali) fa sentire davvero soli. Al netto della caterva di amici e di contatti sui social, gli amici veri restano due o tre, nonostante o forse a causa della continua socialità virtuale. Queste osservazioni confermano che la virtualizzazione della relazione e la sua spiccata tecnomediazione eleggono una nuova forma di relazione: la connessione. Tuttavia, questa forma di relazione è pervasa da un incremento della *loneliness*, cioè della percezione di solitudine, specialmente nelle persone più attive sui *social*. La "connessione senza attrito" potrebbe permettere ai *social* di inviare aggiornamenti di stato dell'utente senza il suo permesso: ogni volta che guarderemo un video su *Youtube* o leggeremo notizie su un giornale online o scaricheremo un'immagine, una canzone o altro, il *social* in uso lo comunicherà automaticamente agli altri utenti. I *social network*, abolendo ogni forma di distinzione tra privato e pubblico, hanno già trasformato l'amicizia in condivisione di contenuti digitali.

Ecco, dunque, la nuova forma di relazione: prevalentemente tecnomediata, affidata alla connessione, velocissima, emozionante e ricca di condivisioni online. Su questi scenari stanno irrompendo le nuove forme dell'intelligenza artificiale, capaci non solo di svolgere meglio degli umani un numero pressoché infinito di compiti, ma anche di socializzare, provare e far provare emozioni, di consolare e aiutare gli umani nei loro bisogni esistenziali. Le nuove forme dell'intelligenza artificiale ci interrogano sui nuovi e sempre più confusi confini fra l'umano e il non umano. La mente tecnoliquida è diversa sul piano cognitivo, emotivo-affettivo e sociorelazionale rispetto alla mente analogica pre-insurrezione digitale. In fondo, però, condivido la sensazione che la fine della società di massa e il transito nella tecnoliquidità postmoderna dovranno fare i conti con l'esasperazione della solitudine esistenziale dell'individuo. E forse né Facebook, né Twitter e ogni altra forma di "socializzazione virtuale" e probabilmente neanche le più sofisticate forme di intelligenza artificiale potranno placare l'irriducibile bisogno di "incontro con l'altro" che è proprio dell'uomo e della donna di ogni epoca. Il bisogno di "incontro con l'altro" nell'autenticità è così prepotente e vitale che oltrepasserà il mondo tecnoliquido, segnando il confine umano/non umano.

Vorrei concludere questa necessaria introduzione con una domanda provocatoria: e se fosse la spiritualità e il suo recupero ad accompagnare l'uomo postmoderno verso una nuova ultramodernità dell'umano, come sostiene l'ultimo Bauman, e verso riconquistati percorsi di felicità?[2]

[2] Tutta la bibliografia a supporto dell'introduzione è compresa in T. Cantelmi, «L'era tecnoliquida», *Psicologia Contemporanea*, cit.; T. Cantelmi, *Amore tecnoliquido*, cit.

2. La mutevolezza dell'esserci nell'orizzonte tecnoliquido e la decostruzione dei legami: la connessione come forma di relazione e la metamorfosi della famiglia

Il processo di decostruzione è stato portato davvero all'estremo dalla rivoluzione digitale, perché nella postmodernità tecnoliquida riguarda non più le strutture esterne all'uomo, ma la sua stessa identità. Esserci, "esserci-con", "esserci-per": questa è quella che ho definito la "progressione magnifica", che permette di partire da un Io (l'esserci), per passare ad un Tu (l'"esserci-con") e infine giungere a un Noi (l'"esserci-per"), dimensione ultima e sola che apre alla generatività, alla creatività e all'oblatività. In questa progressione però irrompono le formidabili componenti della società tecnoliquida: il narcisismo e la sua forma virale su base digitale, la tecnomediazione della relazione, l'amicizia *light*, a portata di "click", di Facebook, le relazioni virtuali nelle loro varie declinazioni ambigue, l'ipersessualizzazione dell'infanzia e il mostruoso incremento della cyberpornografia, la "gamizzazione" immersiva (ogni attesa è invasa da giochi digitali e intere generazioni crescono con i *video games*), la ricerca di emozioni forti, la velocità estrema.

Il punto di partenza della "progressione magnifica" dunque sarebbe l'esserci, cioè l'identità. Ma cosa vuol dire "esserci" nella società tecnoliquida? Le osservazioni condotte all'alba del terzo millennio, in piena postmodernità tecnoliquida, ci inducono a ritenere che esserci vuol dire oggi rinunciare a un'identità stabile, per entrare nell'unica dimensione possibile: quella della liquidità, ovvero quella dell'identità mutevole, difforme, dissociata e continuamente ambigua di chi è e al tempo stesso non è.

In fondo, la tecnologia digitale consente all'uomo e alla donna del terzo millennio di essere senza vincoli, di tecnomediare la relazione senza essere in relazione, di connettersi e di costruire legami liquidi, mutevoli, cangianti e in ogni istante fragili, privi di sostanza e di verifica, pronti ad essere interrotti. Cosicché si è passati dall'uomo-senza-qualità di Musil[3] all'uomo-senza-legami di oggi, in una sorta di continua sovrapposizione che viene a definire il nuovo orizzonte del tema identitario. Ed ecco che l'esserci è minato alla sua origine. La crisi dell'identità maschile e femminile, per esempio, ne è l'espressione più evidente. L'identità – cioè l'idea che ognuno di noi ha di sé stesso e il sentirsi che ognuno di noi sente di sé stesso – è dunque in profonda crisi, e il nuovo paradigma è l'ambiguità[4].

La crisi dell'esserci ha una prima conseguenza. Se all'uomo d'oggi è precluso il raggiungimento di un'identità stabile, che si articola e si declina nelle varie dimensioni, come in quella psicoaffettiva e psicosessuale, la conseguenza prima è che l'"esserci-con" (per esempio la coppia) assume nuove e multiformi manifestazioni. L'"esserci-con" non è più il reciproco relazionarsi fra identità complementari (maschio-femmina per esempio), sul quale costruire dimensioni progettuali nelle quali si dispiegano legittime attese esistenziali, ma diviene l'occasionale incontro tra bisogni individuali che vanno reciprocamente a soddisfarsi, per un tempo minimo, al di là di impegni reciproci e di progetti che superino l'istante. L'"esserci-con" è in epoca postmoderna fatalmente legato alla soddisfazione di bisogni individuali che solo occasionalmente e per aspetti parziali corrispondono. In altri termini, oggi l'incontro tra due persone sempre più spesso si basa fondamentalmente sulla soddisfazione narcisistica, individuale e direi solipsistica di un bisogno che incontra un altro bisogno, altrettanto narcisistico, individuale e solipsistico. Questo incontro si dispiega per un tempo

[3] R. Musil, *L'uomo senza qualità*, Einaudi, Milano 2013.

[4] T. Cantelmi, R. Barchiesi, *Amori difficili. La crisi della relazione interpersonale e il trionfo dell'ambiguità*, San Paolo, Cinisello Balsamo (MI) 2007.

limitato alla soddisfazione dei bisogni individuali e l'emergere di nuovi e contrastanti bisogni determina inevitabilmente la rottura del legame e la ricerca di nuovi incontri che sempre più avvengono in Rete[5]. La fragilità dell'"essere-con" dei nostri tempi si evidenzia attraverso l'estrema debolezza dei legami affettivi, che manifestano un'ampia instabilità e una straordinaria conflittualità.

Se l'identità è liquida, anche il legame interpersonale diventa liquido, cangiante, mutevole, individualista e dunque fragile. L'uomo del terzo millennio sembra rinunciare alla possibilità di un futuro e sembra concentrarsi sull'unica opzione possibile, quella del presente occasionale, del momento, dell'istante.

Fatalmente, il trionfo dell'ambiguità identitaria, la rinuncia al ruolo e alla responsabilità che ne consegue, il ridursi dell'"esserci-con" all'istante e al bisogno momentaneo e individuale, mina nelle sue fondamenta l'"esserci-per", cioè la dimensione generativa e oblativa dell'uomo e della donna. Per esempio, se decliniamo tutto ciò nell'ambito psicoaffettivo e psicosessuale, la rinuncia all'esserci (identità sessuale e relativi ruoli) non può non trasmettersi in una inevitabile mutazione critica della dimensione coniugale ("esserci-con"), che a sua volta fa precipitare in una crisi senza speranze la dimensione genitoriale ("esserci-per"). Infatti la transizione al ruolo genitoriale sembra divenire oggi una sorta di utopia: la rinuncia alla genitorialità o il suo semplice rimandarla nel tempo sono un fenomeno sociale tipico dei nostri tempi. Perciò identità liquide fanno coppie liquide, che a loro volta fanno genitori liquidi, dove per liquido possiamo intendere molte cose, ma una in particolar modo: la debolezza del legame.

La "progressione magnifica", di cui parlavo, diviene dunque

[5] T. Cantelmi, V. Carpino, *Tradimento on line. Limite reale e virtuale dell'amore*, FrancoAngeli, Milano 2005.

una progressione "liquida". Ma il punto di partenza è nell'esserci, ovvero nel tema dell'identità.

Nell'epoca di Facebook, l'identità si virtualizza, come anche le emozioni, l'amore e l'amicizia. La virtualizzazione è la forma massima di ambiguità, perché consente il superamento di vincoli e di confronti, aprendo a dimensioni narcisistiche imperiose e prepotenti[6]. Ecco dunque la *metamorfosi della famiglia*. Se i legami sono *light*, connessioni mutevoli e cangianti, svincolati da progettualità e da percorsi di crescita, privi di generatività e prevalentemente sessualizzati, se tutto questo ha il sopravvento, quando parliamo di famiglia, di cosa parliamo? Direi che oggi parliamo soprattutto di monadi individuali: la famiglia coincide con l'individuo, che più o meno occasionalmente incrocia altri individui (anche contemporaneamente più individui), con i quali sciama e disegna realtà instabili e mutevoli proprio come fanno gli sciami di insetti. Generare significa innanzitutto soddisfare il desiderio di figli, sempre in contesti più o meno individuali o paraindividuali, ed è staccato e nettamente separato da ogni aspetto di oblatività.

Eppure qualcosa non funziona. Lo avvertiamo dall'incremento del disagio psichico, dal sempre più pressante senso di smarrimento dell'uomo tecnoliquido, dalla ricerca affannosa di vie brevi e immediate per la felicità, dall'aumento del consumo di alcol e di stupefacenti negli stessi opulenti ragazzi della società di Facebook, dall'affermarsi di una cupa cultura della morte, dall'inquietante incremento dei suicidi, dal malessere diffuso. Qualcosa dunque non funziona, sia a livello individuale che sociorelazionale: la liquidità dell'identità, con tutte le sue conseguenze, non aumenta il senso di felicità dell'uomo contemporaneo. Alcuni studi sul benessere fanno osservare che la felicità

[6] T. Cantelmi, F. Orlando, *Narciso siamo noi*, San Paolo, Cinisello Balsamo (MI) 2005.

non è correlata con l'incremento delle possibilità di scelta[7]. Questi dati fanno saltare una convinzione che sembrava imbattibile. La felicità non è correlata con l'incremento delle possibili scelte dell'uomo (una visione ovviamente molto legata al capitalismo), ma gli stessi studi correlano la felicità con il possedere invece un "criterio" per scegliere. Avere un criterio per scegliere rimanda ad altro: avere un progetto, delle idee, un'identità. Ed ecco che il cerchio si chiude: il tema della liquidità è sostanzialmente il tema della rinuncia ad avere criteri (cioè dimensioni di senso ben definite). Ma questa rinuncia ha un prezzo: l'infelicità. Ecco perché la "magnifica progressione" dall'"esserci-con" all'"esserci-per" mantiene anche oggi, e direi soprattutto oggi, un alto valore di significato, proprio per il suo portato anti-liquidità. Costruire dimensioni identitarie e di senso stabili e non ambigue, instaurare relazioni solide e che si dispiegano lungo progetti esistenziali che consentono l'apertura alla generatività e all'oblatività sono ancora, in ultima analisi, l'unico orizzonte di speranza che si apre per l'uomo del terzo millennio, immerso nel cupo e doloroso paradigma della tecnoliquidità[8].

3. I nuovi linguaggi dell'amicizia e dell'amore nell'epoca digitale che sono alla base della metamorfosi della famiglia nell'era tecnoliquida

Molte ricerche hanno evidenziato che l'era tecnoliquida è contrassegnata dalla più straordinaria ed epocale crisi della

[7] Si tratta della problematica ampiamente studiata in ambito psicologico, sociologico ed economico del "sovraccarico di scelta", *choice overload*, *overchoice*, espressione che indica un fenomeno proprio dei consumatori nella società postindustriale, introdotta da Alvin Toffler nel suo libro *Future Shock* (New York 1970).

[8] Z. Bauman, *Il buio del postmoderno*, Aliberti, Reggio Emilia 2011; T. Cantelmi, P. Puggioni, S. Truzzi, *L'uomo alle soglie del terzo millennio. Il disagio psichico e la ricerca di senso*, CISU, Roma 2002.

relazione interpersonale. Dovremmo interrogarci su cosa l'abbia determinata. Non si tratta di attribuire tutte le responsabilità di questa crisi dei rapporti interpersonali a internet e alle tecnologie digitali e alla loro diffusione pervasiva nella vita di milioni di individui. Però la tecnologia digitale, con le sue potenzialità *social*, risulta forse la risposta più semplice, e di immediato consumo, a una crisi tanto netta delle capacità di relazione dell'uomo e della donna di oggi, e forse ne è anche una delle concause, come se, in una sorta di causalità circolare, l'esplodere della rivoluzione digitale avesse intercettato una crisi della relazione in parte già esistente, e al tempo stesso ne avesse accelerato drammaticamente lo sviluppo. Come osserva Papa Francesco in *Amoris Laetitia*, questo è il trionfo di "un individualismo esasperato" (AL 33) e della "cultura del provvisorio" (AL 39) che ha tra i suoi sintomi "la rapidità con cui le persone passano da una relazione all'altra" come se "l'amore, come nelle reti sociali, si possa connettere o disconnettere a piacimento" (AL 39). Alla base della crisi della relazione interpersonale ci sono almeno tre fenomeni, essi stessi amplificati a dismisura dall'inarrestabile rivoluzione digitale. È in questo intreccio tra fenomeni psicosociali e potenza della tecnologia digitale che si genera la postmodernità tecnoliquida. I tre fenomeni identificabili sono[9]:

– l'incremento del tema narcisistico[10] nelle società postmoderne (di cui gli innamoramenti in *chat* e le amicizie in Facebook sembrano essere i corrispettivi telematici), sostenuto da una civiltà dell'immagine senza precedenti nella storia dell'umanità;

[9] T. Cantelmi, *La postmodernità tecnoliquida. Rivoluzione digitale e mutazione antropologica*, cit., pp. 204-205.
[10] Cfr. T. Cantelmi, F. Orlando, *cit.*

– il fenomeno del *sensation seeking*, caratterizzato da una sorta di ricerca di emozioni, anche estreme, capace di parcellizzare e scomporre l'esperienza interumana facendola coincidere con l'emozione stessa (è come se tutta la relazione interpersonale coincidesse con l'emozione);

– il tema dell'ambiguità, cioè la rinuncia all'identità e al ruolo, in favore di un'assoluta fluidità dell'identità stessa e dei ruoli, con la conseguente rinuncia alla responsabilità della relazione e alle sue caratteristiche e potenzialità generative.

Il trionfo dell'ambiguità e della fluidità dell'identità impedisce una stabile assunzione di identità (esserci), che a sua volta si riflette nell'instabilità della relazione ("esserci-con"), la quale infine mina profondamente le possibilità generative e progettuali della relazione stessa ("esserci-per"). Questi fenomeni, unitamente al tema della "velocità", sono alla base della profonda crisi della relazione interpersonale, che sempre più acquista modalità "liquide"[11], indefinite, instabili e provvisorie. In questo senso la tecnomediazione della relazione (chat, blog, sms, social network) offre all'uomo del terzo millennio una risposta formidabile e affascinante: alla relazione si sostituisce la "connessione", che costituisce la nuova privilegiata forma di relazione interpersonale. È fluida, consente espressioni narcisistiche di sé, esalta l'"emotivismo", è provvisoria, liquida e senza garanzie di durata, è ambigua e indefinita: la connessione (cioè l'insieme della tecnomediazione della relazione grazie alla tecnologia digitale) è dunque la più straordinaria ed efficace forma di relazione per l'uomo "liquido".

Quali sono dunque le caratteristiche dei linguaggi postmoderni nell'amore e nell'amicizia? Innanzitutto assistiamo a una

[11] Z. Bauman, *Amore liquido. Sulla fragilità dei legami affettivi*, Laterza, Roma-Bari 2006.

perdita della narrativa personale: le persone, in modo particolare i bambini e gli adolescenti, sembrano aver perso la capacità di unificare in un percorso narrativo unitario il senso e il significato delle molteplici esperienze. Questo consente alcuni paradossi, come per esempio la contemporanea contraddittorietà delle esperienze; è possibile vivere esperienze diverse per significato e senso, e persino contraddittorie, senza che questo possa essere percepito come un problema. Declinato nell'area amicale e sentimentale, questa modalità frammentata dell'esperire rende fortemente *light* e instabile la relazione. Tutto ciò va declinato con l'esplosione del tema narcisistico e con il dominio della ricerca dell'emozione forte, che sul piano affettivo rendono ancora più istantanea la relazione, e soprattutto troppo legata ai bisogni personali, con un conseguente impoverimento dell'attenzione verso l'altra persona.

L'amicizia e l'amore si trasformano così sempre più in territori dove sperimentare sé stessi, dove ricercare emozioni forti, dove soddisfare bisogni narcisistici e sempre meno in ambiti dove incontrare l'altro nella sua autenticità. D'altro canto, tutta la tecnologia digitale e tutti gli universi tecnologici abitati dall'uomo postmoderno pongono la questione fondamentale di cosa è autentico e cosa non lo è. È autentico o più autentico il profilo Facebook o la persona stessa? È autentico o più autentico uno spigliato dialogo in chat o un imbarazzante incontro al bar?

Risulta interessante notare il cambiamento sul tema dell'intimità, che costituisce un territorio delicato e ricco di sfumature, che attiene all'amicizia, all'amore e ad ogni altra forma di incontro interumano. La tecnologia ha drammaticamente scardinato il concetto di intimità: con velocità sorprendente e senza alcun pudore, in pochi "click", si ottengono confessioni e aperture incredibili in chat di ogni tipo o nei social network più frequentati. Ovviamente le confessioni non sono sempre sincere, ma spesso sono intime, persino troppo intime. È alle varie forme di messaggeria, ai social network, alle chat che affidiamo desideri, richieste, dichiarazioni d'amore, parti di noi (come avviene ad esempio con il *sexting*: la pratica di inviare e scambiare per sms o in chat immagini intime di sé stessi), imprecazioni, rabbie, minacce.

L'intimità tecnomediata piace all'uomo postmoderno, al bambino e all'adolescente come all'adulto, tutti sempre più in difficoltà a gestire l'intimità reale. Certamente, l'"ipersessualizzazione" precoce dei bambini e degli adolescenti rende ancora più arduo il nascere di una sana intimità: la relazione interpersonale, quando transita dalla dimensione digitale a quella reale, cortocircuita fatalmente in agiti, anche sessuali, persino in assenza di adeguate dimensioni di conoscenza intima reale, come se l'eventuale esperienza di conoscenza digitale surrogasse tutto quanto in genere antecede e accompagna la pienezza fisica dell'incontro. In altri termini, vorrei attribuire la metamorfosi della famiglia nell'era tecnoliquida al tentativo degli abitanti del mondo postmoderno di rispondere alla crisi della relazione interpersonale, frutto dei processi di decostruzione identitaria, attraverso una ricerca esasperata di contatto utilizzando proprio l'enorme potenzialità *social* della rivoluzione digitale.

4. Il linguaggio estetico e la ricerca della bellezza

Ha senso parlare di bellezza della famiglia come proposta possibile agli umani tecnoliquidi? Ma qual è dunque l'estetica del mondo postmoderno tecnoliquido? Molti indicatori suggeriscono che la dimensione estetica prevalente, nella quale sembrerebbero crescere i nativi digitali, sia pervasa da tre elementi: il *kitsch*, il *camp* e il gusto *horribilis*. Tutti linguaggi lontani dal concetto di bellezza così come noi analogici l'abbiamo pensata.

Nella seconda metà dell'Ottocento, quando i turisti americani volevano acquistare in Europa un quadro a poco prezzo, allora chiedevano uno *sketch*, uno schizzo. Da qui, secondo alcuni, sarebbe nato il termine *kitsch*, per indicare esperienze estetiche di scarso valore, facili, celebrative, volte alla ricerca di un effetto rapido e appariscente. Il *kitsch* è in ultima analisi una sorta di *mass cult* del bello, a tratti anche *trash*, volto a soddisfare narcisistici impulsi pseudo estetici. La dimensione narcisistica, propria del mondo tecnoliquido, sembra trovare ampia soddisfazione nella risposta estetica *kitsch*.

L'altro fenomeno estetico è quello del *camp*, che consiste nel trasformare il serio in frivolo, giocando sull'ambiguità, sull'esagerazione, sulla raffinata volgarità e sull'eccentrico. L'androgino è certo uno delle più significative immagini della sensibilità *camp*, che intercetta bene il bisogno di ambiguità della postmodernità liquida. Inoltre appare evidente come il mondo tecnoliquido sia anche attratto dalla bruttezza, dal gusto dell'orrido e del grottesco, nonché dall'estetica del *cyberpunk*, tutte manifestazioni di una nuova e celebrativa estetica della bruttezza, volta a soddisfare il bisogno di "emozioni forti" della società postmoderna tecnoliquida. Il *kitsch*, il *camp* e il gusto dell'*horribilis* rappresentano le prevalenti dimensioni estetiche che soddisfano alcuni dei bisogni dell'uomo postmoderno. È in questo contesto estetico, narcisistico (*kitsch*), ambiguo (*camp*) ed emotivo (*horribilis*) che crescono i bambini e gli adolescenti immersi nella tecnoliquidità.

Nonostante tutto ciò, l'esperienza estetica rimane comunque una manifestazione dell'essere umano e proprio grazie ad essa la bellezza potrebbe essere, insieme alla spiritualità, vettore del superamento del paradigma della tecnoliquidità. Come è noto, Dostoevskij fa esclamare al protagonista dell'*Idiota* la famosa frase: «la bellezza salverà il mondo!»[12] e noi potremmo con lui

[12] F. Dostoevskij, *L'idiota*, Einaudi, Milano 2014, parte III, cap. 5.

augurarci che essa possa salvare i nativi digitali. Ma quale bellezza e soprattutto quale estetica? Quella *kitsch*, *camp* o quella *horribilis* sempre più diffuse nella tecnoliquidità? La bellezza è da sempre di per sé un concetto complesso e problematico. Nel romanzo *I Fratelli Karamazov*, uno dei protagonisti, Dmitrij, non può fare a meno di osservare che la «bellezza è una cosa spaventosa e terribile, spaventosa perché non è definita...», ed è proprio qui, nella bellezza terribile e paurosa, misteriosa e indecifrabile, «che il diavolo combatte con Dio e il campo di battaglia è il cuore dell'uomo»[13].

L'estetica tecnoliquida esprime oggi a pieno il declino della bellezza, trasformata in spettacolo e consumata secondo modalità tecnocannibaliche, ridotta a un'esperienza autoreferenziale e ornamentale.

In realtà esperire il bello richiede risorse: risorse emotive, cognitive, simboliche e persino spirituali. E allora quale bellezza salverà il mondo? A quale bellezza dobbiamo educare i nativi digitali? Ciò che è importante recuperare, dinanzi al mutismo spettrale delle forme artistiche tecnoliquide, è la dimensione etica e al tempo stesso enigmatica della bellezza, sia di quella naturale che di quella artistica.

Le grottesche forme del *kitsch*, del *camp* e dell'*horribilis* possono essere superate dalla bellezza considerata come uno dei modi trascendentali in cui l'essere si esprime. Il compito della proposta spetta ad adulti coraggiosi, che siano in grado di recuperare l'immenso patrimonio di bellezza che il creato e l'arte hanno prodotto nei secoli. Ma soprattutto occorre ritrovare il coraggio di proporre alle generazioni digitali la "ricerca" della bellezza e di svelarne il tesoro simbolico, oltre che percettivo, in essa contenuto. Se alla *digital mind* dei bambini e degli adolescenti sarà concesso di "esperire" il bello, allora essa potrà

[13] F. Dostoevskij, *I fratelli Karamazov*, Feltrinelli, Milano 2014, libro III, cap. 3.

"vedere l'invisibile", come è stato detto in modo efficace a proposito dell'opera di Kandinskij[14] e come potremmo dire noi a proposito di ogni autentica bellezza: cioè sarà possibile rimandare ad un "oltre" capace di restituire l'umanità ad ogni forma di *digital mind.*

La bellezza di cui parlo è quella del senso e del significato dell'esperienza, che né Google, né YouTube e neanche l'intelligenza artificiale sono in grado di realizzare. È in questo senso che la bellezza dell'amore nella famiglia è ancora oggi un percorso affascinante, perché mette a tema la felicità, come ha sottolineato Papa Francesco nell'*Amoris laetitia.* A proposito di pastorale familiare, egli ammonisce: "Molte volte… sprechiamo le energie pastorali moltiplicando gli attacchi al mondo decadente, con poca capacità propositiva per indicare *strade di felicità*" (AL 38). Già, famiglia e strade di felicità. Abbiamo dimenticato, nelle nostre analisi precise e puntuali, ma spesso lamentose e ripetitive, di indicare "strade di felicità" nell'amore umano, guardando a un ideale di santità, come avverte Papa Francesco, a volte astratto e disincarnato. Ecco dunque un punto fondamentale: non liquidare le realtà zoppicanti e le esperienze familiari incompiute, imperfette e ferite, le infinite metamorfosi tecnoliquide, a volte grottesche, della famiglia, senza riuscire a vedere in esse, con occhi nuovi e sano realismo, i piccoli segni positivi, che potremmo chiamare "*semina Verbi*". Credo che questo significhi innanzitutto saper discernere, saper partire dal piccolo, saper intravedere le potenzialità. Si tratta di un capovolgimento, apparentemente banale, ma in realtà estremamente significativo.

[14] M. Henry, *Vedere l'invisibile. Saggio su Kandinskij*, Guerini&Associati, Milano 1996.

5. In conclusione

Il mondo postmoderno tecnoliquido è ancora tutto da definire. La rivoluzione digitale è in atto e, a mio parere, al di là di quanto detto, recupera persino alcune istanze del 1968 solo per quanto riguarda il protagonismo dei giovani, il processo di decostruzione della realtà e il prevalere della pulsionalità e del principio del piacere. Ma il pianeta tecnodigitale ha rigettato ogni istanza ideologica, ogni utopia, ogni desiderio di costruzione di una realtà nuova: la realtà digitale ha inglobato tutto questo e rappresenta il nuovo orizzonte esistenziale. Molti sono stupiti dagli *hikikomori*, giovani giapponesi, ma non solo, che si chiudono in una stanza e decidono di non uscirne più, catturati da un'irresistibile tecnologia. Le forme di dipendenza dalla tecnologia forse sono la patologia più insidiosa della multimedialità: internet, il computer, il tablet, lo smartphone, i videogame, e nulla più, il resto non esiste per questi nuovi reclusi sociali, la cui esistenza si annulla nello schermo e nelle infinite cyberesperienze.

Stiamo vorticosamente precipitando in una "società incessante", sempre attiva, sempre lì a digitare, a postare, a twittare, a condividere foto, parole e emozioni, senza differenze tra giorno e notte, tra feriale e festivo, tra casa e ufficio. Come ho già accennato, vent'anni fa ho presentato in un congresso di psichiatria i primi quattro casi italiani di dipendenza da internet[15]: in essi amori e amicizie reali risultavano inesistenti, la vita di questi soggetti era stata assorbita in modo totale dal computer e da internet. Queste prime osservazioni, arricchite da successivi contributi di molti ricercatori italiani, hanno dato vita a un

[15] T. Cantelmi, C. Del Miglio, M. Talli, A. D'Andrea, «Internet Related Psychopathology: primi dati sperimentali, aspetti clinici e note cliniche», *Giornale italiano di psicopatologia*, 6 (2000), pp. 40-51.

vasto percorso di ricerca, che ha avuto come obiettivo l'esplorazione della mente umana, proprio mentre iniziava un'ineludibile e ancora imprevedibile mutazione antropologica, quella dei cosiddetti nativi tecnoliquidi, cittadini nati nel mondo tecnoliquido postmoderno. Tuttavia la caratteristica fondamentale della socialità tecnoliquida consiste nella pervasiva tecnomediazione della relazione. Queste osservazioni confermano che la virtualizzazione della relazione e la sua spiccata tecnomediazione eleggono *una nuova forma di relazione: la connessione*, e tutto ciò non può non ricadere nei delicati ambiti dell'amicizia e dell'amore, definendo nuove forme dell'esperire e nuovi linguaggi dell'espressione sentimentale. *La metamorfosi dell'amore ha generato una metamorfosi della famiglia.*

In fondo, però, rimane la sensazione che la fine della società di massa e il transito nella tecnoliquidità postmoderna dovranno fare i conti con l'esasperazione della solitudine esistenziale dell'individuo. E forse non saranno Facebook, né Twitter e neppure ogni altra forma di "socializzazione virtuale" a placare l'irriducibile bisogno di "incontro con l'altro-da-sé": il bisogno di "incontro con l'altro" senza la mediazione di uno schermo digitale, è così prepotente e vitale che oltrepasserà il mondo tecnoliquido e restituirà all'amicizia e all'amore la loro potenza trasformatrice dell'esperire umano. C'è da chiedersi se non potrebbe essere proprio il recupero della dimensione spirituale ad accompagnare l'uomo postmoderno verso una nuova ultramodernità dell'umano, come ormai sostengono in molti. In piena epoca tecnoliquida l'amicizia e l'amore, nella loro autenticità, potranno sopravvivere ai "click" dei *mouse* e dei loro succedanei attraverso il recupero di dimensioni estetiche e spirituali rinnovate, capaci di restituire l'umanità all'essere umano.

RIFERIMENTI BIBLIOGRAFICI

Bauman, Z., *Amore liquido. Sulla fragilità dei legami affettivi*, Laterza, Roma-Bari 2006 (*Liquid Love: On the Frailty of Human Bonds*, Cambridge 2003).

—, *Il buio del postmoderno*, Aliberti, Reggio Emilia 2011.

Cantelmi, T., Del Miglio, C., Talli, M., D'Andrea, A., «Internet Related Psychopathology: primi dati sperimentali, aspetti clinici e note cliniche», *Giornale italiano di psicopatologia*, 6 (2000), pp. 40-51.

Cantelmi, T., Puggioni, P., Truzzi, S., *L'uomo alle soglie del terzo millennio: il disagio psichico e la ricerca di senso*, CISU, Roma 2002.

Cantelmi, T., Carpino, V., *Il tradimento on line. Limite reale e virtuale dell'amore*, FrancoAngeli, Milano 2005.

Cantelmi, T., Orlando, F., *Narciso siamo noi*, San Paolo, Cinisello B. (MI) 2005.

Cantelmi, T., Barchiesi, R., *Amori difficili. La crisi della relazione interpersonale e il trionfo dell'ambiguità*, San Paolo, Cinisello B. (MI) 2007.

Cantelmi, T., *La postmodernità tecnoliquida. Rivoluzione digitale e mutazione antropologica*, in Pagnotta, F., (a cura di), *L'Età di Internet. Umanità, cultura, educazione*, Milano-Firenze 2013.

—, *Tecnoliquidità. La psicologia ai tempi di Internet: la mente tecnoliquida*, San Paolo, Cinisello B. (MI) 2013.
—, «La relazione tecnoliquida: l'amore e l'amicizia ai tempi di internet», in Pagnotta, F. (a cura di), *Linguaggi in Rete. Conoscere, comprendere, comunicare nella Web society*, Mondadori Education, Milano 2015.
—, «L'era tecnoliquida», *Psicologia Contemporanea*, 277(2020).
—, *Amore tecnoliquido*, FrancoAngeli, Milano 2020.
Dostoevskij, F., *L'idiota*, Einaudi, Milano 2013.
—, *I fratelli Karamazov*, Feltrinelli, Milano 2014.
Ferri, P., *Nativi digitali*, Bruno Mondadori, Milano 2011.
Henry, M., *Vedere l'invisibile. Saggio su Kandinskij*, Gueri-ni&Associati, Milano 1996.
Musil, R., *L'uomo senza qualità*, Einaudi, Milano 2013.
Pagnotta, F., (a cura di), *Linguaggi in Rete Conoscere, comprendere, comunicare nella Web society*, Mondadori Education, Milano 2015.

Capitolo 7

RELAZIONI FAMILIARI E *FAMILY SOCIAL INDICATORS*: LE INDAGINI CISF DAL 2009 AL 2019

*Pietro Boffi**

1. Introduzione

L'indagine qui presentata prosegue – e in una certa misura porta a compimento, pur in una condizione fortemente segnata dall'esplosione della pandemia legata al Covid-19 – l'impegno del Cisf, avviato nel 2009, di costruire con i propri Rapporti un'osservazione permanente della famiglia tramite una ricerca ripetuta periodicamente – ogni due/tre anni – su un campione significativo di famiglie italiane. Proprio la scelta di costruire un campione stratificato per tipologie familiari[1], anziché per caratteristiche degli individui, costituisce un'indubbia originale

* **Pietro Boffi**, ricercatore, è responsabile del Centro di Documentazione del CISF e incaricato dei settori "Politiche familiari" e "Pastorale familiare". Dal 1990 è stato consulente di redazione della rivista bimestrale *Famiglia Oggi*, sulla quale ha pubblicato numerosi articoli. Pubblicista, è autore di svariati libri e rapporti di ricerca su tematiche familiari. Ha tenuto corsi di politiche familiari presso la Facoltà di Sociologia dell'Università Cattolica di Milano e presso il Pontificio Istituto Giovanni Paolo II dell'Università Lateranense. È stato a lungo membro del Consiglio Direttivo del Forum delle Associazioni Familiari. Dal 1994 ad oggi è membro della Consulta Nazionale di Pastorale Familiare della Conferenza Episcopale Italiana.

[1] Resta valida la necessità di ipotizzare una "qualità distintiva del familiare", la possibilità cioè di individuare alcune qualità univoche e condivise dell'essere famiglia, precisando una distinzione tra identità (univoca) del "familiare" e possibile pluralità delle forme e delle strutture familiari concretamente riscontrabili nella realtà contemporanea (ma anche nella storia dell'istituzione familiare). A questo proposito, rimane ancora essenziale la riflessione sviluppata in P. Donati (a cura di), *Identità e varietà dell'essere famiglia. Il fenomeno della "pluralizzazione". Settimo Rapporto Cisf sulla famiglia in Italia*, Edizioni San Paolo, Cinisello Balsamo (MI) 2001.

specificità della presente indagine. La quale, giunta alla sua quinta edizione, conferma l'obiettivo di costruire una fonte informativa capace di seguire l'evoluzione nel tempo di alcune qualità familiari, solitamente esplorate solo marginalmente, superficialmente o episodicamente. Nel corso degli anni, questa operazione è stata sempre svolta non a partire da dati aggregati strutturali, bensì con un questionario su un campione statisticamente rappresentativo di famiglie, proprio per valorizzare la loro voce[2]. Certamente, gli sviluppi futuri della condizione familiare in Italia (e perfino delle sue dinamiche demografiche, visto l'impatto pesantissimo che il virus sta avendo sulle generazioni più anziane) risentiranno in misura significativa, ancorché imprevedibile nel momento in cui scriviamo (aprile 2020), del dramma sanitario ed economico che stiamo vivendo. Nondimeno, gli studi futuri potranno fruire di queste nostre ricerche quale autorevole termine di confronto tra il "prima" e il "dopo" *coronavirus*. I dati, come nei precedenti Rapporti, vengono qui presentati secondo tre dimensioni principali dell'essere famiglia, considerate essenziali per qualificare l'esperienza familiare e la sua connessione con il contesto sociale:

– le qualità socio-strutturali (forme e strutture familiari, condizione socio-economica, contesto sociale di vita);

– la dimensione generativo-relazionale dell'essere famiglia (presenza e cura dei figli, loro valore/costo);

– coesione interna e partecipazione alla vita sociale "esterna" alla famiglia.

La scelta di queste dimensioni non pretende ovviamente di esaurire tutti i possibili codici descrittivi e interpretativi del "fa-

[2] Il questionario è somministrato direttamente (per telefono fisso o cellulare) alle famiglie e raccoglie "il punto di vista" delle persone intervistate, qualificate nella "domanda di entrata" del questionario come colui/colei "*che si occupa della gestione economica della famiglia (anche congiuntamente con altri)*".

re famiglia". Tuttavia, nella letteratura e nei riscontri empirici sempre più frequentemente risulta evidente come nel racconto della famiglia assumano crescente centralità proprio queste caratteristiche. Per questo motivo, i dati qui presentati sono stati rilevati puntualmente, e seguiti diacronicamente, attraverso un set di *family social indicators* (*"indicatori della qualità relazionale/sociale della famiglia"*), consentendoci così di leggere in modo non ideologico ma empirico come sta cambiando la famiglia in Italia nel corso del tempo.

Del resto, rimane certamente ancora vero oggi quanto scrivevamo nel Rapporto Cisf 2009: «La discussione sull'identità della famiglia e sulle sue trasformazioni è ormai generalizzata e carica di forte connotazioni ideologiche, che segnano i titoli dei quotidiani, le riflessioni sociologiche più accurate, i progetti di legge regionali e nazionali, a volte anche il titolo dei nuovi insegnamenti universitari nelle facoltà di servizio sociale, di psicologia, di giurisprudenza. Tutto questo non sembra giovare alla causa della famiglia, ma rischia di intrappolarla in contrasti pregiudiziali, a favore o contro, che come unico esito hanno una sostanziale dimenticanza, da parte della società, della reale condizione della famiglia (di ogni famiglia!) nel nostro Paese»[3].

Il nostro è quindi un tentativo di proporre un nuovo sguardo sulla realtà familiare, un nuovo sforzo di osservazione, lettura e interpretazione delle sue diverse caratteristiche, capace di seguirne e interpretarne le evoluzioni – reali e/o apparenti – per poter analizzare nel corso del tempo i cambiamenti profondi degli aspetti sostanziali dell'esperienza familiare.

[3] F. Belletti, *L'indagine Cisf*, in P. Donati (a cura di), *Il costo dei figli. Quale welfare per le famiglie? Rapporto Cisf 2009 sulla famiglia*, FrancoAngeli, Milano 2010, p. 40.

2. Lo status economico e culturale

La disamina dei *family social indicators* che emergono dalla nostra indagine comincia con l'indice[4] di *capitale culturale familiare*. I dati di questa nostra ultima rilevazione (che è stata effettuata, lo ricordiamo, nei mesi di dicembre 2019/gennaio 2020) sembrano lievemente in controtendenza rispetto alla rilevazione precedente (2017), anche se la variazione non è tale da inficiare il costante *trend* al miglioramento di tale indice. Infatti, nel 2009 esso vedeva un 47% (circa la metà) delle famiglie posizionato nel livello *basso*, mentre ora lo sono circa il 32% (una su tre); per converso, i livelli *medio-alto* e *alto* sono entrambi cresciuti (rispettivamente dal 27 al 37%, e dal 14 al 21%) in modo quasi lineare, fatta eccezione per il dato rilevato nel 2017, che costituisce comunque un'eccezione a tale trend per tutte le voci considerate (vedi *Tabella 1*).

Tabella 1. Indice di capitale culturale familiare

percentuali di colonna	**2009**	**2011**	**2013**	**2017**	**2019**
Basso	47,0	39,9	38,3	29,4	32,1
medio-basso	12,1	10,5	10,0	9,6	9,5
medio-alto	27,2	33,9	36,4	32,8	37,3
Alto	13,7	15,7	15,3	29,2	21,0
Totale	100,0	100,0	100,0	100,0	100,0
n. casi	4.014	4.053	3.984	3.707	3.983

Fonte: Indagini Cisf 2009, 2011, 2013, 2017, 2019[5]

[4] Per *indice*, si intende un dato ricavato dalla sintesi ponderata delle risposte a vari *items* del nostro questionario. Per un'efficace e completa descrizione dei vari indici presentati in queste pagine, cfr. l'Appendice metodologica a cura di Luigi Tronca.

[5] Anche tutte le altre tabelle di questo capitolo hanno la medesima fonte.

Il passo successivo è stato analizzare la condizione familiare, economica e sociale degli intervistati. Si tratta ovviamente di una variabile importante, strettamente collegata alle scelte di vita, agli orientamenti valoriali, ai comportamenti e ai giudizi espressi. Il primo indicatore relativo a questa condizione fa riferimento all'indice di status socio-economico (vedi *Tabella 2*), per il quale il campione presenta una prevalenza di famiglie di status socio-economico inferiore, anche se nel corso degli anni vi è stata una significativa crescita dei livelli medio-alto e alto, passati complessivamente dal 30% del 2009 al 45% del 2019.

Tabella 2. Indice di status socio-economico familiare

<table>
<tr><th>percentuali di colonna</th><th>2009</th><th>2011</th><th>2013</th><th>2017*</th><th>2019</th></tr>
<tr><td>Basso</td><td>30,0</td><td>25,5</td><td>25,0</td><td>23,8</td><td>20,3</td></tr>
<tr><td>medio-basso</td><td>39,9</td><td>41,3</td><td>41,3</td><td rowspan="2">39,6</td><td>34,7</td></tr>
<tr><td>medio-alto</td><td>19,9</td><td>22,4</td><td>23,3</td><td>28,0</td></tr>
<tr><td>Alto</td><td>10,2</td><td>10,8</td><td>10,5</td><td>36,7</td><td>17,0</td></tr>
<tr><td>Totale</td><td>100,0</td><td>100,0</td><td>100,0</td><td>100,0</td><td>100,0</td></tr>
<tr><td>n. casi</td><td>4.016</td><td>4.053</td><td>3.987</td><td>3.696</td><td>3.985</td></tr>
</table>

(*) Nel 2017 l'indice (definito di "status sociale familiare") è stato misurato con differenti variabili - non è quindi direttamente confrontabile con gli altri anni (Cfr. Rapporto Cisf 2017, pp. 273-274).

Analogo andamento si riscontra per l'indice di prestigio delle professioni familiari (vedi *Tabella 3*), con una prevalenza crescente nel corso del tempo delle condizioni più elevate di prestigio delle professioni (in particolare l'indice medio-basso passa dal 40,2% del 2009 al 35,9% del 2019), quello medio-alto cresce in misura notevole, dal 21 al 31%, ed anche l'indice massimo cresce di oltre due punti, dal 5 al 7%.

Tabella 3. Indice di prestigio delle professioni familiari

percentuali di colonna	**2009**	**2011**	**2013**	***2017****	**2019**
Basso	33,6	29,5	28,5	-	25,9
medio-basso	40,2	43,2	45,2	-	35,9
medio-alto	21,0	21,5	21,6	-	30,9
Alto	5,2	5,8	4,7	-	7,3
Totale	100,0	100,0	100,0	-	100,0
n. casi	3.999	4.034	3.943	-	3.899

(*) Dato non rilevato nel 2017

Alla luce degli indici precedenti, il dato sulla condizione economica in cui si percepiscono le famiglie italiane si presenta molto interessante, anche perché gli anni di riferimento dell'indagine sono sovrapposti agli anni della grande crisi finanziaria, economica e valoriale che ha colpito il nostro Paese, così come molti altri Paesi del mondo occidentale. Certamente un discorso per certi versi analogo, ma per altri aspetti ancora completamente ignoto, sarà da verificare al termine di questa crisi economico-sanitaria mondiale, di cui la stessa tempistica non è al momento minimamente prevedibile, ma della quale certamente possiamo dare per scontati effetti profondi e prolungati.

In ogni caso, quello che rileviamo dalla nostra indagine è che il dato del 2019 è sembrato confermare l'inizio dell'uscita dalle difficoltà causate dalla crisi del 2010-2012 (vedi *Tabella 4*). Infatti, mentre i dati fino al 2013 segnalavano il perdurare delle problematiche economiche, si nota ora una diminuzione della quota di famiglie che hanno fatto "molta fatica" ad arrivare a fine mese (9,9%, rispetto al 16,4% del 2013), ma è ancora più netta la diminuzione di chi ha avuto comunque difficoltà, anche se non gravi, che nel 2013 erano quasi il 60%, mentre a fine 2019 (anno della nostra rilevazione) sono poco più di un terzo. Di fatto, nel 2019 oltre la metà del campione è arrivato a fine mese "con facilità" o "con grande facilità" (anche se quest'ultima situazione è dichiarata solo dal 4% degli intervistati, sintomo di un'elevata disuguaglianza sociale, fenomeno che probabilmente è un *trend* presente da vari decenni, ma certamente acuito dalla crisi dello scorso decennio), mentre nel 2013 questa condizione riguardava poco meno di un quarto degli intervistati (dati peggiori degli anni precedenti, peraltro).

Attorno al 2013, quindi, sembra esserci stato il maggior livello di criticità/incertezza economica, da cui sembra che nel 2019 ci si sia decisamente distanziati, a favore di una maggiore solidità economica. Quello che ci riserverà il futuro a questo proposito, come detto, non si sa! La considerazione positiva che ci sentiamo di proporre è che questi dati ci presentano un insieme delle famiglie italiane certamente più "attrezzato" – rispetto agli anni peggiori della crisi precedente – per far fronte alle dure emergenze che ci aspettano nei prossimi mesi (se non addirittura anni).

Tabella 4. Quest'anno come è riuscita la sua famiglia ad arrivare alla fine del mese?

percentuali di colonna	**2009***	**2011**	**2013**	**2017**	**2019**
Con grande difficoltà	16,4	12,7	16,4	12,6	9,9
Con difficoltà	55,2	51,3	59,4	36,6	37,3
Con facilità	27,7	34,9	23,7	47,2	48,8
Con molta facilità	0,8	1,2	0,5	3,7	4,0
Totale	100,0	100,0	100,0	100,0	100,0
n. casi	4.009	4.017	3.951	3.697	3.981

** Nel 2009 su 6 modalità*

3. I figli e le politiche familiari

Passiamo ora a un'altra tematica, correlata alla precedente, e che peraltro l'attuale situazione di emergenza renderà sempre più determinante per il futuro delle famiglie italiane: la valutazione sugli aiuti che lo Stato dà alla famiglia, in pratica la percezione di quanto le nostre politiche familiari siano incidenti sulla situazione dei nuclei familiari.

Come si può notare già al primo sguardo (vedi *Tabella 5*), storicamente il giudizio degli intervistati (che riteniamo essere sufficientemente rappresentativi dell'intera popolazione italiana) è nettamente negativo, ben al di sotto della sufficienza, sia prima che durante la crisi 2010-2012. Certamente, qui possiamo leggere una delle cause – anche se non l'unica o la più rilevante, come vedremo più avanti – della fortissima denatalità, con conseguente altrettanto vertiginoso invecchiamento della popolazione, che caratterizza la nostra società. In realtà, la nostra ultima rilevazione segnala un miglioramento (sempre comunque all'interno di un punteggio fortemente negativo) abbastanza rilevante, superiore a un punto decimale. Inutile aggiungere che una simile valutazione, benché lievemente migliorata nell'ultimo biennio, non è certamente la situazione ideale con cui presentarci davanti alle difficoltà che ci attendono, e che riguarderanno soprattutto le famiglie più giovani, con figli a carico, con posizioni lavorative precarie o a rischio. L'auspicio è che all'interno dei provvedimenti che le istituzioni – nazionali e internazionali – stanno assumendo e che saranno chiamate ad assumere nei prossimi mesi, si consideri il ruolo ineludibile della famiglia, risorsa per l'intera società se riconosciuta e posta al centro delle dinamiche economiche e sociali, invece che ignorata, bistrattata e utilizzata strumentalmente per tappare i buchi di un welfare sempre più in difficoltà.

Tabella 5. Giudizio sugli aiuti dello Stato alla famiglia

Media da 0 a 10	**2009**	**2011**	**2013**	**2017**	**2019**
Come valuta gli aiuti che lo Stato dà alla famiglia?	2,95	2,82	2,76	2,76	3,83
n. casi	3.635	3.542	3.667	3.605	3.791

Una delle questioni cruciali che investono le famiglie italiane, e di riflesso l'intera società, riguarda – come accennato sopra – la loro propensione a fare (o meglio a *non fare*) figli. In una parola, la loro generatività. Confrontando il dato sul numero di figli desiderati e il numero di figli avuti[6], nel corso degli anni emergono risposte che non sembrano rappresentare un *trend* univoco, bensì una situazione dominata da una certa confusione.

Considerato che il tasso totale di fecondità in Italia è tra i più bassi al mondo (secondo gli ultimi dati, è pari a 1,29 figli per donna in età feconda, ma tra le donne italiane solo all'1,21), fa una certa impressione notare come nel 2019 quasi il 10% dei rispondenti dichiara di aver avuto *più figli di quanti desiderati* (vedi *Tabella 6*) con un netto peggioramento (il valore è triplicato rispetto all'indagine di due anni prima, ed è peggiorato anche rispetto a tutte le indagini precedenti).

Nello stesso tempo, mentre la quota di quanti avrebbe voluto *un figlio in più* (o lo vorrebbero, se rientra ancora nel novero delle loro possibilità) resta sostanzialmente stabile rispetto al dato del 2009, e cresce di quattro punti rispetto all'indagine del 2017,

[6] Questo indice è stato costruito a partire dal confronto tra i valori fatti registrare da ciascun caso in relazione alle variabili cardinali connesse, rispettivamente, con la domanda *"Quanti figli ha avuto nella sua vita (anche adottati)?"* e con la domanda *"E quanti figli lei personalmente vorrebbe avere nella sua vita (o avrebbe voluto avere)?"*. In particolare, soltanto per i casi con valori validi su entrambe le variabili, si è sottratto al valore della seconda variabile quello della prima.

nel 2019 cala di altrettanti punti rispetto a tutte le indagini precedenti la percentuale di rispondenti che vorrebbero o avrebbero voluto *almeno due figli in più*.

La conclusione può sembrare paradossale, ed è per questo che abbiamo parlato di "confusione": mentre l'indicatore economico segnalava una minore difficoltà delle famiglie italiane nel "mettere assieme il pranzo con la cena", la propensione (la propensione, si badi bene, perché qui si tratta semplicemente di intenzioni, non di figli effettivi) agli aspetti generativi della propria vita familiare risulta bloccata, se non addirittura in recessione, rispetto agli anni precedenti. Per questo, abbiamo detto sopra che la dimensione economica – benché certamente importante nel condizionare le scelte procreative della popolazione italiana, forse anche al di là di quanto le famiglie stesse ne abbiano consapevolezza – non sembra essere quella decisiva nell'andamento delle nascite nel nostro Paese, come vedremo fra breve con la prossima tabella.

Tabella 6. Differenza tra quantità di figli desiderati e avuti

percentuali di colonna	**2009**	**2011**	**2013**	**2017**	**2019**
Ho più figli di quanti ne avrei desiderato	3,6	3,9	4,5	2,8	9,7
Ho la quantità di figli che desideravo	65,9	65,3	67,3	70,1	63,0
Vorrei/avrei voluto un figlio in più	18,2	17,4	16,9	14,4	18,9
Vorrei/avrei voluto almeno due figli in più	12,3	13,4	11,3	12,7	8,4
Totale	100,0	100,0	100,0	100,0	100,0
n. casi	3.880	3.960	3.927	3.659	3.841

Proprio la domanda sui motivi per cui non si è riusciti ad avere il numero di figli desiderati (che ha riguardato ovviamente solo coloro che avevano scelto precedentemente l'opzione "vorrei/avrei voluto N figli in più", e cioè circa 1.000 casi per ciascuno degli anni considerati), mostra come non sia affatto facile trovare una spiegazione univoca alla scarsa propensione generativa delle famiglie italiane (vedi *Tabella 7*). Infatti, le risposte sono fortemente eterogenee, e presentano un andamento nel corso degli anni che appare di difficile spiegazione, se non piuttosto contraddittorio. Analizziamo i dati nel dettaglio, perché questa domanda presenta un'importanza rilevante per gli orientamenti che dovrebbero assumere adeguate politiche familiari.

Innanzitutto, balza all'occhio che i motivi legati alle "scarse risorse economiche" non sono i più gettonati, neppure durante gli anni più duri della crisi; nello stesso tempo, un po' paradossalmente, tra il 2017 e il 2019 essi appaiono quasi raddoppiati, passando dal 15 al 27% delle risposte. Come spiegare questo fenomeno: l'onda lunga della stessa crisi, oppure si tratta di un timore fondato più sull'esperienza pregressa che sulla realtà delle condizioni del momento in cui è stata effettuata la rilevazione? Difficile dare una risposta; certamente questo dato va tenuto in considerazione appunto nello stabilire le risposte che la politica e l'economia dovranno dare allo *tsunami* causato dal *coronavirus* alla nostra economia.

Discorso analogo, anche se più comprensibile, può essere fatto per la risposta sulle difficoltà di conciliare tempo di lavoro e tempo per la famiglia e cura dei figli, anch'essa in crescita. È una spia del grave ritardo sia del nostro welfare sia del mondo imprenditoriale rispetto all'importanza di fornire adeguati strumenti e supporti alle coppie, e soprattutto alle donne, per affrontare la transizione alla maternità senza rischiare il posto di lavoro. È noto, infatti, come l'arrivo di un figlio, soprattutto se il secondo o il terzo, comporti per una quota rilevante di donne l'uscita dal mondo del lavoro. Non a caso l'Italia si piazza agli ultimissimi posti tra i Paesi europei per la quota di occupazione femminile[7]. Ulteriore elemento, in prospettiva, molto negativo è poi il dato relativo alle intenzioni di avere comunque in futuro dei figli, quasi dimezzato rispetto al 2017 (dal 21,6% al 12,5%), e tornato praticamente ai livelli del 2009. Vista l'attuale continua diminuzione delle nascite, non è un dato incoraggiante!

Considerato che le altre risposte proposte dal questionario, relative a fattori come l'abitazione, la precarietà lavorativa o i servizi per l'infanzia sono poco rilevanti, resta da analizzare il dato delle *altre motivazioni personali*. Infatti, sarebbe interessante riuscire a comprendere cosa si nasconde dietro questa generica definizione, considerato che nel corso degli anni è sempre stata la motivazione più rilevante, fornita da circa la metà dei rispondenti – anche se nell'ultima indagine è scesa al 42%, quota comunque maggioritaria. Si può presumere che essa sia collegata a scelte di vita o a eventi strettamente personali che, a volte, interrompono una progettualità di lungo periodo, quale è quella di un figlio. Nello stesso tempo, pensiamo sia altrettanto valida l'ipotesi che vi siano motivazioni di carattere culturale (in senso lato), e cioè legate a dinamiche di crescita personale e di orientamento all'assunzione di responsabilità di vita e interpersonali sempre più deboli, e tendenti a procrastinare in età sempre più tarda le scelte procreative e di legami tendenzialmente stabili.

I dati relativi all'età media sia al matrimonio che al primo figlio dei giovani (si fa per dire!) italiani, sembrano corroborare ampiamente questa ipotesi[8]; del resto, in questa stessa indagi-

[7] Per qualche dato statistico, vedi https://quifinanza.it/lavoro/censis-italia-ue-occupazione-femminile/329315/.

[8] Non potendo approfondire la questione in questa sede, rimandiamo ai più recenti *report* dell'Istat: *Natalità e fecondità della popolazione residente. Anno 2018*, 25 novembre 2019, https://www.istat.it/it/files//2019/11/Report_natalit%C3%A0_anno2018_def.pdf; *Matrimoni e unioni civili. Anno 2018*, 20 novembre 2019, https://www.istat.it/it/files//2019/11/Report_Matrimoni_Unioni_Civili_2018.pdf.

ne, secondo gli intervistati l'età ideale per sposarsi è di circa 29 anni e 2 mesi[9]. Ma, quel che è certo è che politiche familiari che intendano affrontare la grave crisi della natalità che attanaglia il nostro Paese dovranno necessariamente tener conto – accanto alle indubbie ragioni di carattere economico e lavorativo – di questa ampia quota di motivazioni che non rientrano nella casistica degli ostacoli concreti, materiali, bensì nella sfera degli atteggiamenti mentali complessivi (che abbiamo definito *cultura*) che da troppo tempo sembrano essere insensibili quando non ostili alle scelte – indubbiamente impegnative! – legate alla generatività. Senza la quale, una società è semplicemente destinata a scomparire.

Tabella 7. Motivi per aver avuto meno figli di quelli desiderati

percentuali di colonna	**2009**	**2011**	**2013**	**2017**	**2019**
Poche risorse economiche	19,5	16,4	17,7	15,2	27,1
Disponibilità di tempo per conciliare lavoro e famiglia	8,9	11,2	10,0	10,0	13,6
Casa troppo piccola	0,3	-	0,5	1,4	1,4
Assenza di reti di sostegno *(solo 2017)*	-	-	-	0,4	0,3
Assenza di servizi per l'infanzia	0,3	0,3	0,5	0,6	0,3
Precarietà del lavoro	1,5	1,8	4,8	3,0	2,6
Li avrò nei prossimi anni	11,7	22,2	17,2	21,6	12,5
Altre motivazioni personali	57,8	48,1	48,1	47,8	42,2
Totale	100,0	100,0	100,0	100,0	100,0
n. casi	1.168	1.187	1.107	937	1.014

[9] Cfr. cap. 8 di Francesco Belletti.

4. Le relazioni familiari e il capitale sociale familiare

Se passiamo all'analisi del grado di soddisfazione per le relazioni familiari, notiamo invece che gli intervistati rappresentano uno scenario positivo nei loro confronti (vedi *Tabella 8*). I punteggi, infatti, sono particolarmente alti, con una forte stabilità nel tempo (tutti i valori sono superiori a 8, su un punteggio massimo di 10). Si potrebbe anche ipotizzare un effetto di sovrarappresentazione positiva, una sorta di *wishful thinking*, cioè di un desiderio che si vuol far avverare. L'omogeneità dei dati e la loro stabilità nel tempo, come detto, suggeriscono peraltro una certa affidabilità delle risposte, che potrebbero essere tradotte così: *"gli intervistati dichiarano di stare bene – e di voler stare bene – nelle relazioni familiari"*. A puro titolo comparativo, si ricorda che la soddisfazione nei confronti dell'intervento dello Stato non ha mai superato il punteggio di 4!

Tabella 8. Grado di soddisfazione per le relazioni familiari

Media da 0 a 10	**2009**	**2011**	**2013**	**2017**	**2019**
La relazione con il suo partner	9,0	8,9	8,8	8,9	9,1
Il tempo che lei e il suo partner trascorrete insieme	8,4	8,2	8,0	8,3	8,7
Il modo in cui vengono prese le decisioni in famiglia	8,8	8,7	8,7	9,5	8,8
La relazione con i suoi figli	9,1	9,0	9,0	9,1	9,1
Il tempo che lei e i suoi figli trascorrete insieme	8,4	8,2	8,1	8,3	8,5
La relazione con le famiglie di origine	8,4	8,4	8,5	9,6	8,7

Pur nella cautela di variazioni non particolarmente elevate, si può comunque segnalare che i valori più bassi si evidenziano attorno alla variabile "tempo" (sia quello passato con il partner, sia quello con i figli), la cui soddisfazione – comunque in crescita nell'ultima rilevazione – nel corso degli anni è stata la più vicina al valore 8.

I prossimi indici, di grande rilevanza per le finalità del nostro Rapporto, hanno a che fare sia con la coesione interna che con la partecipazione alla vita sociale "esterna" alla famiglia. In una parola, riguardano il *capitale sociale familiare*, concetto che è bene chiarire, prima di addentrarci nell'analisi dei dati.

Infatti, il rapporto tra *vita familiare* e *capitale sociale* non è interpretato univocamente, nella letteratura sociologica più recente. Per alcuni permane l'ormai obsoleta linea interpretativa del "familismo amorale", per cui la tenuta solidaristica dei sistemi familiari appare contrapposta, in modo corporativo, ad azioni pro-sociali, di responsabilità verso il bene comune.

Sono però numerosi gli osservatori e gli studiosi (tra cui si è sempre collocato con convinzione il Rapporto Cisf, nel suo impianto metodologico come nelle sue argomentazioni, empiricamente fondate) che ribadiscono che la famiglia, laddove opera nella sua "fisiologia valoriale e relazionale", genera un'eccedenza di bene comune, un valore aggiunto, è produttrice di capitale sociale, di esternalità positive, anche laddove pare privilegiare i legami interni. La natura, le caratteristiche e le funzioni del *capitale sociale familiare* sono state ben illustrate nel Rapporto Cisf 2009, il primo a contenere l'indagine empirica che stiamo commentando, dal professor Luigi Tronca: «Il capitale sociale è una proprietà delle relazioni sociali. Queste possono rappresentare una forma di capitale per coloro che le pongono in essere, nella misura in cui favoriscono la circolazione di fiducia e costituiscono, allo stesso tempo, una risorsa mobilitabile in caso di necessità per il reperimento di sostegno e di aiuto. A partire da questa definizione di capitale sociale, è possibile strutturare la sua analisi empirica prendendo le mosse dalla considerazione delle diverse cerchie sociali all'interno delle quali gli individui si trovano a interagire. I soggetti condivideranno, dunque, con i propri gruppi di riferimento, una certa quantità di capitale sociale familiare (riferito alla cerchia dei familiari con cui si convive), della parentela (cerchia dei parenti non conviventi), comunitario allargato (amici, colleghi di lavoro, vicini di casa ecc.), associativo (cerchia costituita da coloro che si frequentano all'interno di organizzazioni di terzo settore) e generalizzato (soggetti che non si conoscono direttamente, ma che fanno parte del contesto sociale di riferimento). Possono essere considerate un capitale sociale per chi le pone in essere le relazioni che riescono a veicolare fiducia e sostegno al loro interno (funzione *bonding*, di "vincolo", del capitale sociale) e al loro esterno (funzione *bridging*, di "connessione" – letteralmente "fare ponti" – del capitale sociale). Si parla così di un capitale sociale propriamente familiare»[10].

Venendo quindi all'analisi dei dati che emergono dalla serie ormai cospicua delle nostre indagini, relativi ai tre principali *family social indicators* concernenti il capitale sociale (il capitale sociale *bonding,* quello *bridging* e l'indice di impegno civico), possiamo notare la prevalenza della dimensione interna (*bonding*, vedi *Tabella 9*), sempre attorno all'80%, di valore "alto" rispetto a quella di apertura (*bridging*, vedi *Tabella 10*), che rimane peraltro attestata anch'essa in modo significativo su

[10] L. Tronca, *L'indagine Cisf*, in P. Donati (a cura di), *Il costo dei figli. Quale welfare per le famiglie? Rapporto Cisf 2009 sulla famiglia*, FrancoAngeli, Milano 2010, pp. 62-63. Per una trattazione esauriente dell'argomento, vedi: P. Donati (a cura di), *Famiglia e capitale sociale nella società italiana. Ottavo Rapporto Cisf sulla famiglia in Italia*, San Paolo, Cinisello Balsamo (MI) 2003, in particolare il capitolo "La famiglia come capitale sociale primario", di P. Donati, alle pp. 31-101

valori alti e medio alti, e mostra anzi una netta e costante tendenza all'aumento.

Tabella 9. Indice di capitale sociale familiare bonding

percentuali di colonna	**2009**	**2011**	**2013**	**2017**	**2019**
Molto basso/basso	8,3	6,2	3,8	10,5	7,1
Medio	7,9	14,4	14,2	10,0	9,9
Alto	83,8	79,4	82,0	79,5	83,0
Totale	100,0	100,0	100,0	100,0	100,0
n. casi	2.851	2.801	2.696	2.332	2.691

Tabella 10. Indice di capitale sociale familiare bridging

percentuali di colonna	**2009**	**2011**	**2013**	**2017**	**2019**
Molto basso	6,5	6,1	4,0	6,3	5,4
Basso	16,9	13,4	7,9	12,1	8,1
Medio	41,4	37,7	36,0	23,9	24,2
Alto	35,2	42,8	52,1	57,6	62,4
Totale	100,0	100,0	100,0	100,0	100,0
n. casi	2.812	2.769	2.652	2.310	2.683

Sono dati indubbiamente positivi, che smentiscono quella visione della famiglia come luogo di coltura di quel "familismo amorale" di cui si diceva sopra. Molto meno positivi, invece, sono i risultati relativi al terzo indicatore da noi elaborato, l'indice di impegno civico, che passa attraverso percorsi più strutturati, organizzati, anche di adesione e/o coinvolgimento con le istituzioni pubbliche.

Qui effettivamente si nota una sorta di "fuga" rispetto all'impegno nella sfera pubblica: l'insieme dei valori "nullo" (sic![11]) e "basso" nel corso degli anni sono sempre stati prevalenti, con un *range* che va da un minimo del 65% (nel 2017, l'anno con gli indici complessivamente migliori) a un massimo dell'82%, proprio nella nostra ultima rilevazione, che vede il valore "alto" ripiombare al 6% (esattamente come nel 2009), dall'incoraggiante 12,6% che aveva raggiunto nel 2017, e il valore "medio" praticamente dimezzarsi (*Tabella 11*).

Tabella 11. Indice di impegno civico

percentuali di colonna	**2009**	**2011**	**2013**	**2017**	**2019**
Nullo	26,2	31,0	37,4	24,5	36,6
Basso	53,8	40,9	37,2	40,3	45,1
Medio	13,7	18,9	17,6	22,5	12,0
Alto	6,3	9,2	7,7	12,6	6,3
Totale	100,0	100,0	100,0	100,0	100,0
n. casi	4.009	4.037	3.979	3.700	3.939

Sembra emergere, quindi, un notevole distacco tra la dimensione familiare, vista nei suoi risvolti interni così come in quelli più "esterni", allargati alla cerchia di frequentazioni che la famiglia intrattiene in quanto tale, e la dimensione pubblica *tout court*, che ha a che fare con il livello "macro": il mondo della politica, dell'appartenenza religiosa, delle istituzioni pubbliche, e così via.

Le famiglie degli intervistati presentano insomma, dal punto di vista dell'intreccio tra pubblico e privato, una capacità di ge-

[11] Cfr, nell'Appendice, il contributo di Luigi Tronca.

nerare relazioni di coesione e di solidarietà ancora molto forti, che sembrano perdere però di intensità mano a mano che ci si allontana dall'interno familiare e si passa alle relazioni esterne più istituzionali e formalizzate.

Viene da pensare, come spesso si sostiene e come si incaricano di confermare le esperienze drammatiche che stiamo vivendo proprio nei giorni in cui viene steso questo Rapporto, che gli italiani riescano a proiettarsi verso la sfera "civica" – peraltro con risultati eccellenti – quasi solo quando scatta un'emergenza. Se possiamo quindi dare per assodato che gli italiani danno il meglio di sé nelle situazioni difficili, i mesi e gli anni futuri che si prospettano per le nostre famiglie andranno vissuti non solo come una lunga e complicata uscita dall'emergenza *coronavirus*, ma anche come un'occasione preziosa per rimettere al centro il valore dei legami familiari, del capitale sociale che esse riescono a creare e dell'educazione a spenderlo nel contesto più ampio dei legami societari. Davanti a quella che si preannuncia come una crisi sistemica, la sfida per la famiglia sarà di dimostrarsi ancora capace di dare un senso e un'identità – che vada al di là del mero individualismo – ai percorsi di vita degli uomini e delle donne di questo sconvolgente inizio del XXI secolo.

Capitolo 8

LA DIFFICILE TRANSIZIONE DELLA SOCIETÀ POST-FAMILIARE: IL PUNTO DI VISTA DELLE FAMIGLIE ITALIANE

*Francesco Belletti**

1. Premessa

1.1. Identità allo specchio

Il presente capitolo affronta il tema generale del Rapporto 2020 a partire dai dati rilevati dalla ormai consolidata indagine empirica del Cisf su un campione di 4.000 casi, rappresentativo dell'universo delle famiglie italiane. Dal 2009 a oggi i questionari utilizzati erano strutturati essenzialmente su un'area fissa, riproposta sempre uguale ogni anno, e da una parte tematica, diversa ad ogni rilevazione e connessa al tema specifico messo sotto i riflettori nell'anno in questione. Così, nel 2009 sono stati approfonditi i comportamenti economici delle famiglie e le loro spese per

* **Francesco Belletti** è direttore del Cisf dal 2000. Sociologo, dal 1991-92 al 2005-06 è stato docente incaricato presso il corso di Laurea in Servizio sociale dell'Università Cattolica del Sacro Cuore. Dal 2009 al 2015 è stato Presidente nazionale del Forum delle associazioni familiari. Dal 2009 al 2016 è stato Consultore del Pontificio Consiglio per la Famiglia. Dal 2017 è membro del Board dell'ICCFR (*International Commission on Couple and Family Relations* - www.iccfr.org). Dal 2018 Responsabile Scientifico dell'Osservatorio Internazionale sulla Famiglia - *Family International Monitor* (www.familymonitor.net). È autore di numerosi articoli e saggi specialistici e di divulgazione. Tra le opere più recenti, oltre agli interventi nei Rapporti Cisf, il volume *La famiglia costruisce la società. Un valore "aggiunto" per tutti*, San Paolo, Cinisello B. (MI) 2015, e la curatela del volume (insieme a Donatella Bramanti ed Elisabetta Carrà) *Il Family Impact. Un approccio focalizzato sulla famiglia per le politiche e le pratiche* (Quaderni del Centro Famiglia) Vita e Pensiero, Milano 2018.

la vita quotidiana, con particolare attenzione al costo dei figli; nel 2011 le domande si sono incentrate sugli stili relazionali e progettuali di coppia; nel 2013 è stato messo sotto osservazione l'atteggiamento delle famiglie italiane nei confronti dei fenomeni migratori; nel 2017 le domande si sono concentrate su conoscenza, disponibilità e modalità di uso delle nuove tecnologie digitali da parte delle famiglie italiane. Ovviamente per ogni anno si sono dovuti affrontare problemi metodologici e di contenuto differenti, individuando ogni volta batterie di variabili eterogenee.

Il "tema specifico" cui è dedicato il Rapporto, il "problema di ricerca" da investigare e su cui reperire risposte propone interrogativi diversi e più articolati. Si tratta infatti di capire cosa sia la famiglia oggi, e soprattutto cosa potrà essere nel futuro più o meno immediato, in una situazione in cui «*la società sarà sempre meno 'famigliare' nel senso in cui l'hanno conosciuta le generazioni precedenti. Stiamo entrando in una società post-famigliare. Una società in cui le famiglie si andranno frammentando, scomponendosi e ricomponendosi sulla base di giochi relazionali che abbandonano la struttura sociale sui generis della famiglia come intreccio fra la relazione sponsale e quella genitoriale*»[1].

In particolare, le domande del questionario mettono sotto osservazione l'idea di famiglia che viene percepita ed esplicitata dalle famiglie stesse – in qualche modo confrontandola con la pratica stessa della famiglia. Viene così proposto alle famiglie interpellate una sorta di rispecchiamento, la sfida di una riflessione che diventa riflessività[2] sul senso, sul significato e sul futuro di una parola (*famiglia*) che è anche una dimensione irrinunciabile della propria esperienza. Si chiede cioè alle persone di esprimersi sulle loro percezioni di "quale sarà il futuro della

[1] Cfr. il capitolo 1 del presente Rapporto, p. 27.

[2] P. Donati, *Sociologia della riflessività. Come si entra nel dopo-moderno*, Il Mulino, Bologna 2011.

famiglia nel nostro Paese"; ma inevitabilmente le risposte saranno anche fortemente condizionate e determinate dal "vissuto". In un certo senso, nel rispondere alle domande del questionario su un tema così importante, sia nel sociale che nella propria sfera più personale, non è così facile distinguere tra "il futuro della famiglia" e "il futuro della mia famiglia", così come separare "quello che mi aspetto" succeda in futuro, e quello che "mi piacerebbe" che accadesse in futuro. Per certi versi ci si trova davanti alla "distanza tra il dire e il fare", con forti condizionamenti culturali dal contesto societario e dagli stessi interventi di politica sociale e familiare, nonché dagli interventi di giuridificazione della famiglia[3]. La rappresentazione del futuro viene inoltre ricavata sollecitando gli intervistati a prefigurare "le famiglie del futuro", vale a dire la condizione dei giovani e dei loro progetti, nella fase sorgiva del fare famiglia.

Per affrontare questo non semplice problema sono state sottoposte agli intervistati alcune batterie di domande legate ad alcuni elementi costitutivi del familiare, ricombinando variabili già presenti nei questionari degli anni precedenti e nuovi items. In particolare le aree analizzate sono: l'idea di famiglia e le aspettative sul suo futuro; l'idea di coppia; il nodo della generatività (avere figli, quanti, con quali motivazioni); le relazioni della famiglia e dei propri membri con il contesto sociale (reti relazionali e crescente peso delle relazioni digitali e delle ICT nella vita delle persone e delle famiglie). Così avremo (nei paragrafi del presente capitolo) da un lato la descrizione delle famiglie, nei loro elementi strutturali e relazionali (forme e strutture familiari[4] e

[3] Cfr. in questo stesso volume, il cap. 1 di P. Donati.

[4] Si ricorda che le strutture familiari dell'indagine sono organizzate su 12 tipologie (vedi anche Appendice di Luigi Tronca), costruite combinando il numero di membri, la condizione di coppia (coppia o singolo), le relazioni generazionali (genitori/figli e/o nuclei multigenerazionali) e le fasi del ciclo di vita della famiglia (a partire dall'età dei figli).

family social indicators); dall'altro avremo le loro percezioni sul valore famiglia e sui singoli elementi che ne compongono il "genoma".

1.2. Il disegno della ricerca

L'obiettivo centrale della ricerca è quello di verificare quale idea hanno le famiglie italiane del proprio presente e del proprio futuro, e come queste rappresentazioni siano collegate con i loro stili di vita reali (*Figura 1*). Il disegno di ricerca comprende quindi quattro contenitori (A, B, C, D), che riorganizzano in modo originale le diverse parti del questionario.

L'impianto della ricerca è costruito in modo da poter analizzare le connessioni fra questi quattro contenitori, e così mettere in luce correlazioni e, se possibile, i percorsi causali fra i vari fattori che caratterizzano le rappresentazioni del valore famiglia (segnalati dalle frecce nella *Figura 1*).

Figura 1. Schema del disegno della ricerca empirica

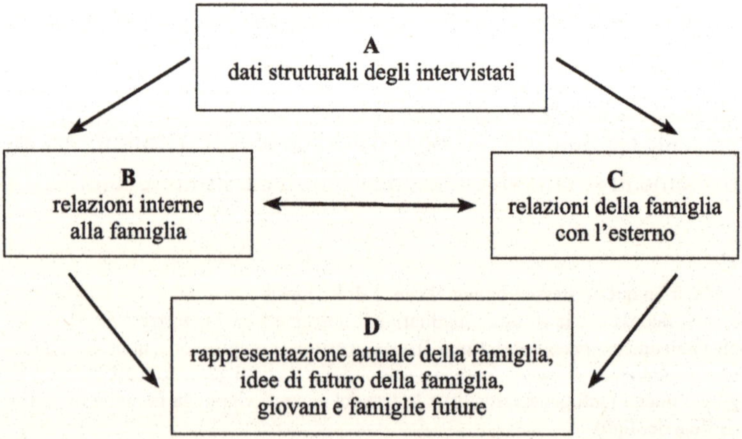

Nel *contenitore A* vengono raccolte informazioni sui profili sociologici dell'intervistato e dei familiari (sesso, età, residenza, stato civile, condizione professionale, ecc.), intendendo per famiglia coloro che vivono sotto lo stesso tetto. Questa parte individua il profilo strutturale della popolazione intervistata (ricordiamo che si tratta di profili familiari, non individuali).

Successivamente, i dati del contenitore A vengono collegati agli indicatori posti nel *contenitore B*, relativi alla qualità relazionale delle famiglie, sia al proprio interno che con l'esterno (il capitale sociale delle famiglie, *bonding* per i legami interni alla famiglia, *bridging* perché per le relazioni esterne, soprattutto con amici, vicini, colleghi di lavoro) così da poter ricavare gli indicatori dei cambiamenti strutturali delle famiglie (*family social indicators*).

Nel *contenitore C* ci si focalizza invece sulle altre relazioni che i singoli membri e l'intera famiglia hanno con l'esterno, in termini di rapporti interpersonali e con le varie istituzioni sociali: Parte integrante di questo contenitore è la mappa delle interazioni digitali (social network, il web in generale), viste come veicolo che qualifica le interazioni esistenti, e insieme le rende "differenti" (ibridate).

Nel *contenitore D* le domande sono focalizzate sull'idea di futuro della famiglia.

La logica di sviluppo della ricerca consiste nell'indagare se e come variano le rappresentazioni presenti della famiglia e del suo futuro (della sua identità e/o *"liquefazione"* – contenitore D), in funzione delle caratteristiche socio-strutturali delle famiglie stesse (contenitore A), dei loro modelli relazionali interni ed esterni (contenitore B) e delle altre relazioni che i membri della famiglia hanno con l'esterno (contenitore C, incluse le ibridazioni con le ITC). Ovviamente anche le interazioni tra i contenitori B e C verranno prese in considerazione (dato che stili relazionali interni delle famiglie e loro relazioni con l'esterno sono strettamente connesse).

2. Caratteristiche strutturali ed economiche delle famiglie

2.1. Quali famiglie: le strutture familiari

La *tipologia familiare*[5] su cui è stato costruito il piano di campionamento dell'indagine è stata elaborata in riferimento ad alcune qualità essenziali delle strutture familiari degli intervistati[6], e al modo in cui si combinano all'interno dello stesso nucleo: numero ed età dei membri, presenza di coppia genitoriale o di genitore solo, presenza dei figli. Il numero medio di componenti delle famiglie è di 2,31 persone per nucleo familiare (erano 2,34 nel 2017).

La struttura delle famiglie intervistate, in pressoché totale corrispondenza ai dati dell'Indagine Multiscopo ISTAT 2017, si presenta come segue:

[5] Per la dettagliata descrizione del campione e per la costruzione degli indici si rimanda all'Appendice Metodologica di Luigi Tronca. La tipologia familiare qui considerata è stata elaborata in occasione della prima edizione dell'indagine, per il Rapporto Cisf 2009 (cfr. anche il capitolo 7 che presenta le tabelle 2009-2019 e brevi commenti descrittivi). Il campione è statisticamente rappresentativo anche in funzione dell'area geografica (cfr. *Tabella 1* e Appendice metodologica).

[6] Il questionario è somministrato direttamente (per telefono) alle famiglie e raccoglie "il punto di vista" delle persone interpellate. I 4.000 soggetti intervistati (definiti nel questionario come colui/colei *"che si occupa della gestione economica della famiglia"*) sono donne nel 72,8% dei casi; la loro età media sfiora i 60 anni (era circa 59 nel 2017: occorre tenere conto che l'età minima per l'intervista era 18 anni), con una quota di intervistati sotto i 35 anni di poco superiore al 5,4%, e attorno al 40,4% per intervistati con più di 65 anni. Si conferma marginale inoltre, come è frequente nelle indagini demoscopiche non mirate al tema, la quota di "persone straniere" presenti nel campione: 1,1% (43 casi).

– nel 2019 la percentuale di persone sole si attesta al 30,2% (era 30,7% nel 2017);

– le coppie con figli sono stabili, poco più di un terzo del campione (34,6%);

– rimane stabile anche la quota dalle coppie senza figli (20,8%);

– nel complesso le coppie sono 2.061 (il 55,4% del totale – le coppie con figli sono 1.384);

– il 10,4% degli intervistati vive in nuclei con un solo genitore;

– le famiglie con figli sono 1.801 (il 45,0% del campione);

– restano marginali altre forme (più nuclei, 1,4%, o forme di convivenza senza legami familiari).

Tra le famiglie con figli quelle con un solo figlio sono il modello prevalente (55,3%), quelle con 2 figli sono oltre un terzo (37,7%), e le famiglie con tre figli e più rimangono marginali (7,0%). La presenza di "altre persone" (in aggiunta al nucleo ristretto di genitori, partner e figli) caratterizza il 6,9% delle famiglie interpellate (277 casi). Si conferma quindi la netta prevalenza della famiglia nucleare. Tra i "membri aggiunti" al nucleo in 138 casi si tratta di genitori (70 padri e 68 madri), in genere nuclei trigenerazionali con genitori anziani, e in 14 casi si tratta di badanti.

Il 17,1% degli intervistati vive nelle aree metropolitane delle città più grandi (oltre 250.000 abitanti – *Allegato-Tabella 1**)[7], mentre il resto del campione vive in centri medi e piccoli; il 27,2% degli intervistati vive in Comuni con meno di 10.000

[7] Per facilitare la lettura del capitolo, verranno inserite nel testo solo alcune delle tabelle commentate. Tuttavia, per consentire una più completa informazione sulla ricchezza dei dati quantitativi provenienti da questa indagine, alcune tabelle verranno inoltre inserite nell'*Allegato statistico al capitolo 8*, con numerazione dedicata e con asterisco (e così saranno citate nel testo).

abitanti. Non emergono particolari polarizzazioni delle tipologie familiari secondo la dimensione dei comuni di residenza, se si eccettua una maggiore presenza di persone anziane nelle aree metropolitane (persone sole con più di 65 anni, 20,0%, e coppie senza figli con donna con più di 54 anni, 19,1%).

La presenza di figli rimane uno dei fattori decisivi nel qualificare l'identità del "famigliare"[8] e la sua dimensione storico-diacronica (la famiglia vive e trova senso nel tempo e attraverso il tempo costruisce e ricostruisce i propri equilibri, le proprie priorità, attraversando passaggi critici e punti di svolta[9]). In effetti nel campione la percentuale di persone intervistate che ha avuto figli nel corso della propria vita è ben più elevata: si tratta di 3.423 persone (l'87,0% sul totale – *Tabella 1*). Il dato è confermato dall'analisi delle tipologie familiari, dove si nota l'elevato numero di figli avuti da parte degli ultrasessantacinquenni (sia single che in coppia senza figli), che ora sono rimasti senza figli nel proprio nucleo, essendo questi usciti in vario modo dalla propria famiglia di origine. Anche tra le famiglie

[8] L'identità della famiglia è stata un'attenzione permanente delle riflessioni di tutti i Rapporti Cisf, nell'ipotesi che sia comunque possibile/appropriato individuare una sua specificità identitaria, anche in un contesto così liquido e destrutturato quale quello che caratterizza il post-moderno (si fa riferimento ad un "genoma" familiare – cfr. tra gli altri P. Donati, *Famiglia. Il genoma che fa vivere la società*, Rubbettino, Soveria Mannelli (CZ) 2013). Peraltro la *"società post-familiare"* messa a tema nel presente Rapporto sfida (quasi *rifiuta*) la possibilità stessa di definire un "famigliare", come sostantivo che qualifichi/delimiti un luogo sociale specifico, con proprie qualità distintive (cfr. E. Scabini, V. Cigoli, *Il famigliare. Legami, simboli e transizioni*, Cortina, Milano 2000).

[9] "Il movimento del dare, ricevere e ricambiare segna tutti gli scambi nella famiglia (ma anche nel sociale) ed ha la sua genesi e il suo fondamento nell'*azione/bene per eccellenza del famigliare che è costituito dal dare la vita* [ns. corsivo]. Tale movimento non è circolare, ma piuttosto lineare, non torna alla fonte, ma procede in avanti. Infatti chi riceve la vita, il generato, non può ridarla ai suoi generanti, può darle valore invece impegnandosi a ritrasmettere a sua volta la vita insieme alle sue qualità simboliche (fiducia, speranza, e giustizia) che la rendono pienamente umana", V. Cigoli, E. Scabini, «Generatività: la natura del famigliare», in E. Scabini, G. Rossi (a cura di), *La natura dell'umana generazione*, Studi Interdisciplinari sulla famiglia n. 29, Vita e Pensiero, Milano 2017, p. 55.

con più nuclei i figli sono significativamente presenti nella condizione attuale (68,4%) e nel passato (15,8%). Da segnalare infine che tra i single sotto i 65 anni almeno una persona su tre dichiara di avere figli non conviventi (34,0%); probabilmente si tratta dei partner separati o divorziati (in genere padri) che dopo la rottura del rapporto di coppia vivono in altra abitazione, lontani dai propri figli.

Tabella 1. Figli avuti e/o stabilmente presenti nella famiglia secondo la tipologia familiare

Percentuali di riga	Non ci sono figli che vivono stabilmente in famiglia e non ha mai avuto figli (neanche adottati)	Non ci sono figli che vivono stabilmente in famiglia, ma ha avuto figli (anche adottati)	Ci sono figli che vivono stabilmente in famiglia	n. casi
TOTALE	13,0	43,3	43,7	3.933
Famiglia con un solo componente, fino a 65 anni	34,0	66,0	0,0	520
Famiglia con un solo componente, più di 65 anni	17,1	82,9	0,0	659
Coppia senza figli, con donna fino a 54 anni	21,4	78,6	0,0	262
Coppia senza figli, con donna con più di 54 anni	4,8	95,2	0,0	564
Coppia con figli, tutti i figli fino ai 18 anni	0,0	0,0	100,0	675
Coppia con figli, figli sia sopra che sotto i 18 anni	4,6	0,0	95,4	153

Coppia con figli, tutti i figli sopra i 18 anni	8,9	0,4	90,8	542
Famiglia con un solo genitore, tutti i figli fino ai 18 anni	1,4	0,0	98,6	141
Famiglia con un solo genitore, figli sia sopra che sotto i 18 anni	11,1	0,0	88,9	27
Famiglia con un solo genitore, tutti i figli sopra i 18 anni	13,4	1,7	84,9	239
Famiglie senza nuclei, escluse le persone sole	40,4	59,6	0,0	94
Famiglie con più nuclei	15,8	15,8	68,4	57

2.2. Caratteristiche socio-economiche delle famiglie

Un primo indicatore socio-economico è l'*indice di capitale culturale familiare*[10], basato sui livelli di istruzione dell'intervistato e del partner, ove presente; si rileva su tale indice una prevalenza di livelli elevati (21,0%) e medio-alti (37,3%), quasi il 60% sul totale (*Tabella 2*).

Tabella 2. Indicatori socio-economici della condizione familiare

Percentuali di riga	Basso	Medio-basso	Medio-alto	Alto	n. casi
Indice di capitale culturale familiare	32,1	9,5	37,3	21,0	3.983
Indice di prestigio delle professioni familiari	25,9	35,9	30,9	7,3	3.899
Indice di status socio-economico familiare	20,3	34,7	28,0	17,0	3.985

[10] Per la descrizione analitica di questo indice, e di tutti gli altri di volta in volta introdotti, si rimanda all'Appendice metodologica di Luigi Tronca. Per interpretare l'evoluzione nel tempo di questi indicatori strutturali vedi anche il capitolo 7, con l'analisi delle serie storiche dei *family social indicators* a cura di Pietro Boffi.

Dal confronto con le tipologie familiari (strettamente collegate con l'età del capofamiglia – *Allegato-Tabella 2**) emerge una prevedibile correlazione tra età e capitale culturale degli intervistati; le coppie più giovani, quelle con figli sotto i 18 anni, con capitale culturale alto o medio-alto superano i tre quarti del campione, mentre gli anziani (persone sole o in coppia) presentano percentuali molto più elevate di capitali culturali più bassi (attorno al 55%, in entrambe le tipologie). Analoga presenza di bassi livelli di capitale culturale familiare caratterizza anche la tipologia residuale delle "famiglie senza nuclei".

La condizione professionale degli intervistati offre uno spaccato interessante, anch'esso primariamente connesso con la loro condizione generazionale (età): è infatti in pensione il 41,0% del campione, mentre gli attivi dal punto di vista lavorativo (dipendenti, autonomi ecc.) sono il 36,2%. La condizione di casalinga interessa il 18,3% dei casi, mentre nel 4,4% le persone si trovano in altre condizioni non lavorative (studenti, inabili al lavoro ecc.). Tuttavia la condizione professionale dell'intervistato non è sufficiente per qualificare la famiglia nel suo complesso, e va completata con la considerazione congiunta della professione del partner (ove presente).

Si è così costruito un *indice di prestigio delle professioni familiari*[11] (si veda la voce in *Tabella 2*), che conferma una forte stratificazione socio-culturale, primariamente connessa con le età degli intervistati. In primo luogo, nel campione nel suo complesso emerge una maggiore presenza di professioni nella parte bassa del "prestigio" (oltre il 60% con valori bassi e medio-bassi), mentre solo il 7,3% delle famiglie ha un indice alto.

[11] Si ricorda che in caso di pensionati o lavoratori in cassa integrazione si è utilizzata la professione svolta in passato, come da domanda sul questionario (cfr. l'intervento di Luigi Tronca, in Appendice).

In secondo luogo il confronto con le tipologie familiari evidenzia differenziazioni molto significative (forse le più rilevanti, rispetto ai vari dati strutturali – vedi *Allegato Tabella 3**):

– da un lato esistono tipologie familiari in cui prevalgono nettamente le posizioni inferiori (basso e medio-basso), collegate alle generazioni più anziane (ma anche alla condizione femminile): le famiglie con un solo componente con più di 65 anni, le coppie senza figli con donna con più di 65 anni, le famiglie con un solo genitore, sia con figli maggiori di 18 anni che con figli minori (soprattutto donne, ricordiamo);

– all'estremo opposto si riscontrano le famiglie più giovani: le coppie senza figli con donna sotto i 54 anni, le coppie con figli solo minori, ma anche le coppie con figli sia minori che maggiorenni;

– non sorprende la condizione intermedia delle famiglie senza nuclei e delle famiglie con più nuclei, che presentano maggiori presenze nelle posizioni estreme dell'indice di prestigio, a segnalare una tipologia non univoca, si potrebbe dire "mista", di condizioni familiari.

Per misurare adeguatamente lo status socio-economico di una famiglia non basta la professione, ma occorre considerare congiuntamente la condizione lavorativa ed economica della coppia e dell'intero nucleo. A questo scopo è stato costruito un *indice di status socio-economico familiare* (*Tabella 2*), che si assesta in modo rilevante, nel campione qui considerato, nei livelli medi e medio-bassi di status socio-economico. Lo status più basso interessa circa un quinto degli intervistati.

Se si considerano le varie tipologie familiari emergono polarizzazioni molto significative (*Allegato-Tabella 4**):

– sono molto presenti famiglie di status inferiore tra gli anziani soli (42,8%) e le famiglie monogenitoriali più vecchie (con figli maggiorenni, 41,4%);

– un'elevata percentuale di status basso si ritrova anche tra le forme familiari complesse (famiglie senza nuclei 46,9%, famiglie con più nuclei 33,3%), ma queste tipologie mostrano percentuali elevate anche sull'altro estremo dello status, alto (rispettivamente 25,5% e 28,1%), a conferma di una forte disomogeneità interna di queste tipologie familiari;

– all'estremo opposto, le coppie con figli più adulte (con figli maggiorenni) presentano maggiori percentuali di famiglie con status alto (attorno al 24%) e percentuali minime di status basso.

Passando all'analisi più specifica delle disponibilità economiche delle famiglie, il campione nel suo complesso si presenta diviso in due parti quasi perfettamente uguali (*Tabella 3*), se si fa riferimento alle difficoltà economiche sperimentate nel 2019[12]; il 48,8% dichiara di essere arrivata a fine mese con facilità, e il 4,0% con grande facilità. Poco più della metà delle famiglie qui interpellate ha quindi avuto un 2019 sereno (almeno dal punto di vista economico). Sul versante opposto è minore la percentuale di "difficoltà moderate" (37,3%), e rimane consistente la percentuale di famiglie che hanno avuto grande difficoltà ad arrivare a fine mese: il 9,9%. Una famiglia su dieci, quindi, ha sperimentato nel 2019 una esplicita criticità economica, dato in sintonia con i dati Istat sulle famiglie a rischio

[12] La variabile qui utilizzata è una *proxy* delle disponibilità economiche delle famiglie; del resto il reddito disponibile non è facilmente rilevabile in indagini con risposta diretta degli intervistati (per una serie di ragioni già ampiamente note in ambito metodologico, connesse ad una certa e ben provata "reticenza/ inaffidabilità" dei dati di reddito dichiarati, rispetto a quelli reali). Inoltre va segnalato che l'emergenza pandemia renderà queste percezioni (pur importanti per descrivere il campione) ben poco estensibili al tempo presente.

di povertà, con grave deprivazione materiale o a rischio povertà negli anni più recenti. In particolare questa quota percentuale corrisponde alla condizione di *"grave deprivazione materiale"*[13].

Tabella 3. Nel 2019 la sua famiglia come è riuscita ad arrivare a fine mese? secondo la tipologia familiare

Percentuali di riga	Con grande difficoltà	Con difficoltà	Con facilità	Con molta facilità	n. casi	Come valuta gli aiuti dello stato alla famiglia*
TOTALE	9,9	37,3	48,8	4,0	3981	3,83
Famiglia con un solo componente, fino a 65 anni	7,2	37,2	52,5	3,2	530	3,91
Famiglia con un solo componente, più di 65 anni	12,2	37,1	47,5	3,3	674	4,04
Coppia senza figli, con donna fino a 54 anni	7,6	33,3	54,9	4,2	264	3,41

* punteggio su scala 0-10.

[13] L'indicatore di grave deprivazione materiale è dato dalla percentuale di persone che vivono in famiglie che sperimentano almeno quattro tra i seguenti nove sintomi di disagio: *1. Non poter riscaldare adeguatamente l'abitazione; 2. Non poter sostenere una spesa imprevista (il cui importo, in un dato anno, è pari a 1/12 del valore della soglia di povertà rilevata nei due anni precedenti); 3. Non potersi permettere un pasto proteico (carne, pesce o equivalente vegetariano) almeno una volta ogni due giorni; 4. Non potersi permettere una settimana di ferie all'anno lontano da casa; 5. Non potersi permettere un televisore a colori; 6. Non potersi permettere una lavatrice; 7. Non potersi permettere un'automobile; 8. Non potersi permettere un telefono; 9. Essere in arretrato nel pagamento di bollette, affitto, mutuo o altro tipo di prestito.*

Coppia senza figli, con donna con più di 54 anni	7,6	32,3	55,6	4,4	563	4,01
Coppia con figli, tutti i figli fino ai 18 anni	9,9	34,0	51,6	4,4	676	3,98
Coppia con figli, figli sia sopra che sotto i 18 anni	10,8	29,1	55,1	5,1	158	3,67
Coppia con figli, tutti i figli sopra i 18 anni	10,7	42,5	41,9	5,0	544	3,61
Famiglia con un solo genitore, tutti i figli fino ai 18 anni	12,8	55,3	30,5	1,4	141	3,35
Famiglia con un solo genitore, figli sia sopra che sotto i 18 anni	3,7	48,1	44,4	3,7	27	5,30
Famiglia con un solo genitore, tutti i figli sopra i 18 anni	12,9	47,0	36,9	3,2	249	3,44
Famiglie senza nuclei, escluse le persone sole	8,2	35,7	50,0	6,1	98	3,29
Famiglie con più nuclei	19,3	31,6	45,6	3,5	57	4,35

Confrontando il dato delle difficoltà economiche con la tipologia familiare emerge inoltre che *"sono i figli a fare la differenza, ma conta molto anche l'età (dei genitori e dei figli)"*. Di fatto in alcune tipologie familiari che hanno figli al proprio interno si riscontra una maggiore presenza di famiglie che hanno fatto fatica ad arrivare a fine mese, anche se le coppie con genitori più adulti (quelle che hanno almeno un figlio con più di 18 anni) presentano anche quote elevate di famiglie che sono arrivate a fine mese *"con facilità"*. Nel confronto tra coppie senza figli e famiglie con figli che hanno avuto maggiori difficoltà viene confermato il prevedibile e mai troppo spesso denunciato "svantaggio economico" dei nuclei con figli (10% circa di grandi difficoltà per le coppie con figli, il 7,6% per le coppie senza figli).

Su questa variabile le famiglie monogenitoriali presentano nel complesso maggiori criticità (per i genitori solo con figli minori e con figli maggiorenni la quota di "con grande difficoltà" supera il 12%)[14].

Rispetto alle persone sole è l'età a generare qualche polarizzazione sul versante del benessere economico: tra chi ha meno di 54 anni sono più alte le percentuali di chi dichiara facilità ad arrivare a fine mese e più basse quelle di chi dichiara difficoltà, mentre i single con più di 65 anni, in genere anziani/pensionati, presentano segnali di maggiore criticità e difficoltà (12,2% *"con grande difficoltà"*).

La valutazione sugli aiuti che lo Stato dà alla famiglia invece (ultima colonna della *Tabella 6*) è nettamente più negativa, e gravemente insufficiente (anche tra chi non ha avuto difficoltà economiche nel 2019): a livello nazionale si ferma a 3,83 (in una scala da 0 a 10), con variazioni molto limitate tra le varie tipologie familiari e le altre condizioni strutturali[15]. Il voto minimo è 3,29, dalle famiglie con più nuclei, seguito dal 3,35 delle famiglie monogenitoriali con figli minori (quelle che, come si nota facilmente dalla tabella, avevano manifestato gravi difficoltà economiche nel 2019).

2.3. Coesione interna delle famiglie e partecipazione alla vita sociale

Analizzando in via sintetica i dati relativi ai principali *family social indicators* (*Tabella 4*, vedi la colonna del totale sui vari

[14] I dati relativi alla tipologia *"nuclei monogenitoriali con figli sia minori che maggiorenni - >< 18 anni"* sono spesso diversi da quelli proposti dalle altre tipologie monogenitoriali; tuttavia si tratta di una tipologia con pochi casi (27 su 4mila), quindi il dato va interpretato con grande cautela.

[15] Da segnalare che rispetto al 2017 questa valutazione è decisamente migliorata, dopo un trend di costante peggioramento (cfr. il capitolo 7), presumibilmente in connessione alla *mini-ripresa* economica di questi ultimi anni – ormai definitivamente interrotta dagli effetti della pandemia.

indici) relativi a coesione interna e apertura solidale all'esterno, si evidenzia una netta prevalenza della dimensione relazionale interna (*coesione relazionale familiare, condivisione del tempo e capitale sociale* bonding), rispetto a quella di apertura all'esterno (*capitale sociale* bridging *e impegno civico*). Il capitale sociale *bridging* rimane peraltro attestato in modo significativo su valori alti e medio alti, mentre l'indice di impegno civico è l'unico indice della tabella che presenta una prevalenza di risposte per i valori basso e medio-basso (rispettivamente 36,6% e 45,1%).

Le famiglie degli intervistati sono nel complesso fortemente coese al loro interno, e manifestano inoltre, quando si interfacciano con l'esterno della famiglia, una significativa capacità di generare relazioni di coesione e di solidarietà ancora molto forti, quando sono informali, ma che sembrano perdere di intensità – pur rimanendo comunque non marginali – mano a mano che ci si allontana dall'interno familiare, e si passa alle relazioni esterne più istituzionali e formalizzate.

In questo caso è parso interessante incrociare i dati dei *family social indicators* qui considerati con le aree geografiche, per offrire qualche riscontro sulle differenziazioni che possono verificarsi, per l'intreccio tra possibili differenziazioni delle culture familiari interne e delle culture relazionali dei vari contesti territoriali.

Rispetto agli indicatori di coesione familiare interna, comunque elevati per tutta la popolazione, il Sud presenta su tutti e tre le dimensioni una maggiore presenza di valori alti rispetto agli altri territori; anche le Isole segnalano la percentuale più alta di famiglie con alto indice di *coesione relazionale familiare* (96,9%). Sul versante opposto si segnala il Centro Italia, dove emergono valori inferiori sull'*indice di condivisione del tempo in famiglia* (la percentuale di "alto" è 64,5%, comunque elevata, ma inferiore a tutti gli altri contesti territoriali). Le Isole presentano anche la più bassa presenza di famiglie con capitale sociale *bonding* (80,6%, comunque elevato), mentre il Sud presenta il valore più alto di questo indicatore (84,8%).

Tabella 4. Family social indicators*: indici relazionali "INTERNI" ED "ESTERNI" secondo l'area geografica*

Percentuali di colonna	TOTALE	Nord Ovest	Nord Est	Centro	Sud	Isole
INDICE DI CONDIVISIONE DEL TEMPO (INTERNO)						
Molto basso	1,5	0,7	1,0	2,8	2,1	0,7
Basso	6,9	7,9	7,3	9,1	4,3	4,8
Medio	19,8	19,9	17,5	23,6	16,0	24,8
Alto	71,9	71,4	74,2	64,5	77,6	69,7
n. casi	2.686	718	520	529	625	294
INDICE DI COESIONE RELAZIONALE FAMILIARE (INTERNO)						
Basso	1,0	1,5	1,7	1,3	0,0	0,3
Medio	4,9	6,4	4,6	4,5	4,6	2,7
Alto	94,1	92,1	93,7	94,1	95,4	96,9
n. casi	2.691	719	524	529	625	294
INDICE DI CAPITALE SOCIALE BONDING (INTERNO)						
Basso	7,1	7,5	7,4	9,3	5,4	5,1
Medio	9,9	9,0	10,5	8,1	9,8	14,3
Alto	83,0	83,4	82,1	82,6	84,8	80,6
n. casi	2.691	719	524	529	625	294
INDICE DI CAPITALE SOCIALE BRIDGING (ESTERNO)						
Basso	5,4	4,7	5,6	7,8	5,4	2,4
Medio-basso	8,1	7,4	8,7	9,5	7,5	7,1
Medio-alto	24,2	22,9	23,5	24,6	26,6	22,4

Alto	62,4	65,0	62,3	58,1	60,4	68,0
n. casi	2.683	717	520	528	624	294
INDICE DI IMPEGNO CIVICO (ESTERNO)						
Nullo	36,6	31,2	37,4	37,9	39,8	40,0
Basso	45,1	52,2	44,8	42,1	41,4	40,5
Medio	12,0	11,0	12,5	12,3	10,9	15,7
Alto	6,3	5,5	5,4	7,8	7,9	3,8
n. casi	3.939	1.089	779	800	851	420

Rispetto agli indici di relazionalità prosociale esterna, invece (*impegno civico e capitale sociale* bridging), emerge una minore propensione all'impegno e alla relazionalità esterna per l'area delle Isole e del Sud, dove spicca rispettivamente il 40,0% e il 39,8% di famiglie con impegno civico "nullo". Sul versante opposto, il Nord Ovest presenta una percentuale di famiglie con impegno civico nullo che scende al 31,2% (non proprio marginale, a dire il vero...). L'indice di capitale sociale *bridging*, infine, presenta il dato più basso nel Centro e nel Sud (rispettivamente 58,1% e 60,4%), mentre le Isole presentano il dato più elevato (68,0%).

Il comportamento non univoco di questi due indicatori di apertura al sociale può essere ricondotto al fatto che l'indice di impegno civico fa riferimento soprattutto alla dimensione associativa-strutturale dell'impegno nel sociale, mentre il capitale sociale *bridging* misura il grado di apertura della famiglia e dei suoi membri nella loro dimensione informale (reti di amicizia, più che adesione ad un'associazione di volontariato). Distinzione interessante per comprendere meglio la grande varietà di modi con cui le persone possono vivere le interazioni nell'esterno familiare, dalla relazione informale con amici fino all'adesione attiva ad un'organizzazione strutturata di privato-sociale, ben oltre la semplicistica distinzione "pubblico-privato".

Un ultimo elemento socio-relazionale rilevante che caratterizza gli intervistati è la pratica religiosa dei membri delle famiglie interpellate. Nel complesso sono 2.547 gli intervistati *che partecipano abitualmente a funzioni religiose* (tale era la definizione del questionario), pari al 63,7% del campione. La percentuale di famiglie in cui almeno una persona svolge abitualmente tali pratiche (non solo gli intervistati, quindi) è leggermente maggiore, e riguarda 2.642 casi (quasi un terzo del campione, quindi: 66,1%). Rispetto alla frequenza delle pratiche religiose degli intervistati, è maggioritaria la quota di chi partecipa almeno settimanalmente a tali pratiche (54,9% dei praticanti), mentre circa un terzo le svolge più volte al mese; il 13,2% le svolge in modo saltuario/episodico (qualche volta l'anno).

Il confronto tra pratica religiosa e tipologia familiare degli intervistati (*Allegato-Tabella 5**) evidenzia alcune interessanti polarizzazioni:

– le famiglie più mature presentano percentuali di pratica religiosa più elevate (anziani soli, coppie di anziani, famiglie con figli sia maggiorenni che minori; quest'ultima tipologia presenta il valore più elevato di praticanti, pari a 72,8%);

– le famiglie monogenitoriali presentano invece maggiori percentuali di persone che non partecipano abitualmente alle funzioni religiose; il valore più elevato di *non praticanti* interessa i nuclei monogenitoriali con figli maggiorenni (55,6% e 51,8%).

Confrontando inoltre la pratica religiosa e gli indicatori relazioni familiari interni ed esterni (vedi *Allegato-Tabella 6**) emerge su *tutti* gli indicatori una qualità relazionale più elevata per le persone che partecipano abitualmente a pratiche religiose. L'esperienza religiosa e l'appartenenza a una comunità di fede è quindi elemento che rinforza sia l'intensità delle relazioni familiari interne che la propensione alle relazioni esterne e all'impegno prosociale.

3. Reti digitali e relazioni

Come già ampiamente trattato nel Rapporto Cisf 2017, la digitalizzazione delle relazioni interpersonali e familiari[16] sta caratterizzando in modo forse irreversibile la quotidianità delle interazioni tra persone in ogni ambito di vita: dal lavoro alle relazioni familiari, dagli amici alle attività di consumo e di acquisto, l'ibridazione del *face-to-face* con il digitale è diventata ormai pervasiva e inestricabile. Le relazioni familiari non fanno eccezione[17].

3.1. Libertà e costrizione nell'uso delle ICT

Per questo riprendiamo in questo paragrafo le riflessioni già sviluppate nel 2017, fondate non sulla misurazione quantitativa del grado di digitalizzazione della vita delle persone (sul quale altri svolgono con molta efficacia più adeguate misurazioni sistematiche), quanto piuttosto sull'atteggiamento delle persone nei confronti delle ICT. In particolare consideriamo qui quan-

[16] Ovviamente il rapporto tra relazioni *face-to-face* e digitale è stato totalmente rivoluzionato dall'emergenza *coronavirus*, che ha costretto tutti a fare i conti con la reclusione delle relazioni familiari all'interno dei rigidi confini architettonici delle abitazioni (*face-to-face h24* solo con i propri familiari, in genere), e insieme con lo svelarsi di impensate possibilità nelle relazioni digitali (dallo *smart working* alla scuola via internet, fino alla conservazione delle relazioni con parenti e amici tramite i *social* – cfr. la Postfazione, per qualche ulteriore riflessione).

[17] Sul concetto di *ibridazione delle relazioni familiari* vedi CISF (a cura di), *Le relazioni familiari nell'era delle reti digitali. Nuovo Rapporto Cisf 2017*, San Paolo, Cinisello Balsamo (MI) 2017. Il tema è affrontato e aggiornato anche in diversi capitoli del presente Rapporto (si veda ad esempio il capitolo 5, di Pier Cesare Rivoltella e il capitolo 6, di Tonino Cantelmi).

to l'uso delle ICT sia percepito come libera scelta (nel questionario *"un piacere"*), e quanto invece sia un vincolo, un obbligo, un compito che si sarebbe evitato volentieri (nel questionario *"una costrizione necessaria" – Tabella 5*).

Tabella 5. Atteggiamento nei confronti dell'uso dei media digitali per informarci e relazionarci con gli altri

Media (0-10)	2017	2019
Quanto spesso utilizzare i media digitali è un "piacere"?	5,30	6,48
Quanto spesso utilizzare i media digitali è una "costrizione necessaria"?	5,20	6,30

Entrambi gli atteggiamenti sono cresciuti; la valutazione media dell'uso del digitale come "piacere" passa da 5,30 a 6,48, ma anche la valutazione di "costrizione necessaria" sale di più di un punto, passando da 5,20 a 6,30. Questo sembrerebbe confermare una crescente digitalizzazione dell'informazione e nelle relazioni con gli altri, ma evidenzia anche una certa ambivalenza/ resistenza, in una consistente parte della popolazione italiana, che vive la digitalizzazione come una costrizione, pur se necessaria.

Tabella 6. Indice di autonomia/eteronomia (nell'uso dei media digitali)

Percentuali di colonna	2017	2019
Autonomia dai media digitali	34,6	38,6
Equilibrio tra autonomia ed eteronomia	34,3	27,6
Eteronomia da parte dei media digitali	31,1	33,8
n. casi	3.233	3.660

L'analisi delle combinazioni dei due atteggiamenti (*Tabella 6*) individua tre gruppi distinti: a un estremo si trovano i soggetti in cui prevale l'*autonomia* (alti punteggi su "libertà", bassi punteggi su "costrizione"); all'estremo opposto si riscontra una maggiore dipendenza dall'esterno (*"eteronomia"*), e la posizione intermedia vede la compresenza di entrambe le percezioni (usare le ITC è un piacere, ma anche una costrizione). Nel 2017 i tre gruppi si presentavano praticamente equivalenti (un terzo circa per ogni tipologia), mentre nel 2019 diminuisce in modo significativo la quota degli *intermedi*, e cresce decisamente la quota degli *autonomi* (maggior piacere, fino al 38,6%) e anche, sia pur leggermente, quella della eteronomia/condizionamento (33,8%). La crescente digitalizzazione avvenuta in soli tre anni sembra cioè aver generato una maggiore nettezza di giudizi, in prevalenza positivi.

Tabella 7. Indice di autonomia/eteronomia (nell'uso dei media digitali) secondo l'area geografica

Percentuali di colonna	Tot.	Nord Ovest	Nord Est	Centro	Sud	Isole
Autonomia dai media digitali	38,6	38,5	38,6	42,4	35,3	38,4
Equilibrio tra autonomia ed eteronomia	27,6	27,7	27,1	24,3	29,2	31,1
Eteronomia da parte dei media digitali	33,8	33,8	34,3	33,3	35,5	30,6
n. casi	3.660	1.024	726	753	761	396

Le differenze territoriali su tale indice non sembrano particolarmente rilevanti nel 2019 (*Tabella 7*), a conferma di un processo che appare pervasivo dell'intera società; si segnala comunque una presenza decisamente minore di soggetti con "eteronomia" e con "equilibrio" nel Sud, mentre il Centro presenta una quota superiore di persone con "autonomia" dai media digitali (42,4%).

3.2. Ibridazione e adattamento delle relazioni tra face-to-face e digitale

Nel rapporto Cisf 2017 era stata inoltre costruita un'ulteriore tipologia su quattro gruppi ben distinti, che manifestano significativi mutamenti tra il 2017 e il 2019, pur conservando la stessa graduatoria nella percentuale di scelte (*Tabella 8*).

Tabella 8. Ibridazione ed adattamento nell'uso dei media digitali

Percentuali di colonna	2017	2019
ADATTATI (piacere e costrizione sono più o meno bilanciati)	48,7	76,5
MARGINALI (né piacere né costrizione, in gran parte perché non li usano)	21,6	9,4
IBRIDATI (molto piacere e nessun senso di costrizione)	17,6	8,7
FORZATI (poco piacere e prevalente senso di costrizione)	12,1	5,4
n. casi	2.268	2.948

Prima ancora di analizzare le singole tipologie, emerge in primo luogo la crescita dei soggetti che hanno una posizione più netta, un giudizio più "schierato". La tipologia è stata infatti costruita (in entrambi gli anni) combinando chi prova piacere (o meno) e chi si sente costretto (o meno). Le risposte sono state dicotomizzate escludendo le posizioni intermedie, meno schierate, dei soggetti che si sono collocati esattamente a metà (escludendo cioè chi ha dichiarato un punteggio 5 nella scala 0-10 su almeno una delle due scale) per poter meglio individuare i quattro gruppi "puri", cioè decisamente in una direzione o nell'altra. Nel 2017 risultavano 2.268 soggetti con posizioni "non intermedie" (su un campione di 3.708 casi, il 61,2%), mentre nel 2019 tali soggetti sono 2.948 (su 4.000 casi, pari al 73,7% del campione). Dopo soli due anni, quindi, le persone esprimono pareri molto più netti, meno neutrali, sulle modalità di uso delle ITC; questo sembra essere un segnale di maggiore conoscenza del digitale – e anche di crescente "addomesticamento", anche se non sempre gradevole.

1) La percentuale più alta riguarda il gruppo definito degli *"adattati"*, coloro che hanno risposto Sì-Sì, cioè che provano piacere ma anche costrizione; sono in generale persone che utilizzano abbastanza o molto i media digitali, e nello stesso tempo, si sentono abbastanza o molto costretti. Nel 2017 questo gruppo interessava il 48,7% del sottocampione di riferimento (quasi la metà), mentre nel 2019 cresce fino a oltre i tre quarti (76,5%). Questa imponente crescita percentuale è avvenuta ai danni di tutte gli altri gruppi, significativamente diminuiti tra il 2017 e il 2019, e sembra quindi descrivere l'atteggiamento prevalente nel nostro Paese nei confronti della crescente e pervasiva digitalizzazione delle infor-

mazioni e delle relazioni, segnato da una certa "ambivalenza positiva".

2) Il secondo gruppo per numerosità riguarda i *"marginali"*, coloro cioè che hanno risposto No-No, cioè né piacere né costrizione. Sono in generale persone che usano poco o nulla i media digitali. Nel 2017 erano il 21,6% sul totale, mentre nel 2019 risultano più che dimezzati (9,4%).

3) Seguono gli *"ibridati"*, la tipologia forse più innovativa rilevata nel 2017. Si tratta di chi ha risposto Sì-No, cioè quelli che provano piacere senza costrizione. Sono in generale persone che usano abbastanza o molto i media digitali e lo fanno più spontaneamente e attivamente, senza sentirsi dipendenti dall'ambiente. Essi rappresentano il gruppo sociale che più si amalgama e si omogeneizza al mondo virtuale. Nel 2017 a questo gruppo apparteneva il 17,6%, e anche esso si ritrova notevolmente ridimensionato nel 2019 (scende al 8,7%).

4) Il gruppo più piccolo risulta essere in entrambi gli anni quello dei *"forzati"*, coloro che hanno risposto No-Sì, cioè poco piacere e invece una certa costrizione. Sono in generale persone che usano i media digitali soprattutto perché sono/si sentono pressati a farlo. I soggetti in questo gruppo sono diminuiti dal 12,1% nel 2017 all'8,4% nel 2019.

Nel complesso, da questi dati, sembrerebbe confermarsi quella tendenza a un "cauto sviluppo con discernimento" verso le relazioni digitali, nella decisa crescita degli *adattati*, che pare aver assorbito non solo una quota di "resistenti" (i *marginali* e i *forzati*), ma anche una quota degli "entusiasti a prescindere" (gli *ibridati*, anch'essi in netta diminuzione).

Il confronto dei modelli di uso libero e/o condizionato dei media digitali con le tipologie familiari (*Allegato-Tabella 7**) consente di seguire più da vicino il diverso grado di penetrazione e di familiarizzazione delle ITC per età e tipi di famiglie. Le tipologie in cui è maggiore la digitalizzazione sono caratterizzate primariamente dalla presenza dei figli e dall'età:

– la già ricordata crescita degli *adattati* avviene soprattutto nelle coppie con figli minori (almeno un figlio minore 87,8%, solo figli minori 80,5%), ma anche nei single sotto i 65 anni;

– anche tra gli *ibridati* (l'altra tipologia in cui la presenza del digitale è apprezzata e perseguita) sono molto presenti le famiglie con figli (monogenitoriali con figli minori, 13,4%, coppie con figli maggiorenni 11,3% e 11,2%); anche le coppie giovani senza figli (con donna sotto i 54 anni) presentano un valore più alto della media (10,8%), ma tra esse si riscontra anche una quota molto elevata di *marginali* (16,5%), a segnalare una certa eterogeneità di questa tipologia di coppie;

– sul versante opposto, gli anziani soli presentano una percentuale più elevata di *marginali* e di *forzati* (rispettivamente 14,3% e 7,4%); elevata la quota di *marginali* anche nelle famiglie con più nuclei (18,2%) e in quelle monogenitoriali con figli maggiorenni (più anziane, quindi: 17,1%).

In breve, i dati confermano che la prevedibile crescente digitalizzazione delle famiglie si svilupperà con maggiore intensità con le nuove generazioni e grazie alla presenza dei figli (ma qui sarà certamente decisivo l'impatto dell'emergenza pandemia – vedi Postfazione).

Tabella 9. Indicatori relazionali interni e ibridazione/ adattamento ai media digitali

Percentuali di colonna	TOTALE	Marginali	Forzati	Adattati	Ibridati
INDICE DI CONDIVISIONE DEL TEMPO					
Molto basso	1,5	3,0	0,9	1,2	2,5
Basso	6,9	4,2	7,8	6,1	8,8
Medio	19,8	8,9	28,7	20,3	20,1
Alto	71,9	83,9	62,6	72,4	68,6
n. casi	2.056	168	115	1.569	204
INDICE DI COESIONE RELAZIONALE FAMILIARE					
Basso	1,0	2,3	1,7	0,4	3,4
Medio	4,9	6,4	0,9	5,0	2,9
Alto	94,1	91,3	97,4	94,6	93,6
n. casi	2.060	172	115	1.569	204
INDICE DI CAPITALE SOCIALE BONDING					
Molto basso/basso	7,1	9,9	14,8	5,2	12,7
Medio	9,9	14,5	10,4	9,8	7,4
Alto	83,0	75,6	74,8	85,1	79,9
n. casi	2.060	172	115	1.569	204
INDICE DI CAPITALE SOCIALE BRIDGING					
Molto basso	5,4	6,0	7,0	5,0	2,5
Basso	8,1	12,5	11,3	6,2	11,8
Medio	24,2	34,5	25,2	21,5	26,0
Alto	62,4	47,0	56,5	67,3	59,8
n. casi	2.053	168	115	1.566	204

INDICE DI IMPEGNO CIVICO					
Nullo	36,6	38,1	26,9	36,3	32,3
Basso	45,9	47,3	53,8	45,2	45,8
Medio	12,0	12,1	12,8	12,1	11,2
Alto	6,5	2,6	6,4	6,5	10,8
n. casi	2.903	273	156	2.223	251

Queste tipologie di uso/familiarità delle ITC presentano significative differenziazioni rispetto ai vari indicatori relazionali familiari (*Tabella 9*). A una sintetica analisi delle varie parti della tabella si riscontra che:

– per quel che riguarda la *condivisione del tempo* all'interno della famiglia i valori più elevati di alta condivisione caratterizzano i *marginali* (83,9%, tendenzialmente gli anziani), mentre i dati più bassi si rilevano negli *ibridati*, in cui oltre il 10% ha valori bassi o molto bassi di condivisione di tempo (è ipotizzabile, in questa tipologia, un modello di "sostituzione" delle relazioni *face-to-face* da parte di interazioni digitali); gli *adattati* e i *forzati* presentano posizioni intermedie, ma per i *forzati* si rileva una minore condivisione;

– l'indice di *coesione relazionale familiare* presenta variazioni non particolarmente rilevanti, ma si segnala il dato più elevato presso i *forzati*, mentre quello più basso caratterizza i *marginali* (probabilmente questi ultimi, più anziani, hanno reti relazionali più ridotte e circoscritte);

– l'indice di *capitale sociale bonding* (interno) è più alto soprattutto tra gli *adattati*, e in misura minore anche tra gli *ibridati*; questi ultimi tuttavia presentano anche la più alta percentuale di un valore basso (12,7%), a segnalare una eterogeneità interna del gruppo che più ha mescolato relazioni digitali e dirette;

– anche rispetto al *capitale sociale bridging* (relazioni esterne) sono gli *adattati* a evidenziare la percentuale maggiore di valori elevati (67,3%); sul versante opposto, la percentuale minore di soggetti con alto capitale sociale *bridging* si riscontra tra i *marginali*, che risultano così meno attrezzati non solo rispetto alle opportunità relazionali del digitale, ma anche per quel che riguarda la dotazione relazionale con l'esterno del nucleo familiare ristretto (probabilmente molti di questi oggetti sono anziani "soli", ma anche "isolati").

4. Quale futuro per la famiglia e per i giovani

L'orientamento delle persone verso il futuro costituisce uno dei criteri decisionali più importanti e insieme più "oscuri" nel qualificare le scelte quotidiane di ogni persona: i comportamenti economici, i progetti di vita, le scelte di autorealizzazione personale sono direttamente dipendenti dal tipo di futuro che ci si aspetta. Basti pensare alla propensione al risparmio o alla disponibilità all'acquisto a credito, comportamenti ovviamente condizionati in modo significativo dalle aspettative di futuro. Tuttavia, spesso l'orientamento al futuro non viene espresso esplicitamente, e costituisce un "non detto" che diventa quasi inconsapevole – ma pur sempre efficace. Al punto che più frequentemente l'orientamento *reale* delle persone nei confronti del futuro si misura più efficacemente *ex post*, verificando le scelte realmente fatte, più che investigando *ex ante* la consapevolezza o quanto viene "verbalizzato in chiaro" dalle persone.

Le riflessioni qui proposte, che si basano su poche variabili che pongono a tema in maniera esplicita il futuro, sono quindi solo una prima approssimazione dell'orientamento e delle aspettative più vere degli intervistati[18]. Tuttavia esse consentono di delineare, sia pur sommariamente, un profilo delle percezioni verso il futuro della popolazione italiana. Inoltre la possibilità di esprimere risposte aperte su due variabili (legate al futuro dei giovani) ha consentito di sviluppare un'ulteriore riflessione sulla percezione del futuro, attraverso la ricognizione delle verbalizzazioni esplicitate dagli intervistati.

4.1. Quale futuro

Una prima batteria di domande consente di leggere l'orientamento verso il futuro degli intervistati in termini di fiducia, speranza, positività (*Tabella 10*): dai dati emerge in primo luogo che il valore rilevato non si discosta molto dal valore intermedio (3 su 5), sia sulle due modalità positive *guardo al futuro con speranza ed entusiasmo*, 3,49, e *ho una grande fiducia nel futuro*, 3,32, che su quella negativa (*a volte il futuro mi sembra davvero oscuro*, 3,33). I maschi presentano un orientamento leggermente più ottimistico, mentre l'età, come era prevedibile, è inversamente correlata con il grado di ottimismo: i giovani presentano valori più elevati di ottimismo (oltre mezzo punto in più rispetto ai più anziani), che diminuiscono regolarmente al crescere dell'età.

[18] La letteratura micro-economica è ricca di documentazione e di riflessioni sul tema: del resto il funzionamento stesso delle Borse Valori "gioca" proprio sulle previsioni e sulle aspettative di acquisto/vendita, generando profitti o perdite. Rilevare analiticamente l'orientamento verso il futuro di una famiglia esigerebbe però una strumentazione metodologica ben più complessa e mirata di quanto possa essere incluso nel presente lavoro.

Tabella 10. Per ciascuna delle affermazioni che seguono, valuti il suo grado di accordo/ disaccordo

Media (1: massimo disaccordo; 5: massimo accordo)	Maschi	Femmine	18-34	35-44	45-54	55-64	65-74	75 e più	TOT.
Guardo al futuro con speranza ed entusiasmo	3,57	3,46	3,85	3,71	3,50	3,54	3,43	3,29	3,49
A volte il futuro mi sembra davvero oscuro	3,27	3,36	3,25	3,37	3,35	3,25	3,29	3,44	3,33
Ho una grande fiducia nel futuro	3,36	3,30	3,74	3,44	3,34	3,34	3,24	3,17	3,32
n. casi	1.089	2.911	216	507	768	893	676	940	4.000

Le previsioni sui progetti futuri di famiglia delle generazioni più giovani sono decisamente pessimistiche[19]: per l'80% degli intervistati sarà più difficile fare famiglia per i giovani, e solo il 3,6% prevede che sarà più facile. Confrontando il dato con le tipologie familiari non emergono differenziazioni particolarmente significative (*Tabella 11*); ciò potrebbe suggerire che la percezione di questa criticità (la difficoltà di fare famiglia per le giovani generazioni) non dipende prima di tutto dalla condizione esistenziale specifica delle famiglie che hanno figli giovani, ma è ormai una consapevolezza culturale diffusa nel Paese. In altri termini, non sono solo i giovani a pensare che *"fare famiglia è una* mission impossible*"*, oppure che *"questo non*

[19] Ricordiamo che il dato è stato raccolto prima dello scoppio della pandemia da *coronavirus*; è probabile che esso venga radicalmente modificato, nel periodo successivo. Tuttavia è difficile prevedere se in senso più pessimista (*le cose andranno ancora peggio*) oppure con previsioni più ottimistiche (*l'Italia riparte, coraggio!*). Cfr. le Postfazioni dei vari autori, a fine volume.

è un Paese per giovani" (del resto, non è neanche un Paese per bambini… cfr. il par. 4.2 di questo capitolo)[20].

Tabella 11. A suo parere per i giovani fare famiglia nei prossimi 10 anni... secondo la tipologia familiare

Percentuali di riga	Sarà più facile	Sarà più difficile	Resterà più o meno come oggi	n. casi
TOTALE	3,6	80,0	16,5	4.000
Famiglia con un solo componente, fino a 65 anni	3,4	79,1	17,5	537
Famiglia con un solo componente, più di 65 anni	2,8	78,2	19,0	674
Coppia senza figli, con donna fino a 54 anni	1,9	82,6	15,5	264
Coppia senza figli, con donna con più di 54 anni	4,6	78,2	17,2	569
Coppia con figli, tutti i figli fino ai 18 anni	4,5	80,2	15,2	682

[20] La stessa domanda è stata proposta anche nell'indagine sui giovani, con esito decisamente più orientato: *"Questa visione del futuro cambia in relazione alla condizione affettiva di chi risponde. Chi non ha una relazione affettiva ha una visione complessivamente meno pessimistica rispetto a chi è sposato e soprattutto rispetto a chi vive una relazione affettiva informale. Tra chi non ha legami affettivi infatti è il 56% a ritenere che sarà più difficile fare una famiglia, mentre la percentuale è del 61 % per chi è sposato e del 67% per chi ha una relazione informale. Inoltre il 35% di chi è single pensa che nel futuro la situazione rimarrà simile ad adesso rispetto a chi è sposato (26%) e a chi ha una relazione affettiva non formalizzata (21%)"* (Cfr. il capitolo 3, in questo stesso volume). Sembrerebbe quindi che per i giovani la concretezza dell'esperienza di coppia/famiglia porti a un realismo un po' più "pessimista" per il futuro.

Coppia con figli, figli sia sopra che sotto i 18 anni	0,0	82,9	17,1	158
Coppia con figli, tutti i figli sopra i 18 anni	4,4	75,7	19,9	544
Famiglia con un solo genitore, tutti i figli fino ai 18 anni	8,5	81,6	9,9	141
Famiglia con un solo genitore, figli sia sopra che sotto i 18 anni	3,7	66,7	29,6	27
Famiglia con un solo genitore, tutti i figli sopra i 18 anni	2,8	82,7	14,5	249
Famiglie senza nuclei, escluse le persone sole	0,0	100,0	0,0	98
Famiglie con più nuclei	0,0	100,0	0,0	57

È peraltro interessante rilevare che chi prevede maggiori difficoltà per i giovani nel fare famiglia manifesta anche una preoccupazione estremamente diffusa per le conseguenze future di tali difficoltà, sia per i percorsi esistenziali dei giovani (l'82,8% le ipotizza) che per la società (79,0%, valore leggermente inferiore ma comunque molto elevato).

In questo ambito il questionario ha proposto due domande aperte, che si sono rivelate particolarmente preziose nel raccogliere una ricca serie di nodi e di percezioni[21] sulle difficoltà delle giovani generazioni nel fare famiglia – e quindi, in qualche modo, anche sul futuro stesso della famiglia italiana.

[21] Solo 116 soggetti non hanno indicato una esplicita motivazione al tipo di scelta operata per la domanda in questione (meno del 3% del campione), a conferma di quanto sia grande e diffuso l'interesse al tema del futuro delle nuove generazioni e al ruolo del "progetto famiglia" all'interno dei loro progetti di vita, così come la disponibilità/voglia di farsi sentire, sia pure nel piccolo spazio di una domanda aperta durante un questionario telefonico di oltre 20 minuti.

Tabella 12. Motivazioni liberamente espresse rispetto alle risposte al quesito: "Sulla domanda: per i giovani fare famiglia nei prossimi 10 anni sarà..."

Percentuali di colonna	Sarà più facile	Sarà più difficile	Resterà più o meno come oggi	TOT.
Problemi legati al lavoro	9,1	55,6	17,2	47,6
Andamento dell'economia	6,3	23,4	12,0	20,9
Problemi generali/di contesto	5,6	14,2	13,8	13,8
Problemi abitativi	0,0	0,3	0,0	0,2
Temi valoriali	9,1	14,2	3,5	12,3
Fragilità delle giovani generazioni	13,3	9,9	5,6	9,3
Tutto rimarrà più o meno uguale (*)	0,0	n.p.	24,9	20,5
Proattività delle persone (*)	18,9	n.p.	11,2	12,6
L'economia migliorerà (*)	27,3	n.p.	7,0	10,6
Fiducia, speranza, "*think positive*" (*)	4,9	n.p.	2,9	3,2
n. casi	143	3.199	658	4.000

(*) La percentuale di queste risposte è calcolata escludendo i casi che hanno risposto "sarà più difficile" (il totale di riferimento è quindi 801 casi: 143 + 658)

Le risposte libere sono state lette e analizzate una per una in un database *ad hoc*, e sono state accorpate secondo una tipologia che si è articolata su 9 macro aree (cfr. *Tabella 12*). Le prime cinque sono state rilevate all'interno del sottocampione dei "pessimisti", il più ampio (80,0%, 3.199 casi, che prevede che *"tra dieci anni per i giovani fare famiglia sarà più difficile rispetto ad oggi"*), mentre le altre quattro, più "pro-positive", sono emerse dalla lettura di chi prevede che *"tra 10 anni sarà più facile"* (143 casi, solo il 3,6%) e tra chi prevede che *"non ci sa-*

ranno particolari cambiamenti rispetto ad oggi" (658 casi, il 16,4% sul totale).

Tra le risposte "pessimiste" emergono previsioni negative sugli aspetti strutturali: nell'ordine l'assenza/precarietà del lavoro (55,6%), la fragile situazione economica (23,4%), la situazione in senso lato ecc. (14,2%). Vengono poi indicate le criticità di natura più culturale/valoriale (14,2%) e infine una certa fragilità delle nuove generazioni (9,2%), intesa non solo come oggettiva condizione di svantaggio, ma anche come incapacità/inerzia progettuale.

Tra gli "ottimisti/possibilisti" emerge invece in primo luogo una percentuale significativa di soggetti che non si aspettano cambiamenti rilevanti (un quarto circa delle persone di questo sottocampione, composto, ricordiamo, di 801 soggetti). Gli "ottimisti pieni" ipotizzano invece prima di tutto una persistente capacità proattiva da parte dei giovani (12,6%); non marginale la quota di chi si aspetta che *"l'economia migliorerà"* (10,6%). Piccola (3,2%), infine, ma significativa la quota di chi *vuole* essere ottimista, citando esplicitamente parole che sono più tipiche di un atteggiamento esistenziale che non di "previsione fattuale" (ad esempio *speranza, fiducia, ottimismo*, *"voglio essere positivo"*, e simili).

La tabella evidenzia anche che per alcuni "ottimisti" e "neutrali" esistono anche elementi di possibile criticità (mancanza di lavoro, crisi economica, crisi sociale generale), a segnalare un certo realismo di giudizio, che non impedisce però un orientamento positivo/proattivo.

Un ulteriore segnale interessante riguarda la sostanziale omogeneità territoriale di tali orientamenti, qui analizzata solo per chi ha previsioni negative sui prossimi dieci anni. La tabella evidenzia che le graduatorie tra le criticità rimangono esattamente le stesse in ogni contesto territoriale: primo problema il lavoro, poi la crisi economica, poi un sistema sociale e amministrativo che non aiuta.

Limitando l'analisi agli intervistati che prevedono che *nei prossimi dieci anni per i giovani fare famiglia sarà più difficile*, qualche differenza emerge tra i vari territori, ma con differenziali non particolarmente rilevanti (vedi *Tabella 13*); il differenziale più alto – esattamente 4 punti percentuali – riguarda il problema del lavoro, percepito al massimo nel Nord Est (57,2%), e al minimo nel Centro (53,2%), comunque superiore alla metà degli interpellati.

Tabella 13. Nei prossimi dieci anni per i giovani fare famiglia sarà più difficile: motivi dichiarati

Percentuali di colonna (sul totale di chi ha indicato il problema specifico)	TOT.	Nord Est	Nord ovest	Centro	Sud	Isole
Problemi legati al lavoro	55,6	57,2	54,2	53,2	56,8	56,0
Andamento dell'economia	23,4	22,5	23,2	25,3	22,5	24,9
Problemi generali/ di contesto	14,2	13,5	15,8	15,6	12,6	13,5
Problemi abitativi	0,3	0,3	0,0	0,5	0,3	0,3
Temi valoriali	14,2	14,7	15,0	15,2	11,9	14,7
Fragilità delle giovani generazioni	9,9	10,7	9,9	10,0	8,2	11,1
Totale di riferimento	3.199	886	626	633	720	334

N.B.: Il totale supera il 100% perché molte risposte hanno segnalato più motivi

Le concrete verbalizzazioni registrate in sede di intervista, pur nella loro sinteticità, consentono di approfondire in modo più vivo le specifiche percezioni, le aree di maggiore paura o incertezza, le parole chiave che descrivono il *sentiment* (stato d'animo, percezione emotiva) degli intervistati rispetto alle opportunità o criticità dei giovani per il progetto famiglia in un futuro non immediato (tra dieci anni). Riportiamo, a titolo di esempio, le frasi più significative[22], in alcuni prospetti aggregati per macro-temi, con qualche riflessione a margine.

Come punto di partenza e sintesi delle verbalizzazioni merita citazione diretta quanto affermato da un'intervistata di 37 anni residente nel Nord Est, che propone una propria originale percezione globale della complessità del periodo attuale; sarà infatti più difficile fare famiglia per i giovani, tra dieci anni, secondo questa persona, *"perché sta cambiando la società, i valori, la concezione di famiglia. Di conseguenza anche per la mancanza di lavoro quindi di stabilità economica"* (F, 37, NE). È una presa di posizione netta, che costruisce una propria mappa di priorità dei problemi (in modo del tutto personale, ricordiamo che ogni frase qui riportata "vale uno"...): è il mutamento complessivo della società e dei suoi valori (inclusa l'idea di famiglia) al primo posto, e i problemi strutturali (lavoro e stabilità economica) sono più conseguenze del mutamento dei valori che cause primarie di tale mutamento (*"di conseguenza"*). La dinamica opposta (*manca il lavoro, l'economia va male, QUINDI non si fa famiglia*...) è stata scel-

[22] Si tratta di una selezione qualitativa (vedi le *Tabella 12* e *13* per la distribuzione quantitativa), finalizzata soprattutto a restituire la forte eterogeneità di percezioni e di rappresentazioni delle persone interpellate. Di ogni citazione si riporta il sesso (M/F), l'età (in anni) e l'area geografica di residenza dell'intervistato (NO: Nord-Ovest, NE: Nord-Est, C: Centro; S: Sud; IS: Isole). Anche in questo caso alcuni Box sono riportati nell'Allegato statistico (sempre contrassegnati da una numerazione con asterisco).

ta da un numero molto maggiore di soggetti; ma la presenza di interpretazioni "divergenti", pur se minoritarie, ci pare comunque preziosa.

4.2. Lavoro ed economia: la dimensione hard (strutturale) delle difficoltà dei giovani

Ovviamente conta molto, nell'orientare le risposte sul futuro dei giovani e delle loro famiglie tra dieci anni, l'atteggiamento generale delle persone (*Allegato-Box 1**), il pessimismo o l'ottimismo di ciascuno (oltre che le competenze, il grado di informazione, il livello culturale). Il pessimismo (ricordiamo, sono la stragrande maggioranza) appare prima di tutto "empirico", fondato su realistici criteri di realtà (*"è difficile, non penso che migliorerà"*). Per essere ottimisti invece, dalle verbalizzazioni emergono maggiormente atteggiamenti personali, scelte valoriali, *wishful thinking ("mi auguro, voglio sperare, si spera, fiducia nel futuro, mi piace/VOGLIO pensarla positivamente").* Le posizioni che non sono esplicitamente né pessimiste né ottimiste più che equilibrio sembrano esprimere una certa "stanchezza" (*"si respira sempre la stessa aria, è così da sempre"*), e queste aspettative prefigurano anche le sfide e le criticità che gli intervistati si aspettano per i giovani che vorranno mettere su famiglia tra dieci anni.

In ogni caso anche da queste risposte libere il lavoro rimane decisivo (*Allegato-Box 2**); basta la sua mancanza per rendere più difficile il progetto futuro di famiglia per i giovani (tanti, lapidariamente: *non hanno lavoro*). Ma emerge anche la forte consapevolezza che oggi non basta "un lavoro qualsiasi", perché troppo spesso a un'attività lavorativa non corrisponde un salario decente (*"stipendi bassi, si guadagna meno e c'è meno* *lavoro"*), e quindi entrano in gioco anche la precarietà di troppi lavori, lo scarso reddito, e l'incertezza economica, sia a livello micro, del singolo giovane, sia a livello macro, come crisi economica complessiva. Interessante, in questo senso, la frequente affermazione: *"Per motivi puramente economici"*, che vuole implicitamente anche respingere l'idea dei giovani "sdraiati" o deresponsabilizzati (che peraltro emerge anche da molte altre voci – cfr. *Allegato-Box 6**).

La situazione economica viene considerata quindi uno spazio di criticità che incide già oggi, e che inciderà ancora nel prossimo futuro, sicuramente fino ai prossimi dieci anni, come ostacolo per i giovani (*"non vedo futuro nell'economia del Paese" – Allegato-Box 3**). Però forse le nuove tecnologie offriranno ai giovani qualche opportunità in più (è interessante notare, in questo ambito, che anche gli anziani si aspettano molto, e in positivo, dalle nuove tecnologie), e il lavoro – soprattutto di entrambi i coniugi – potrebbe trasformarsi, da criticità primaria, a risorsa preziosa (*"se entrambi lavorano, sarà facile..."*).

Più specificamente, seguendo le esplicite parole degli intervistati, le criticità strutturali in ambito lavorativo e rispetto all'evoluzione dell'economia in quanto tale (*Box 1*) saranno ostacoli diretti proprio per i progetti di famiglia dei giovani: *"troppi problemi economici che non permettono* ***nemmeno di pensare*** *di mettere su famiglia e di sfamare un'altra bocca"*. È il punto di vista più strutturale, più diretto, che punta soprattutto sul lavoro (e sulla sua mancanza) come premessa irrinunciabile alla costruzione dei progetti di vita familiare dei giovani; questa criticità viene proiettata sulle prospettive future, tra dieci anni, ma per gli intervistati la sua pertinenza anche per il tempo presente è molto chiara.

BOX 1
TROPPI PROBLEMI PER PENSARE DI METTERE SU FAMIGLIA

- Mancanza delle condizioni economiche adeguate per portare avanti una famiglia (F, 24, C)
- È difficile creare una famiglia con l'instabilità economica in cui ci troviamo (F, 56, NO)
- Perché ci sono troppi problemi economici che non permettono nemmeno di pensare di mettere su famiglia e di sfamare un'altra bocca (M, 87, IS)
- Lavoro molto precario e sottopagato per cui è difficile pensare di fare famiglia (F, 57, NO)
- L'effettività lavorativa arriva ad una età avanzata per formare famiglia (M, 68, S)
- Perché le condizioni lavorative ed economiche potrebbero influire negativamente sulla scelta di sposarsi e fare figli (F, 29, NO)
- Perché prima devono laurearsi e poi devono cercare un lavoro, rischiando di perdere troppo tempo per costruire una famiglia (F, 89, IS)
- Non c'è possibilità economica per potersi sposare e riuscire a mantenere una famiglia (F, 78, NO)

In questa difficile situazione, dove lavoro ed economia sono soprattutto fattori di incertezza e di vulnerabilità, anziché risorse per una progettualità coraggiosa, i sostegni che potrebbero aiutare i giovani arrivano prima di tutto dalla famiglia, che però appare più come fattore di protezione sociale (ammortizzatore sociale e rifugio) che non come "trampolino di lancio" verso il futuro (*Allegato-Box 4**): *devono rimanere in casa con i genitori per poter sopravvivere, non hanno aiuti se non dalla famiglia* – peraltro, anche nelle famiglie, oltre che nel lavoro, *ci sono meno sicurezze* (e in effetti è una giovane di 35 anni del Nord Est a sottolineare questa fragilità della risorsa famiglia).

Rispetto al possibile aiuto per i giovani da parte dello Stato

(*Box 2*), e più in generale da politica e pubblica amministrazione, le libere verbalizzazioni raccolte confermano la bassa valutazione già rilevata (cfr. *Tabella 3*, in questo capitolo): si parla di *mancanza di sostegno*, di *incertezza politica, economica e sociale*, e di una *politica che non interviene con obiettivi seri per il lavoro.*

BOX 2
QUALE SOSTEGNO DA PARTE DELLO STATO

Mancano interventi pubblici per la famiglia…
- Per la mancanza di sostegno da parte dello stato (F, 53, S)
- Non sembra che si stia facendo nulla a livello politico economico (F, 48, NO)
- La politica non interviene con obiettivi seri per il lavoro (M, 67, NO)
- Con la responsabilità del governo ed il sacrificio delle persone oneste si potrà andare avanti (M, 52, IS)
- Non ci sono le possibilità economiche e gli aiuti necessari per creare una famiglia (F, 77, NO)
- Incertezza politica, economica e sociale (F, 41, C)

… soprattutto se ci sono figli.
- Per l'instabilità lavorativa e per la mancanza di sostegno quando si hanno dei figli (F, 62, NE)
- È difficile adesso crescere e mantenere dei figli perché c'è poco aiuto (F, 57, NE)
- Per la mancanza di aiuti concreti economici (M, 87, NE)
- Perché spera che ci siano politiche più eque (F, 69, NO)
- Perché qualche aiuto da parte dello Stato c'è, soprattutto nei primi anni di vita del figlio. E ciò ti permette di concentrarti per trovare un lavoro (F, 41, NO)

Peraltro la criticità dei progetti dei giovani (anche oggi, non solo tra dieci anni) non riguarda solo il "fare famiglia" come progetto di coppia, ma rimanda da subito anche alla piena consapevolezza delle difficoltà nella cura e nell'allevamento dei figli. Emerge in altri termini con una certa efficacia la percezione che i progetti di famiglia sono da subito anche progetti di generatività – ma possono rischiare di diventare da subito generatività differita, oppure del tutto rifiutata, anche per lo scarso sostegno disponibile: emerge la *"mancanza di aiuti concreti economici"*, ed *"è difficile adesso crescere e mantenere dei figli perché c'è poco aiuto"*. Pochi, ma presenti, i commenti positivi, che sostengono che *"qualche aiuto da parte dello Stato c'è, soprattutto nei primi anni di vita del figlio. E ciò ti permette di concentrarti per trovare un lavoro"*. Ma si tratta davvero di poche voci.

4.3. Valori e scelte familiari: la dimensione soft (valoriale) dei progetti di vita dei giovani

Poco lavoro, crisi economica, scarsi aiuti dalla politica: dal punto di vista strutturale essere giovani significa fare i conti con sfide e criticità complesse, dove poche risorse vengono a sostegno, e molte difficoltà devono essere affrontate. Gli intervistati hanno però evidenziato anche un altro livello di criticità, che riguarda un orizzonte più immateriale, fatto di valori, scelte personali, impegno, responsabilità, che caratterizzano sia il clima culturale complessivo (i valori della e nella società), sia la persona in quanto tale (i motivi per cui ogni persona si mette in gioco e agisce).

Per molti intervistati, anche su questo livello la società non offre ai giovani – né offrirà, da qui a dieci anni – grande supporto, ma anzi, il clima culturale respirato dai giovani li indebolisce e li rende meno protagonisti (*Allegato-Box 5**): *"la società non dà più valori sani"*, c'è *"poca serietà e rispetto"*, ci sono *"difficoltà di comprensione e tolleranza tra i giovani"*, e quindi c'è *"maggiore egoismo"*.

In questo orizzonte anche il valore famiglia patisce un progressivo indebolimento (*Box 3*): *"manca il senso della famiglia, non si crede più nel matrimonio, non si sposa più nessuno"*, e sempre meno persone sembrano credere che *"la famiglia è donare agli altri"*. Non manca peraltro chi invece *"crede nella famiglia"*, ne riconosce *l'"importanza come istituzione"*, e confida nella sua capacità di trasmissione valoriale (*"se uno cresce in famiglia con dei principi rimane uguale nella vita"*).

BOX 3
TEMI VALORIALI: IL VALORE FAMIGLIA

Valore famiglia in crisi...
- Manca il senso della famiglia (M, 46, NE)
- Oggi non si sposa più nessuno (F, 55, C)
- Non si crede più nel matrimonio (M, 65, IS)
- Ci vuole sempre sacrificio nella coppia oggi e sarà così anche domani (F, 77, NO)
- Per la precarietà dei posti di lavoro, pochi ideali sulla famiglia (F, 65, NO)
- Prevale un senso di egoismo; la famiglia è donare agli altri lasciando da parte sé stessi (F, 74, NE)

... ma valore che resiste
- Se uno cresce in famiglia con dei principi rimane uguale nella vita (F, 73, NO)
- La famiglia ha la sua importanza come istituzione (F, 79, NO)
- Credo nella famiglia (M, 70, NO)

Così, contrariamente a quanto riportato rispetto alla mancanza di lavoro come carenza strutturale decisiva nell'impedire od ostacolare significativamente i progetti di vita familiare (cfr. *Box 1*), per molti l'assenza di lavoro è una criticità che diventa decisiva quando si accompagna a fragilità e incertezze delle persone (*Box 4*), quindi: *"poco lavoro e poca maturità da parte dei giovani, mancanza di lavoro e di progetti a lungo termine e/o persone non disposte al sacrificio*, o *pochi ideali sulla famiglia"* ecc. Per questi intervistati, insomma, le motivazioni strutturali diventano davvero un impedimento perché (o solo quando) si intrecciano con ulteriori fragilità della persona, valoriali, caratteriali o motivazionali, al punto che *"i giovani non credono più nel valore della famiglia*, ma invece *pensano solo alla carriera lavorativa"*.

BOX 4
FRAGILITÀ DELLE GIOVANI GENERAZIONI:
È VERO CHE MANCA IL LAVORO, MA...

- Perché non hanno un lavoro e poi per ogni difficoltà si separano (F, 60, IS)
- Poco lavoro e poca maturità da parte dei giovani (F, 78, NO)
- Non c'è stabilità lavorativa e l'idea di crearsi una famiglia è un qualcosa a cui si pensa sempre più avanti con gli anni (F, 27, S)
- Mancanza di lavoro e di progetti a lungo termine (F, 80, NO)
- Mancanza di lavoro e persone non disposte al sacrificio (F, 72, NE)
- Il lavoro che non è stabile, i giovani sono troppo immaturi (M, 53, NE)
- Per le difficoltà pratiche che i giovani incontrano ogni giorno (conciliare la famiglia con il lavoro) (M, 52, NE)
- È più difficile per il lavoro e per il fatto che spesso non si va d'accordo e non si è portati a fare sacrifici (M, 44, S)
- Manca la stabilità lavorativa e non ci sono più i valori di un tempo (M, 78, S)
- Per la precarietà dei posti di lavoro, pochi ideali sulla famiglia (F, 65, NO)
- Poco lavoro e troppa comodità non si è più disposti al sacrificio (F, 79, NE)
- I giovani stanno bene in famiglia, perché non hanno un lavoro sicuro (M, 85, IS)
- Per mancanza di lavoro e per la non voglia di voler portare avanti un rapporto (F, 56, IS)

– I giovani non hanno lavoro e non si affidano alla fede (F, 74, NE)
– Difficoltà lavorative e morali (M, 35, S)
– I giovani pensano solo alla carriera lavorativa (F, 87, S)
– I giovani non credono più nel valore della famiglia (F, 53, NE)

... le risorse dei giovani di oggi, il valore della famiglia

– Perché i giovani di oggi hanno più cultura rispetto a noi di vecchia generazione e troverebbero subito lavoro (F, 89, NO)
– Perché i figli di oggi sono diversi rispetto alle generazioni di mia figlia; hanno una marcia in più che permette ai genitori di gestire meglio il tempo a disposizione per far crescere, bene e meglio, i propri figli (F, 85, NE)
– Ho fiducia nei giovani e nelle loro potenzialità (F, 64 S)

Per molti intervistati quindi i giovani di oggi – e quelli che potrebbero/dovrebbero sposarsi tra dieci anni – sono una generazione fragile, con un orizzonte valoriale poco consistente, poco determinata e più attenta al divertimento che all'impegno (*Allegato-Box 6**): *"troppa libertà, non si rinuncia a nulla, mancano i valori della famiglia ed i giovani sono sempre meno propensi a formare una famiglia"*. Abbastanza prevedibilmente sono soprattutto persone anziane che esprimono tale rappresentazione delle nuove generazioni, ma colpisce la giovane 24enne del Sud che sostiene che i giovani *"vogliono troppo e non si accontentano"*. Si tratta ovviamente – è bene ricordarlo – delle rappresentazioni degli intervistati, più che di un giudizio di realtà; ma è con queste rappresentazioni che la nostra società fa i conti, sono questi giudizi che i giovani devono affrontare, mentre stanno faticosamente costruendo i propri progetti di vita.

Non tutti gli intervistati peraltro manifestano una rappresentazione così negativa e fragile dei giovani: diverse voci – anche di anziani – manifestano *fiducia* e stima nei confronti delle nuove generazioni e delle *"loro potenzialità*: *i giovani di oggi han-*

no più cultura rispetto a noi di vecchia generazione, hanno una marcia in più" (ed è interessante vedere che tra le persone che manifestano questo pensiero positivo verso i giovani sono presenti anche persone molto anziane).

Dalle risposte libere emerge infine un ultimo elemento di un certo interesse, relativo all'impegno della persona e della sua volontà (*Allegato-Box 7**). Alcune risposte si collocano, in modo anche un po' ambivalente, tra un atteggiamento volontaristico e moralistico (*"per formare una famiglia basta volerlo"*) e la consapevolezza che la vita – e la vita familiare in special modo – chiede comunque un lavoro, un movimento consapevole, e che niente viene concesso in automatico e per sempre, senza impegno o fatica – peraltro una delle fragilità imputate alle nuove generazioni. Questa situazione è sinteticamente espressa in modo molto efficace da una donna di 49 anni, del Centro, cui lasciamo la parola per sintetizzare questa parte di *viva voce degli intervistati*, quando sottolinea che *"dipende tutto dalla volontà, serietà e responsabilità della singola persona e non dal contesto sociale, dal lavoro o da chissà quali aiuti"*.

5. Gli "ingredienti" della famiglia

Nell'Introduzione al presente volume, Pierpaolo Donati ricorda la grande sfida culturale e antropologica oggi in gioco sul concetto stesso di famiglia: "La cosiddetta pluralizzazione delle forme familiari, ovvero la modificazione dei legami di coppia e genitoriali sulla base di preferenze soggettive e 'nuovi diritti' ispirati ai principi della privacy e dell'individualismo, rende sempre più marginali i modelli normativi giuridicamente legittimati e socialmente riconosciuti fino a poco tempo fa. Le tradizioni culturali vanno declinando ovunque sotto la spinta di forze economiche e tecnologiche che la politica e il diritto fanno fatica a regolare, mentre le prassi degli attori sociali seguono percorsi accelerati di cambiamento che non hanno precedenti nella storia umana"[23].

Del resto, la famiglia è e rimane il luogo privilegiato delle relazioni sociali primarie, dove imparare una "diversità buona", perché soprattutto al suo interno esiste e si sperimenta in modo unico un incontro-confronto fra le diversità radicali dell'umano: la differenza sessuale e la differenza tra le generazioni[24]. Con le parole di un famoso antropologo francese, Claude Lévi-Strauss: «la famiglia come unione più o meno durevole, socialmente approvata, di un uomo, una donna e i loro figli (…) è un fenomeno universale, reperibile in ogni e qualunque tipo di società»[25]. Nella famiglia questa diversità, che non è automatica, ma va quotidianamente costruita e difesa da ogni membro del nucleo, diventa buona, è riconciliata, perché e in quanto sa costruire un *legame*, una connessione tra le persone. In questo suo saper e dover tenere insieme le differenze, anche attraversando gli inevitabili conflitti, la famiglia è quindi il primo e più potente "laboratorio di costruzione della pace"[26].

[23] P. Donati, Introduzione al presente volume pp. 16-17.

[24] Cfr. anche il riferimento all'approccio relazionale-simbolico di Scabini e Cigoli che definisce la famiglia come «un'organizzazione di relazioni primarie fondata su tre differenze, quella tra genere, tra generazioni e tra stirpi, e che ha come obiettivo e progetto intrinseco la generatività» – cit. in E. Scabini, V. Cigoli, *Il famigliare*, Cortina, Milano 2000, p. 26 (vedi anche il capitolo 3 di questo volume).

[25] C. Lévi-Strauss, *Razza e storia e altri studi di antropologia*, Einaudi, Torino 1967 (ed. or. 1952).

[26] Cfr. F. Belletti, *La diversità è "bella ma scomoda"*. Nel Dossier *La diversità come concetto sociale, culturale e relazionale*, Il Consulente Familiare, n. 1, gennaio - marzo 2018, pp. III-XI.

Così l'idea di famiglia degli italiani, a tema nel presente paragrafo, verrà analizzata rispetto alla relazione di coppia, al tema della genitorialità e alle modalità con cui la famiglia interagisce con il sistema esterno[27].

5.1. L'identità della famiglia secondo le famiglie

Dalle risposte degli intervistati la famiglia si conferma un potente referente di significato; le funzioni di tale istituzione sottoposte all'attenzione degli intervistati sono state tutte evidenziate con grande peso specifico, ottenendo un punteggio medio compreso tra 8 e 9 (punteggio massimo 10 – *Tabella 14*). La stessa graduatoria tra le diverse funzioni non determina particolari differenziazioni: il valore più alto (8,85) rimanda ad una funzione protettiva (*"dove le persone possono trovare sempre un sostegno"*), che equivale alla nota linea interpretativa della famiglia come *rifugio in un mondo senza cuore*, per riprendere la fortunata formula di un classico della letteratura sociologica sulla famiglia[28]; seguono due funzioni più etiche (*rilevanza per la società* e la dimensione etica del *sacrificio*); meno evidenziate sono le valenze relazionali più espressive (*felicità* e *sentimenti positivi*). Tuttavia le differenze non superano il mezzo punto di voto, ad evidenziare la percezione di una "potente multifunzionalità" della famiglia.

[27] In termini diversi si tratta di confrontare il punto di vista degli italiani con la possibilità stessa di individuare un "genoma" della famiglia: *"Il genoma familiare consiste in quattro elementi fondamentali connessi fra loro, cioè: il dono reciproco fra i membri come valore che ispira la vita in comune; la norma della reciprocità come regola degli scambi interni; la sessualità della coppia e la generatività che ne consegue"* (P. Donati, par. 3.2 del capitolo 1 in questo stesso volume). Vedi anche P. Donati, *La famiglia. Il genoma che fa vivere la società*, Rubbettino, Soveria Mannelli (CZ) 2013.

[28] C. Lasch, *Rifugio in un mondo senza cuore. La famiglia in stato d'assedio*, Neri Pozza, Vicenza 2019 (ed. originale 1979).

Tabella 14. A suo avviso quanto la famiglia è... secondo il sesso degli intervistati

Media (0-10)	TOTALE	Maschi	Femmine
Il luogo dove le persone possono trovare sempre un sostegno	8,85	8,87	8,85
Il nucleo fondamentale e basilare della società	8,72	8,74	8,71
Il luogo nel quale ci si sacrifica per il bene di tutti	8,71	8,74	8,70
Il luogo che permette alle persone di trovare la felicità	8,46	8,45	8,47
Il luogo nel quale prevalgono i sentimenti positivi rispetto a quelli negativi	8,44	8,41	8,45
n. casi	4.000	1.089	2.911

La differenza tra maschi e femmine indicata nella *Tabella 14* sostanzialmente non modifica le valutazioni espresse. Dal punto di vista delle tipologie familiari, invece (*Allegato-Tabella 8**) emergono forti (e prevedibili) polarizzazioni tra le tipologie delle coppie con figli e quelle dei nuclei monogenitoriali; i primi manifestano su tutte le modalità punteggi più elevati (famiglia come risorsa e sostegno alla persona), mentre le famiglie monogenitoriali evidenziano punteggi medi inferiori su ciascuna modalità.

L'idea di famiglia degli intervistati proviene soprattutto dalla trasmissione intergenerazionale, mentre le relazioni sociali più esterne hanno un peso meno rilevante (*Tabella 15*); l'influenza presente nel maggior numero dei casi è quella della famiglia di origine (oltre il 13% ha influito moltissimo, e il 29,5% ha influito molto), seguita dalle esperienze personali, dal contesto sociale e, da ultimo, dagli amici, con un'influenza forte in poco più del 10% dei casi.

Per pochi, tuttavia, queste influenze sembrano essere state decisive, quasi fossero “condizionamenti”: le risposte alla voce “moltissimo” caratterizzano infatti al massimo il 13% degli intervistati (per la famiglia di origine). L’idea di famiglia degli intervistati, in altri termini, si presenta sicuramente influenzata da fattori esterni, ma sembra emergere anche una certa percezione di “autonomia personale” dei soggetti.

Tabella 15. Pensando alla sua idea di famiglia, quanto pensa che sia stata influenzata da...

Percentuali di riga	Per niente	Poco	Abbastanza	Molto	Moltissimo	n. casi
La sua famiglia d’origine	9,3	18,8	29,4	29,5	13,1	4.000
Le sue esperienze di vita	6,5	16,3	35,6	31,4	10,2	4.000
Il contesto sociale in cui viviamo	13,3	25,8	32,7	21,5	6,8	4.000
I suoi amici	31,2	39,1	17,8	9,4	2,6	4.000

Confrontando le risposte con la tipologia familiare (*Allegato-Tabella 9**) emergono differenziazioni non particolarmente rilevanti, segnalando un mix di modalità di influenzamento dell’idea di famiglia abbastanza omogenei, con qualche piccola distinzione: gli anziani (single e in coppia) presentano valori minori rispetto all’influenza degli amici, mentre tra le coppie più giovani (solo con figli minori) si riscontrano valori decisamente più elevati della media su tutti i soggetti (il tempo probabilmente sbiadisce l’importanza delle varie relazioni nel definire l’idea di famiglia, mentre i più giovani ne hanno memoria più recente, vivace ed efficace).

5.2. Coppia e matrimonio

Rispetto all'idea di coppia e di matrimonio, il *démariage*[29] pare aver fatto passi da gigante nel nostro Paese, ma sembra confermarsi anche una netta separazione nelle culture di riferimento degli intervistati (*Tabella 16*). Su ciascuna delle affermazioni sul matrimonio su cui sono state raccolte le valutazioni degli italiani (sottoposte anche al campione dell'indagine 2011), i dati del 2019 presentano sempre un dato di "maggiore destrutturazione". La graduatoria del 2019 vede infatti al primo posto l'idea che *"una coppia può vivere insieme anche senza avere il progetto di sposarsi"* (voto medio 7,54 su dieci – era 7,06 nel 2011, seconda in graduatoria), ma al secondo posto, nella stessa graduatoria, viene apprezzata da molti l'idea che *"il matrimonio rafforza la stabilità del progetto di coppia"* (6,80 – nel 2011 era 7,33, al primo posto in graduatoria).

Segue il grande tema della differenza sessuale nel matrimonio, che rimane importante, nonostante il lungo e infuocato dibattito che ha preceduto l'approvazione delle unioni civili (nel 2016): l'affermazione *"Il matrimonio deve essere consentito per legge solo tra persone di sesso diverso (un uomo e una donna)"* presenta un punteggio medio di 6,07 (nel 2011 il dato era 6,80, ed era al quarto posto): una sufficienza piena, che rimane in qualche modo ambivalente, interpretabile sia come permanenza della concezione eterosessuale del matrimonio, sia come progressivo affermarsi della sua negazione[30]. Cresce anche, sempre secondo gli intervistati, l'irrilevanza del matrimonio rispetto alla nascita dei figli (5,43, al quarto posto nel 2019; nel 2011 era al terzo posto, con 6,97).

[29] I. Théry, *Le démariage: Justice et vie privée*, Odile Jacob, Parigi 1993.

[30] Ricordiamo peraltro che con l'approvazione delle "unioni civili", almeno formalmente, la legge italiana conferma che la differenza sessuale rimane elemento irrinunciabile del matrimonio (strumento giuridico che rimane distinto rispetto alle unioni civili, disponibili per le relazioni tra persone dello stesso sesso).

Tabella 16. In che misura condivide le seguenti affermazioni sul matrimonio?

Media (0: non condivide affatto; 10: condivide totalmente)	2011	2019
Una coppia può vivere insieme anche senza avere il progetto di sposarsi	7,06	7,54
Il matrimonio rafforza la stabilità del rapporto di coppia	7,33	6,80
Il matrimonio deve essere consentito per legge solo tra persone di sesso diverso (un uomo e una donna)	6,80	6,07
Una coppia non sposata deve sposarsi quando decide di avere figli	6,97	5,43
Il matrimonio è un'istituzione superata	4,26	4,80

Da segnalare anche il dato sull'*età ideale in cui doversi sposare*, ormai definitivamente assestata attorno ai 30 anni (valore medio dichiarato dall'intero campione: 29,22 – 29 anni e poco meno di 2 mesi). Confrontando questo dato secondo le tipologie familiari emergono differenziazioni non particolarmente elevate, ma le polarizzazioni sembrano indicare alcuni orientamenti di massima:

– le età più elevate consigliate per il matrimonio sono indicate soprattutto dalle famiglie monogenitoriali (oltre 31 anni e mezzo per i nuclei monogenitoriali con figli sia minori che maggiorenni, oltre 30 anni e mezzo per i monogenitore con figli minori, poco meno di 30 anni per i monogenitore con figli maggiorenni);

– all'estremo opposto, le persone anziane, singole o in coppia senza figli, dichiarano l'età più bassa come ideale per sposarsi (poco più di 28 anni e mezzo).

Nel complesso emerge un sostanziale accordo generalizzato, in tutto il Paese, sull'idea che il matrimonio possa/debba avvenire attorno ai trent'anni, confermando così il generale ritardo generazionale del matrimonio nel nostro Paese.

5.3. I figli

Come già ricordato (cfr. paragrafo 2.1 del presente capitolo) la presenza di figli ha caratterizzato la stragrande maggioranza delle storie di vita degli intervistati (l'87,0% ha o ha avuti figli), e sono 1.801 (il 45,0%) le famiglie che vivono attualmente con figli al proprio interno. Tuttavia per comprendere il valore del figlio all'interno delle priorità delle famiglie non è sufficiente il dato relativo ai figli avuti, ma appare più interessante il confronto tra figli avuti e figli desiderati. Questo dato, utilizzato spesso nelle analisi socio-demografiche sulla natalità, evidenzia anche in questo campione quanto rilevato da molti anni a livello nazionale da altre fonti, cioè la presenza di un esplicito desiderio di genitorialità che non viene soddisfatto[31]; la media dei figli desiderati supera infatti i due figli (2,04), ma la media di figli realmente avuti si attesta a 1,76[32].

Che la scelta generativa sia sempre più difficile è peraltro confermato anche dall'indice che confronta per ciascuno inter-

[31] Il dato ha costanti conferme anche nelle indagini demografiche più recenti. Per un suo commento, cfr. tuttora le pertinenti riflessioni sviluppate da G. Blangiardo nel Rapporto Cisf 2009 [P. Donati (a cura di), *Il costo dei figli. Quale welfare per le famiglie? Rapporto famiglia Cisf 2009*, FrancoAngeli, Milano 2010, cap. 4, soprattutto pp. 143-145].

[32] Questo differenziale è comunque diminuito rispetto al 2017, quando i figli desiderati erano in media 1,94 e i figli avuti erano 1,54, con una differenza di quasi "mezzo figlio" (nel 2019 il differenziale è circa 0,3). Questo "avvicinamento" (*diminuzione del desiderio inevaso di maternità*) sembra coerente con la costante – e preoccupante – diminuzione della natalità nel nostro Paese, che ha segnato gli ultimi anni in modo costante. Cfr. anche il capitolo 7, in questo volume.

vistato il numero di figli desiderati e quello di figli voluti (*Tabella 17*). Il 63,0% degli intervistati è infatti soddisfatto della propria generatività, ma oltre un quarto degli intervistati avrebbe voluto almeno un altro figlio, o addirittura due o più (rispettivamente 18,9% e 8,4%). Non marginale risulta, sul versante opposto, la percentuale di chi dichiara di aver avuto *più figli di quelli voluti* (quasi il 10%). Il dato, peraltro, se collegato al bassissimo tasso di natalità del nostro Paese, dovrebbe sollevare ulteriori preoccupazioni proprio rispetto ai soggetti soddisfatti delle proprie scelte generative, circa due terzi della popolazione, che ci collocano stabilmente agli ultimi posti a livello mondiale per tassi di natalità e ricambio generazionale.

Tabella 17. Differenza tra figli avuti e figli desiderati

Percentuali di riga	Ho più figli di quanti ne avrei desiderato	Ho la quantità di figli che desideravo	Vorrei/avrei voluto un figlio in più	Vorrei/avrei voluto due figli in più	n. casi
TOTALE	9,7	63,0	18,9	8,4	3841
Famiglia con un solo componente, fino a 65 anni	4,9	60,0	21,5	13,7	512
Famiglia con un solo componente, più di 65 anni	6,0	67,6	17,1	9,3	645
Coppia senza figli, con donna fino a 54 anni	7,6	62,9	14,3	15,1	251
Coppia senza figli, con donna con più di 54 anni	6,0	73,6	16,0	4,4	550
Coppia con figli, tutti i figli fino ai 18 anni	8,1	58,2	27,6	6,0	663

Coppia con figli, figli sia sopra che sotto i 18 anni	15,3	62,7	17,3	4,7	150
Coppia con figli, tutti i figli sopra i 18 anni	16,3	60,1	15,7	7,9	529
Famiglia con un solo genitore, tutti i figli fino ai 18 anni	24,1	53,3	17,5	5,1	137
Famiglia con un solo genitore, figli sia sopra che sotto i 18 anni	29,6	55,6	14,8	0,0	27
Famiglia con un solo genitore, tutti i figli sopra i 18 anni	18,0	59,6	12,7	9,6	228
Famiglie senza nuclei, escluse le persone sole	5,3	64,9	22,3	7,4	94
Famiglie con più nuclei	12,7	54,5	23,6	9,1	55

Il confronto di questo indice con le forme familiari mostra forti polarizzazioni, legate anche all'età degli intervistati e alla fase del ciclo di vita familiare in cui si trovano, dal momento che per molti esiste ancora una parte di vita con potenzialità procreative:

– le percentuali più alte tra chi avrebbe voluto/vorrebbe avere uno o più figli in più si ritrovano infatti tra i più giovani: oltre un quarto delle coppie con tutti i figli minori desidera/progetta di avere un figlio in più (nel 27,6% dei casi), così come i single più giovani (21,5% un figlio in più, 13,7% due figli in più); anche le coppie senza figli più giovani presentano un'analoga disponibilità ad avere più figli (desidererebbero due o più figli nel 15,1% dei casi). Anche le famiglie con forme familiari meno consuete (famiglie senza nuclei e famiglie con più nuclei) manifestano una certa propensione di maggiore natalità;

– sul versante opposto, le coppie più anziane, ma soprattutto le famiglie monogenitoriali, sono le tipologie familiari con presenza maggiore di famiglie che avrebbero voluto un numero di figli inferiore a quello realmente avuto.

I motivi indicati da chi dichiara di avere un numero di figli inferiore a quelli desiderati (1.014 casi) sono fortemente eterogenei, al punto che quasi la metà indica la formula generica di *altre motivazioni personali* (*Tabella 18*), presumibilmente più collegate a scelte di vita o a eventi che a volte interrompono una progettualità di lungo periodo. Tra chi ha invece motivazioni più specifiche, emerge nel campione una quota molto rilevante di persone che rinunciano per *"poche risorse economiche"* (27,1%)[33]; al secondo posto, ma per meno della metà dei soggetti, viene segnalata la *"difficoltà di conciliare tempi di lavoro e tempi per la famiglia e la cura dei figli"* (13,6%). Solo al terzo posto la motivazione di chi manifesta un progetto futuro di generatività (il 12,5% *"li avrà nei prossimi anni"*). Interessante notare che le donne sono più preoccupate per la conciliazione della famiglia con il lavoro (e per la sua precarietà), mentre gli uomini sono più preoccupati per la scarsità di risorse economiche.

Tabella 18. Aver avuto meno figli di quelli desiderati è dovuto soprattutto a ...

Percentuali di colonna	TOTALE	Maschi	Femmine
Altre motivazioni personali	42,2	44,6	41,4
Li avrà nei prossimi anni	12,5	11,7	12,8
Poche risorse economiche (pochi soldi)	27,1	29,5	26,3

[33] Questa graduatoria è molto diversa dal quella del Rapporto Cisf 2017, dove la motivazione specifica più selezionata era stata quella generativa futura (*"li avrò nei prossimi anni"*, 21,6%), mentre la preoccupazione sulla conciliazione era molto meno presente (15,2% nel 2017). Sulle serie storiche vedi anche, in questo stesso volume, il commento di Pietro Boffi, nel capitolo 7, alla Tabella 7, pp 247-249.

Disponibilità di tempo per conciliare il lavoro con la famiglia	13,6	11,0	14,6
Precarietà del lavoro	2,6	1,5	3,0
Casa troppo piccola	1,4	1,5	1,3
Assenza di reti di sostegno	0,3	0,0	0,4
Assenza di servizi per l'infanzia (asili ecc.)	0,3	0,4	0,3
n. casi	1.014	265	749

Dal punto di vista dei motivi per cui desiderare di avere figli, l'ampia batteria di motivazioni proposta dall'indagine consente di visualizzare una sorta di graduatoria motivazionale (*Tabella 19*)[34], che presenta su questa variabile differenziazioni ben più marcate di tanti altri indicatori commentati nel presente Rapporto. In altri termini, rispetto alle differenti motivazioni per cui vale la pena avere un figlio gli italiani esprimono pareri ben distinti. In particolare tra il punteggio più elevato (5 = molto importante) e quello più basso (1 = per niente importante) c'è un differenziale di quasi 2 punti (4,47 a 2,50). Nel merito la graduatoria vede:

– a un estremo, come motivazioni più apprezzate, quelle legate all'espressività e alla sfera dei sentimenti/affetti, con una particolare attenzione all'autorealizzazione del genitore. Il punteggio medio più elevato (4,47 su cinque) si rileva per la motivazione *"per lo speciale sentimento di amore che si crea tra un genitore e un figlio"*, seguito da vicino dalla *felicità* per i geni-

[34] Vista la complessità e la lunghezza di questa batteria (15 items) è stata utilizzata per la *cluster analysis* alla base del paragrafo seguente; per chi voglia approfondire vengono comunque forniti i dati delle singole risposte suddivisi per età (*Tabella 19*, nel testo) e per tipologia familiare (*Tabelle 11A** e *11B**, in Allegato al capitolo).

tori (4,42) o dal *"piacere che provi nel vedere i tuoi figli crescere"* (4,41). Sempre con punteggi superiori a 4 emergono le motivazioni di "pienezza", di *"imparare cose della vita e di te stesso"* e *"gioia"* (fino a 4,31);

– in posizione intermedia (ma con punteggi elevati) a partire dal settimo posto nei punteggi emergono motivazioni più legate al bambino in quanto tale, meno incentrate sull'adulto e sulla sua autorealizzazione (*"avere qualcuno da amare e di cui prendersi cura"*);

– all'estremo più basso si ritrovano invece le motivazioni più eterodirette, legate al riconoscimento sociale o alla valenza strumentale del figlio, che appaiono molto poco "interessanti" per gli intervistati. In particolare la motivazione meno apprezzata risulta *"per avere una persona in più che aiuti la tua famiglia economicamente"* (2,50 su cinque), ma anche *"reputazione* e *nome della famiglia"* sono ben poco apprezzate. Leggermente più importanti si presentano le due motivazioni legate al figlio come *"sostegno per la propria vecchiaia* o *rimedio alla propria solitudine da anziani"*, con punteggi attorno al 3,40.

Tabella 19. "Pensando anche al suo futuro, indichi quanto sono per lei importanti le seguenti ragioni per avere dei figli", secondo l'età degli intervistati

Media (1-5)	18-34	35-44	45-54	55-64	65-74	75 e più	TOT.
Per lo speciale sentimento di amore che si crea tra un genitore e un figlio	4,49	4,51	4,46	4,48	4,46	4,47	4,47
Perché i figli ti danno la felicità	4,46	4,51	4,43	4,36	4,41	4,41	4,42

Per il piacere che provi nel vedere i tuoi figli crescere	4,40	4,50	4,47	4,35	4,36	4,42	4,41
Perché avere un figlio ti dà un senso di pienezza che niente altro può dare	4,28	4,37	4,34	4,35	4,36	4,38	4,36
Perché crescere i figli ti aiuta a imparare cose della vita e di te stesso/a	4,38	4,39	4,37	4,32	4,30	4,34	4,34
Perché è una gioia avere un bambino piccolo	4,34	4,44	4,34	4,27	4,25	4,31	4,31
Per avere qualcuno da amare e di cui prendersi cura	4,25	4,31	4,30	4,31	4,30	4,30	4,30
Perché la tua vita continuerà attraverso i tuoi figli	4,09	4,16	4,14	4,06	4,13	4,05	4,10
Perché ogni nuovo membro rende la tua famiglia più importante	4,09	4,11	4,09	4,01	4,06	4,07	4,07
Perché è divertente avere dei bambini in giro per casa	3,85	4,13	4,04	4,04	4,10	4,12	4,07
Perché le persone con figli hanno meno probabilità di essere sole quando diventano anziane	3,26	3,49	3,38	3,35	3,49	3,50	3,43
I tuoi figli possono aiutarti quando sei anziano/a	3,27	3,40	3,31	3,34	3,45	3,50	3,39
Per portare avanti il nome della famiglia	3,05	3,14	3,07	3,09	3,30	3,39	3,20
Perché la paternità/maternità migliora la tua posizione/ reputazione tra i parenti	2,79	2,91	2,64	2,68	2,95	2,93	2,81
Per avere una persona in più che aiuti la tua famiglia economicamente	2,40	2,50	2,43	2,43	2,55	2,61	2,50
n. casi	216	507	768	893	676	940	4.000

6. Uno sguardo di sintesi: quale "valore famiglia" secondo gli italiani

Per comprendere e rappresentare in modo sintetico gli orientamenti valoriali delle famiglie italiane verso il "valore famiglia" è stata realizzata una *cluster analysis*, metodologia statistica che consente di individuare gruppi di individui distinti secondo alcune caratteristiche valoriali[35]. Dalle elaborazioni sono emersi i seguenti 5 tipi (in ordine di numerosità):

1) Cluster n. 4, 1.039 casi (27,2% del campione): *"Solide famiglie intergenerazionali"*. Per i soggetti di questo gruppo (il più numeroso) la famiglia è una valore strettamente connesso alla trasmissione intergenerazionale, in primo luogo come eredità dal passato (riconoscere l'influenza della propria famiglia di origine sul proprio modello di famiglia, ma anche quella di amici e società, oltre che delle proprie esperienze); in secondo luogo verso il futuro, per il valore che i figli rivestono (sia come bene futuro, in modo altruistico, ma anche per la felicità personale degli adulti). La famiglia qui è vista come un'istituzione solida, "tradizionale" (un modello forte, presente, da tramandare).

[35] Le variabili considerate nella *cluster analysis* sono 41, ripartite sulle seguenti domande del questionario (vedi i valori nelle tabelle dell'Allegato): *B1. Pensando alla sua idea di famiglia quanto pensa che sia stata influenzata da*: (4 items, punteggi 1-5 – cfr. *Allegato-Tabella 9**); *B2. Quanto è d'accordo sulle seguenti affermazioni* (su futuro e sulla soddisfazione personale – 8 items, punteggi 1-5 – cfr. *Allegato-Tabella 12**); *B3. In che misura condivide le seguenti affermazioni sul matrimonio?* (5 items, punteggi da 0 a 10 – cfr. *Allegato-Tabella 10**); *B5. Ragioni per cui avere un figlio* (15 items, punteggi 1-5 – cfr. *Allegato-Tabelle 11* e 11B**); *B6. A suo avviso, quanto la famiglia è...* (5 items, punteggi 0-10 – cfr. *Allegato-Tabella 8**); *B7. Quanto sono importanti per lei* (attenzione agli altri; 4 items, punteggi 1-5 – cfr. *Allegato-Tabella 13**). Si ringrazia lo staff di Eumetra per la gestione delle elaborazioni statistiche, e il Prof. Luigi Tronca per il sostegno metodologico. La responsabilità dell'interpretazione dei dati ricade ovviamente solo su chi scrive.

2) Cluster n. 2, 942 casi (23,0% del campione): *"La famiglia prima di tutto"*. Per i soggetti di questo gruppo (quasi un quarto del campione) il valore famiglia si presenta come un valore assoluto nella sua forma più strutturata, istituzionale, importante anche più della sua qualità relazionale (il matrimonio è valore prioritario e irrinunciabile). I figli sono importanti, ma sembrano funzionali soprattutto al benessere e alla autorealizzazione degli adulti. Questo campione presenta anche un significativo indice di soddisfazione personale/individuale.

3) Cluster n. 5, 884 casi (22,1% del campione): *"Famiglie aperte e prosociali"*. Per i soggetti di questo gruppo l'elemento peculiare è l'attenzione solidaristica ai bisogni alle altre persone, anche esterne alla famiglia, mentre è meno marcata l'attenzione alla dimensione istituzionale della famiglia. È presente un certo riconoscimento della trasmissione del valore famiglia, certamente ricevuto da altri, ma soprattutto dagli amici. Spicca inoltre l'elevato riconoscimento del valore dei figli, che viene qui accentuato in modo non narcisistico, privilegiando soprattutto l'autonomia delle nuove generazioni.

4) Cluster n. 3, 739 casi (18,5%). *"Famiglie individualiste post-moderne"*. Per i soggetti di questo gruppo sono centrali gli orientamenti valoriali più personali, individuali, connessi all'autorealizzazione e alla propria felicità. È il gruppo in cui il valore famiglia viene reso meno istituzionale e strutturato, in cui forme relazionali non fondate sul matrimonio sono valorizzate e preferite. È il gruppo in cui la soddisfazione per la propria storia personale è più elevata, e anche il valore dei figli viene evidenziato in funzione della propria autorealizzazione individuale.

5) Cluster n. 1, 354 casi (8,9%): *"Minimalisti"*. Per i soggetti di questo gruppo (residuale, ma non marginale, dato che interessa quasi il 9% dei casi) quasi tutti i valori proposti ottengono adesioni inferiori rispetto agli altri gruppi. Sembra quindi

che attorno al valore famiglia e figli non si costruisca una forte polarizzazione, né tantomeno attorno alla propria autorealizzazione personale. Forse questo "minimalismo valoriale" potrebbe essere considerato anche "sfiducia".

Anche da questa prima sintetica lettura dei dati emerge quindi la presenza di forti differenziazioni nella popolazione italiana, con forti polarizzazioni attorno alla dimensione istituzionale della famiglia, al ruolo del matrimonio, al valore dei figli, all'importanza delle relazioni con altri.

Se si confrontano questi modelli di orientamento valoriale verso la famiglia con le variabili strutturali (vedi *Allegato-Tabella 14**), i profili dei singoli gruppi si delineano con maggiore precisione. In particolare, come elementi specifici e differenzianti rispetto al campione nel suo cospetto:

– tra le *"Solide famiglie intergenerazionali"* (n: 1.039) si trova maggiore presenza di anziani, in genere single, residenti nel Sud, con prevalenza di inferiore livello culturale e professionale;

– anche tra i soggetti *"La famiglia prima di tutto"* (n: 942) si riscontra una prevalenza di anziani single del Sud, con inferiori dotazioni culturali, ma anche, a differenza del precedente, con peggiori condizioni economiche (basso status socio-economico familiare);

– il gruppo delle *"Famiglie aperte e prosociali"* (n: 884) presenta la maggiore prevalenza di soggetti giovani e adulti, maggiormente residenti nel Nord Est; nella tipologia familiare non si riscontrano particolari differenziazioni;

– anche tra le *"Famiglie individualiste post-moderne"* (n: 739) si riscontra maggiore presenza di giovani e adulti. Sono famiglie con maggior numero di membri, ma anche quelle in cui c'è una minore presenza di partner. Qui si riscontra una maggiore presenza di famiglie con elevato livello culturale e socio-economico. Si trova una maggior quota di coppie con figli (da qui la numerosità dei nuclei compresi in questo gruppo), ma anche una maggiore presenza di single non anziani (sotto i 65 anni);

– tra i *"Minimalisti"* (n: 354), infine, si rileva una maggiore presenza di adulti (qui ci sono meno giovani, ma anche meno anziani), con prevalenza di residenti nel Nord Ovest, una maggior presenza del partner, ma anche una prevalenza di nuclei monogenitoriali e di single non anziani. Come nel gruppo precedente, anche qui sono più presenti famiglie con livello socio-economico e culturale elevato.

Il profilo di questi gruppi può essere ulteriormente circostanziato attraverso gli indicatori relazionali familiari già ampiamente commentati nel capitolo, verificando così come si intrecciano i *family social indicators* con questi modelli di "valore famiglia" (vedi *Allegato-Tabella 15**). Nello specifico emergono le seguenti differenziazioni nei singoli gruppi:

– tra le *"Solide famiglie intergenerazionali"* (n: 1.039) si riscontrano elevati valori dei capitali sociali familiari (sia interno che esterno). Le relazioni sono certamente caratterizzate da reciprocità (qui è decisamente meno rilevante la risposta *"i membri della nostra famiglia sembrano evitare il contatto tra di loro quando sono in casa"*), mentre è maggiore il consenso alla domanda *"nella nostra famiglia stiamo veramente bene insieme"*. Si nota una maggiore presenza di *forzati* nell'uso delle ITC (probabilmente legata all'età anziana del gruppo);

– tra i soggetti *"La famiglia prima di tutto"* (n: 942) prevale il capitale sociale *bridging*. Contrariamente al gruppo precedente, tuttavia, qui è molto elevata la percentuale di soggetti con *impegno civico* nullo. In questo gruppo emerge un atteggiamento di *distanziamento relazionale interno*, evidenziato dalla maggiore presenza di risposte sulla già ricordata variabile *"evitare il contatto tra i membri... in casa"* e alla domanda *"nella nostra famiglia non si fanno cose insieme"* (in questo caso, probabilmente, è la presenza di anziani soli a determinare questa risposta). Rispetto all'uso delle ITC in questo gruppo si rileva una maggiore presenza di *adattati* e di *marginali*, e di situazioni di equilibrio tra autonomia ed eteronomia;

– le *"Famiglie aperte e prosociali"* (n: 884) su quasi tutti gli indicatori relazionali presentano un profilo molto simile a quello dell'intero campione; si segnala solo la prevalenza di un elemento di scarsa collaborazione in famiglia (*non si fanno le cose insieme* è più presente), e nell'uso delle ITC emerge una maggiore presenza di *marginali*;

– tra le *"Famiglie individualiste post-moderne"* (n: 739) spicca l'elevato grado di impegno civico (in forme strutturate di relazionalità prosociale) e una grande attenzione alla qualità interna delle relazioni; sono infatti molto più bassi i valori sul *non fare le cose insieme* e sull'*evitare il contatto in famiglia*. Rispetto all'uso delle ITC prevale la tipologia più coinvolta, quella degli *ibridati*, così come la quota di persone che vivono con maggiore *autonomia/libertà* il loro uso;

– tra i *"Minimalisti"* (n: 354), infine, il sistema di relazioni interne ed esterne conferma il nome attribuito; prevalgono soggetti con bassi livelli di capitale sociale, con minore qualità di relazioni interne alla famiglia (meno importanti *l'aiuto interno reciproco*, *il senso di appartenenza*, *stare veramente bene in famiglia*), mentre è più presente la quota di chi rileva che *in famiglia non si fanno le cose insieme*. Rispetto all'uso delle ITC invece questo gruppo presenta valori analoghi a quello precedente: prevalenza di *ibridati* e di *autonomia/libertà*.

Tabella 20. Modelli di "valore famiglia": elementi di sintesi

MODELLO DI "VALORE FAMIGLIA"	Elementi strutturali	Status socio-economico	Qualità delle relazioni interne ed esterne	Apertura alle ITC
"Solide famiglie intergenerazionali" (n: 1.039)	Anziani soli nel Sud	Basso capitale culturale	Elevata coesione relazionale interna ed esterna	Bassa apertura (forzata)
"La famiglia prima di tutto" (n: 942)	Anziani soli nel Sud	Basso capitale culturale, redditi bassi *(lower class)*	Elevata coesione relazionale esterna informale, basso impegno civico strutturato	Adattamento ma anche marginalità
"Famiglie aperte e prosociali" (n: 884)	Giovani e di mezza età, Nord Est	*Middle class*	modalità intermedia	Marginalità
"Famiglie individualiste post-moderne" (n: 739)	Giovani e di mezza età, Nord Est, single giovani e coppie con figli	*Upper class* (capitali sociali e socio-economici elevati)	Elevata attenzione alla qualità delle relazioni interne, elevato impegno civico strutturato	Piena ibridazione
"Minimalisti" (n: 354)	Soprattutto adulti, Nord Ovest, single giovani e famiglie monogenitorali	*Upper class* (capitali sociali e socio-economici medio-alti)	Scarsa coesione relazionale interna ed esterna	Piena ibridazione

Ad uno sguardo di sintesi, i cinque modelli emersi combinano in vario modo valori, stili relazionali e condizioni strutturali, e sembrano addensarsi attorno a due polarità: da un lato la famiglia istituzione, solida, intergenerazionale, densa di relazioni, "quasi-tradizionale"[36], connessa maggiormente (ma non esclusivamente) con le generazioni più anziane; dall'altro una famiglia centrata soprattutto sulle relazioni, "quasi-liquida", post-moderna, più presente tra le generazioni più giovani, e fortemente *connessa*, con una crescente ibridazione delle relazioni interpersonali. Nello specifico (*Tabella 20*):

– alla prima polarità, la più numerosa (quasi metà del campione) ancora radicata in una famiglia solida, appartengono i primi due gruppi (*"Solide famiglie intergenerazionali"* e *"La famiglia prima di tutto"*), soprattutto anziani, del Sud, di classe popolare (molti fanno fatica ad arrivare a fine mese), con forte coesione interna e buone reti relazionali informali extrafamiliari, che fanno fatica a fare i conti con la crescente pervasività delle ITC nelle relazioni (anche familiari);

– la seconda polarità (*"Famiglie individualiste post-moderne"* e *"Minimalisti"*) sembra invece incarnare la progressiva deistituzionalizzazione della famiglia, a favore della sua dimensione affettiva. Questa polarità è meno diffusa nella popolazione italiana (poco più di un quarto del campione), ma interessa le classi più istruite, più ricche, più impegnate in attività prosociali strutturate, e soprattutto estremamente avanti sul fronte dell'ibridazione delle relazioni personali con il digitale;

[36] La parola "tradizionale" esige un'attenuazione (*quasi-*), perché troppo facilmente stigmatizzabile come obsoleta e passatista; qui invece, in termini avalutativi, la dimensione della "tradizione" si collega al *tradere*, tramandare, nella continuità delle generazioni e delle storie familiari e sociali. Analoga riflessione, senza giudizi di valore, sulla formula "quasi-liquida".

– in posizione intermedia si collocano le *"famiglie aperte e prosociali"* (poco meno di un quarto del totale), che sembrano segnalare un possibile punto di convergenza oggi per la famiglia italiana, con uno stile valoriale in cui la famiglia conserva un valore istituzionale, ma senza chiusure in sé stessa; questo stile appare vissuto in modo indifferenziato in tutte le diverse condizioni socio-economiche.

Per concludere: il primo macro-tipo potrebbe essere considerato "il passato" della famiglia italiana, ancora persistente; il secondo potrebbe rappresentare il suo futuro, per molti versi ancora da definire: ma il tipo intermedio potrebbe testimoniare la possibilità di continuare a tenere insieme i valori che appartengono ad entrambi gli stili, evitando i rischi delle due polarità: da un lato una famiglia solida ma rigida, difesa solo da regole e divieti (in parte rappresentata dal gruppo *"La famiglia prima di tutto"*), dall'altra una famiglia affettiva ma "evaporata" (in parte rappresentata dai *"Minimalisti"*), dove l'individualismo rischia di vincere non solo sulla promessa del legame, ma anche sulla tenuta stessa della relazione.

ALLEGATO STATISTICO AL CAPITOLO 8
DATI DALL'INDAGINE FAMIGLIE CISF 2019

Tabella 1. Dimensioni del Comune di residenza dell'intervistato secondo la tipologia familiare*

percentuali di riga	Comune fino a 5.000 abitanti	Comune da 5.001 a 10.000 abitanti	Comune da 10.001 a 30.000 abitanti	Comune da 30.001 a 100.000 abitanti	Comune da 100.001 a 250.000 abitanti	Comune con oltre 250.000 abitanti	n. casi
TOTALE	14,5	12,7	23,4	21,0	11,4	17,1	4.000
Famiglia con un solo componente, fino a 65 anni	14,7	14,0	20,9	21,4	11,4	17,7	537
Famiglia con un solo componente, più di 65 anni	12,2	13,1	23,7	19,0	12,0	20,0	674
Coppia senza figli, con donna fino a 54 anni	20,1	11,4	23,1	18,2	8,3	18,9	264
Coppia senza figli, con donna con più di 54 anni	12,7	10,9	21,4	23,9	11,4	19,7	569
Coppia con figli, tutti i figli fino ai 18 anni	14,7	14,1	26,2	20,4	9,5	15,1	682
Coppia con figli, figli sia sopra che sotto i 18 anni	12,0	14,6	20,9	23,4	17,7	11,4	158
Coppia con figli, tutti i figli sopra i 18 anni	15,8	11,8	23,9	21,3	11,9	15,3	544
Famiglia con un solo genitore, tutti i figli fino ai 18 anni	17,0	11,3	24,8	23,4	10,6	12,8	141
Famiglia con un solo genitore, figli sia sopra che sotto i 18 anni	22,2	14,8	33,3	18,5	0,0	11,1	27
Famiglia con un solo genitore, tutti i figli sopra i 18 anni	16,1	12,0	22,5	21,3	12,9	15,3	249
Famiglie senza nuclei, escluse le persone sole	12,2	14,3	27,6	14,3	14,3	17,3	98
Famiglie con più nuclei	10,5	12,3	21,1	26,3	10,5	19,3	57

Tabella 2. Indice di capitale culturale familiare secondo la tipologia familiare*

percentuali di riga	Basso	Medio-basso	Medio-alto	Alto	n. casi
TOTALE	32,1	9,5	37,3	21,0	3.983
Famiglia con un solo componente, fino a 65 anni	40,9	0,0	41,3	17,8	533
Famiglia con un solo componente, più di 65 anni	56,9	0,0	29,3	13,8	668
Coppia senza figli, con donna fino a 54 anni	21,2	20,1	38,3	20,5	264
Coppia senza figli, con donna con più di 54 anni	36,2	18,5	25,5	19,9	569
Coppia con figli, tutti i figli fino ai 18 anni	7,0	15,7	46,9	30,4	682
Coppia con figli, figli sia sopra che sotto i 18 anni	3,8	17,7	49,4	29,1	158
Coppia con figli, tutti i figli sopra i 18 anni	21,4	15,2	37,2	26,2	541
Famiglia con un solo genitore, tutti i figli fino ai 18 anni	17,5	0,0	64,2	18,2	137
Famiglia con un solo genitore, figli sia sopra che sotto i 18 anni	11,1	0,0	88,9	0,0	27
Famiglia con un solo genitore, tutti i figli sopra i 18 anni	57,4	0,0	30,9	11,6	249
Famiglie senza nuclei, escluse le persone sole	61,2	0,0	20,4	18,4	98
Famiglie con più nuclei	35,1	8,8	28,1	28,1	57

Tabella 3. Indice di prestigio delle professioni familiari secondo la tipologia familiare*

percentuali di riga	Basso	Medio-basso	Medio-alto	Alto	n. casi
TOTALE	25,9	35,9	30,9	7,3	3899
Famiglia con un solo componente, fino a 65 anni	31,7	27,8	32,1	8,4	514
Famiglia con un solo componente, più di 65 anni	48,7	26,6	19,8	4,9	653
Coppia senza figli, con donna fino a 54 anni	6,1	47,3	34,1	12,5	264
Coppia senza figli, con donna con più di 54 anni	25,9	38,6	28,7	6,7	567

Coppia con figli, tutti i figli fino ai 18 anni	5,9	44,0	42,5	7,5	677
Coppia con figli, figli sia sopra che sotto i 18 anni	10,4	39,6	40,3	9,7	154
Coppia con figli, tutti i figli sopra i 18 anni	18,0	45,3	31,1	5,7	528
Famiglia con un solo genitore, tutti i figli fino ai 18 anni	27,0	31,7	34,1	7,1	126
Famiglia con un solo genitore, figli sia sopra che sotto i 18 anni	22,2	37,0	40,7	0,0	27
Famiglia con un solo genitore, tutti i figli sopra i 18 anni	46,2	26,5	25,6	1,7	234
Famiglie senza nuclei, escluse le persone sole	48,0	13,3	17,3	21,4	98
Famiglie con più nuclei	35,1	26,3	22,8	15,8	57

Tabella 4. Indice di status socio-economico familiare secondo la tipologia familiare*

percentuali di riga	Basso	Medio-basso	Medio-alto	Alto	n. casi
TOTALE	20,3	34,7	28,0	17,0	3985
Famiglia con un solo componente, fino a 65 anni	23,1	36,8	21,8	18,4	533
Famiglia con un solo componente, più di 65 anni	42,8	23,1	19,6	14,5	670
Coppia senza figli, con donna fino a 54 anni	4,9	43,9	37,1	14,0	264
Coppia senza figli, con donna con più di 54 anni	23,2	36,9	29,9	10,0	569
Coppia con figli, tutti i figli fino ai 18 anni	1,3	36,2	38,4	24,0	682
Coppia con figli, figli sia sopra che sotto i 18 anni	1,3	38,6	35,4	24,7	158
Coppia con figli, tutti i figli sopra i 18 anni	11,3	40,3	31,1	17,4	541
Famiglia con un solo genitore, tutti i figli fino ai 18 anni	8,8	43,8	32,1	15,3	137
Famiglia con un solo genitore, figli sia sopra che sotto i 18 anni	7,4	51,9	40,7	0,0	27
Famiglia con un solo genitore, tutti i figli sopra i 18 anni	41,4	26,5	19,7	12,4	249
Famiglie senza nuclei, escluse le persone sole	46,9	24,5	3,1	25,5	98
Famiglie con più nuclei	33,3	24,6	14,0	28,1	57

Tabella 5. Pratica religiosa secondo la tipologia familiare*

percentuali di riga	Partecipa abitualmente a funzioni religiose	NO	n. casi
TOTALE	63,7	36,3	4.000
Famiglia con un solo componente, fino a 65 anni	57,7	42,3	537
Famiglia con un solo componente, più di 65 anni	68,8	31,2	674
Coppia senza figli, con donna fino a 54 anni	63,3	36,7	264
Coppia senza figli, con donna con più di 54 anni	65,9	34,1	569
Coppia con figli, tutti i figli fino ai 18 anni	65,4	34,6	682
Coppia con figli, figli sia sopra che sotto i 18 anni	72,8	27,2	158
Coppia con figli, tutti i figli sopra i 18 anni	64,7	35,3	544
Famiglia con un solo genitore, tutti i figli fino ai 18 anni	48,2	51,8	141
Famiglia con un solo genitore, figli sia sopra che sotto i 18 anni	44,4	55,6	27
Famiglia con un solo genitore, tutti i figli sopra i 18 anni	57,8	42,2	249
Famiglie senza nuclei, escluse le persone sole	64,3	35,7	98
Famiglie con più nuclei	54,4	45,6	57

*Tabella 6**. Family social indicators*: indici relazionali "INTERNI" ed "ESTERNI" secondo la pratica religiosa*

percentuali di colonna	TOT.	Partecipa abitualmente a funzioni religiose	NO
INDICE DI CONDIVISIONE DEL TEMPO			
Molto basso	1,5	1,2	2,0
Basso	6,9	6,3	7,8
Medio	19,8	18,1	22,8
Alto	71,9	74,4	67,4
n. casi	2.686	1.706	980
INDICE DI COESIONE RELAZIONALE FAMILIARE			
Basso	1,0	0,4	2,2
Medio	4,9	4,4	5,6
Alto	94,1	95,2	92,2
n. casi	2.691	1.710	981
INDICE DI CAPITALE SOCIALE *BONDING*			
Molto basso/basso	7,1	6,1	8,8
Medio	9,9	8,6	12,1
Alto	83,0	85,3	79,1
n. casi	2.691	1.710	981
INDICE DI CAPITALE SOCIALE *BRIDGING*			
Molto basso	5,4	4,2	7,5
Basso	8,1	7,8	8,5
Medio	24,2	23,6	25,1
Alto	62,4	64,4	59,0
n. casi	2.683	1.706	977
INDICE DI IMPEGNO CIVICO			
Nullo	36,6	33,2	42,6
Basso	45,1	47,8	40,4
Medio	12,0	12,5	11,2
Alto	6,3	6,6	5,8
n. casi	3.939	2.515	1.424

Tabella 7. Tipologia del rapporto con i media digitali (piacere/costrizione) secondo la tipologia familiare*

percentuali di riga	Adattati	Marginali	Ibridati	Forzati	n. casi
TOTALE	76,5	9,4	8,7	5,4	2.948
Famiglia con un solo componente, fino a 65 anni	83,5	7,9	5,4	3,2	406
Famiglia con un solo componente, più di 65 anni	71,6	14,3	6,7	7,4	405
Coppia senza figli, con donna fino a 54 anni	68,0	16,5	10,8	4,6	194
Coppia senza figli, con donna con più di 54 anni	73,9	11,2	8,7	6,2	403
Coppia con figli, tutti i figli fino ai 18 anni	80,5	4,4	8,7	6,4	563
Coppia con figli, figli sia sopra che sotto i 18 anni	87,8	0,9	11,3	0,0	115
Coppia con figli, tutti i figli sopra i 18 anni	76,9	6,8	11,2	5,1	428
Famiglia con un solo genitore, tutti i figli fino ai 18 anni	75,9	6,3	13,4	4,5	112
Famiglia con un solo genitore, figli sia sopra che sotto i 18 anni	72,0	4,0	8,0	16,0	25
Famiglia con un solo genitore, tutti i figli sopra i 18 anni	65,7	17,1	9,7	7,4	175
Famiglie senza nuclei, escluse le persone sole	75,3	18,2	5,2	1,3	77
Famiglie con più nuclei	84,4	4,4	8,9	2,2	45

Tabella 8. "A suo avviso, su una scala da 0 a 10, quanto la famiglia è..." secondo la tipologia familiare*

valore medio (0-10)	...il luogo nel quale prevalgono i sentimenti positivi rispetto a quelli negativi	...il luogo nel quale ci si sacrifica per il bene di tutti	...il luogo che permette alle persone di trovare la felicità	...il nucleo fondamentale e basilare della società	...il luogo dove le persone possono trovare sempre un sostegno
TOTALE	8,44	8,71	8,46	8,72	8,85
Famiglia con un solo componente, fino a 65 anni	8,40	8,57	8,44	8,66	8,86
Famiglia con un solo componente, più di 65 anni	8,45	8,78	8,63	8,83	8,83
Coppia senza figli, con donna fino a 54 anni	8,40	8,64	8,18	8,40	8,65
Coppia senza figli, con donna con più di 54 anni	8,55	8,79	8,57	8,91	8,94
Coppia con figli, tutti i figli fino ai 18 anni	8,49	8,82	8,63	8,74	9,00
Coppia con figli, figli sia sopra che sotto i 18 anni	8,66	8,95	8,40	8,73	8,97
Coppia con figli, tutti i figli sopra i 18 anni	8,46	8,65	8,43	8,67	8,86
Famiglia con un solo genitore, tutti i figli fino ai 18 anni	8,05	8,40	8,12	8,38	8,55
Famiglia con un solo genitore, figli sia sopra che sotto i 18 anni	7,63	8,22	7,33	7,63	8,19
Famiglia con un solo genitore, tutti i figli sopra i 18 anni	8,25	8,62	8,21	8,70	8,65
Famiglie senza nuclei, escluse le persone sole	8,61	8,69	8,24	8,90	9,05
Famiglie con più nuclei	8,28	8,95	8,40	8,89	8,77

Tabella 9. "Pensando alla sua idea di famiglia, quanto pensa che sia stata influenza da..." secondo la tipologia familiare*

valore medio (1-5)	La sua famiglia di origine	Il contesto sociale in cui viviamo	I suoi amici	Le sue esperienze di vita
TOTALE	3,18	2,83	2,13	3,22
Famiglia con un solo componente, fino a 65 anni	3,16	2,84	2,02	3,17
Famiglia con un solo componente, più di 65 anni	3,26	2,82	2,18	3,19
Coppia senza figli, con donna fino a 54 anni	2,88	2,75	1,90	3,04
Coppia senza figli, con donna con più di 54 anni	3,20	2,77	2,15	3,15
Coppia con figli, tutti i figli fino ai 18 anni	3,25	2,97	2,21	3,48
Coppia con figli, figli sia sopra che sotto i 18 anni	3,06	2,71	2,15	3,21
Coppia con figli, tutti i figli sopra i 18 anni	3,29	2,78	2,21	3,18
Famiglia con un solo genitore, tutti i figli fino ai 18 anni	3,08	2,95	2,05	3,23
Famiglia con un solo genitore, figli sia sopra che sotto i 18 anni	2,81	2,89	2,00	3,04
Famiglia con un solo genitore, tutti i figli sopra i 18 anni	3,17	2,87	2,11	3,26
Famiglie senza nuclei, escluse le persone sole	3,01	2,60	2,14	3,02
Famiglie con più nuclei	2,98	2,75	1,88	3,46

Tabella 10. "In che misura condivide le seguenti affermazioni sul matrimonio? Indichi, per ciascuna caratteristica, il suo grado di accordo" secondo la tipologia familiare*

valore medio (0-10)	Il matrimonio rafforza la stabilità del rapporto di coppia	Il matrimonio è un'istituzione superata	Una coppia può vivere insieme anche senza avere il progetto di sposarsi	Una coppia non sposata deve sposarsi quando decide di avere figli	Il matrimonio deve essere consentito per legge solo tra persone di sesso diverso (un uomo e una donna)
TOTALE	6,80	4,80	7,54	5,43	6,07
Famiglia con un solo componente, fino a 65 anni	6,70	4,80	7,80	5,45	5,88
Famiglia con un solo componente, più di 65 anni	7,19	4,99	6,96	6,29	7,03
Coppia senza figli, con donna fino a 54 anni	6,88	4,57	7,64	5,21	5,74
Coppia senza figli, con donna con più di 54 anni	7,27	4,81	7,41	5,84	6,21
Coppia con figli, tutti i figli fino ai 18 anni	6,40	4,52	7,63	4,50	5,51
Coppia con figli, figli sia sopra che sotto i 18 anni	6,63	4,86	7,71	6,16	5,15
Coppia con figli, tutti i figli sopra i 18 anni	6,53	4,86	7,83	4,80	5,62
Famiglia con un solo genitore, tutti i figli fino ai 18 anni	6,21	5,44	7,90	5,47	5,84
Famiglia con un solo genitore, figli sia sopra che sotto i 18 anni	6,56	3,70	9,00	6,74	7,30
Famiglia con un solo genitore, tutti i figli sopra i 18 anni	7,10	5,04	7,38	5,83	6,99
Famiglie senza nuclei, escluse le persone sole	6,72	4,70	7,48	5,45	6,49
Famiglie con più nuclei	6,37	4,55	7,44	4,84	4,91

Tabella 11A. (Parte 1 di 2) "Pensando anche al suo futuro, indichi quanto sono per lei importanti le seguenti ragioni per avere dei figli" secondo la tipologia familiare*

valore medio (1-5)	Perché ogni nuovo membro rende la tua famiglia più importante	Perché è una gioia avere un bambino piccolo	Perché è divertente avere dei bambini in giro per casa	Per il piacere che provi nel vedere i tuoi figli crescere	Per lo speciale sentimento di amore che si crea tra un genitore e un figlio	Perché la paternità/maternità migliora la tua posizione/reputazione tra i parenti	Perché le persone con figli hanno meno probabilità di essere sole quando diventano anziane	Perché crescere i figli ti aiuta ad imparare cose della vita e di te stesso/a
TOTALE	4,07	4,31	4,07	4,41	4,47	2,81	3,43	4,34
Famiglia con un solo componente, fino a 65 anni	3,94	4,22	4,08	4,29	4,47	2,69	3,27	4,30
Famiglia con un solo componente, più di 65 anni	4,10	4,31	4,13	4,40	4,43	2,99	3,53	4,29
Coppia senza figli, con donna fino a 54 anni	4,07	4,25	4,10	4,46	4,41	2,50	3,34	4,34
Coppia senza figli, con donna con più di 54 anni	4,06	4,29	4,05	4,39	4,47	2,93	3,45	4,27
Coppia con figli, tutti i figli fino ai 18 anni	4,18	4,40	4,07	4,49	4,56	2,78	3,50	4,44
Coppia con figli, figli sia sopra che sotto i 18 anni	4,18	4,42	4,18	4,53	4,39	2,89	3,37	4,42
Coppia con figli, tutti i figli sopra i 18 anni	4,07	4,40	4,10	4,49	4,51	2,82	3,37	4,41
Famiglia con un solo genitore, tutti i figli fino ai 18 anni	4,07	4,30	3,79	4,36	4,48	2,38	3,39	4,28
Famiglia con un solo genitore, figli sia sopra che sotto i 18 anni	3,26	4,37	3,41	4,26	4,37	2,48	3,00	4,41
Famiglia con un solo genitore, tutti i figli sopra i 18 anni	3,96	4,18	3,95	4,34	4,38	2,72	3,49	4,33
Famiglie senza nuclei, escluse le persone sole	3,96	4,06	3,98	4,30	4,41	2,97	3,40	4,22
Famiglie con più nuclei	4,28	4,60	4,35	4,54	4,61	3,46	3,75	4,47

Tabella 11B. (Parte 2 di 2) Pensando anche al suo futuro, indichi quanto sono per lei importanti le seguenti ragioni per avere dei figli" secondo la tipologia familiare*

valore medio (1-5)	Perché la tua vita continuerà attraverso i tuoi figli	Per portare avanti il nome della famiglia	Per avere una persona in più che aiuti la tua famiglia economicamente	Per avere qualcuno da amare e di cui prendersi cura	I tuoi figli possono aiutarti quando sei anziano/a	Perché avere un figlio ti da un senso di pienezza che niente altro può dare	Perché i figli ti danno la felicità
TOTALE	4,10	3,20	2,50	4,30	3,39	4,36	4,42
Famiglia con un solo componente, fino a 65 anni	4,00	3,04	2,58	4,34	3,38	4,31	4,31
Famiglia con un solo componente, più di 65 anni	4,10	3,37	2,61	4,29	3,55	4,36	4,43
Coppia senza figli, con donna fino a 54 anni	3,97	3,02	2,40	4,26	3,23	4,29	4,46
Coppia senza figli, con donna con più di 54 anni	4,11	3,29	2,47	4,26	3,39	4,38	4,43
Coppia con figli, tutti i figli fino ai 18 anni	4,18	3,12	2,32	4,35	3,41	4,42	4,54
Coppia con figli, figli sia sopra che sotto i 18 anni	4,28	3,14	2,50	4,18	3,21	4,32	4,38
Coppia con figli, tutti i figli sopra i 18 anni	4,17	3,20	2,41	4,32	3,30	4,40	4,47
Famiglia con un solo genitore, tutti i figli fino ai 18 anni	4,27	3,03	2,60	4,25	3,33	4,38	4,37
Famiglia con un solo genitore, figli sia sopra che sotto i 18 anni	4,07	3,11	2,04	3,89	3,15	4,19	3,85
Famiglia con un solo genitore, tutti i figli sopra i 18 anni	3,98	3,29	2,71	4,37	3,49	4,26	4,24
Famiglie senza nuclei, escluse le persone sole	3,82	3,24	2,86	4,24	3,46	4,30	4,31
Famiglie con più nuclei	4,09	3,46	2,60	4,40	3,46	4,19	4,47

Tabella 12 "Per ciascuna delle affermazioni che seguono, valuti il suo grado di accordo/disaccordo" secondo la tipologia familiare*

valore medio (1: massimo disaccordo;5: massimo accordo)	Ho una grande fiducia nel futuro	Sono soddisfatto della mia vita	Quando ne ho bisogno, solitamente ho qualcuno sul quale posso contare	Guardo al futuro con speranza ed entusiasmo	Complessivamente sono soddisfatto di me stesso	A volte il futuro mi sembra davvero oscuro	Penso di avere molto di cui essere fiero	Generalmente ho molta fiducia in me stesso/a
TOTALE	3,32	4,19	4,14	3,49	4,26	3,33	4,26	4,19
Famiglia con un solo componente, fino a 65 anni	3,41	4,13	4,13	3,49	4,28	3,31	4,27	4,22
Famiglia con un solo componente, più di 65 anni	3,17	4,21	4,17	3,33	4,22	3,46	4,29	4,16
Coppia senza figli, con donna fino a 54 anni	3,34	4,17	4,07	3,37	4,22	3,42	4,12	4,24
Coppia senza figli, con donna con più di 54 anni	3,31	4,24	4,09	3,48	4,29	3,28	4,31	4,18
Coppia con figli, tutti i figli fino ai 18 anni	3,56	4,30	4,27	3,76	4,29	3,28	4,33	4,34
Coppia con figli, figli sia sopra che sotto i 18 anni	3,65	4,34	4,14	3,89	4,35	3,30	4,37	4,14
Coppia con figli, tutti i figli sopra i 18 anni	3,15	4,23	4,09	3,50	4,30	3,22	4,22	4,10
Famiglia con un solo genitore, tutti i figli fino ai 18 anni	3,20	3,99	4,00	3,43	4,25	3,62	4,21	4,11
Famiglia con un solo genitore, figli sia sopra che sotto i 18 anni	2,85	3,63	4,48	3,48	4,15	3,04	4,00	4,07
Famiglia con un solo genitore, tutti i figli sopra i 18 anni	3,18	3,88	4,03	3,28	4,05	3,47	4,14	4,05
Famiglie senza nuclei, escluse le persone sole	3,33	4,17	3,93	3,18	4,17	3,09	4,11	4,26
Famiglie con più nuclei	3,11	4,25	4,35	3,33	4,49	3,19	4,40	4,37

Tabella 13. Indichi quanto sono importanti per lei le seguenti affermazioni... secondo la tipologia familiare*

valore medio (1-5)	Considerare i bisogni delle altre persone	Aiutare le persone che sono meno fortunate di me	Far sì che le persone siano trattate equamente	Riflettere su come le mie azioni possono avere un impatto sulle persone in futuro
TOTALE	4,33	4,40	4,41	4,26
Famiglia con un solo componente, fino a 65 anni	4,36	4,42	4,38	4,25
Famiglia con un solo componente, più di 65 anni	4,33	4,40	4,39	4,26
Coppia senza figli, con donna fino a 54 anni	4,29	4,39	4,39	4,32
Coppia senza figli, con donna con più di 54 anni	4,30	4,39	4,40	4,23
Coppia con figli, tutti i figli fino ai 18 anni	4,36	4,41	4,46	4,31
Coppia con figli, figli sia sopra che sotto i 18 anni	4,34	4,34	4,39	4,22
Coppia con figli, tutti i figli sopra i 18 anni	4,29	4,40	4,45	4,28
Famiglia con un solo genitore, tutti i figli fino ai 18 anni	4,40	4,40	4,49	4,26
Famiglia con un solo genitore, figli sia sopra che sotto i 18 anni	4,41	4,63	4,37	4,30
Famiglia con un solo genitore, tutti i figli sopra i 18 anni	4,32	4,37	4,33	4,12
Famiglie senza nuclei, escluse le persone sole	4,18	4,20	4,35	4,16
Famiglie con più nuclei	4,42	4,42	4,53	4,33

Tabella 14. Modelli di "valore famiglia" e variabili strutturali della famiglia*

	Cluster n. 4. 1.039 casi (27,2%) "Solide famiglie intergenerazionali"	Cluster n. 2. 942 casi (23,0%) "La famiglia prima di tutto"	Cluster n. 5. 884 casi (22,1%) "Famiglie aperte e prosociali"	Cluster n. 3. 739 casi (18,5%) "Famiglie individualiste post-moderne"	Cluster n. 1 354 casi (8,9%) "Minimalisti".
Età dell'intervistato	prevalenza di anziani	prevalenza di anziani	giovani e mezza età (<45 anni)	pochi anziani, più giovani e adulti	pochi giovani, più adulti
Sesso dell'intervistato	non rilevante	non rilevante	non rilevante	non rilevante	non rilevante
Numero membri della famiglia	non rilevante	una sola persona	non rilevante	3-4 membri	2 membri
Area geografica	prevalenza al Sud	prevalenza al Sud	prevalenza al Nord Est	non rilevante	prevalenza al Nord Ovest
Presenza di un partner	non rilevante	non rilevante	non rilevante	minore presenza di partner in famiglia	maggiore presenza di partner in famiglia
Tipologia familiare	single anziani (>65 anni)	single anziani (>65 anni)	non rilevante	single sotto i 65 anni e coppie con figli	single sotto i 65 anni e nuclei monogenitoriali
Capitale culturale familiare	decisamente basso livello	prevalenza di basso livello	non rilevante	prevalenza di alto livello	prevalenza di alto livello
Indice di prestigio delle professioni familiari	medio basso	basso livello	basso	medio-alto	alto livello
Indice status socio-economico familiare	non rilevante	decisamente basso livello	non rilevante	decisamente alto livello	alto e medio alto
Come è arrivato a fine mese nel 2019?	non rilevante	con difficoltà	non rilevante	con molta facilità	con facilità

Tabella 15. Modelli di "valore famiglia" e capitali sociali e relazionali della famiglia*

	Cluster n. 4. 1.039 casi (27,2%) "Solide famiglie inter-generazionali"	Cluster n. 2. 942 casi (23,0%) "La famiglia prima di tutto"	Cluster n. 5. 884 casi (22,1%) "Famiglie aperte e prosociali"	Cluster n. 3. 739 casi (18,5%) "Famiglie individualiste post-moderne"	Cluster n. 1. 354 casi (8,9%) "Minimalisti".
Capitale sociale familiare *bonding*	prevalenza di alto livello	non rilevante	non rilevante	non rilevante	prevalenza di basso livello
Capitale sociale familiare *bridging*	prevalenza di alto livello	prevalenza di alto livello	non rilevante	non rilevante	prevalenza di basso livello
Indice di impegno civico	non rilevante	prevalenza di impegno nullo	non rilevante	alta presenza di impegno	non rilevante
Nella nostra famiglia ci aiutiamo e sosteniamo veramente	non rilevante	non rilevante	non rilevante	non rilevante	meno importante
Nella nostra famiglia c'è molto senso di appartenenza	non rilevante	non rilevante	non rilevante	non rilevante	meno importante
Nella nostra famiglia stiamo veramente bene insieme	più importante	non rilevante	non rilevante	non rilevante	meno importante
I membri della nostra famiglia sembrano evitare il contatto tra di loro quando sono in casa	meno importante	più importante	non rilevante	meno importante	più importante
Nella nostra famiglia non si fanno cose insieme	non rilevante	più importante	più importante	meno importante	non rilevante
Indice di eteronomia/autonomia uso ITC	non rilevante	prevale equilibrio tra autonomia ed eteronomia	non rilevante	prevale autonomia	prevale autonomia
Tipologia di utilizzo ITC libertà/costrizione	prevalenza di forzati	prevalenza di adattati e di marginali	prevalenza di marginali	prevalenza di ibridati	prevalenza di ibridati

BOX 1*
IL FUTURO: PEGGIO, MEGLIO, O TUTTO RIMARRÀ PIÙ O MENO UGUALE?

...si può essere pessimisti...
– Ormai da anni si respira sempre la stessa aria (F, 78, S)
– Perché non vedo futuro nell'economia del paese (F, 60, IS)
– Perché non vedo miglioramenti nel futuro (F, 70, C)
– Non credo che la situazione possa migliorare (F, 49, NE)
– È difficile che l'Italia si riprenda economicamente in 10 anni (M, 85, NE)
– Non penso che la situazione socio-economica migliorerà (M, 85, NE)

...ma anche ottimisti...
– Perché oggi si sta bene (F, 54, C)
– Voglio sperare che resterà così (M, 62, C)
– Mi auguro che rimarrà come oggi (F, 51, C)
– Per una speranza (F, 65, NO)
– Si spera che non possa peggiorare (F, 58, NE)
– Per una speranza (F, 56, IS)
– Sono ottimista sul futuro (F, 47, IS)
– Perché ci sono molte opportunità (F, 40, NE)
– Mi piace pensarla così, almeno me lo auguro (F, 87, NE)
– Perché ci sono molte opportunità (M, 52, NO)
– Bisogna avere fiducia nel futuro (M, 38, S)
– Mi piace pensare positivo (M, 47, NO)
– L'uomo trova sempre una via d'uscita (F, 72, C)
– Perché problemi ce ne sono tanti e c'è bisogno di speranza per la serenità (F, 65, NE)
– Voglio pensarla in modo positivo (F, 43, S)

... ma magari non cambierà granché...
– Voglio sperare che resterà così (M, 62, C)
– Le difficoltà ci sono sempre (M, 79, C)
– Non può cambiare peggio di oggi (F, 48, S)
– In Italia non cambia mai molto (M, 58, S)
– È cosi da sempre (M, 18, S)
– La situazione dell'Italia non cambierà fra 10 anni (F, 84, NO)

* Per la legenda delle abbreviazioni, si veda nota 22 a p. 294.

BOX 2*

LAVORO, REDDITO, CRISI ECONOMICA…

– Non hanno lavoro (F, 49, NE)
– Perché il lavoro non c'è e ci saranno molti più problemi economici (M, 90, NO)
– Trovano lavoro tardi, non c'è stabilità economica (F, 33, NE)
– Per gli stipendi troppo bassi (F, 77, NO)
– Per le prospettive di lavoro e stabilità economica dei nuovi salari (F, 45, IS)
– Perché non ci sono prospettive positive per i giovani di oggi, né sotto il profilo economico né sotto quello occupazionale (F, 87, NE)
– Perché si guadagna meno e c'è meno lavoro (F, 68, C)
– La situazione economica è disastrosa (F, 42, NE)
– Mancanza di stabilità economica (F, 70, IS)
– Stanno facendo chiudere tutte le aziende (F, 61, NE)
– Per motivi strettamente economici (F, 56, C)
– Per motivi puramente economici (F, 23, S)
– Stipendi molto bassi, alloggi troppo costosi e la mancanza di lavoro (F, 66, S)
– Perché manca il lavoro, non ci sono case e perché devono lavorare tutti e due per l'affitto (M, 57, C)

BOX 3*
ANDAMENTO FUTURO DELL'ECONOMIA

Nubi all'orizzonte…

- Non penso che la situazione socio-economica migliorerà (M, 85, NE)
- Perché non vedo futuro nell'economia del paese (F, 60, IS)
- Non ci sono prospettive (F, 62, NO)
- La situazione economica non cambierà, i giovani non hanno lavoro (M, 54, NE)
- La situazione economica non cambierà (F, 83, NO)
- Perché i problemi economici saranno sempre più preoccupanti (F, 93, NE)
- Si arriva a fine mese con difficoltà già oggi, figuriamoci se non cambiano le cose fra 10 anni (M, 69, NO)

… ma forse l'economia migliorerà…

- Perché lo sviluppo delle tecnologie penso che aiuterà molto le coppie giovani nei prossimi dieci anni (F, 80, NE)
- La situazione economica migliorerà (F, 31, S)
- Perché le nuove tecnologie aiuteranno tantissimo (F, 67, C)
- Perché oggi si sta bene (F, 54, C)

… e anche il lavoro andrà meglio...

- Perché dipende tutto dal lavoro; se una coppia lavora, allora non avrà problemi. Altrimenti diventa tutto molto più complicato (F, 76, NO)
- Perché ormai oggi nella coppia lavorano entrambi (F, 53, NE)
- Perché dipende dalle singole condizioni di ogni singola coppia; per cui, se entrambi lavorano, sarà facile allargare la famiglia, mentre in caso contrario ci saranno delle difficoltà, come già ci sono oggi giorno (M, 78, C)

BOX 4*
LA FAMIGLIA AMMORTIZZATORE SOCIALE/CASSA INTEGRAZIONE PER I GIOVANI

- I giovani non riescono a trovare lavoro per cui devono rimanere in casa con i genitori per poter sopravvivere (F, 85, NE)
- Ci sono meno sicurezze sia lavorative che nelle famiglie stesse (F, 35, NE)
- Perché i giovani non hanno lavoro e non hanno aiuti se non dalla famiglia (M, 62, S)
- Perché la stragrande maggioranza dei giovani che si sposano possono contare sull'appoggio/aiuto dei propri genitori (M, 57, C)

BOX 5*
TEMI VALORIALI: LE VIRTÙ PERSONALI E SOCIALI

- Poca serietà e rispetto (F, 22, S)
- Per la modalità in cui va il mondo; per il tempo storico in cui viviamo (F, 53, C)
- Perché la società ormai non da più valori sani (F, 74, S)
- Perché la manipolazione dei giovani è portata agli estremi dalla tecnologia che ha rallentato i rapporti umani (F, 81, NE)
- Ci sono problemi economici sociali etnici religiosi (F, 50, S)
- Per le famiglie allargate, situazioni economiche, le malattie, l'invecchiamento e si diventa egoisti (F, 80, NO)
- Mancanza lavoro e sicurezze economiche, c'è maggiore egoismo (F, 51, C)
- Difficoltà lavorativa, difficoltà di comprensione e tolleranza tra i giovani. (F, 60, NE)
- Perché chi decide di avere figli, lo fa perché è già nelle condizioni di poter allargare la famiglia (M, 55, NE)

BOX 6*

FRAGILITÀ DELLE GIOVANI GENERAZIONI:

Crisi di valori, di responsabilità, di sacrificio…

– Perché vogliono troppo e non si accontentano (F, 24, S)
– Sono cambiati i valori, i giovani non hanno più punti di riferimento (F, 69, NO)
– Perché non si rinuncia a nulla (M, 83, NO)
– Troppa libertà tra i giovani (F, 46, S)
– Poca educazione per i giovani, colpa dei genitori che danno troppa strada ai giovani (F, 73, NE)
– Perché i giovani di oggi sono troppo superficiali (M, 84, NE)
– Oggigiorno non esistono più i valori, i giovani pensano solo al divertimento e alla propria libertà (F, 60, NE)
– Molta insicurezza ed incertezza verso il futuro, mancanza di valori e di una vita sana oggi i giovani pensano solo agli alcolici ed al divertimento piuttosto che a formare una famiglia (F, 78, NE)
– Oggi mancano i valori della famiglia ed i giovani sono sempre meno propensi a formare una famiglia (F, 86, IS)
– È già difficile per i giovani restare uniti e formare una famiglia oggi (M, 82, NO)
– Se i giovani non riscoprono i valori della famiglia continueranno ad avere unioni brevi e di poca importanza senza costituire una famiglia (F, 60, C)
– Oggi si vive la famiglia con molta leggerezza, i giovani tendono a pensare molto a sé stessi ed alla carriera e non a formare una famiglia (M, 72, NO)
– Perché non ci sono più i valori di una volta e perché è molto difficile trovare due giovani maturi (F, 65, NO)
– Perché c'è meno senso di appartenenza alla famiglia ed alcuni valori non vengono più rispettati dai giovani; e ciò non aiuterà nei prossimi anni nel fare figli (F, 52, NO)
– Le coppie nuove giovani si lasciano subito, anche poco dopo il matrimonio. Una volta era meglio, ci si sosteneva l'un l'altro ed i problemi si affrontavano e si superavano insieme (F, 65, NO)
– Perché come va il mondo adesso è difficile pensare al futuro positivamente, e i giovani non sono propensi alla famiglia (F, 71, NE)

...le risorse dei giovani di oggi, il valore della famiglia

– Perché i giovani di oggi hanno più cultura rispetto a noi di vecchia generazione e troverebbero subito lavoro (F, 89, NO)
– Perché i figli di oggi sono diversi rispetto alle generazioni di mia figlia; hanno una marcia in più che permette ai genitori di gestire meglio il tempo a disposizione per far crescere, bene e meglio, i propri figli (F, 85, NE)
– Ho fiducia nei giovani e nelle loro potenzialità (F, 64 S)

BOX 7*

PROATTIVITÀ DELLE PERSONE: VOLERE È POTERE (?)

– Basta volerlo (F, 31, S)
– Si deve cercare di fare sempre meglio (M, 46, NO)
– Credo che le difficoltà resteranno uguali, così come oggi. Per formare una famiglia basta volerlo (M, 63, NO)
– Perché dipende dalla volontà dei giovani fare famiglia (F, 56, IS)
– Perché dipende tutto dalla volontà, serietà e responsabilità della singola persona e non dal contesto sociale, dal lavoro o da chissà quali aiuti (F, 49, C)
– Basta la volontà, le difficoltà ci sono e ci saranno sempre: basta volerle superare (M, 56, NO)
– Se si vuole fare famiglia, la si fa a prescindere dalle difficoltà (F, 44, IS)
– Dipende dalla volontà dei giovani, dalla situazione lavorativa in cui si trovano (M, 62, NO)
– Due persone se decidono di fare famiglia non importa il contesto esterno (F, 64, NE)
– Dipende dalle persone e dalla loro volontà di migliorare le cose (F, 54, NO)
– Dipende molto dalla coppia che vuole formare una famiglia e non da fattori esterni (F, 53, NO)
– Credo che le difficoltà resteranno uguali così come oggi per formare una famiglia basta volerlo (M, 63, NO)

Conclusioni

FAMIGLIA E NUOVE TECNOLOGIE: LA "FAMIGLIA RELAZIONALE" COME ALTERNATIVA AL TRANS/POST-UMANO

Pierpaolo Donati

1. Quale futuro per la famiglia?

Countdown to extinction? Conto alla rovescia per l'estinzione della famiglia così come l'abbiamo conosciuta fino ad oggi?

La moderna "società industriale" del secolo scorso è ormai alle nostre spalle, e con essa vanno liquefacendosi e poi scomparendo le forme di famiglia portate dal modello industrialistico-burocratico nelle sue varie fasi evolutive. In particolare, evapora la famiglia nucleare normo-costituita (padre e madre sposati con figli) come modello prevalente. Quale famiglia emergerà nell'era della globalizzazione, dell'antropocene, della società che cambia continuamente sotto la spinta delle rivoluzioni scientifiche e tecnologiche?

Si parla di una società forgiata dall'industria 4.0, ma il termine "industria", a nostro avviso, può essere fuorviante, non solo perché la dizione 4.0 sarà presto sostituita da altre connotazioni "enne punto zero", ma soprattutto perché la nuova economia della conoscenza, dell'informazione e della comunicazione non ha nulla a che fare con il modello di società industriale che abbiamo conosciuto nel Novecento. I processi produttivi non esitano in oggetti-merci che rispondono a bisogni materiali, ma sono informazioni (infosfera) gestite da algoritmi che modificano i nostri modi di pensare, le nostre identità, le nostre relazioni, e così alimentano la morfogenesi della famiglia. Le *information and communication technologies*, le intelligenze artificiali, la robotica creano un ambiente culturale e comunicativo che condiziona prepotentemente la vita familiare e ne muta in modo sostanziale il modo di essere.

In questo ambiente culturale, lo scenario che possiamo intravvedere è quello di *una cultura libertaria che si sposa alle innovazioni tecnologiche*, da quelle biomediche a quelle informatico-comunicative e robotiche. È lo scenario di un crescente allontanamento dalla natura, una diffusa estraneazione dalle radici naturali dell'esistenza umana, con tutti i problemi che comporta. In questo scenario la famiglia non scomparirà, ma sarà potentemente modificata.

Prendiamo l'esempio della generazione di figli creati attraverso embrioni crioconservati. È possibile che una persona generi un figlio da una donna che opera da gestante dopo la sua morte, magari a distanza di anni. Che relazione familiare avrà quel figlio con la famiglia del genitore scomparso e i suoi successori? Come la nascita di quel figlio modificherà il sistema familiare in cui si inserisce? Questo è solo un esempio di famiglia trans-umana, che va oltre l'umano.

Siccome non c'è limite alla modificazione della natura, è possibile che le nuove tecnologie biologiche siano applicate al corpo umano (ingegneria genetica, *gene editing*) in modo da creare degli esseri umani differenziati per caratteristiche e capacità (*genetic posthumans*). In tal caso, alcuni saranno dotati di capacità superiori ed eccezionali (*cyborg* post-umani) e altri avranno minori capacità. Come saranno le loro rispettive famiglie? Non possiamo comunque pensare, come fanno alcuni, che si arrivi a produrre degli esseri solo parzialmente umani (de-umanizzati, *human-like*) per essere usati come servitori degli altri[1].

[1] A.M. Irvine, *Recycled Alterity: Familiar Dehumanisation in the Contemporary*

Si possono in ogni caso facilmente immaginare gli sconvolgimenti nelle relazioni interpersonali e familiari che potrebbero emergere. La modificazione del genoma umano e quella del genoma sociale della famiglia corrono in parallelo. Lo scenario è certamente futuristico, lo vediamo nei film di fantascienza, ma in tanti laboratori nel mondo alcune di queste tecnologie sono già applicate, seppure solo in via sperimentale, perché si fa largo l'idea che sia possibile e inevitabile preparare il passaggio al trans/post-umano.

Per stare con i piedi per terra, in ogni caso, lo scenario che abbiamo davanti è quello di crescenti *processi di ibridazione della famiglia*, come conseguenza dell'ibridazione delle persone e delle loro relazioni. "Ibridazione" significa che le identità e le relazioni familiari non sono più pensate e agite come un perfezionamento delle caratteristiche umane naturali. Ovviamente, anche in passato, l'idea che la cultura perfezioni la natura è sempre stata condizionata dal livello di sviluppo storico raggiunto. Ma finora non si pensava di modificare il genoma umano e quello della famiglia.

Oggi, le identità e relazioni familiari vengono declinate assorbendo degli elementi artificiali mutuati dalle nuove tecnologie di cui assumono la forma e il contenuto. Se le famiglie si fanno guidare dagli algoritmi delle tecnologie che utilizzano, «si corre il rischio di consegnare la vita alla logica dei dispositivi che ne decidono il valore. Questo rovesciamento è destinato a produrre esiti nefasti: la macchina finisce per guidare l'uomo. La ragione umana viene così ridotta a una razionalità alienata dai suoi effetti, che non può essere considerata degna dell'uomo»[2].

Fiction of Genetic Posthumanism, The University of Auckland, 2016 (consultabile on line).

[2] Papa Francesco, Udienza ai partecipanti alla plenaria dell'Accademia per la Vita dedicata al tema della "roboetica", 25 febbraio 2019.

È un cambio di civiltà, ammesso che il nuovo scenario possa ancora essere chiamato "civile". Dove va la famiglia?

Nell'orizzonte appena delineato, la sfida è quella di crescenti tensioni verso forme familiari che potremmo chiamare trans – o post – umane.

Poiché non c'è chiarezza sui termini di post-umano e trans-umano, occorre dire una parola al riguardo. I due termini sono talvolta usati in modo intercambiabile, altre volte con significati diversi, e rovesciati fra loro. In ogni caso, essi indicano due tipi di fenomeni, fra i quali non è facile distinguere. A volte indicano un umano potenziato attraverso procedure che ne aumentano le capacità (*enhancement*), altre indicano la ipotizzata nascita di una nuova specie oltre l'umano (nella cosiddetta scala darwiniana), cioè un superuomo, un mutante, un cyborg, un essere che fa un salto nella scala dell'evoluzione. Così è per la famiglia. A volte si intende la famiglia potenziata dalle nuove tecnologie, e però in qualche modo capace di controllarne l'uso mediante relazioni umane. Altre volte si allude a una famiglia mutante che genera forme di relazioni che vanno oltre le qualità propriamente umane, e ne modificano sostanzialmente le proprietà. Per esempio, ritenere che robot molto evoluti possano essere partner degli umani, o che si possano sposare o possano adottare figli. In questa sede non è tanto importante specificare una distinzione precisa, difficile da tracciare, quanto piuttosto utilizzarli per indicare un "andare oltre" l'umano.

Nel prossimo paragrafo cercheremo di precisare che cosa queste famiglie trans o post-umane possano essere, e nel successivo cercheremo di comprendere se ci sono delle alternative. Proveremo a delineare l'alternativa di una cultura relazionale della famiglia che, pur non potendo evitare i processi di ibridazione, riesca tuttavia a incorporare la tecnologia in una prospettiva di valorizzazione della relazionalità umana. Pur cambiando la sua forma storica, la famiglia potrebbe configurarsi come una sfera di relazioni primarie capaci di generare i beni relazionali propri del familiare. Ma la sfida è grande.

Cerchiamo intanto di entrare dentro questi scenari e vedere come possono evolvere.

2. La grande sfida: la transizione al cosiddetto trans/post-umano

Gli attuali mutamenti della famiglia sono piccola cosa rispetto a quanto il futuro potrebbe riservarci. Il *corto circuito fra progresso scientifico-tecnologico e ideologie libertarie*, in atto da tempo, non sembra avere al momento alcuna possibilità di arrestarsi. La sinergia fra le nuove tecnologie e i valori di privacy e non-discriminazione che guidano le scelte individuali nelle relazioni di coppia e in quelle generative, garantite da una legislazione sempre più permissiva, producono dei processi di differenziazione crescente.

Si prenda il caso delle identità di gender. Nel febbraio 2020, in un liceo di Bologna, agli studenti è stato offerto un corso, con frequenza obbligatoria, in cui essi dovevano scegliere una fra le seguenti tre alternative: (a) *drag queens* (uomini travestiti), (b) contraccettivi gratuiti, (c) *gay sex education*. Questo è solo un esempio della cultura che avanza per formare le giovani generazioni alla vita familiare.

La differenziazione delle identità sessuali, delle coppie e dei modi di avere figli avviene all'insegna dell'individualismo, ma l'individuo in sé è un'entità astratta, di fatto ciò che si crea sono delle reti sociali, che nascono dalla combinazione contingente di varie persone, coppie e loro figli che stanno in relazione fra loro.

Le reti sociali che si creano mutando le identità sessuali e le filiazioni naturali trovano oggi una loro rappresentazione ideologica nella “teoria dell’attore-rete” (*actor-network theory*, ANT)[3]. La famiglia viene concepita come un attore costituito da una rete di relazioni fra individui la cui identità (anche sessuale) è insieme soggettivizzata e indistinta rispetto al suo ambiente. L’identità non è segnata da confini, ma anzi si definisce senza confini con le altre persone, con tutto ciò che le circonda, animali, piante e così via, al punto che non c’è più distinzione tra famiglia umana e non-umana.

Se seguiamo questa teoria, e molti lo fanno a livello internazionale, la famiglia diventa un *actant*, termine intraducibile (la dizione “attante” è la traduzione letterale in italiano), che denota un’entità costituita da attori umani e non-umani i quali prendono forma in una rete sociale in virtù delle relazioni che hanno l’uno con l’altro. Queste reti di *famiglie-attanti* sono degli ibridi che vengono coniugati al plurale manipolando le relazioni naturali con strumenti tecnologici. In questo caso siamo oltre l’umano, siamo nel post-umano, perché saremmo in presenza di una mutazione del genoma famigliare, dunque un mutante.

La famiglia trans-umana non è più riconoscibile come famiglia, agli occhi del presente. Sarebbe un’entità costituita da una rete sociale fra persone che sono esse stesse dei mutanti, dei cyborg.

Lo scenario futuristico di Aldous Huxley, già richiamato nel primo capitolo, non è lontano. In esso, la famiglia non esiste più. Non è più necessaria per la società. I bambini non vengono più procreati in modo naturale. Le parole *padre/madre* sono insulti. I bambini non conoscono più le parole padre e madre, perché, se ancora esistono dei genitori, questi sono solo dei *caregiver* (persone che si prendono cura di altri), magari dei ro-

[3] A. Blok, T.E. Jensen, *Bruno Latour: Hybrid thoughts in a hybrid world*, Routledge, Londra 2011.

bot, i cui ruoli sono definiti dalla situazione. Ciascuno inventa la propria identità, il suo nome e cognome, e la trasmissione fra generazioni non ha più senso.

Non si tratta di fare della fantascienza o del terrorismo psicologico, ma di guardare serenamente al mondo dei "possibili" che si apre davanti a noi, che è già, *in nuce*, fra di noi.

Le nuove tecnologie digitali, in particolare quelle che utilizzano intelligenze artificiali e robotica, operano nel quadro di una cultura e di un'economia che rimangono sostanzialmente capitalistiche, anche se in forme sempre nuove, dato il loro carattere metamorfico. Secondo Glenn Rikowski[4], *noi siamo già transumani* per il fatto che l'umano diventa merce e l'umanità è resa capitale per l'economia ("*we are* already transhuman *in a very specific sense:* we are capital, *human-capital, humanity capitalised"*). Il concetto di capitale a cui Rikowski si riferisce *è quello originario di Marx, in quanto relazione di sfruttamento per il profitto. Rikowski prosegue:* «siamo già *non*-umani. Siamo capitale. (...) siamo già situati come *forme di vita capitalizzate in modo postumano* ("*we are already situated posthumanly as* capitalised life-forms"). (...) la tecnologia è un'espressione delle relazioni sociali capitaliste, e queste richiedono forme fondamentali di distruzione sociale. (...) Abbiamo qui un determinismo scientifico, una scienza libera da relazioni sociali e forme sociali». Infine aggiunge: «siamo contenuti dal capitale come relazione sociale e forza sociale. In effetti, le relazioni sociali del movimento verso il trans/post-umanesimo non sono teorizzate».

Alienazione generale? Già oggi ci chiediamo se non stiamo andando in una direzione in cui la nostra umanità è già estranea a sé stessa. Se un bambino nasce in quelle "nuove reti" – dette

[4] G. Rikowski, «Alien life: Marx and the future of the human» *in Historical Materialism: Research in Critical Marxist Theory*, Vol.11, Issue 2, 2003, pp.121-164.

"familiari" – in cui l'umano e il non-umano si mescolano, quale sarà l'identità umana che potrà darsi? Si tratta di domande che oggi non hanno risposta, ma comunque rimandano al bisogno di specificare l'antropologia a cui ci riferiamo.

C'è chi esalta le possibilità di una nuova spiritualità, di nuove relazioni di amore e fraternità, generate per reazione a un modello tradizionale di famiglia che viene dipinto come sorgente di repressioni, frustrazioni e disuguaglianze. Ma bisogna guardarsi da queste rappresentazioni che stanno fra il romantico e l'utopistico. In particolare, bisogna prendere le distanze da certi spiritualismi che provengono dai sostenitori del post-umano.

Prendiamo ad esempio Rosi Braidotti[5], secondo la quale nel post-umanesimo ci sarebbe un'affinità, un terreno comune, con quella che lei chiama "spiritualità" (definita come un insieme di forme simboliche e atti che relazionano l'uomo alle condizioni "ultime" della sua esistenza)[6]. «Il terreno comune [fra spiritualità e postumano]», ella sostiene, «potrebbe benissimo essere la dissoluzione della visione del mondo antropocentrica e dell'idea umanistica di cosa significhi essere umani». Seguendo tale impostazione, Francesca Ferrando[7] sostiene che il post-umano ha profonde radici spirituali nel passato e porta con sé una nuova visione spirituale del mondo. Quale? È quella che si riscontra nelle spiritualità del giainismo, induismo, buddismo, yoga e tantrismo.

La caratteristica primaria di questa linea di pensiero, che ipotizza un'affinità fra spiritualità e post-umano, giace nel sostenere che andremmo verso la fine di ogni distinzione. Ossia, con-

[5] R. Braidotti, *The posthuman*, Cambridge, Polity Press, 2013.

[6] La definizione è presa da Robert Bellah, «Religious Evolution», in *American Sociological Review*, Vol. 29, n. 3, (1964), pp. 358-374, citazione p. 359.

[7] F. Ferrando, «Humans Have Always Been Posthuman: A Spiritual Genealogy of Posthumanism», in D. Banerji, M. Paranjape (eds.), *Critical Posthumanism and Planetary Futures*, Springer, New Delhi, 2016.

sisterebbe in una filosofia della non-dualità, che rifiuta di fare distinzioni di ogni genere perché – a suo avviso – distinguere significa separare e ciò – così si sostiene – si oppone al fatto che la realtà è una totalità intrinseca (*intrinsic oneness*).

Come afferma Donna Haraway[8], «le dicotomie tra mente e corpo, animale e umano, organismo e macchina, pubblico e privato, natura e cultura, uomini e donne, primitivi e civili vengono tutte messe in discussione ideologicamente». Occorre, per queste voci, dissolvere tutti i confini («La non dualità significa non-due, e la sua essenza sta nella realizzazione dell'unicità. In altre parole, si tratta di vedere attraverso l'apparente separazione tra noi stessi e gli altri/il mondo, che include una visione radicalmente diversa ed essenzialmente postumana del corpo e dell'identità – una dissoluzione dei confini»). Le dualità – sostiene Haraway – sono di solito viste in termini di opposti: Mente/Materia, Sé/Altro, Conscio/Inconscio, Illusione/Realtà, Quantistica/Classica, Onda/Particella, Spirituale/Materiale, Inizio/Fine, Maschio/Femmina, Vita/Morte e Bene/Male. La filosofia della non-dualità è un modo di comprendere che l'identificazione con questi dualismi evita di riconoscere una realtà più profonda.

La negazione della dualità viene vista come la chiave per la transizione verso un mondo post-umano. Secondo i suoi sostenitori, offre un'esperienza diretta di un modo anti-antropocentrico di comprendere il sé e il mondo, che è tollerante verso tutte le forme di vita, riconoscendo l'unicità fondamentale dietro la differenza della forma esteriore. Tale esperienza viene proposta come base di una futura spiritualità che ci consentirebbe di abbracciare la fine dell'ideologia antropocentrica, e così farci pervenire al post-umanesimo.

[8] D. Haraway, «A Cyborg Manifesto: Science, Technology, and Socialist-Feminism in the Late Twentieth Century», in Id., *Simians, Cyborgs and Women: The Reinvention of Nature*, Routledge, New York 1991, p. 160.

Ci siamo soffermati su queste tesi perché esprimono bene lo spirito del tempo. Non fare distinzioni significa promuovere l'in differenza per le diverse forme di vita, abolire i confini fra l'umano e il non-umano (il mondo animale, vegetale, la natura fisica e le cose artificiali). Significa abbandonare quella visione di civiltà che ha considerato l'essere umano – e le sue relazioni – come essere unico, proprio per le distinzioni che lo caratterizzano. L'alternativa all'indistinto e al neutro è la prospettiva di Romano Guardini, che vede nell'"opposizione polare" fra tutte le distinzioni (per esempio maschio/femmina) la fonte dell'energia che umanizza le persone.

A chi pensa che i discorsi sul postumano siano solo fantasie e *fiction*, si può far osservare che lo scenario della famiglia postumana è spinto in avanti da potenti forze culturali, economiche e politiche, perfino religiose, già all'opera da tempo. Non c'è qui spazio per soffermarsi sulla critica puntuale di queste teorie[9]. Basterà solo dire che questo scenario è oggi attivo, ma commette gravi errori, ontologici ed epistemologici. Il nocciolo di questi errori sta nel negare che il processo di civilizzazione sia basato sulle distinzioni, che non sono sinonimo di discriminazioni, ma semplicemente significano capacità di dare un nome proprio a tutte le cose non per separarle, ma per relazionarle le une alle altre.

L'umanità fa progressi quando distingue per relazionare, non per separare o confondere. La relazionalità unisce mentre rispetta e promuove le legittime differenze[10]. L'errore sostanziale sta nella mancanza di una visione relazionale della realtà. La dualità non significa separazione netta, opposizione, ma scam-

[9] Per i dettagli rimando a: A. Malo, *La relazione umanizzante a partire dalla differenza sessuale: condizione sessuata versus sesso, genere, e stereotipi*, in P. Donati, A. Malo, I. Vigorelli (a cura di), *Ecologia integrale della relazione uomo-donna. Una prospettiva relazionale*, Edusc, Roma 2018, pp. 47-90.

[10] P. Donati, *L'enigma della relazione*, Mimesis, Milano-Udine 2015.

bio simbolico. Negare la dualità maschio/femmina, come quella fra generante e generato, significa perdere il loro bene relazionale e con esso la possibilità di far fiorire la potenziale ricchezza delle loro identità originali. Con-fondere tutto non è un segno di progresso, ma di regresso, innanzitutto nella conoscenza. Dire che una famiglia umana è assimilabile a una famiglia di vari esseri viventi, farà certo morire il vecchio umanesimo, ma non ne porterà uno nuovo.

La domanda che ci poniamo è: esistono delle alternative credibili e praticabili a questo scenario?

3. L'alternativa della "famiglia relazionale"

Se vogliamo raccogliere la sfida di una possibile famiglia postumana, dobbiamo iniziare dalla critica alle tendenze odierne a identificare la famiglia con la semplice "relazione di cura". Questa definizione è ormai prevalente a livello della UE. Se si segue questa impostazione, si arriva a sostenere che la cura nella famiglia degli scimpanzé (o altri primati, per non parlare di uccelli, animali selvatici ecc.) non è differente dalla cura fra esseri umani. Anzi, quella degli animali può anche essere più "morale", come alcuni sostengono. Per quanto l'impegno di cura sia una cosa bella e positiva, certamente non autorizza l'equiparazione delle forme familiari. Si potrà ammirare ciò che gli scimpanzé fanno nel prendersi cura gli uni degli altri, ma la cura umana è un'altra cosa, perché non è basata sull'istinto ma, almeno potenzialmente, sulla ragione relazionale, sulla riflessività e l'intenzionalità della coscienza. Il fatto che queste caratteristiche possano essere deficitarie, o anche mancare del tutto, in certe persone umane, non significa che non ne abbiano la potenziale dignità. E comunque l'istinto o il sentimento non sono sufficienti per avere una famiglia in senso pienamente umano.

È una questione di dignità delle relazioni, che non sono tutte uguali. Ben inteso, ogni realtà esistente ha una sua dignità, ma la dignità umana non è paragonabile ad altro da sé. La "dignità delle relazioni", oggi invocata da alcuni per giustificare qualunque nuova forma di famiglia, richiede che l'agire di cura (*caring*) in famiglia abbia certe qualità e certe proprietà causali. Le qualità sono quelle di azioni reciproche che generano e rigenerano una vita in comune vissuta come un progetto dotato di senso sul futuro. Le proprietà causali sono quelle che danno a tali relazioni la capacità di generare beni relazionali[11]. Come sono la maternità e paternità responsabili, l'educazione alle virtù pro-sociali (e non solo individuali) che si riflettono nell'agire con giustizia e generosità verso il prossimo, senza cui non c'è vitalità del tessuto sociale.

L'alternativa alla famiglia post-umana esiste ed è quella che possiamo chiamare "famiglia relazionale", nella quale le relazioni fra uomini e donne, così come fra generazioni, sono caratterizzate dalla fiducia, cooperazione e reciprocità come progetto riflessivo di vita. Cioè una struttura sociale di relazioni di cura che ha in sé, per via della generatività della coppia e della trasmissione generazionale, la capacità di realizzare un progetto specifico di vita in comune.

Il progetto trans/post-umanista è radicalmente orientato dalla tecnologia. La spiritualità di cui si ammanta è la riedizione di visioni panteistiche e panpsicologistiche che riesumano antichi miti. Un neoumanesimo è possibile solo se si adotta una visione relazionale adeguata alla realtà di un processo di civilizzazione che non può tornare indietro.

[11] P. Donati, *Scoprire i beni relazionali. Per generare una nuova socialità*, Rubbettino, Soveria Mannelli (CZ) 2019.

4. La via relazionale

I cambiamenti della famiglia sono in gran parte legati alla cosiddetta "rivoluzione sessuale" esplosa negli anni Sessanta del Novecento, che poi si è concretizzata e accentuata nei decenni successivi dando vita a una varietà di forme familiari[12]. Si tratta di un fenomeno estremamente complesso che porta a una grande varietà di esiti. Giocare con la sessualità, anche quando la si intende come amore, ha ripercussioni sociali imprevedibili, non solo per gli individui coinvolti, ma per il resto della società. Il processo storico di liberazione della sessualità ha plasmato e continua a plasmare il mondo post-cristiano, o ex cristiano. Le sue varie implicazioni antropologiche e le sue tante promesse non sono comprensibili a prescindere dalle radici cristiane dell'Occidente, dato che le istanze di cambiamento sono una contestazione, un rovesciamento o una distorsione di tali radici. Si comprende dunque quale sia la portata della sfida epocale che oggi viene lanciata al pensiero cristiano da parte delle ideologie trans/post-umane.

La risposta a questa sfida sta nella matrice relazionale del pensiero cristiano, che indica una via, quella relazionale, per rispondere a tale sfida.

Nel suo corso storico, la rivoluzione sessuale mescola insieme l'esplosione di energie vitali e pulsioni regressive e di morte. Lo hanno messo in luce, a partire da De Sade, tanti pensatori freudiani e post-freudiani di varia tendenza. Nel lungo periodo, dietro l'entropia crescente della famiglia c'è l'entropia dei comportamenti sessuali, delle identità e relazioni sessuali.

Ciò che è in gioco, dunque, è il senso della sessualità umana in quanto distinta da quella di altri esseri viventi. Come ha affermato Benedetto XVI, «imparare ad accogliere il proprio cor-

[12] Si veda il numero della rivista "Anthropotes", 34, 2018.

po, ad averne cura e a rispettare i suoi significati è essenziale per una vera ecologia umana. Apprezzare il proprio corpo nella sua femminilità o mascolinità è necessario per poter riconoscere sé stessi nell'incontro con l'altro diverso da sé»[13].

Nella stessa linea di pensiero relazionale, Papa Francesco ha scritto: «Non ci sarà una nuova relazione con la natura senza un essere umano nuovo. Non c'è ecologia senza un'adeguata antropologia. Quando la persona umana viene considerata solo un essere in più tra gli altri, che deriva da un gioco del caso o da un determinismo fisico, si corre il rischio che si affievolisca nelle persone la coscienza della responsabilità. Un antropocentrismo deviato non deve necessariamente cedere il passo a un "biocentrismo", perché ciò implicherebbe introdurre un nuovo squilibrio, che non solo non risolverà i problemi, bensì ne aggiungerà altri. Non si può esigere da parte dell'essere umano un impegno verso il mondo, se non si riconoscono e non si valorizzano al tempo stesso le sue peculiari capacità di conoscenza, volontà, libertà e responsabilità»[14]. E, ancora, scrive Papa Bergoglio: «La critica all'antropocentrismo deviato non dovrebbe nemmeno collocare in secondo piano il valore delle relazioni tra le persone. Se la crisi ecologica è un emergere o una manifestazione esterna della crisi etica, culturale e spirituale della modernità, *non possiamo illuderci di risanare la nostra relazione con la natura e l'ambiente senza risanare tutte le relazioni umane fondamentali*»[15].

La rivoluzione sessuale ha bisogno di ripensare al senso e al ruolo del corpo nel quadro di questa complessità relazionale, che oggi è la grande posta in gioco. L'umanizzazione del corpo non può essere un'accettazione passiva, di mera conformità a

[13] Discorso al Deutscher Bundestag, Berlino, 22 settembre 2011.
[14] Lettera enciclica *Laudato si'*, 118.
[15] Lettera enciclica *Laudato si'*, 119.

norme presupposte *a priori*, ma neppure di strumentalizzazioni e colonizzazioni di ogni tipo. Va elaborata riflessivamente, trovando le ragioni specifiche e contestuali per essere realizzata. È di questo modello relazionale che dobbiamo parlare.

L'umanizzazione della sessualità consiste nel viverla come relazione, intersoggettiva e strutturale, e in modo dinamico, come *relazione generativa di beni relazionali.* In definitiva, l'umanizzazione delle nostre relazioni, sia quelle sessuali di esercizio della sessualità, sia quelle semplicemente sessuate in quanto riflettono la condizione sessuale della singola persona, consiste nel prendersi cura del Terzo, cioè della relazione stessa come un – almeno potenziale – bene relazionale.

La ricerca di un nuovo "modello" relazionale di coppia e di famiglia significa assumere una relazionalità *sessuata* in una relazione-del-Noi (*we-relation*) in cui essere sé stessi rispettando e anzi promuovendo le differenze sinergiche. Questo modello si caratterizza per l'attenzione alle qualità e proprietà causali della specifica connotazione sessuale delle relazioni, tanto nella formazione della coppia, quanto nelle altre relazioni – primarie e secondarie – della vita quotidiana.

In breve, l'umanizzazione della sessualità è un cammino che riguarda le persone, ma passa necessariamente attraverso le relazioni che esse attualizzano. Sono le relazioni che umanizzano o meno, in un modo o nell'altro, certo in quanto sono agite in un certo modo o in un altro dai soggetti in gioco. Gestire questa complessità sapendo vedere e prendersi cura dell'unicità di ogni relazione contestualmente situata, e pertanto di ogni identità sessuata in atto, è il cuore di un neoumanesimo familiare che deve abbandonare gli stereotipi del passato, del presente e del futuro.

La "famiglia relazionale" è bensì una famiglia che si prende cura dell'Altro, ma lo fa guardando alla bontà delle relazioni familiari e dei frutti che portano, dando priorità alla relazione sull'interesse individuale, nella consapevolezza che solo certe relazioni, quelle del genoma naturale specifico della famiglia, possono assicurare l'identità umana, sessuata e generazionale di ciascuno, nella sinergia delle differenze.

POSTFAZIONE

E poi, è arrivata la pandemia

DOPO LA PANDEMIA: SERVE UNA NUOVA CULTURA DELLE RELAZIONI

Qualche riflessione degli autori sui possibili cambiamenti del dopo-pandemia

Pierpaolo Donati

Il Rapporto Cisf 2020 è stato concepito e in gran parte scritto prima dell'esplosione dalla pandemia del *Covid-19*. Ci si chiede: con la pandemia è cambiato qualcosa rispetto ai contenuti di questo Rapporto? Molto probabilmente, le interviste sul campo avrebbero dato qualche risultato leggermente diverso. Tuttavia, penso anche che, per il medio-lungo periodo, le considerazioni – sia quelle descrittive degli andamenti, sia quelle prospettiche – in linea di massima rimangano le stesse già individuate, con alcune specificazioni e aggiustamenti di cui dirò.

Quale influenza la pandemia avrà sul futuro della famiglia? Questa è una bella domanda, che ovviamente è tutta da discutere. Chi scrive, propone le seguenti considerazioni, pochi giorni prima della Pasqua 2020, quando ancora siamo nel pieno della diffusione epidemica, e non sappiamo come andranno le cose. Tuttavia, volendo dire qualcosa di significativo, direi che, alla fine, la pandemia confermerà le tendenze e le problematiche espresse nel Rapporto. Le sintetizzo per riguardo: (i) alla vita in famiglia e ai suoi dintorni, (ii) al rapporto fra le famiglie e la tecnologia, (iii) al ruolo della famiglia nella ripresa della società.

(i) In primo luogo, la pandemia ci ha mostrato in maniera drammatica l'importanza delle relazioni sociali, dentro e fuori della famiglia, e soprattutto sui confini fra il dentro e il fuori. *Senza relazioni, il virus non esiste*. Ma come si fa a vivere senza relazioni per non prendere il virus? Poiché abbiamo assoluta necessità di relazioni, ecco che il virus si attiva, passa e si diffonde. Dunque, la pandemia ci ha mostrato che le relazioni sono la stoffa del sociale e della famiglia e decidono dei loro rapporti e dei loro destini. Lo fanno nel bene e nel male. Mica poco! Infatti, da un lato le relazioni sociali fra amici, colleghi, familiari, parenti, sono state il veicolo del virus e hanno prodotto una catastrofe mondiale. Dall'altro, per combattere il virus, si è dovuto ricorrere alle buone relazioni in famiglia. La soluzione additata è stata quella di isolare le persone in famiglia, rivitalizzando le relazioni di compagnia fra genitori e figli, e magari connettendosi a distanza con i nonni su internet. Il messaggio è stato: se non fate attenzione alle relazioni, dentro e fuori della famiglia, rischiate di ammalarvi. Nello stesso tempo, l'isolamento richiesto alle singole persone e alle famiglie ha costretto le famiglie a una vita in comune mai sperimentata in precedenza, e così ha messo sotto stress le loro relazioni interpersonali. Lo stress (tensioni, disagio, ansia) ha avuto e avrà anche in seguito effetti selettivi: alcune famiglie si sentiranno più unite, altre esploderanno in vari modi. Questo è un tema di future ricerche.

I nonni sono stati isolati. Per mantenere i genitori al lavoro, il governo ha concesso un bonus per gli asili nido, intercambiabile con un piccolo allungamento del congedo detto "parentale" (che in realtà è "genitoriale") pagato per 15 giorni. Mi chiedo: tutta qui la politica di sostegno alla famiglia, cioè alle sue relazioni? Certo, sono state erogate anche somme di denaro assistenziale, ma il loro scopo è stato quello di combattere la povertà, per gli individui come per le imprese, non le relazioni familiari come tali.

Il virus ha stressato le relazioni familiari, da un lato forzandole a compattarsi, dall'altro frammentandole. Una tendenza che il Rapporto aveva già indicato come trend in atto prima della pandemia. Qualcuno osserverà che c'è stata una grande condivisione di informazioni, messaggi, conversazioni su internet. Ma è tutto da dimostrare che queste connessioni abbiano rafforzato la cultura delle relazioni familiari. Sono certamente state un ulteriore passo nell'alfabetizzazione delle famiglie al mondo digitale, ma qualcuno potrebbe argomentare che si tratta di un ulteriore passo verso la sorveglianza e la colonizzazione delle famiglie. E qui passiamo al secondo punto.

(ii) Il secondo insegnamento che ci viene dalla pandemia è l'influenza delle tecnologie della comunicazione (ICT) sulla famiglia. Il Rapporto Cisf 2020 ha voluto anticipare questi aspetti, ben sapendo che la famiglia italiana media, prima dell'epidemia, era assai poco tecnologizzata, salvo la generazione dei figli giovani. Nelle settimane e mesi di pandemia, tutti hanno dovuto aggiornarsi (in realtà, apprendere *ex novo*) nell'uso delle tecnologie, soprattutto le ICT, le app, le piattaforme e, dietro esse, ovviamente capire qualcosa di più degli algoritmi e delle intelligenze artificiali. La pandemia è stata una spinta incredibile all'alfabetizzazione digitale: in poche settimane, *smart working*, didattica a distanza, servizi su internet, e così via, hanno addestrato le famiglie italiane al mondo del digitale come nessun altro avrebbe potuto fare in molti anni. Adesso queste famiglie cambieranno radicalmente le loro relazioni con le tecnologie. Ne può venire molto di buono, ma anche molto di male, se le tecnologie saranno usate senza la cultura delle relazioni auspicata dal Rapporto.

Dovremo aspettarci un nuovo gioco di controllo sociale, fatto di sorveglianza elettronica e di condizionamenti digitali di ogni tipo su persone e famiglia. Bisognerà capire come dare più potere, capacitazione, *empowerment* alle famiglie affinché non diventino ancora di più i terminali di un sistema tecnocratico che tutti sorveglia e tutti condiziona verso scopi non detti, o comunque non decisi dalle persone e dalle famiglie. Su questo terreno, i due modelli leader nel mondo, il regime autoritario della Cina e la democrazia americana che poggia sul mercato, non promettono nulla di buono. L'Italia sarà stretta fra questi colossi che utilizzeranno le tecnologie digitali per condizionare con strumenti penetranti la vita delle famiglie. Il *coronavirus* ha dato loro una grande mano.

(iii) In terzo luogo, la pandemia ha dimostrato, se ce ne fosse bisogno, che la famiglia è ancora un soggetto economico e sociale cruciale se il Paese vuole essere sano e prospero. Lo ha mostrato facendoci toccare con mano che le relazioni – in famiglia come altrove – *contano più del denaro*, anche se ovviamente il denaro è necessario. Il Rapporto ha messo l'accento proprio su questa prospettiva: gli aiuti in denaro devono essere concepiti e valutati in modo da rafforzare la "cultura delle relazioni" e non per favorire l'individualismo o l'assoggettamento alle tecnologie. La crisi epidemica ha evidenziato il fatto che la nuova cultura dei diritti individuali, che oggi prevale sui diritti della famiglia, non ha aiutato a combattere la crisi economica e sociale generata dal virus. Solo una ripresa della solidarietà familiare, e del capitale sociale comunitario, potrà rimettere le cose a posto.

Le famiglie hanno bisogno di relazioni "buone", al loro interno e nei rapporti con il mondo del lavoro, le reti amicali, le associazioni, e lo stesso Stato. Trattare le famiglie con il bonus bebè, il voucher per l'asilo nido, o un congedo parentale pagato per qualche settimana in più è molto riduttivo. Dovrebbero capirlo i politici che dichiarano di voler approvare una legge, detta *Family Act*, di sostegno alle famiglie.

Il ruolo della famiglia nella ripartenza del sistema Italia dipenderà dal contesto relazionale che i principali attori della società, cioè lo Stato, il mercato, il Terzo Settore e la comunità, configureranno per le famiglie. Tutti questi attori non possono esimersi dal tenere conto di come sono fatte le famiglie, dal punto di vista della loro struttura e composizione. L'invecchiamento della popolazione, l'isolamento di tante "famiglie" composte da un anziano solo, la frammentazione dei nuclei familiari, la natalità decrescente devono essere combattuti con più decisione e competenza, se non si vuole che il tessuto sociale (il capitale sociale) deperisca ancor di più del già elevato impoverimento economico che è seguito alla pandemia.

Ancora una volta, le crisi sistemiche ricadono sulle famiglie, e le conseguenze non saranno positive. Se non cambieremo strada, l'Italia continuerà ad andare a fondo come abbiamo detto con i tanti Rapporti precedenti. La pandemia ha costretto le famiglie, loro malgrado, a ragionare sulle relazioni sociali e interpersonali. Ma ne hanno gli strumenti? Lo si vedrà quando tireremo le somme per vedere se le famiglie saranno state capaci di gestire i conflitti che derivano dalla diversità dei caratteri, dei gusti, delle opinioni, degli interessi, dei modi di pensare e di vivere degli individui in quanto tali. Di fatto, dopo un primo periodo di assestamento "buonistico" alle nuove condizioni, abbiamo visto crescere una certa conflittualità nelle coppie, la difficoltà di gestire i bambini in casa, l'aumento del disagio psichico e altre patologie dovute all'isolamento forzato, alla mancanza di servizi pensati su misura delle famiglie in rapporto all'età e alle condizioni fisiche e psichiche delle persone.

Termino con alcune considerazioni generali.

Le relazioni sono ambivalenti ed enigmatiche perché possono generare il bene o il male, dunque richiedono un'osservazione competente, capace di vederle e gestirle. Di norma noi non vediamo, né tantomeno gestiamo le relazioni, le quali, invece

– sotto forma di connessioni virtuali sui media – vedono e gestiscono noi come persone. Le relazioni non sono comunque mai ciò che desideriamo che siano, non sono proiezioni dei nostri interessi. Incidono sulle nostre vite senza che ne siamo consapevoli.

Il *Covid-19* ci ha costretti a misurare le relazioni. La relazione non è soltanto un veicolo, un canale dentro cui passa qualcosa e che dunque "porta" il virus, così come le tubazioni portano l'acqua. In un certo senso, possiamo dire che "*la relazione è il virus*" e nello stesso tempo "*è il suo rimedio*", se siamo capaci di capirlo. Prendere o meno il virus dipende dalle qualità e proprietà della relazione, di cui dobbiamo misurare la distanza e la forza. Saper prender le distanze tra Sé e l'Altro diventa fondamentale perché la distanza cambia la forza (densità) del messaggio, così come determina la sua bontà, neutralità o dannosità.

Quando la pandemia sarà finita, il posto del virus sarà preso da altri agenti patogeni, quelli di una cultura darwiniana che usa consumi e tecnologie per selezionare la popolazione e per creare un mondo di fantasmi e di *cyborg*. È qui la sfida per avviare un altro modello di sviluppo sociale, in cui la famiglia dovrebbe essere oggetto di una cura speciale. Per evitare il rischio di un'evoluzione darwiniana delle famiglie, che privilegia il più forte e crea disuguaglianze, serve una "conversione" radicale, che è innanzitutto un nuovo apprezzamento spirituale delle relazioni umane (in latino *cum vertere* significa fare sì che una cosa divenga altra da quella che è, trasmutare, trasformare).

Nella sua informativa al Senato del giovedì 26 marzo, il Presidente del Consiglio Conte ha detto: «Il virus è come il vento, soffia dove vuole». L'affermazione è stonata, le cose non stanno così. Il virus va dove lo portano le reti sociali di relazione, secondo la loro struttura, densità, centralità, forza e logica. Ai governanti serve una cultura delle relazioni sociali.

L'Italia continua a non vedere che *ha reciso le sue radici* – la famiglia e la scuola – *e continua su questa strada*, per mancanza di una cultura adeguata a valorizzare la "buona" relazionalità sociale. La pandemia ha ulteriormente messo in crisi e rinsecchito queste radici e questa cultura. Se il Paese non provvederà a rigenerarle, dovrà dire addio alla storia, non avrà più storia.

In breve, la pandemia ha rafforzato le tendenze di cambiamento delle famiglie già messe in luce da questo Rapporto. Alla fragilità delle strutture familiari ha corrisposto la forza e la pervasività delle connessioni digitali. La crisi economica e del welfare conseguente alla crisi sanitaria rafforzerà queste correlazioni, con esiti imprevedibili. Diventa ancor più necessario di prima cambiare radicalmente rotta nel modo in cui pensiamo, agiamo e sosteniamo la famiglia.

***

Gian Carlo Blangiardo, Stefania Maria Lorenza Rimoldi, Elisa Barbiano di Belgiojoso

Nel momento in cui questa pubblicazione sta per essere ultimata, ci interroghiamo sugli effetti che gli eventi in corso, collegati alla pandemia di *Covid-19*, avranno sulla popolazione italiana.

In proposito, la prima considerazione di ordine demografico che è opportuno fare è che, alla luce dell'aumento della mortalità mostrata dai dati registrati a tutto aprile 2020, sembra legittimo ipotizzare che le ripercussioni dirette – se si escludono alcune drammatiche realtà locali fortemente localizzate al Nord – nel complesso del Paese saranno verosimilmente contenute, tanto sulla dimensione della popolazione, quanto sulla sua struttura per età.

D'altra parte non dimentichiamo che anche in passato si sono verificati importanti episodi di accrescimento della mortalità. Si pensi ai circa 50 mila morti in più registrati nel 1956, in concomitanza di un'epidemia influenzale aggravata da un inverno particolarmente rigido, o più recentemente nel 2015 – sempre con 50 mila casi in più rispetto all'anno prima – ancora per un picco di influenza invernale in una popolazione che, a seguito di discutibili polemiche alimentate nei mesi precedenti, aveva attenuato la protezione vaccinale.

A ben vedere, per ricercare una somiglianza con *Covid-19* – sul piano della rilevanza e della percezione sociale più che (auspicabilmente) degli effetti sanitari e demografici – occorre risalire di un secolo, alla pandemia nota come "spagnola". Un flagello che nel 1918 infestò il nostro Paese, tra gli altri, provocando un numero di morti stimato nell'ordine di 600 mila. All'epoca, tuttavia, la popolazione italiana scontava, rispetto a oggi, sia fattori di rischio tipici del periodo, sia l'assenza di adeguati strumenti atti a fronteggiare efficacemente l'epidemia. C'erano la debolezza e la fragilità psico-fisica dell'essere appena usciti dalla Grande guerra; i bassi livelli d'informazione e istruzione nelle masse che limitavano l'adozione di corretti comportamenti difensivi; la carenza di adeguate strutture e presidi sanitari; la mancanza di quei supporti che oggi, con alle spalle un secolo di progresso tecnologico, si sono resi disponibili.

Le diverse e migliori condizioni con cui l'Italia è chiama ad affrontare un fenomeno che potrebbe avere la stessa portata di cent'anni fa permettono dunque di confidare in un'azione di contrasto ben più incisiva e con effetti meno drammatici. Ciò non toglie che realisticamente *Covid-19* lascerà un segno sulla mortalità della fascia di popolazione più anziana della popolazione italiana (la più fragile in questa situazione) e verosimilmente invertirà la tendenza alla crescita della speranza di vita, cui ci eravamo piacevolmente abituati. Secondo alcune simulazioni recentemente diffuse da Istat, gli aumenti di mortalità dovuti alla pandemia di *Covid-19* sono destinati ad accrescersi, come è naturale attendersi, in funzione dell'intensità e della durata del maggior rischio di morte proprio in corrispondenza dei soggetti più anziani. Negli esercizi di simulazione, passando da uno scenario (più pessimistico), caratterizzato da un persistente forte rialzo del rischio di morte (+30/40%) che, pur riducendosi via via, si manterrebbe sino a novembre 2020, a uno (relativamente ottimistico) che prospetta un ritorno alla normalità entro tre mesi, la frequenza annua di decessi nel corso del 2020 si accrescerebbe da un massimo di 123 mila unità nel primo caso a un minimo di 34 mila nel secondo. In parallelo, l'aspettativa di vita alla nascita scenderebbe di 1,4 anni nelle condizioni del modello più sfavorevole, mentre solo di 0,42 in quello meno penalizzante. Nei due casi estremi sarebbe un ritorno, rispettivamente, all'aspettativa di vita che si riscontrava in Italia nelle tavole di mortalità Istat MF del 2009-2010 e del 2014, rispettivamente. Infine, riguardo all'effetto sull'invecchiamento demografico, le simulazioni mostrano come la crescita della componente anziana – sia gli ultra65enni che gli ultra85enni – non sembra destinata ad arrestarsi in nessun caso. Essa risulta piuttosto contenuta: +60 mila e +2 mila, rispettivamente per i due aggregati, nel caso di condizioni di sopravvivenza più sfavorevoli; mentre sale a +145 mila e +49 mila nell'ipotesi meno drammatica.

Gli effetti dell'epidemia, tuttavia, non si limitano a quelli che direttamente, attraverso la mortalità, vanno a interessare la componente più anziana. Gli effetti indiretti potrebbero essere di portata ben superiore. In primo luogo le conseguenze dell'emergenza sul sistema economico non tarderanno a farsi sentire, sullo Stato, sulle imprese e sulle famiglie. I prevedibili riflessi in termini di disoccupazione costituiranno un forte freno alla formazione di nuove famiglie, prime fra tutte quelle dei giovani, per i quali l'incentivo a "non uscire di casa" sarà ancora più alto. In conseguenza di ciò è prevedibile anche un calo della fecondità, soprattutto dei primogeniti, ma anche dei figli di ordine superiore, stante l'incertezza dei progetti di vita. Meno famiglie dunque, e soprattutto meno famiglie giovani e con figli. Mentre sul fronte opposto, se dovesse confermarsi l'effetto selettivo di genere sugli anziani maschi, si potrebbe avere un lieve aumento di famiglie formate da vedove anziane e sole. Non sono altresì trascurabili neppure gli effetti psico-sociali indotti dal *social distancing*; la paura del contagio e la contrazione delle opportunità relazionali (ovvero, della loro trasformazione da reali a virtuali) avranno potenzialmente un effetto negativo sulla formazione delle coppie.

Va da sé che la portata di questi cambiamenti, evidentemente, dipenderà dalla durata dell'epidemia e dalla forza del suo impatto nei settori della società e dell'economia, in Italia e nel panorama internazionale.

In questo scenario, un lembo di speranza può tuttavia intravedersi nelle numerose iniziative che convogliano il diffuso desiderio di ottimismo e di unità in tutto il paese. È auspicabile che questo sentimento possa poi tradursi in un impeto verso un'idea di "ricostruzione"; un'esperienza che fa parte della nostra storia e che ha animato le generazioni che, uscite dal dramma di una guerra persa, hanno dato vita al "miracolo economico", con i ben noti riflessi in termini di vitalità sul piano demografico e familiare.

Si sente spesso ripetere che "nulla sarà più come prima". Vogliamo credere (e facciamo in modo) che, se pur sarà così, questa drammatica esperienza ci possa aiutare a ri-costruire un Paese e una società "migliore di prima".

***

Ogni evento traumatico per definizione irrompe nella vita delle persone e delle comunità stravolgendo l'orizzonte simbolico delle attività e il senso condiviso delle coordinate spazio temporali che stanno alla base del nostro essere nel mondo. D'ora in poi, ci sarà nella narrazione personale e collettiva un prima e un dopo *Covid*, e ognuno dovrà affrontare la sfida di integrare questo evento all'interno del suo percorso esistenziale. Non sappiamo come il *Covid* impatterà sulle nostre esistenze, quanta sofferenza personale e disagio sociale provocherà. Gli eventi traumatici non hanno un percorso lineare e l'intensità dei loro effetti dipende dalle risorse personali e sociali a disposizione; possono interferire anche pesantemente con la quotidianità e la progettualità, ma possono anche favorire inaspettate svolte e crescite identitarie.

Pensando ai giovani, alle loro esperienze progettuali in termini familiari, lo scenario può a prima vista indurre in considerazioni sconfortanti. Se già le preesistenti difficoltà economiche, la mancanza di opportunità di lavoro, le scarse politiche familiari sono considerate dagli stessi giovani come ostacoli oggettivi per immaginare un impegno di tipo progettuale e generativo, come non ritenere che la più che probabile e devastante crisi economica post *Covid* non eroda ulteriormente la già fragile spinta progettuale delle nuove generazioni?

Non basta dire e sperare che tutto andrà bene, come il mantra diffuso in questi mesi ripete, perché le cose vadano bene. Ma mantenere o ritrovare elementi di speranza è importante perché il blocco provocato dal trauma del *Covid* possa non avere l'ultima parola. E qualche dato di speranza c'è. La letteratura sui traumi provocati da eventi terroristici e disastri naturali ci dice che non è improbabile che il desiderio di avere figli dopo tali condizioni aumenti, anziché diminuire. E in alcuni casi ci sono proprio evidenze oggettive che mostrano come questi eventi traumatici motivino le persone a intraprendere azioni significative all'interno delle proprie relazioni intime, che possono portare a una disgregazione dei legami, ma anche a maturare o accelerare transizioni costruttive, quali lo sposarsi o avere figli. In riferimento agli effetti prodotti dal *Covid*, la valorizzazione dei legami familiari, pur se pesantemente messi alla prova, è un dato che sembra emergere non solo dalle considerazioni anedottiche riscontrabili da più parti, ma anche dalle prime ricerche che si stanno conducendo. Questo rinnovato legame di attaccamento alla famiglia, e tra le generazioni all'interno della famiglia, ha sicuramente anche una funzione difensiva nella gestione del terrore provocato dal nemico invisibile che ci circonda, ma in termini più propositivi potrebbe svolgere anche un'importante funzione di identificazione benefica per le nuove generazioni. E come abbiamo potuto riscontrare nella ricerca presentata, un legame positivo con la propria famiglia è un fattore che sostiene il desiderio delle generazioni di intraprendere il rischio di una propria progettualità familiare.

Non possiamo sapere in questo momento se il *Covid*, insieme ai lutti e alle perdite, potrà lasciare in eredità anche un rinnovato desiderio di generatività e se sarà in grado di provocare una scossa benefica alle nuove generazioni. Né sappiamo se di fronte a uno scenario così complesso le nuove generazioni saranno in grado di "aprirsi" in maniera consapevole e ponderata al "rischio" di una relazione stabile o dell'assunzione della responsabilità genitoriale, o se, al contrario, si ritireranno ancora di più in una dimensione privatistica e individualista o addirittura si "getteranno nel rischio" delle relazioni in maniera inconsapevole e reattiva, derivante del desiderio di governare l'angoscia di morte contrapponendole una nuova vita, una stabilità affettiva o nuove relazioni significative.

Possiamo ora sperare che il trauma inneschi anche un processo di cambiamento positivo e come dicevamo, tale speranza ha qualche fondata ragione. Charles Péguy ha scritto in versi sorprendenti e intensi che la speranza è una bambina irriducibile che cammina tra le gonne delle sorelle più grandi, la fede e la carità, ma che in realtà le supera perché *vede e ama quello che sarà*. Ci piace pensare che questa bambina irriducibile accompagni noi tutti, e in particolare chi è giovane, perché dia la giusta energia per ripartire e far immaginare e amare un futuro in cui abbia senso e valore investire con fiducia nelle relazioni.

***

Federico Perali

Si propongono qui pochi punti di attenzione, senza pretesa di organicità, per evidenziare come le interazioni tra famiglia, sistema economico e interventi pubblici di welfare sono state ulteriormente messe alla prova durante l'emergenza pandemia – e il post-pandemia sarà tutto da reinventare, in merito.

1) Nel capitolo 4 abbiamo argomentato che la famiglia responsabile è un bene per la società e, attraverso le reti familiari a livello locale e altre forme di investimento in beni fruibili dalla comunità, promuove lo sviluppo socio-economico di un territorio, rappresentando così anche un valore aggiunto per la comunità. Lo scarso riconoscimento (e quindi sostegno) di questo valore da parte del sistema pubblico e statale è in parte spiegata anche dal fatto che è molto più facile per lo Stato contabilizzare i trasferimenti diretti verso le famiglie, seppur esigui se comparati con gli altri Paesi europei, che non stimare il valore non di mercato dei benefici diretti, indiretti e intangibili prodotti dalle famiglie verso lo Stato. Chi infatti saprà conteggiare il valore delle giornate passate in casa dalle famiglie italiane, proteggendo e accudendo i propri figli minori, in una

quotidianità intensa e prolungata di giorni chiusi in casa? E senza questa capacità di contenimento, quanti danni ci sarebbero stati? Certamente il bilancio penderebbe dalla parte delle famiglie; eppure è più facile fare i conti con i "poveri" sostegni oggi disponibili per le famiglie davanti alla pandemia: 15 giorni di congedo genitoriale, però al 50%, e solo fino ai 12 anni del figlio, oppure 600 euro di bonus baby-sitter ecc., in attesa dell'assegno per i figli (mentre scriviamo solo promesso, e non ancora deliberato – e comunque ad oggi limitato sotto i 14 anni di età del figlio).

2) La pandemia ha ulteriormente evidenziato che famiglia e società non godono di buona salute. Come in una situazione in cui è necessario ricorrere a criteri di *triage*, sembra preferibile salvare imprese e lavoro a scapito dell'impresa familiare. Sembra non sia nemmeno chiaro se valga la pena prendersi cura di un organo del nostro corpo sociale, così trasandato e apparentemente parte in causa della malattia della società. Avrebbe ancora senso accanirsi per salvare l'organo, cioè la famiglia? Quali sono le cause della vulnerabilità della famiglia, per poter almeno definire una terapia appropriata? Quale istituzione potrà curarla sotto l'aspetto economico, sociale e istituzionale se anche lo Stato è malato e il Welfare State uscirà particolarmente provato dall'emergenza sanitaria del 2020? Sarà in grado di auto-curarsi con le sue energie e con quelle della Comunità?

3) La pandemia ha inoltre confermato il ruolo positivo giocato dalla famiglie davanti al dilemma della fiducia reciproca e della cooperazione sociale descritto dal gioco di coordinamento della "caccia al cervo" (sempre nel capitolo 4, da J.J. Rousseau *"Discorso sull'Ineguaglianza"*, 1755): *«se si pensa alla caccia al cervo, ognuno ha ben chiaro che deve rimanere fedele alla postazione assegnata; ma se un coniglio passa vicino ad un cacciatore non possiamo dubitare che cerchi di catturarlo senza farsi alcun scrupolo delle conseguenze»*. Il coniglio rap-

presenta l'interesse particolare, del singolo attore, il cervo rappresenta il bene comune, per la famiglia e la società – che esige però fiducia e cooperazione. Più si persegue il bene individuale e insieme quello comune, remando nella stessa direzione, maggiori saranno le possibilità di uscire da situazioni di crisi in tempi ragionevoli. Se pensiamo alla situazione che si è verificata durante l'emergenza sanitaria del 2020, la famiglia che resta pazientemente a casa cosciente dei costi futuri verso sé stessa e le altre famiglie che altrimenti imporrebbe, è quella che investe nel bene comune, cioè gioca *cervo*. Al contrario, la famiglia miope e impaziente che decide di fare una passeggiata per godere di un beneficio certo oggi, noncurante delle conseguenze verso gli altri e della buona ragione di perseguire il bene comune, gioca invece *coniglio*.

4) L'emergenza sanitaria ha avuto l'effetto di esaltare il grande senso di responsabilità verso la famiglia e la società dei cittadini italiani che hanno saputo unire le forze e aggregare risorse per sostenere le componenti più fragili e vulnerabili delle nostre comunità in modo encomiabile. Le Fondazioni di Comunità, anche promuovendo nei loro territori gare di solidarietà come le campagne di raccolta fondi denominate AiutiAMO, stanno giocando un ruolo fondamentale in questa azione fornendo un servizio di garanzia per i donatori e riallocando le risorse verso i bisogni più urgenti. Stanno anche svolgendo una funzione chiave di coordinamento con le associazioni e gli enti non profit del territorio, soprattutto operanti in ambito sanitario e socioassistenziale che sono esse stesse in grave disagio dovendo gestire situazioni critiche in un contesto di welfare territoriale non adeguatamente strutturato e disordinato. Le Fondazioni di Comunità saranno chiamate a sostenere la fase di ripresa economica e di rinnovamento sociale canalizzando le risorse verso progetti ad alto impatto sociale, favorendo processi di innovazione sociale e catalizzan-

do la creazione di distretti sociosanitari che possono conferire maggiore solidità istituzionale ed efficacia alle reti di solidarietà e di servizi sociosanitari.

5) La crisi ha anche evidenziato in modo drammatico le difficoltà della burocrazia statale, sia a livello centrale sia periferico, nel *reaching out* famiglie, imprese, e, soprattutto, situazioni di fragilità, al fine di distribuire le diverse forme di aiuto e per conoscere la reale dimensione dei loro bisogni. In parte, il problema risiede nella mancanza quasi totale di informazioni sulla componente fragile della società, quale la fascia dei "grandi anziani" come l'emergenza sanitaria ci ha tragicamente mostrato. È una questione di pari dignità statistica che, se non corretta, può essere fonte di discriminazione sia nella distribuzione delle risorse sia nella comprensione del disagio delle diverse fasce della popolazione. Un'altra faccia del problema riguarda la questione della *data privacy*. L'emergenza ci ha aiutato a capire che la proprietà dei dati, soprattutto quelli che riguardano la salute delle persone, non è della pubblica amministrazione, ma del cittadino. Se il confine di questo diritto di proprietà non sarà chiarito, sarà molto difficile in futuro che il privato-sociale possa collaborare con il servizio pubblico in modo sufficientemente informato ed efficace, a discapito della qualità del servizio pubblico in generale.

6) La grande spinta verso l'adozione e utilizzo delle nuove tecnologie informatiche a servizio del bene comune impressa dall'emergenza sanitaria, ci offre anche l'opportunità di creare delle applicazioni per *smartphone* che svolgano le funzioni di *card* elettroniche "socio-sanitarie" capaci di tracciare e comunicare alle istituzioni deputate alla gestione tutelata dei dati sia informazioni relative alla domanda di cura e di assistenza, sia all'offerta di servizi e beni comuni di ogni cittadino. Questa innovazione consentirebbe di implementare in modo efficace il riconoscimento di un reddito di partecipazione, erogati ai citta-

dini sulla base dei servizi reali offerti dai cittadini stessi alle loro comunità.

***

Pier Cesare Rivoltella

Il *lockdown* e la limitazione stringente ai movimenti delle persone ha sicuramente prodotto nelle famiglie delle temporanee modificazioni dei loro comportamenti e delle *routines* che scandiscono la vita familiare. Queste modificazioni hanno significativamente a che fare con la disponibilità dei media digitali, più in generale della tecnologia.

Un primo elemento si deve registrare in relazione allo *smart working* e al *distance schooling*. Per quei genitori le cui occupazioni hanno previsto la possibilità di lavorare da casa, questo ha significato riconoscersi in maniera forzata nel profilo degli integratori[1], vivendo una sovrapposizione del tempo lavorativo rispetto a quello familiare. Spesso questa condizione ha riguardato tutti e due i genitori e anche i figli, a loro volta alle prese con un'inedita sovrapposizione del tempo scolastico rispetto a quello familiare. Si tratta di una situazione che ha costretto la famiglia a un supplemento di negoziazione per l'utilizzo degli strumenti (non tutte le famiglie dispongono di tecnologia personale per tutti i membri) e per l'uso della connessione (la necessità di utilizzare contemporaneamente connessione per diverse videoconferenze spesso non consente alla banda domestica di "tenere"). Al di là del fatto che questa negoziazione abbia prodotto conflittualità o convivialità, di certo la necessità di

[1] Cfr. E.E. Kossek, «Managing work-life boundaries in the digital age», *Organizational Dynamics*, 45 (2016), pp. 258-270, già citato nel cap. 5 di questo Rapporto.

discutere ha offerto alle famiglie una nuova occasione di entrare in relazione.

Un secondo elemento, strettamente connesso al primo, chiama in gioco in particolare le madri nella loro funzione di affiancamento dei figli, soprattutto se piccoli, nel momento dei compiti a casa. Proprio il *distance schooling* ha prodotto in questo senso un aumento dei carichi per gli studenti e di conseguenza per le famiglie. Spesso, infatti, la scuola a distanza si è ridotta a una consegna in remoto, attraverso il registro elettronico, dei compiti; e spesso la scarsa collegialità di molti consigli di classe ha comportato un sovraccarico di lavoro per gli studenti con conseguente superlavoro per coloro che in domestico li devono seguire. Nel caso, poi, di scuole più evolute che hanno potuto allestire sistemi di *eLearning*, il genitore si è trovato ad affiancare i figli anche nelle fasi del collegamento, accompagnando per esigenze di sicurezza il figlio durante la fase della connessione on line. Due sembrano essere le principali conseguenze: da una parte l'alfabetizzazione forzata dei genitori, il loro aggiornamento tecnologico; dall'altra un maggior coinvolgimento nell'attività del figlio e una caduta di distanza (e spesso di diffidenza) nei confronti degli insegnanti.

Un terzo elemento – che esula dagli elementi su cui si è esercitata l'analisi nel capitolo – va annotato in relazione a un indubbio aumento della relazionalità interna alla famiglia, con la riproduzione involontaria di situazioni che appartengono a epoche diverse della ricerca sui media in famiglia. Si pensi in particolare proprio alla funzione della televisione come focolare domestico, come "angolo" della casa che in alcuni momenti raccoglie tutta la famiglia, offre dei momenti di discorsivizzazione condivisa (come all'ora dei telegiornali, per commentare i nuovi dati del contagio), favorisce il ritrovarsi insieme decidendo cosa vedere, garantisce un nuovo ritmo alla giornata, che ha perso la sua scansione temporale (perché le attività esterne sono venute meno).

Sarebbe interessante verificare con un'indagine di follow-up molto leggera quanto di queste tendenze tra qualche mese, alla ripresa della normalità, risulterà confermato.

***

Tonino Cantelmi

Mi spiace contraddire la retorica (stucchevole) dell'"*andrà tutto bene*" e quella (ancora più stucchevole) "*ne usciremo migliori*". Non è andato tutto bene: abbiamo pagato un prezzo incalcolabile in dolore, vite umane, lutti e relazioni interrotte brutalmente, senza neanche la possibilità di accompagnare le persone negli ultimi istanti o celebrare riti funebri per dare senso alla perdita. E ancora: paghiamo un prezzo ingente, in termini di povertà e di incremento delle diseguaglianze. Forse qualcuno saprà utilizzare in senso positivo l'esperienza drammatica della pandemia di *Covid-19*, ma questa esperienza renderà altri peggiori e molti ne usciranno più o meno come erano prima. E comunque le macerie emotive (ho appena presentato i dati previsti sul disturbo da trauma correlato al *Covid-19* sia nella popolazione in generale che in alcune categorie in particolare[2]) richiederanno molti trattamenti psicologici.

La pandemia *Covid-19*, dal mio punto di vista, ha spinto l'umanità a esplorare ancora di più l'universo digitale come modalità vincente (e avvincente) di tecnomediazione della relazione: è la vittoria della relazione tecnomediata (più sicura, più

[2] Cfr. http://www.associazioneitci.it/covid-19-impatto-sulla-salute-mentale-e-supporto-psicosociale/

presente, più invadente) sulla relazione *face-to-face*. Durante l'emergenza sono stato intervistato sul boom delle chat erotiche e di incontri (rimandati, ma comunque progettati con modalità sempre più tecnomediate) e sull'incremento del *cybersex* e dell'erotismo digitale[3]. Nulla di sorprendente: il percorso è in quella direzione e il *Covid-19* ha piegato le ultime resistenze.

A tutto questo si somma, in un incastro perfetto, la spinta all'individualismo: ognuno chiuso nella sua micro-realtà, considerata come sicura. Sicché all'uscita dall'emergenza i due processi accentueranno in modo ineludibile quanto descritto nel capitolo: l'intrecciarsi del tecnomediato con il reale sarà una trama indistinta che sosterrà le "famiglie individuali", cioè monocomposte, immerse in un *milieu* di relazioni *light*, un po' affettive, un po' erotiche e tanto tecnomediate.

Ma sono fiducioso. Sarà l'orizzonte della felicità a sgretolare le vie illusorie della tecnoliquidità. Rimarrà infatti intatto il bisogno di relazioni vere e autentiche e l'esasperazione esistenziale del dolore individuale sarà, come detto, la spinta alla vera ricostruzione dei rapporti umani.

***

Pietro Boffi

Nel corso della nostra analisi abbiamo già ripetutamente accennato, in luoghi specifici, al fatto che la pandemia da *coronavirus*, in cui siamo immersi proprio nei giorni dell'elaborazione di questo Rapporto, inevitabilmente condizionerà lo sviluppo proprio di quei *family social indicators* che sono stati ri-

[3] Cfr. http://www.associazioneitci.it/virtualmente-il-sesso-non-va-in-quarantena/

levati attraverso il decennale lavoro di ricerca condotto dalle nostre indagini.

Come già accennato in apertura, saranno gli auspicabili studi futuri che ci consentiranno di approfondire e valutare l'impatto che questa emergenza avrà sulla realtà della famiglia italiana; nondimeno ci sembra opportuno porre in evidenza alcune questioni che già da ora incombono, e che volenti o nolenti ci troveremo ad affrontare non appena terminerà la cosiddetta "fase 1" della pandemia. Si tratta ovviamente di *domande*, non certamente di risposte, attualmente impossibili da fornire, ma che riteniamo utili e importanti da porci proprio in questi travagliati giorni.

Innanzitutto, mai come ora è balzata in primo piano la realtà della *condizione anziana* in Italia. Finora, il fatto che l'Italia fosse (insieme a Germania e Giappone) uno dei Paesi più vecchi al mondo, a livello politico, sociale, culturale è stato semplicemente rimosso. Ora che la pandemia ha comportato una sorta di "strage degli innocenti" soprattutto tra la popolazione degli ultraottantenni, tutti si sono accorti della loro presenza, della loro condizione di fragilità, del loro valore a livello di memoria, delle relazioni affettive profondamente radicate nel vissuto familiare di cui sono portatori.

Accanto a questa consapevolezza, è emerso anche in tutta la sua gravità il fatto che il nostro sistema di cura e accudimento dei cosiddetti "grandi anziani" è stato abbandonato a sé stesso, privatizzato al ribasso tagliando le risorse professionali e umane necessarie per rispondere adeguatamente ai loro bisogni. Paradossalmente l'Italia, che negli ultimi decenni ha costantemente dirottato molte più risorse verso la "terza età" che verso le coppie e le famiglie più giovani (vedi ad esempio "quota 100"), ha tranquillamente dimenticato e rimosso la "quarta età", quella degli anziani caratterizzati in larga parte da pluripatologie (quando non dalla completa non-autosufficienza), e che in Italia da decenni sono, dal punto di vista numerico, in crescita esponenziale. Per evitare di versare, come ora, lacrime amare ma tardive su un fenomeno ampiamente annunciato, sapremo mettere seriamente a tema interventi concreti per affrontare in modo rispettoso della dignità delle persone (e delle loro famiglie) questa situazione? Le indicazioni non mancano, quali ad esempio regolarizzare e qualificare il più possibile il lavoro delle cosiddette "badanti", circoscrivendo il più possibile il "fai da te" e facendo emergere il sommerso; potenziare – non ridurre, come è stato in questi anni – il profilo sanitario delle RSA; promuovere e facilitare il più possibile forme assicurative del tipo *long term care*, in modo da avere a disposizione, al momento del bisogno, le risorse necessarie per una cura e un'assistenza qualificata.

Un'altra questione, tra le tante che si potrebbero porre, riguarda le *relazioni*. Come usciremo dalla costrizione, dall'isolamento forzato che stiamo vivendo proprio nei giorni in cui scriviamo queste note? Come ne usciranno le nostre relazioni familiari, il rapporto con il partner, con i figli, con i parenti lontani (il cui simbolo estremo, come dicevamo sopra, sono i nonni ricoverati in strutture, che in questi giorni abbiamo visto salutare figli e nipoti dalle finestre, inalberare cartelli, trafficare con inaspettate videochiamate)? Come ne usciranno le relazioni con "gli altri", i vicini di casa, i colleghi di lavoro frequentati solo *on line*, i volontari che hanno dimostrato nei fatti cosa si può e si deve intendere di positivo con l'espressione "società civile"? E ancora, che ruolo giocheranno d'ora in poi i social network, già presenti sulla scena delle nostre relazioni quotidiane e finora spesso utilizzati più per far emergere il peggio (odio, aggressività, *fake news*) da tante persone, ma che in questi giorni si sono rivelati essenziali per troppi aspetti della nostra vita: lavoro, studio, svago, informazione, aiuto a vincere l'angoscia e a stemperare le paure?

Come dicevamo, non è ora il tempo delle risposte, ma della riflessione che ci deve aiutare ad intraprendere quel cammino lungo e faticoso che ci consentirà – se lo vorremo – di uscire come famiglie più forti, più solidali, più generose dalla prova epocale di questa pandemia. Per questo, un'indicazione preziosa, che riteniamo possa essere utile e feconda anche per chi non ha – o ritiene di non avere – il dono della fede cristiana ma una visione "laica" del valore della vita, sono a nostro parere le parole pronunciate da papa Francesco nell'omelia della veglia pasquale, celebrata in una basilica deserta, cifra simbolica della condizione comune a tanti oggi sul nostro pianeta: «Stanotte conquistiamo un diritto fondamentale, che non ci sarà tolto: *il diritto alla speranza.* (...) Non è mero ottimismo, non è una pacca sulle spalle o un incoraggiamento di circostanza, con un sorriso di passaggio. No. È un dono del Cielo, che non potevamo procurarci da soli. *Tutto andrà bene*, diciamo con tenacia in queste settimane, aggrappandoci alla bellezza della nostra umanità e facendo salire dal cuore parole di incoraggiamento. Ma, con l'andare dei giorni e il crescere dei timori, anche la speranza più audace può evaporare. La speranza di Gesù è diversa. Immette nel cuore la certezza che Dio sa volgere tutto al bene, perché persino dalla tomba fa uscire la vita».

Anche chi non crede, pensiamo, potrà convenire che il compito che ci attende ora – a partire dalla "bellezza della nostra umanità", di cui la famiglia da sempre è culla e nutrice – è di non lasciare evaporare la speranza, e di saper "volgere al bene", a livello personale, familiare e collettivo, le troppe morti che abbiamo visto in questi giorni.

***

La pandemia ha colpito l'Italia in modo drammatico; poche nazioni hanno sofferto come ha sofferto il nostro Paese, e i numeri su contagiati, morti e ricoverati in terapia intensiva rimangono ancora a dimostrarlo, anche a fine aprile (ultimi giorni di scrittura per questo volume). Anche il Rapporto Cisf 2020 non è rimasto esente dall'impatto di questo evento eccezionale; abbiamo infatti raccolto migliaia di interviste sull'orientamento verso la famiglia della popolazione e dei giovani italiani nell'inverno 2019-2020, *prima* che scattasse l'emergenza *coronavirus*, e anche i nostri commenti sono stati in gran parte scritti prima che scattasse in pieno il *lockdown*. La scrittura dei capitoli è stata terminata nella fase di "clausura domestica", e anche queste postfazioni sul dopo-emergenza intercettano un sentire incompiuto e parziale di ricercatori che sono "in mezzo al guado" – con le nostre relazioni familiari e amicali rivoluzionate, con i nostri meeting su skype, con tutte le nostre carte in ufficio, e noi a casa. Noi, come l'intero Paese.

Siamo comunque convinti che le riflessioni di questo volume resteranno particolarmente preziose soprattutto "dopo la tempesta", anche perché le questioni affrontate in questo Rapporto non sono congiunturali, ma riguardano la visione di futuro che le persone hanno su una dimensione decisiva della vita personale e sociale di un popolo: la famiglia.

È proprio questo il primo nodo da ricordare, confrontando quanto già scritto con ciò che possiamo aspettarci nei prossimi mesi: la pandemia ha ulteriormente confermato che *la famiglia è il primo luogo di custodia e di tutela dell'umano, e insieme una risorsa irrinunciabile di coesione sociale e di responsabilità verso il bene comune*: un capitale sociale praticamente impossibile da sostituire. Questo già segnalavano i dati da noi raccolti (vedi capitoli 7 e 8, su valore della famiglia e sua generatività sociale), questo ha confermato l'esperienza di *#iorestoacasa*, che ha affidato alle famiglie, nel nostro Paese, il compito di proteggere la salute di ciascuno e di tutti. Io resto a casa, cioè in famiglia: e i genitori si sono sobbarcati dall'oggi al domani un impressionante compito educativo e gestionale, con i propri figli, esclusivamente all'interno delle pareti domestiche, affidandosi soprattutto a quelle relazioni familiari interne (*coesione relazionale, capitale sociale bonding* – cfr. capitoli 7 e 8) già emerso nei dati come punto di forza strategico, e confermato dalla stragrande maggioranza delle famiglie italiane, come valore educativo e risorsa per le nuove generazioni.

Il secondo nodo (ampiamente evidenziato anche da altri autori, sia nei capitoli che nella presente Postfazione) è *il salto tecnologico sull'uso del digitale che le famiglie italiane sono state costrette a fronteggiare in brevissimo tempo*. In pochi giorni i social, i cellulari e i rapporti on line sono diventati una risorsa preziosissima per conservare relazioni, per mantenere contatti, per essere vicini alle persone con cui prima ci si poteva vedere quotidianamente. *"Ti butto in acqua: o impari a nuotare o affoghi"*; questo è stato il violento metodo pedagogico che la pandemia ha imposto alle famiglie italiane nei confronti delle ITC e delle relazioni digitali: o impari in fretta a usarli e *amarli*, o resti ancora più isolato e "recluso" tra le quattro mura domestiche. Così, da nemiche della relazione, le reti digitali si sono trasformate in risorse preziose, non solo per i figli, ma anche per gli adulti. E i genitori hanno potuto apprezzare l'idea che i propri figli riuscissero, proprio grazie ai social, via skype, su Instagram o in call via Zoom, a restare in contatto con gli amici, e – quindi – anche a non restare soffocati da relazioni familiari genitori-figli così strette e quotidiane che solo poche settimane prima sarebbero state impensabili (e intollerabili). In altri termini, il digitale ha sostenuto e alimentato quel *capitale sociale bridging* (vedi capitolo 8), che è la capacità delle relazioni familiari di allargarsi oltre al confine del nucleo ristretto, *"di fare ponte"*, per connettersi con altre persone, costruendo reti informali che si sono rivelate sempre più decisive nel proteggere il benessere e l'equilibrio delle persone: non solo dei figli, ma anche degli adulti. Il digitale ha positivamente supportato in modo imprevedibile anche tutte quelle relazioni intergenerazionali con i propri parenti (*in primis* i genitori anziani), mantenendo contatti regolari con i nonni lontani, ma anche con i soggetti isolati a casa in quarantena perché positivi al virus, o addirittura con quelli ospedalizzati nei reparti di terapia intensiva. E tanti nonni si sono scoperti capaci di digitare su uno smartphone, pur di riuscire a vedere i propri figli o i propri nipoti. Certo, non mancheranno effetti negativi, come ricorda giustamente Tonino Cantelmi; ma questa grande occasione di apprendimento non dovrà essere sprecata.

In terzo luogo *il digitale* non ha investito solo gli spazi relazionali familiari, ma *ha anche interpellato e sfidato con grande urgenza anche altri due ambiti decisivi del sociale oggi*, che sono stati travolti dall'esigenza del "distanziamento sociale": *la scuola e il mondo del lavoro*. In entrambi gli ambiti si sono riscontrati tre modelli prevalenti, che vale la pena di descrivere qui[4]:

– I *"già ibridati"*: sono i soggetti (persone e/o organizzazioni) che per vari motivi erano già competenti in *smart working*,

[4] Questi modelli riprendono quelli illustrati nei capitoli 3 e 8 sull'uso delle ITC tra costrizione/necessità e libertà/piacere.

in formazione a distanza, in modelli organizzativi flessibili di delocalizzazione del lavoro e di apprendimento digitale. Per loro lavorare da casa senza andare in ufficio o insegnare da remoto con interventi via web è stato relativamente semplice e rapido, senza grandi perdite di efficienza lavorativa o formativa;

– All'estremo opposto ci sono i *"refrattari"*: sono persone od organizzazioni (nell'azienda o nei sistemi didattici, università comprese) che si sono limitati a riprodurre "a distanza" quello che prima si faceva in compresenza, orari e pause comprese. Sono quei docenti che si limitano a leggere le slide che proiettano via Zoom (se sono bravi mandano persino le slide in anticipo...), oppure quelli che per "fare il programma via web" caricano di compiti a casa i bambini (spesso alle elementari: e che dire allora dei genitori, costretti a sostenere i propri figli con questi carichi di lavoro?). Oppure, ancora, quegli uffici o quelle aziende che, nella migliore delle ipotesi, "lasciano le persone a lavorare a casa" senza mutare procedure, meccanismi di coordinamento, sistemi di supervisione e di controllo del lavoro (perché, ad esempio, in questo nuovo *setting* bisognerebbe misurare per risultati, non per presenza...); nella peggiore, queste aziende chiudono, aspettando gli ammortizzatori sociali dallo Stato. Ma rischiano di non riaprire più.

– Il terzo tipo, intermedio, sono gli *"adattati"*: si tratta di persone o organizzazioni che, anche se non avevano ancora avviato significativi processi di *smart and agile working* o di formazione a distanza, hanno colto la palla al balzo, e imparato in fretta come trasformare didattica e/o processi produttivi in modo innovativo, riuscendo a modificare processi operativi e produttivi, materiale didattico, modalità di lezione in funzione della mediazione del web. Sono situazioni in cui non ci si limita a spostare i lavoratori a casa, ma gli si danno nuovi strumenti informatici e nuovi protocolli comunicativi con colleghi e superiori; sono quelle scuole in cui i docenti si sono inventati "giochi di ruolo", lezioni per immagini, modalità interattive di dialogo con i social (non faccio la stessa lezione da casa mia, ma mi invento una modalità tutta nuova).

Quanto di questa innovazione forzata diventerà patrimonio organizzativo e *know how* consapevole e permanente delle persone e delle organizzazioni didattiche e produttive, una volta che inizierà finalmente la "fase 2", quella ottimisticamente definita oggi del "ripartire"? Saranno capaci, le aziende, di riformulare per obiettivi (e non per mera presenza o per mera "conformità") la qualità del lavoro dei propri dipendenti? Sapranno, i docenti di scuola e università, conservare *e* riprodurre le incredibili innovazioni didattiche che sono fiorite in queste brevi e durissime settimane, o si tornerà al tran tran burocratizzato di programma ministeriale, circolari del direttore didattico, competenze circoscritte, colloqui con i genitori due volte l'anno? Pensate a quanti professori e studenti di ogni età hanno detto con stupore, dopo qualche giorno di scuole chiuse: *"Che bello rivedere le vostre facce sul computer, finalmente!"*.

Da ultimo, non si può non ricordare che l'impatto della pandemia rischia di diventare un moltiplicatore di differenziali, di fragilità e di disuguaglianze che erano già presenti nel nostro Paese, e che anche i dati dell'indagine Cisf 2019 hanno già ampiamente evidenziato:

– in primo luogo gli anziani, isolati e spesso vulnerabili proprio a causa della solitudine (capitolo 8, ma vedi anche le pressanti parole di Pietro Boffi, in questa Postfazione, sui sistemi di cura). Non sarà semplice riconnettere i legami, dovendo restare "a distanza";

– in secondo luogo le famiglie monogenitoriali, che già dai dati segnalavano una propria condizione specifica di maggiore vulnerabilità (capitolo 8); la maggiore difficoltà nel riuscire a vedere i propri figli per il coniuge non residente (spesso diventata impossibilità) lascerà strascichi non marginali nel benessere di queste costellazioni familiari, di cui bisognerà farsi carico;

– tra i ragazzi potrebbe generarsi un nuovo *digital divide*, tra quei soggetti che per i più diversi motivi non sono riusciti a "restare connessi" in queste lunghe settimane con le proprie reti amicali (magari per la debolezza delle dotazioni tecnologiche delle famiglie e/o dei territori – l'Italia a banda larga è ancora un sogno per troppe realtà!);

– resta poi un grande punto interrogativo relativo alle fragilità familiari più gravi, a quei sistemi familiari dove le relazioni erano già ammalate per un virus per certi versi più letale del *coronavirus*, dove la violenza e la prevaricazione nelle relazioni quotidiane potrebbe aver trovato nella reclusione forzata domestica un rinforzo tanto drammatico quanto sconosciuto (minori maltrattati o trascurati, violenza contro le donne, maltrattamento o trascuratezza verso i più fragili).

Sono solo alcune condizioni, tra le molte possibili, in cui a fine emergenza potranno emergere nuove sofferenze relazionali familiari, nuove domande di ascolto, di aiuto, di presa in carico, dopo lunghe settimane di sostanziale interruzione di tanti servizi socio-sanitari e di tante iniziative di prossimità, pubbliche, private e di privato-sociale. Queste situazioni di vulnerabilità relazionale e sociale non potranno essere abbandonate a loro stesse, perché già duramente messe alla prova dall'emergenza, ma certamente bisognerà immaginare e sperimentare risposte innovative anche nel sociale.

La capacità dell'Italia di ripartire dovrà quindi essere misurata non solo dai punti di PIL o dai posti di lavoro che riusciremo a rigenerare (fondamentali, peraltro), ma anche dalla reale capacità di sostenere le famiglie e le loro relazioni: quel tessuto connettivo insostituibile, quella microfibra sociale che tiene insieme un popolo, che le famiglie quotidianamente tessono con pazienza, fatica e tenacia, e che rimane insostituibile per l'equilibrio e la stabilità sociale ed economica del Paese.

Riprendendo ciò che ricordava Pierpaolo Donati, a conclusione della sua Postfazione: *«Ai governanti serve una cultura delle relazioni sociali»* – e non solo a loro, ma anche al mondo delle imprese, ai sistemi formativi, ai sistemi culturali e massmediali. *«Diventa ancor più necessario di prima cambiare radicalmente rotta nel modo in cui pensiamo, agiamo e sosteniamo la famiglia [...]. Se il Paese non provvederà a rigenerar[la], dovrà dire addio alla storia, non avrà più storia»*.

APPENDICE

L'INDAGINE CISF SULLE FAMIGLIE: ASPETTI METODOLOGICI

*Luigi Tronca**

1. Introduzione

L'indagine su un campione delle famiglie residenti in Italia che qui presentiamo è stata svolta in continuità con altre quattro indagini, sempre di livello nazionale, svolte dal Cisf. Le scelte di carattere metodologico operate in occasione della presente indagine vanno allora considerate anche a partire dalla necessità di creare le condizioni per garantire la possibilità di operare delle comparazioni con una o con più di una delle indagini precedentemente svolte. Le indagini alle quali ci riferiamo sono state svolte nel 2009[1], nel 2011[2], nel 2013[3] e nel 2017[4].

* **Luigi Tronca** è Professore Ordinario di Sociologia Generale presso il Dipartimento di Scienze Umane dell'Università degli Studi di Verona, Ateneo in cui è titolare dell'insegnamento di Sociologia e Analisi delle Dinamiche Sociali, dell'insegnamento di Riorganizzazione delle Strutture Comunitarie e del modulo di Social network analysis e intervento di rete, nell'ambito dell'insegnamento di Sociologia dell'innovazione sociale. Tra le sue ultime pubblicazioni, si segnalano: L. Tronca e D. Secondulfo (a cura di), *Secondo rapporto dell'Osservatorio sui consumi delle famiglie. Il consolidamento dei nuovi profili di consumo* (FrancoAngeli, Milano 2019); L. Tronca e C. Sità, *Réseaux sociaux et travail social. Un défi pour l'interactionnisme structural* (in «Revue européenne des sciences sociales», 57, 2, pp. 193-227, 2019); M. Forsé e L. Tronca, *The French and the Italians in relation to the difference principle* (in «The Tocqueville Review/La revue Tocqueville», XXXIX, 1, pp. 179-197, 2018).

[1] P. Donati (a cura di), *Il costo dei figli. Quale welfare per le famiglie?* FrancoAngeli, Milano 2010.

[2] P. Donati (a cura di), *La relazione di coppia oggi. Una sfida per la famiglia*, Erickson, Trento 2012.

[3] Cisf (a cura di), *Le famiglie di fronte alle sfide dell'immigrazione*, Erickson, Trento 2014.

[4] Centro Internazionale Studi Famiglia (a cura di), *Le relazioni familiari nell'era delle reti digitali. Nuovo Rapporto Cisf 2017*, San Paolo, Cinisello B. (MI) 2017.

Nel corso di questo scritto presenteremo, in modo particolare, la strategia che ha condotto alla costruzione del campione e alla raccolta e sistematizzazione dei dati (paragrafo 2) e la costruzione degli indici sintetici, che sono stati ottenuti tenendo in considerazione quando possibile le strategie e le riflessioni emerse nelle indagini precedentemente svolte e soprarichiamate (paragrafo 3).

2. Il campione e la raccolta dei dati

La popolazione dalla quale è stato estratto un campione per lo svolgimento dell'indagine che qui presentiamo è quella delle famiglie residenti in Italia. Con "famiglia" deve intendersi, in questa sede, un insieme di soggetti che abitano sotto lo stesso tetto e che sono legati tra loro da vincoli di matrimonio, di parentela, di affinità, di adozione, di tutela o di tipo affettivo. La costruzione del campione, l'estrazione dei casi, la raccolta dei dati e la loro sistematizzazione – elementi di cui si darà in questa sede notizia – sono state svolte dalla società di ricerca Eumetra MR S.r.l. di Milano.

Il campione di famiglie è stato proporzionalmente stratificato a partire dalla combinazione delle seguenti caratteristiche della popolazione di riferimento:

(i) cinque aree geografiche di residenza: Nord-ovest; Nord-est; Centro; Sud; Isole[5];

(ii) dodici tipi di famiglia: famiglia con un solo componente (fino a 65 anni di età); famiglia con un solo componente (con

[5] Di seguito, richiamiamo la distribuzione delle regioni italiane rispetto alle cinque aree geografiche: Nord-ovest: Piemonte, Valle d'Aosta, Liguria, Lombardia; Nord-est: Trentino-Alto Adige, Veneto, Friuli-Venezia Giulia, Emilia-Romagna; Centro: Marche, Toscana, Umbria, Lazio; Sud: Campania, Abruzzo, Molise, Puglia, Basilicata, Calabria; Isole: Sicilia, Sardegna.

più di 65 anni di età); coppia senza figli (con donna fino a 54 anni di età); coppia senza figli (con donna con più di 54 anni di età); coppia con figli (con tutti i figli fino ai 18 anni di età); coppia con figli (con figli sia al di sopra che al di sotto dei 18 anni di età); coppia con figli (con tutti i figli al di sopra dei 18 anni di età); famiglia con un solo genitore (con tutti i figli fino ai 18 anni di età); famiglia con un solo genitore (con figli sia al di sopra che al di sotto dei 18 anni di età); famiglia con un solo genitore (con tutti i figli al di sopra dei 18 anni di età); famiglie senza nuclei (escluse le persone sole); famiglie con più nuclei.

Per la stima della popolazione delle famiglie rispetto a tali caratteristiche, utilizzate incrociandole tra loro per la stratificazione proporzionale del campione, la società di ricerca si è avvalsa delle fonti che seguono, dando la priorità a quella più aggiornata, in caso di presenza dello stesso dato in due o più di esse: Censimento Istat 2011; Indagine Istat "Aspetti della vita quotidiana", anno 2017; Portale DemoIstat, con aggiornamento al 2019. La consistenza della popolazione è stata stimata come pari a 27.636.486 unità (famiglie).

In *Tabella 1* riportiamo lo schema teorico delle celle campionarie: rispetto a quello ricevuto dalla società di ricerca, che presentava marginali di riga e di colonna ottenuti a partire dal peso effettivo di ogni singola categoria delle due grandezze utilizzate, in maniera combinata, per la stratificazione proporzionale del campione sul totale della popolazione, abbiamo preferito, in quello qui presentato, vincolare i marginali di riga e di colonna e il totale complessivo presenti in tabella alle celle della tabella stessa, infatti, per via degli arrotondamenti, è possibile che ci siano, se del caso, piccolissime differenze tra i valori identificati a partire dall'una o dall'altra strategia di presentazione. In *Tabella 2* riportiamo, invece, lo schema finale delle celle campionarie. Il campione dei soggetti che hanno partecipato all'indagine, come da schema finale delle celle campionarie, è composto da 4.000 casi.

Tabella 1. Schema teorico delle celle campionarie

	Nord-ovest	Nord-est	Centro	Sud	Isole	Tot.
Famiglia con un solo componente (fino a 65 anni di età)	164	118	112	91	52	537
Famiglia con un solo componente (con più di 65 anni di età)	205	133	143	123	70	674
Coppia senza figli (con donna fino a 54 anni di età)	77	61	46	39	20	243
Coppia senza figli (con donna con più di 54 anni di età)	174	115	119	117	59	584
Coppia con figli (con tutti i figli fino ai 18 anni di età)	184	135	127	160	76	682
Coppia con figli (con figli sia al di sopra che al di sotto dei 18 anni di età)	34	26	26	50	23	159
Coppia con figli (con tutti i figli al di sopra dei 18 anni di età)	131	96	104	146	67	544
Famiglia con un solo genitore (con tutti i figli fino ai 18 anni di età)	38	27	34	30	13	142
Famiglia con un solo genitore (con figli sia al di sopra che al di sotto dei 18 anni di età)	6	4	6	7	3	26
Famiglia con un solo genitore (con tutti i figli al di sopra dei 18 anni di età)	65	47	52	57	28	249
Famiglie senza nuclei (escluse le persone sole)	27	19	23	23	11	103
Famiglie con più nuclei	10	11	15	14	5	55
Totale	1.115	792	807	857	427	3.998

Nota: i totali sono riferiti alle celle della tabella.

Tabella 2. Schema finale delle celle campionarie

	Nord-ovest	Nord-est	Centro	Sud	Isole	Tot.
Famiglia con un solo componente (fino a 65 anni di età)	164	118	112	91	52	537
Famiglia con un solo componente (con più di 65 anni di età)	205	133	143	123	70	674
Coppia senza figli (con donna fino a 54 anni di età)	79	61	52	50	22	264
Coppia senza figli (con donna con più di 54 anni di età)	172	115	113	112	57	569
Coppia con figli (con tutti i figli fino ai 18 anni di età)	184	135	127	160	76	682
Coppia con figli (con figli sia al di sopra che al di sotto dei 18 anni di età)	33	27	26	50	22	158
Coppia con figli (con tutti i figli al di sopra dei 18 anni di età)	132	96	104	144	68	544
Famiglia con un solo genitore (con tutti i figli fino ai 18 anni di età)	35	28	34	30	14	141
Famiglia con un solo genitore (con figli sia al di sopra che al di sotto dei 18 anni di età)	8	4	6	7	2	27
Famiglia con un solo genitore (con tutti i figli al di sopra dei 18 anni di età)	65	47	52	57	28	249
Famiglie senza nuclei (escluse le persone sole)	26	20	23	18	11	98
Famiglie con più nuclei	11	11	15	15	5	57
Totale	1.114	795	807	857	427	4.000

Per questa indagine sono stati intervistati coloro che si occupano, anche congiuntamente, della gestione della famiglia; le caratteristiche personali degli intervistati – sesso, età ecc. – sono variate casualmente. I dati sono stati raccolti nel periodo compreso tra il 4 dicembre 2019 e il 15 gennaio 2020. Si precisa che la raccolta dei dati è stata interrotta dal 24 dicembre 2019 al 6 gennaio 2020, evitando così di reperire informazioni durante il periodo delle festività. La raccolta dei dati, effettuata attraverso la somministrazione di un questionario strutturato, è stata anticipata dalla realizzazione di interviste pilota, che non hanno però condotto ad alcuna modifica del questionario utilizzato nell'indagine.

Vediamo ora, sinteticamente, in che modo la società di ricerca ha proceduto a identificare i casi. Il 75,0% delle interviste è stato svolto attraverso il sistema CATI (*Computer Assisted Telephone Interviewing*) e il restante 25,0% attraverso il sistema CAMI (*Computer Assisted Mobile Interviewing*). Per lo svolgimento delle 3.000 interviste con il sistema CATI, sono stati estratti casualmente dei numeri di telefono fisso dalle Pagine Bianche, numeri per i quali si è poi proceduto con la verifica del Registro delle Opposizioni; per lo svolgimento delle 1.000 interviste con il sistema CAMI, i casi sono stati, invece, estratti casualmente da un panel composto da circa 200.000 anagrafiche semi-profilate di soggetti residenti in Italia. Entrambe le componenti del campione riproducono la stratificazione proporzionale identificata per l'indagine. La società di ricerca ha previsto dei controlli che hanno escluso la possibilità che le medesime famiglie fossero coinvolte più di una volta dall'indagine. Le interviste hanno fatto registrare una durata media di 25' e 44".

Rispetto alle interviste effettuate con il sistema CATI e con il sistema CAMI, i contatti telefonici – contatti aventi come esiti alternativi tra loro: accetta, anagrafica duplicata, eliminazione anagrafica dal database, nessuna risposta/segreteria telefonica/fax/numero occupato, no referente, numero di telefono errato, referente irreperibile, richiamare, rifiuta – sono stati, rispettivamente, 47.691 e 14.827, per un totale generale dei contatti pari a 62.518: da questi conteggi è bene, tuttavia, escludere i contatti catalogati come "anagrafiche duplicate" – pari a 35 nel caso delle interviste condotte con il sistema CATI e a 8 nel caso delle interviste condotte con il sistema CAMI – poiché si tratta di numeri telefonici che erano già stati diretti dal sistema a un altro operatore per l'intervista e che sono stati eliminati grazie a un controllo effettuato appena prima della telefonata da parte di un ulteriore operatore. Al netto dei contatti catalogati come "anagrafiche duplicate", i contatti telefonici a numeri distinti divengono, quindi, 47.656, per la parte di raccolta dei dati svolta con il sistema CATI, e 14.819, per quella svolta con il sistema CAMI, per un totale complessivo di 62.475 contatti distinti. Segnaliamo che la quantità di "rifiuti" – ovvero di contatti che hanno avuto come esito la non disponibilità a partecipare all'indagine – è stata pari a 9.062 nel caso dei contatti con il sistema CATI e a 3.123 nel caso dei contatti con il sistema CAMI.

Il questionario utilizzato per l'indagine è composto da 58 domande o batterie di domande e ha consentito di registrare e sistematizzare informazioni su un quantitativo complessivo di 184 variabili. Le domande poste nel questionario riguardano il profilo sociodemografico del rispondente e della sua famiglia, la famiglia e le relazioni familiari e il capitale sociale.

3. Gli indici sintetici

3.1. Introduzione

Passiamo ora alla presentazione degli indici sintetici. Quando non diversamente segnalato, le strategie poste in essere per giungere alla costruzione di queste grandezze sono in continuità con quelle utilizzate in una o in più di una delle indagini Cisf sulle famiglie residenti in Italia precedentemente richiamate e alle quali rimandiamo per eventuali comparazioni tra gli esiti delle analisi in cui tali indici sintetici sono, di volta in volta e se del caso, utilizzati[6]. Tra gli indici sintetici costruiti in continuità con indagini precedenti del Cisf ve ne sono alcuni che sono stati utilizzati unicamente in occasione dell'indagine che precede immediatamente quella qui presentata, ovvero in occasione dell'indagine svolta nel 2017, e altri che non sono stati invece utilizzati in occasione di quell'indagine: la condizione di tali indici sintetici, relativa all'indagine che precede quella qui presentata, sarà di seguito esplicitamente segnalata.

Riportiamo l'elenco degli indici sintetici qui presentati e costruiti in continuità con indagini precedenti del Cisf: indice di capitale culturale familiare; indice di status sociale familiare, utilizzato unicamente nel Nuovo Rapporto Cisf 2017[7], in sostituzione dell'indice di status socioeconomico familiare; indice di prestigio delle professioni familiari, indice non presente nel Nuovo Rapporto Cisf 2017[8]; indice di status socioeconomico familiare, indice non presente nel Nuovo Rapporto Cisf 2017[9]; indice di differenza tra quantità di figli desiderati e quantità di figli avuti; indice d'impegno civico; indice di capitale sociale familiare *bonding*; indice di capitale sociale familiare *bridging*; indice di condivisione del tempo in famiglia; indice di coesione relazionale familiare, utilizzato unicamente nel Nuovo Rap-

[6] P. Donati (a cura di), *Il costo dei figli. Quale welfare per le famiglie?*, op. cit.; P. Donati (a cura di), *La relazione di coppia oggi. Una sfida per la famiglia*, op. cit.; Cisf (a cura di), *Le famiglie di fronte alle sfide dell'immigrazione*, op. cit.; Centro Internazionale Studi Famiglia (a cura di), *Le relazioni familiari nell'era delle reti digitali. Nuovo Rapporto Cisf 2017*, op. cit.

[7] Centro Internazionale Studi Famiglia (a cura di), *Le relazioni familiari nell'era delle reti digitali. Nuovo Rapporto Cisf 2017*, op. cit.

[8] *Rapporto Cisf 2017*, cit.

[9] *Rapporto Cisf 2017*, cit.

porto Cisf 2017[10]; indice di eteronomia, utilizzato unicamente nel Nuovo Rapporto Cisf 2017[11].

Si presenteranno, successivamente, le strategie utilizzate per costruire ulteriori due indici sintetici. Si tratta dei seguenti indici sintetici: indice di piacere/costrizione nell'uso dei media digitali, si tratta di un indice fondato su una tipologia introdotta da Pierpaolo Donati nell'ambito del Nuovo Rapporto Cisf 2017[12]; indice di situazione rispetto ai figli avuti/che vivono stabilmente in famiglia.

3.2. Indice di capitale culturale familiare

L'indice di capitale culturale familiare è una grandezza prodotta con il fine di ottenere una sintesi della misura in cui il capitale culturale istituzionalizzato attraverso i titoli di studio è presente per l'intervistato e per il suo partner convivente, se quest'ultimo esiste. Per giungere all'indice in questione sono stati attribuiti, secondo la strategia di seguito indicata, dei punteggi alle categorie ordinate attraverso le quali sono stati sistematizzati i titoli di studio dell'intervistato e, se presente, del suo partner convivente: "Nessun titolo o licenza elementare" = 1; "Licenza media o di avviamento" = 2; "Diploma di maturità" = 6; "Diploma universitario, laurea o titolo post-laurea" = 10.

Per ottenere l'indice è stata determinata, per ciascun caso, la media aritmetica dei punteggi relativi all'intervistato e al suo

[10] *Rapporto Cisf 2017*, cit.

[11] *Rapporto Cisf 2017*, cit.

[12] P. Donati, F. Belletti, G. Gili, «L'indagine sulle famiglie», in Centro Internazionale Studi Famiglia (a cura di), *Le relazioni familiari nell'era delle reti digitali. Nuovo Rapporto Cisf 2017*, cit., pp. 82-190: si vedano, in particolare, le pagine 182-183.

partner, ponderandola rispetto alla quantità di valori effettivamente disponibili.

Il valore medio registrato per questa grandezza è pari 5,06 (min = 1; max = 10; dev. std. = 2,85; n = 3.983). Di questo indice è stata prodotta anche una versione in categorie ordinate, secondo la ricodifica che segue, operata sulla variabile appena presentata: intervallo 1-2 (estremi inclusi) = "Basso"; intervallo 2-4 (estremo inferiore escluso e superiore incluso) = "Medio-basso"; intervallo 4-6 (estremo inferiore escluso e superiore incluso) = "Medio-alto"; intervallo 6-10 (estremo inferiore escluso e superiore incluso) = "Alto".

La *Tabella 3* presenta la distribuzione dei casi rispetto alle modalità di quest'ultima versione dell'indice[13].

Tabella 3. Indice di capitale culturale familiare (%)

Basso	32,1
Medio-basso	9,5
Medio-alto	37,3
Alto	21,0
Totale (n)	100,0 (3.983)

3.3. Indice di status sociale familiare

Si tratta di un indice tipologico ottenuto dalla combinazione delle modalità della versione in categorie ordinate dell'indice di capitale culturale familiare e di quelle della variabile ottenu-

[13] A causa degli arrotondamenti, in questo e in altri casi, la somma delle percentuali riportate in tabella non coincide esattamente con 100,0.

ta con la domanda "Nel 2019, la sua famiglia come è riuscita ad arrivare alla fine del mese?", che prevedeva le risposte di seguito indicate: "Con grande difficoltà"; "Con difficoltà"; "Con facilità"; "Con molta facilità".

Di seguito, riportiamo le etichette attribuite alle categorie ordinate dell'indice di status sociale familiare e ricavate dall'incrocio delle modalità delle due variabili richiamate, ovvero "indice di capitale culturale familiare"/"come è arrivata la famiglia alla fine del mese nel 2019" (riporteremo le etichette delle due variabili, seguendo l'ordine appena utilizzato, e l'etichetta dell'indice di status sociale familiare corrispondente alla loro combinazione): "Basso" o "Medio-basso"/"Con grande difficoltà" o "Con difficoltà" = "Basso"; "Basso" o "Medio-basso"/"Con facilità" o "Con molta facilità" = "Medio"; "Medio-alto" o "Alto"/"Con grande difficoltà" o "Con difficoltà" = "Medio"; "Medio-alto" o "Alto"/"Con facilità" o "Con molta facilità" = "Alto". Questo indice è stato evidentemente determinato soltanto per i soggetti con valori validi rispetto a entrambe le variabili da esso sintetizzate.

La *Tabella 4* propone la distribuzione dei casi dell'indice di status sociale familiare.

Tabella 4. Indice di status sociale familiare (%)

Basso	25,1
Medio	38,5
Alto	36,4
Totale (n)	100,0 (3.964)

3.4. Indice di prestigio delle professioni familiari

L'indice di prestigio delle professioni familiari è stato ottenuto sintetizzando, previa attribuzione di punteggi, le informazioni sulla condizione rispetto al lavoro o sull'eventuale professione svolta – al momento dell'intervista o, se del caso, prima della pensione o della cassa integrazione – dall'intervistato e dal suo partner convivente, se presente.

Vediamo ora i punteggi attribuiti alle condizioni rispetto al lavoro e alle professioni – due grandezze, corrispondenti a due distinte variabili –, precisiamo che la professione è stata rilevata unicamente rispetto ai lavoratori, ai pensionati e ai lavoratori in cassa integrazione. Ecco l'elenco dei punteggi, connessi alla condizione rispetto al lavoro o, se del caso, alla professione svolta: studente; in cerca di prima occupazione; disoccupato = 0; in servizio civile; inabile al lavoro/disabile/invalido; lavoro senza contratto o non regolamentato = 1; casalingo; collaborazione occasionale; familiare coadiuvante di lavoratore in proprio; altro lavoratore autonomo = 2; operaio; socio lavoratore di cooperativa; lavoratore a progetto/ex co.co.co. = 3; impiegato esecutivo = 4; non lavora perché benestante; artigiano (con meno di 5 dipendenti) = 5; insegnante (eccetto quelli universitari) = 6; impiegato di concetto; libero professionista iscritto a ordini professionali, senza soci; lavoratore autonomo senza soci = 7; artigiano (con almeno 5 dipendenti); titolare di esercizio commerciale; lavoratore autonomo con soci = 8; imprenditore (con meno di 5 dipendenti); libero professionista iscritto a ordini professionali, con soci = 9; dirigente (direttore, ispettore, professore universitario, etc.); carriera direttiva (tecnico laureato, ufficiale superiore, medico ospedaliero o di base, etc.); imprenditore (con almeno 5 dipendenti) = 10.

Per i pensionati i punteggi sono stati ridotti di un'unità, non sono invece stati modificati per i cassaintegrati. La sintesi tra i punteggi attribuiti al rispondente e al suo partner convivente, se del caso, è stata ottenuta determinando la media aritmetica dei due punteggi. I valori attribuiti, infine, a ciascun caso, per questo indice, sono stati ottenuti ponderando la media rispetto ai valori effettivamente disponibili.

Questo indice fa registrare un valore medio pari a 4,41 (min = 0; max = 10; dev. std. = 2,27; n = 3.899).

Una versione in categorie ordinate di questo indice è stata ricavata a partire dall'applicazione all'indice nella forma appena presentata della ricodifica che segue: intervallo 0-2 (estremi inclusi) = "Basso"; intervallo 2-5 (estremo inferiore escluso e superiore incluso) = "Medio-basso"; intervallo 5-7 (estremo inferiore escluso e superiore incluso) = "Medio-alto"; intervallo 7-10 (estremo inferiore escluso e superiore incluso) = "Alto".

In *Tabella 5*, si presenta la distribuzione di quest'ultima versione dell'indice.

Tabella 5. Indice di prestigio delle professioni familiari (%)

Basso	25,9
Medio-basso	35,9
Medio-alto	30,9
Alto	7,3
Totale (n)	100,0 (3.899)

Nota: con l'espressione "professioni familiari" s'intende la condizione rispetto al lavoro e, se del caso, professionale del rispondente e del partner convivente, qualora fosse presente.

3.5. *Indice di status socioeconomico familiare*

Questo indice sintetizza l'indice di capitale culturale familiare e quello di prestigio delle professioni familiari. Tra i valori di questi due indici si è, quindi, prodotta una media aritmetica ponderando, per ciascun caso, la determinazione del valore medio rispetto ai valori esistenti.

L'indice di status socioeconomico familiare fa registrare un valore medio pari a 4,74 (min = 0,5; max = 10; dev. std. = 2,27; n = 3.985).

Di questo indice è stata prodotta, inoltre, una versione in categorie ordinate, presentata in *Tabella 6*, secondo la strategia di ricodifica di seguito esplicitata: intervallo 0-2 (estremi inclusi) = "Basso"; intervallo 2-5 (estremo inferiore escluso e superiore incluso) = "Medio-basso"; intervallo 5-7 (estremo inferiore escluso e superiore incluso) = "Medio-alto"; intervallo 7-10 (estremo inferiore escluso e superiore incluso) = "Alto".

Tabella 6. Indice di status socioeconomico familiare (%)

Basso	20,3
Medio-basso	34,7
Medio-alto	28,0
Alto	17,0
Totale (n)	100,0 (3.985)

3.6. Indice di differenza tra quantità di figli desiderati e quantità di figli avuti

L'indice di differenza tra quantità di figli desiderati e quantità di figli avuti fornisce il dato relativo allo scarto tra i valori di due variabili cardinali, quella ottenuta con la domanda "E quanti figli Lei personalmente vorrebbe avere nella sua vita (o avrebbe voluto avere)?" e quella ottenuta con la domanda "Quanti figli ha avuto nella sua vita (anche adottati)?". Per ottenere questo indice, infatti, ai valori registrati con la prima domanda presentata – che è però stata, evidentemente, posta come seconda tra le due – sono stati sottratti quelli registrati grazie alla seconda domanda qui presentata – posta, però, immediatamente prima dell'altra, all'interno del questionario. L'indice è stato determinato solo per i casi con valori validi su tutte e due le domande.

L'indice sintetico che qui presentiamo è costituito dalle seguenti modalità: "Ho più figli di quanti ne avrei desiderati", "Ho la quantità di figli che desideravo", "Vorrei/avrei voluto un figlio in più" e "Vorrei/avrei voluto almeno due figli in più".

In *Tabella 7* viene presentata la distribuzione dei casi tra le suddette modalità.

Tabella 7. Indice di differenza tra quantità di figli desiderati e quantità di figli avuti (%)

Ho più figli di quanti ne avrei desiderati	9,7
Ho la quantità di figli che desideravo	63,0
Vorrei/avrei voluto un figlio in più	18,9
Vorrei/avrei voluto almeno due figli in più	8,4
Totale (n)	100,0 (3.841)

3.7. *Indice d'impegno civico*

Con questo indice si propone una sintesi di alcune informazioni relative all'impegno civico degli intervistati. In particolare, questo indice è stato ottenuto conteggiando la quantità di risposte "Sì" (a cui erano alternative unicamente le risposte "No") alle seguenti domande: "Le è capitato di aderire a una petizione pubblica o a una raccolta di firme nell'ultimo anno?"; "Le è capitato di partecipare a una riunione per discutere problemi della sua comunità, quartiere o zona di residenza, nell'ultimo anno?"; "Le è capitato di dare un contributo in denaro per scopi di solidarietà sociale e di beneficenza (ad esempio, per "Medici senza frontiere", per la lotta contro i tumori, etc.), nell'ultimo anno?". L'indice d'impegno civico è stato ricavato unicamente per i rispondenti con valori validi su tutte le variabili appena elencate.

Per questo indice si registra una media pari a 0,88 (min = 0; max = 3; dev. std. = 0,85; n = 3.939).

In *Tabella 8* presentiamo la distribuzione dei casi rispetto ai valori assumibili dall'indice d'impegno civico, ai quali sono state attribuite delle etichette secondo la strategia seguente: 0 = "Nullo"; 1 = "Basso"; 2 = "Medio"; 3 = "Alto".

Tabella 8. Indice d'impegno civico (%)

0 "Nullo"	36,6
1 "Basso"	45,1
2 "Medio"	12,0
3 "Alto"	6,3
Totale (n)	100,0 (3.939)

3.8. Indice di capitale sociale familiare bonding

Con questo indice si sintetizzano alcuni dati relativi alle relazioni familiari. In particolare, l'indice di capitale sociale familiare *bonding* consiste nella sintesi delle variabili quasi-cardinali – costituite da scale auto-ancorate con valori compresi tra 0 ("mai") e 10 ("sempre") – collegate alle seguenti domande: (1) "Quanta fiducia ha nei familiari con i quali convive, per far fronte alle necessità quotidiane? Per rispondere utilizzi una scala da 0 a 10, in cui 0 indica che non ha mai fiducia nei familiari con cui convive e 10 che ha sempre fiducia. Utilizzi i voti intermedi per graduare il suo giudizio."; (2) "In caso di un serio bisogno, negli ultimi tempi, con quale frequenza Lei è stato/a aiutato/a dai suoi familiari conviventi? Per rispondere utilizzi una scala da 0 a 10, in cui 0 indica che non è mai stato aiutato/a e 10 che è stato sempre aiutato. Utilizzi i voti intermedi per graduare il suo giudizio.".

Per ottenere l'indice, è stata determinata la media aritmetica tra i valori di queste due variabili, ponderando il calcolo rispetto alla quantità effettiva di risposte. L'indice fa registrare la media di 8,37 (min = 1; max = 10; dev. std. = 1,63; n = 2.691).

Una versione in categorie ordinate di questo indice è presentata in *Tabella 9* ed è stata ricavata a partire dalla seguente strategia di ricodifica: intervallo 0[14]-5 (estremi inclusi) = "Molto basso/basso"; intervallo 5-7 (estremo inferiore escluso e superiore incluso) = "Medio"; intervallo 7-10 (estremo inferiore escluso e superiore incluso) = "Alto".

[14] Come fatto in precedenza e come faremo ancora più avanti, pur non essendo presente, in questa indagine, alcun caso con il valore 0, riteniamo utile includere tale valore nella presentazione della strategia di ricodifica dell'indice, che è generale e, come si è detto, esiste in continuità con le indagini Cisf che sono state richiamate. Includere il valore 0 nella presentazione della ricodifica consente anche di evitare l'impressione che per questo valore non sia stata teoricamente prevista alcuna collocazione nell'ambito delle categorie ordinate presenti nella nuova versione dell'indice.

Tabella 9. Indice di capitale sociale familiare bonding *(%)*

Molto basso/basso	7,1
Medio	9,9
Alto	83,0
Totale (n)	100,0 (2.691)

3.9. *Indice di capitale sociale familiare* bridging

L'indice di capitale sociale familiare *bridging* offre una sintesi delle variabili quasi-cardinali – consistenti in scale autoancorate del tipo 0 ("mai") – 10 ("sempre") – popolatesi di valori grazie alla somministrazione delle due domande che seguono: (1) "In genere, si fida degli amici o conoscenti dei suoi familiari conviventi? Per rispondere utilizzi una scala da 0 a 10, in cui 0 indica che non ha mai fiducia negli amici o conoscenti dei suoi familiari e 10 che ha sempre fiducia. Utilizzi i voti intermedi per graduare il suo giudizio"; (2) "In caso di bisogno, quanto conta sull'aiuto reciproco di amici o conoscenti dei suoi familiari conviventi? Per rispondere utilizzi una scala da 0 a 10, in cui 0 indica che non le capita mai di aiutarsi reciprocamente con amici o conoscenti dei suoi familiari e 10 che le capita sempre. Utilizzi i voti intermedi per graduare il suo giudizio".

L'indice è stato ottenuto determinando la media aritmetica tra i valori delle due variabili, ponderandola in riferimento alla effettiva quantità di risposte. L'indice di capitale sociale familiare *bridging*, così ottenuto, fa registrare una media di 7,37 (min = 0; max = 10; dev. std. = 2,02; n = 2.683).

La ricodifica di seguito indicata è stata utilizzata per giungere a una versione in categorie ordinate dell'indice, che presentiamo in *Tabella 10*: intervallo 0-3 (estremi inclusi) = "Molto basso"; intervallo 3-5 (estremo inferiore escluso e superiore incluso) = "Basso"; intervallo 5-7 (estremo inferiore escluso e superiore incluso) = "Medio"; intervallo 7-10 (estremo inferiore escluso e superiore incluso) = "Alto".

Tabella 10. Indice di capitale sociale familiare bridging *(%)*

Molto basso	5,4
Basso	8,1
Medio	24,2
Alto	62,4
Totale (n)	100,0 (2.683)

3.10. Indice di condivisione del tempo in famiglia

Questo indice sintetizza i valori registrati attraverso le variabili quasi-cardinali – consistenti in scale auto-ancorate del tipo 0 ("mai") – 10 ("sempre"/"moltissimo") – ottenute a partire dalla somministrazione delle seguenti domande: (1) "Nei giorni feriali quanto spesso fa colazione, di mattina, con il suo partner (moglie/marito, etc.). Per rispondere utilizzi una scala da 0 a 10, in cui 0 indica che non fa mai colazione con il suo partner e 10 indica che nei giorni feriali fa sempre colazione con lui. Utilizzi i voti intermedi per graduare il suo giudizio"; (2) "Quanto tempo libero passa quotidianamente, durante la settimana lavorativa, con i suoi familiari (solo quelli conviventi)? Per rispondere utilizzi una scala da 0 a 10, in cui 0 indica che non passa mai tempo libero con i suoi familiari durante la settimana lavorativa e 10 indica che ne passa moltissimo. Utilizzi i voti intermedi per graduare il suo giudizio"; (3) "Quanto tempo dedicano mediamente i membri conviventi della sua famiglia agli altri membri (conviventi sotto lo stesso tetto), per parlare dei loro problemi più intimi e personali? Per rispondere utilizzi una scala da 0 a 10, in cui 0 indica che questa attività non ha mai luogo e 10 che a questa attività è dedicato moltissimo tempo. Utilizzi i voti intermedi per graduare il suo giudizio"; (4) "Quanto tempo dedicano mediamente i membri conviventi della sua famiglia agli altri membri (conviventi sotto lo stesso tetto) per aiutarli nello svolgere i loro compiti quotidiani? Per rispondere utilizzi una scala da 0 a 10, in cui 0 indica che queste attività di aiuto non hanno mai luogo e 10 che a queste attività è dedicato moltissimo tempo. Utilizzi i voti intermedi per graduare il suo giudizio".

L'indice di condivisione del tempo in famiglia è stato determinato attraverso il calcolo della media aritmetica tra i valori delle variabili appena presentate, ponderandolo in considerazione dei valori validi forniti dai rispondenti. Questo indice fa registrare un valore medio di 7,83 (min = 0; max = 10; dev. std. = 1,70; n = 2.686).

Una versione in categorie ordinate di questo indice è presentata in *Tabella 11* ed è stata ottenuta a partire dalla seguente ricodifica: intervallo 0-3 (estremi inclusi) = "Molto basso"; intervallo 3-5 (estremo inferiore escluso e superiore incluso) = "Basso"; intervallo 5-7 (estremo inferiore escluso e superiore incluso) = "Medio"; intervallo 7-10 (estremo inferiore escluso e superiore incluso) = "Alto".

Tabella 11. Indice di condivisione del tempo in famiglia (%)

Molto basso	1,5
Basso	6,9
Medio	19,8
Alto	71,9
Totale (n)	100,0 (2.686)

3.11. Indice di coesione relazionale familiare

Per costruire questo indice, si sono sintetizzate le informazioni, connesse a variabili quasi-cardinali, consistenti in scale auto-ancorate del tipo 0 (“per niente d’accordo”) – 10 (“completamente d’accordo”), raccolte con alcune delle variabili ottenute a partire dalla seguente domanda: “Indichi quanto le seguenti affermazioni descrivono la sua famiglia. Per rispondere utilizzi una scala da 0 a 10 in cui 0 indica che non è per niente d’accordo e 10 che è completamente d’accordo. Utilizzi i voti intermedi per graduare il suo giudizio”.

Si riportano, di seguito, le affermazioni connesse alla domanda appena presentata alle quali sono abbinate le tre variabili quasi-cardinali utilizzate per la costruzione dell’indice di coesione relazionale familiare: (1) “Nella nostra famiglia ci aiutiamo e sosteniamo veramente”; (2) “Nella nostra famiglia c’è molto senso di appartenenza”; (3) “Nella nostra famiglia stiamo veramente bene insieme”.

Per la costruzione dell’indice è stata determinata, per ogni rispondente, la media aritmetica dei valori relativi alle variabili appena richiamate, sempre ponderando il valore in riferimento all’effettiva quantità di risposte. Il valore medio identificato per questo indice è di 8,72 (min = 1; max = 10; dev. std. = 1,02; n = 2.691). A una versione in categorie ordinate di questo indice, presentata in *Tabella 12*, si è giunti adottando la seguente strategia di ricodifica: intervallo 0-5 (estremi inclusi) = "Basso"; intervallo 5-7 (estremo inferiore escluso e superiore incluso) = "Medio"; intervallo 7-10 (estremo inferiore escluso e superiore incluso) = "Alto".

Tabella 12. Indice di coesione relazionale familiare (%)

Basso	1,0
Medio	4,9
Alto	94,1
Totale (n)	100,0 (2.691)

3.12. Indice di eteronomia

"Quanto spesso utilizzare i media digitali è un 'piacere'?" e "Quanto spesso utilizzare i media digitali è una 'costrizione necessaria'?": ecco le due domande che sono state poste rispetto alla posizione dei rispondenti circa il riconoscimento all'utilizzo dei media digitali della caratteristica di essere, da una parte, un piacere e, dall'altra, una costrizione necessaria. Tali domande, che hanno sollecitato risposte, anche in questo caso, attraverso scale auto-ancorate (*range* 0-10), erano precedute dal preambolo di seguito riportato: "I media digitali, che utilizziamo per informarci e relazionarci con gli altri, possono essere un 'piacere' o una 'costrizione necessaria'".

Unicamente rispetto ai casi con valori validi su entrambe le variabili quasi-cardinali appena evocate, si è proceduto a sottrarre il valore presente rispetto alla prima variabile (in che misura i media digitali sono un piacere) al valore della seconda variabile (in che misura i media digitali sono una costrizione necessaria). Si è, in questo modo, ricavata una grandezza alla quale è stata applicata la seguente strategia di ricodifica: intervallo (-10)-(-1) (estremi inclusi) = "Autonomia dai media digitali"; 0 = "Equilibrio tra autonomia ed eteronomia"; intervallo (1)-(10) (estremi inclusi) = "Eteronomia da parte dei media digitali".

L'indice di eteronomia, in questo modo ottenuto, è presentato, rispetto alla distribuzione dei casi tra le sue categorie, in *Tabella 13*.

Tabella 13. Indice di eteronomia (%)

Autonomia dai media digitali	38,6
Equilibrio tra autonomia ed eteronomia	27,6
Eteronomia da parte dei media digitali	33,8
Totale (n)	100,0 (3.660)

3.13. Indice di piacere/costrizione nell'uso dei media digitali

A partire dalle medesime variabili utilizzate per la costruzione dell'indice appena presentato, ovvero l'indice di eteronomia, si è prodotto anche l'indice di piacere/costrizione nell'uso dei media digitali: come anticipato, si tratta di un indice basato su una tipologia introdotta da Pierpaolo Donati nel Nuovo Rapporto Cisf 2017[15].

[15] P. Donati, F. Belletti, G. Gili, «L'indagine sulle famiglie», in Centro Internazionale Studi Famiglia (a cura di), *Le relazioni familiari nell'era delle reti digitali. Nuovo Rapporto Cisf 2017*, cit., pp. 82-190: si vedano, in particolare, le pagine 182-183.

In prima battuta, le due variabili quasi-cardinali (*range* 0-10), connesse alle domande "Quanto spesso utilizzare i media digitali è un 'piacere'?" e "Quanto spesso utilizzare i media digitali è una 'costrizione necessaria'?" sono state ricodificate secondo la seguente strategia di ricodifica: intervallo 0-4 (estremi inclusi) = "No"; intervallo 6-10 (estremi inclusi) = "Sì". Oltre ai casi con valori mancanti in almeno una delle due variabili originarie, anche quelli con valori pari a 5, nell'una e/o nell'altra variabile, sono stati esclusi dalla costruzione di questo indice tipologico che presenta, come sue categorie, i tipi emergenti dall'incrocio delle due dicotomie appena presentate. Se ci riferiamo, nella presentazione delle combinazioni tra le due dicotomie, prima alla dicotomia relativa ai media digitali come un piacere e poi a quella relativa ai media digitali come una costrizione necessaria, otteniamo i quattro tipi che seguono: "No"-"No" = "Marginali"; "No"-"Sì" = "Forzati"; "Sì"-"Sì" = "Adattati"; "Sì"-"No" = "Ibridati".

In *Tabella 14*, presentiamo la distribuzione dei casi all'interno delle categorie dell'indice di piacere/costrizione nell'uso dei media digitali.

Tabella 14. Indice di piacere/costrizione nell'uso dei media digitali (%)

Marginali	9,4
Forzati	5,4
Adattati	76,5
Ibridati	8,7
Totale (n)	100,0 (2.948)

3.14. Indice di situazione rispetto ai figli: avuti/che vivono stabilmente in famiglia

Questo indice emerge dall'incrocio tra due grandezze delle quali esso costituisce, quindi, una sintesi, nella fattispecie, di natura tipologica.

La prima grandezza coinvolta è la variabile cardinale connessa alla domanda relativa alla quantità di figli, del rispondente e/o del suo partner, che "vivono stabilmente" nella famiglia del rispondente. La seconda grandezza è, invece, la variabile, sempre cardinale, ottenuta a partire dalla domanda "Quanti figli ha avuto nella sua vita (anche adottati)?".

Determinato per i casi con valori validi su entrambe le variabili, l'indice di situazione rispetto ai figli: avuti/che vivono stabilmente in famiglia assume le seguenti modalità, sufficientemente esplicative, grazie alle loro etichette, rispetto ai particolari esiti delle combinazioni tra le due grandezze a partire dalle quali è stato costruito: "Non ci sono figli che vivono stabilmente nella sua famiglia e non ha mai avuto figli (neanche adottati)"; "Non ci sono figli che vivono stabilmente nella sua famiglia, ma ha avuto figli (anche adottati)"; "Ci sono figli che vivono stabilmente nella sua famiglia". Come si può facilmente rilevare, la categoria "Ci sono figli che vivono stabilmente nella sua famiglia" include tutti i rispondenti appartenenti a famiglie le quali presentano figli che vivono stabilmente all'interno di esse, a prescindere dal fatto che tali rispondenti abbiano avuto nella loro vita dei figli (anche adottati).

La *Tabella 15* presenta la distribuzione dei casi tra le categorie che compongono questo indice.

Tabella 15. Indice di situazione rispetto ai figli: avuti/ che vivono stabilmente in famiglia (%)

Non ci sono figli che vivono stabilmente nella sua famiglia e non ha mai avuto figli (neanche adottati)	13,0
Non ci sono figli che vivono stabilmente nella sua famiglia, ma ha avuto figli (anche adottati)	43,3
Ci sono figli che vivono stabilmente nella sua famiglia	43,7
Totale (n)	100,0 (3.933)

INDICE

POSTFAZIONE
E POI, È ARRIVATA LA PANDEMIA

APPENDICE

Stampa: Mediagraf SpA - Noventa Padovana (PD)